U0896599

城市管理

金钟范　主编

上海财经大学出版社

图书在版编目(CIP)数据

城市管理/金钟范主编. —上海:上海财经大学出版社,2023.4
ISBN 978-7-5642-4081-3/F.4081

Ⅰ.①城… Ⅱ.①金… Ⅲ.①城市管理 Ⅳ.①C912.81

中国版本图书馆 CIP 数据核字(2022)第 200800 号

□ 责任编辑 杨 闯
□ 封面设计 张克瑶

城市管理

金钟范 主编

上海财经大学出版社出版发行
(上海市中山北一路 369 号 邮编 200083)
网 址:http://www.sufep.com
电子邮箱:webmaster @ sufep.com
全国新华书店经销
江苏苏中印刷有限公司印刷装订
2023 年 4 月第 1 版 2023 年 4 月第 1 次印刷

710mm×1000mm 1/16 26 印张(插页:2) 453 千字
定价:98.00 元

前　言

城市是巨型复合系统，内在要素丰富，且要素间关系繁杂。为了协调好各方面的关系，让城市有效运行，提升人们生活质量，实现可持续发展，需要进行科学的城市管理。城市管理涉及面非常广泛，可以说其广泛性可与国家层面的管理内涵相类比(除了在军事和外交方面的事务)。因此，对于理解或实践城市管理而言，有必要建构合理的框架，关注关键领域问题。

本书分绪论、城市管理方法、城市基础管理、城市经济管理、城市社会管理、展望六大部分。在此框架下，本书聚焦于相关重要领域城市管理问题的考察，进而探讨各领域的关键问题。例如，本书引导性部分(即绪论)聚焦于城市管理的基本问题、城市管理的基本理论、城市管理体制三大领域；在城市管理体制领域，专门探讨非政府组织的有益角色和积极作用等问题。

城市管理方法有法制管理、市场化管理、社会化管理等众多方法，但是从技术层面考虑，主要有规划管理、信息化管理、绩效评价三大方法。需要提及的是，一提到城市相关规划管理时，我们往往会联想到城市规划部门主管的“城市规划管理”，这是狭义理解，而实际上规划管理在城市的不同层级和部门中得到了广泛应用，所以有必要从广义的“城市的规划管理”来理解。因此，本书在规划管理方面，不仅探讨了“城市规划”的特点，还探讨了“城市国民经济和社会发展规划”的特点，并探讨了城市管理中主要规划之间的关系。

城市的正常运行和长久发展需要良好的城市基础管理，包括城市基础设施、交通、环境管理。空间是城市的载体，具有基础之基础的性质，所以本书将空间管理也纳入城市基础管理的范畴进行探讨。城市空间由行政建制所确定，在较长时间内其规模相对稳定，即具有非增长(扩张)性。因此，在城市发展过程中，应对不断增长的各种空间需求，提高城市空间的利用合理性和配置结构优化成为非常重要的课题。本书围绕中央商务区(CBD)、多中心(副中心、副核心;新城、卫星城)、开发区、绿带建设等城市空间,利用相关课题,探讨了城市空间管理。

经济发展是城市发展的原动力,而发展经济需要必要的管理来维护和支持,即需要城市经济管理,尤其需要做好经济制导管理、公共经济管理、循环经济管理。为了有效利用市场机制、提升产业结构、优化投资环境,需要城市经济制导管理;为了充分提供公共物品和服务、维护市场秩序、优化资源配置,需要城市公共经济管理;为了从根本上解决传统经济发展模式下不可避免的环境污染、资源枯竭等重大问题,保障经济可持续发展,需要循环经济管理。需要强调的是,通过循环经济管理,可促进清洁生产、生态工业、绿色经济、低碳经济等产业和经济新模式的发展,为其融合发展提供适宜框架,进而建构循环经济发展模式,转化乃至替代既有传统经济发展模式。本书从促进体系的维度探讨循环经济管理,强调企业层面的延伸责任,社会层面的循环消费,政府层面的引导协调三大方面。

城市社会相关问题错综复杂,为了理顺和化解社会众多问题,需要实施各类社会管理。人是构成城市社会的基本要素,社区是城市社会的基本单元,突发事件可能造成严重的社会危害,所以本书选定和探讨了城市人口、社会保障、社区、应急管理等城市社会管理主要领域的相关问题。其中,社会保障管理有助于纾困救助、应对老龄化、提高生活质量等,能够满足社会进步需要,直接体现人文关怀,维持社会秩序。可以说社会保障管理具有深远而重大的意义。

本书探讨了城市管理的价值取向,将以人为本作为基本原则,提升营商环境作为重点,可持续发展作为根本目标。其中,以人为本原则归结为满足人们基本需要、从弱势群体立场思考、以多数人的利益为先三大方面;提升营商环境聚焦于提高政务服务效率、营造公平竞争环境、严打假冒伪劣商品三大方面;可持续发展归纳为经济可持续发展管理、空间可持续发展管理两大方面。

本书由金钟范主编,其他参编者均为上海财经大学城市与区域科学学院的博士研究生。本书共分六篇十八章,具体分工如下:第一章董春风、第二章裴延峰、第三章张学斌、第四章柴嘉南、第五章邱知奕、第六章刘丽雯、第七、八、九章田志华、第十章张心宁、第十一、十二、十三章万道侠、第十四章宋志永、第十五章尹俊雅、第十六章李梦旭、第十七章严碧荷、第十八章金钟范；金钟范负责全书的基本框架设定，文稿修订和定稿。由于本书篇幅所限，内容不宜过分庞大，有些参编者的很有价值的文稿未能纳入进来，在此深表遗憾。

本书参阅引用了国内外同行发表的大量相关文献，在此向他们表示衷心的感谢。

金钟范

2023 年 3 月 23 日

目　录

第一篇　绪　论

第二篇 城市管理方法

第三篇 城市基础管理

第四篇　城市经济管理

第五篇 城市社会管理

第六篇 展 望

第一篇

绪　论

第一章　城市管理基本问题

第一节　城市管理内涵

一、城市管理的概念

城市管理是随着城市化进程逐步发展起来的。在快速发展的城市化过程中，随着人口、土地等城市规模不断扩张，交通拥堵、环境污染、服务设施不足等"城市病"逐渐显现，这时候就需要通过必要途径对城市进行管理，以解决关乎城市民生的社会、经济等发展问题。要理解城市管理，必须先理解城市与管理之间的关系。

城市是历史发展进程中生产力—生产方式—生产关系发展到一定阶段的产物。它伴随着人类的生产实践和社会实践而生，是一个巨大的系统整体，其要素、结构、层次和功能都显示出复杂性和多样性。

现代城市逐步向产业化、信息化、智能化、生态化等方向发展，城市及其所承载的产业、人群等正在以前所未有的复杂程度同其他领域发生联系。城市化本质上是生产力变革所引起的人类生产、生活和居住方式发生转变的过程，是传统的乡村社会向现代的城市社会演变的自然阶段。

城市不是众多的人或物在地域空间上的简单叠加，而是一个以人为主体、以自然环境为依托、以经济活动为基础的相互联系的有机整体，是一种复杂的组织。城市不仅是现代社会中政治要素、经济要素、社会事务、信息流等大量聚集的主要场所，还是构成现代社会网络最重要的节点。由于城市是一个开放空间，它不断与外界交换着能量、物质与信息，这些交换活动涉及生活、工作的方方面面，最终构成一个复杂的城市系统的循环，保障和维持城市的日常运行。

城市发展是一个由简至繁的过程，现代城市的复杂性影响着城市管理的复杂性，正是由于城市的这种密切联系性、复杂性和开放性，使得城市管理愈发受到重视和需要,让它从过去简单的对城市设施和环境等的狭义管理逐渐转变为与面向社会和人的社会服务管理相融合(宋刚等,2014)。城市管理也就是在城市各种要素不断流动过程中达到管理条件与管理目标的平衡。

有关城市管理的概念,尽管国际机构也有阐述,但是仍处于探讨之中。2000年初,联合国人类住区中心(U. N. Center for Human Settlements)在《关于健全的城市管理规范:建设“包容性城市”的宣言(草案)》中提出:城市管理是个人和公私机构用以规划和管理城市公共事务的众多方法的总和(联合国,2020)。

范戴克将城市管理定义为:将公共部门和私人部门协调和整合起来,解决城市居民所面临的主要问题,建设一个更富竞争性、平等、可持续发展城市的努力过程。范戴克认为,城市管理是协调、整合公共和私人部门的所有行动,其目的是处理城市居民面临的主要问题和打造一个更具竞争力、更公平和可持续的城市(曼纳·彼得·范戴克,2006)。

基于不同的观察角度和学科背景,我国学者对城市管理概念的认识也不尽相同。尤建新认为,城市管理是以提高城市生活水平为目标,以城市经济、社会和环境为对象,有效使用城市资源推动城市综合效益长期稳定发展的活动(尤建新,2003)。在这里,城市管理被界定为一项具有特定目标的活动。

马彦林和刘建平指出,现代城市管理是多元的城市管理主体依法管理或参与城市管理地区公共事务的有效活动,属于公共管理范畴。在现代城市发展过程中,从现代城市管理的主角——城市政府角度出发,城市管理主要是以城市的长期、稳定、协调发展和良性运行为目标,以人、财、物、信息等各种资源为对象,对城市运行系统做出的综合性协调、规划、控制和建设、管理等活动(马彦林、刘建平,2005)。可见,这一定义更明确地指出了城市管理的主体、目标、对象以及方式。

相对于这种全面的定义方式,有的学者还从比较具体的角度提出:城市管理就是城市政府对城市的经营行为,即以城市为对象,对城市运转和发展所进行的控制行为,其主要任务就是对城市运行的关键机制——经济、产业结构进行管理和调节(符娟,2011)。

对于城市管理的概念,学界尚未达成比较一致的认识,不同的学者对城市管理的定义描述有不同的侧重点,但是其中的内涵都比较接近。综合其主要内涵而言,城市管理是多元主体共同参与的,在不同行政关系影响下,以城市这一空间、经济、社会系统的运行为对象的治理活动。城市管理的目的在于根据公众需求,在不破坏城市生态友好程度的基础上,采用协调、规划、控制、建设、引导等管理方法，提升或维持城市在区域中的综合竞争能力，从而为城市公众营造宜居、宜业的发展环境。

二、城市管理的历史演进

(一)早期的城市管理

自从城市产生以来，就有了城市事务的管理，在早期农业社会，这种管理实践在内容上较为单一。

在奴隶制背景下，城市管理的主要职能是构筑城墙、担负防御、提供市集交易场所、铺设道路、营造住房等。这一时期的城市往往是国家的都市，如雅典城、古罗马城等。在这一时期，城市管理的主体并非城市政府，而是中央政府或统筹城乡的地方政府，城市的政治统治功能突出，而经济功能较弱。

进入封建社会后，城市不再是单纯的集市贸易中心，而是逐步成为经济、政治和文化的中心。在这一时期，各国的城市管理有了丰富的实践。在罗马帝国衰落后，欧洲城市逐渐兴起，城市对行政管理方面的研究和实践开始突出，一些相关的法律条文也逐渐产生。在我国的封建社会时期，城市组织结构中已有“市长”的名称，隋唐的县组织中，设有“县令”一职，掌管县市事务；在京城地区，已经确立了特殊的行政建制，其管理机构有中央政府机构、地方行政机构和超越首都行政级别的机构等。

(二)近代的城市管理

18 世纪末，伴随着英国工业革命的兴起，城市管理内容的研究和发展发生了根本性的转变。工业社会时期城市的巨大发展和城市生产、生活内容的改变，促使城市管理的内涵得以改变和丰富，使得城市管理向着规范化、系统化方向发展。

以英国为例，18 世纪末 19 世纪初，英国设立各种专务机关和改革委员会，负责城市道路、治安、街灯照明、公共卫生和其他市政实务，并具有一定的征税权。为了适应工业化带来的城市工商业的发展，英国还专门设立了公路董事，负责公路的修建和管理。这种市政管理机制的变革和发展提高了城市管理的效率。1835 年，英国议会通过《市团法案》，规定市区必须成立民选的市议会，这标志着英国的城市管理开始走向法制化、规范化。随着城市事务的增多，城市管理的权力向市议会集中。后来，1929 年、1933 年英国又制定了《地方政府法案》，对市制进行明确规定。这样，英国的城市管理发展到了成熟阶段。

1898 年，英国规划科学家霍华德出版了《明日的田园城市》一书，这是现代城市科学史上的一部重要著作，作者基于精确分析和科学设计，创造性地提出了建设花园城镇体系的设想。它的内容对于解决许多当代的城市问题仍有参考价值。在霍华德之后，人们开始重视运用多学科知识对城市建设和管理进行综合研究，城市管理理论也开始萌芽（白建民等，2005）。

（三）现代城市管理

现代城市管理指的是从20世纪开始持续至今的城市管理体系。进入20世纪后，西方各国完成工业化，逐步进入信息化社会，城市管理面临的社会环境发生了很大的改变。各地区城市化水平不断提升，在产业结构中，第三产业所占比重日益增大，计算机、互联网等技术的产生和发展改变了人们传统的工作和生活方式，人才和科技逐渐成为一些城市与国家发展的主要动力。同时，由于工业化时期所引发和积累的环境问题和社会问题也逐步受到人们的重视，现代城市管理学的研究注重绿色管理和城市的可持续发展。

现代城市管理研究的问题不仅包括城市物质形态的问题，更多的是人口、环境、社会、经济协调发展的问题。在以人为本、关注人与自然和谐发展、实现社会可持续发展的理念推动下，现代城市管理逐渐强调城市管理功能与体制的更新，要求协调发展社会与环境的关系，加强社区规划建设和社区自治能力，鼓励多元主体参与到城市管理活动中，等等，这些最终使城市管理理论与实践步入理性阶段。

三、城市管理的作用

随着城市化的不断发展，在现代城市发展过程中，城市管理发挥的作用越发重要，它关系到城市居民美好生活需要的满足，以及不平衡不充分发展矛盾的解决。

第一，城市管理是城市运行的根本动力。城市好比一部机器，只有运转正常才能产生良好的效果。通过管理，充分调动城市主体——人的积极性和自觉性，把最活跃的人的因素同其他各种物的因素有机结合起来，从而推动城市各个系统正常有效地运行。

城市在运行中会出现一系列问题，如人口适度规模以及住房、交通、供水、供电、供气、通讯、购物等条件的改善，教育、就业、治安、生态环境保护、污水和垃圾处理等社会福利保障和其他生活需要的满足，需要通过加强城市综合管理和治理来解决。城市管理的完整概念是城市的综合管理、系统管理。一切管理制度和管理方法都要注意运转的协调性和有序性。要处理好专业管理与综合管理的关系，形成相互促进、相互制约的良性循环。

第二，城市管理是解决“城市病”的有效手段。所谓“三分建设，七分管理”，有效的城市管理能够为城市发展节约大量的人力、物力和财力。大城市要重视管理，小城市也要注重管理。实践证明，管理出效率，管理出效益，管理出财富，管理就是生产力。有人抱怨城市居民素质不高，但归根结底，还是城市管理问题。城市发展要走出“越建设、越发展、越赔钱”的怪圈，根本落脚点也在于城市管理。西方发达国家有的城市道路并不比我们宽，且车辆比我们多，但交通拥堵现象却没有我们严重，其原因在于有严格科学的管理。

第三，城市管理贯穿于城市发展的全过程。在城市规划、建设和管理三者之中，管理是贯穿始终的。规划、建设时离不开管理；规划、建设完成之后，仍需要依靠管理。规划是城市未来发展的蓝图，对城市建设和发展有着指导、控制和调节作用，是城市管理的基础。没有高起点、超前性的规划，就不能使城市空间结构合理化，就不能构筑起现代文明城市的格局，即不能带来城市巨大的综合效益。而规划的作用是通过城市管理来实现的，从这个意义上讲，城市管理包括对规划的管理，否则，规划就变成了一纸空文。城市建设也是如此，没有严格的管理，建设质量就得不到保证。楼还没盖起来就倒塌，桥未通行就发生断裂。这些现象的根源就在于缺乏严格的管理。

综上所示，加强城市管理是推进城市发展的强大动力和当务之急，热衷于抓项目、抓经济指标增长，不在管理上下功夫，城市是发展不好的，城市现代化也必定是任重道远的。

四、城市管理的研究对象

传统的城市管理内容局限于与城市自身物质形态相关的方面，例如道路、桥梁、给排水、市容等。现代城市管理的具体内容突破物质形态，更加注重城市社会和城市民众服务的发展。

从宏观层面看，城市管理关注城市的发展战略，包括战略的选择依据、制定过程、关键因素等。另外，城市是区域中的城市，因此城市管理研究城市与区域的关系、城市与区域的协调等。从中观层面看，城市管理通常包括经济管理、社会事务管理、环境管理、空间管理等方面，其中每一个方面中还包含许多具体内容。涉及城市市民切身利益的事务，可看作城市管理的微观层面，比如城市市民管理、公共住宅管理以及基础设施管理。

由于现代城市之间的竞争日益激烈，城市品牌成为宣传、营销城市的重要环节。另外，城市发展过程中存在的不确定因素很多，城市可能随时面临突如其来的威胁与危机，故而非常态事件和突发事件的处置关系到城市的生存与发展，成为城市管理的研究对象之一。

综合而言，在现代城市发展过程中，城市管理的研究对象主要是指城市管理的基本内容，主要包括城市的规划管理、城市基础设施管理、城市经济管理、城市生态与环境管理、城市社会管理、城市公共安全管理等。

第一，城市的规划管理。城市规划管理是城市规划编制、审批和实施等管理活动的统称，它是为了实现一定时期内城市经济社会发展目标，城市政府组织编制和审批城市的规划，并依法对城市土地的使用和各项建设以及社会经济发展的安排、控制、指导和监督的行政管理活动。城市的规划管理是一项复杂的管理活动，它涉及经济、政治、社会、环境、教育、文化、建筑等多个领域，具有广泛性和综合性。城市的规划管理主要从宏观和微观两个层面有效发挥对城市规划的引导与控制，实现专业性与综合性统一、阶段性与连续性统一。在现代城市的建设和发展过程中，城市的规划管理地位和作用日益显著，为城市居民创造一个舒适的生活和工作环境，把城市规划好、建设好是政府和社会的一项重要职责。

第二，城市基础设施管理。城市基础设施管理是指城市政府在各职能部门的配合与协作下，对城市基础设施等进行控制和管理的过程。总体而言，城市基础设施包括能源系统、水资源和供排水系统、交通运输系统、邮电通信系统、城市生态环境系统、城市防灾系统等。城市基础设施是城市区域内人、物、信息以及能源的载体。对其管理的基本任务是依据国家政策方针和相关法律，结合国民经济计划和城市总体规划的要求，研究制定城市基础设施管理的方针政策，拟定法律法规，制定战略规划，并对城市基础设施管理实行监督。城市基础设施是实现城市经济和社会活动正常运行与发展的基础性物质条件以及重要保障，是实现城市内外部效应的重要手段，具有公益性、生产性、垄断性、系统性、超前性和长期性等特征。公共事业和基础设施管理状况是一个城市实现其现代化发展的关键。

第三，城市经济管理。城市经济包括私人部门经济和公共部门经济两大领域，具有密集型、高效性、开放性、综合性等特点。城市经济产生的重要原因是城市集聚经济效益，它是企业、居民的空间集中而带来的经济利益和成本的节约。现代城市中，城市经济是一种市场经济，它在很多领域尤其是公共经济领域存在严重市场失灵，需要政府进行干预和管理。城市经济管理的主要任务是制定正确的城市经济发展战略，合理确定城市空间布局，培育和完善市场，合理调整产业结构，持续稳定地提供城市公共物品。城市经济管理是城市市场经济发展的内在要求，是提高城市经济效益的重要途径，也是发挥城市经济中心作用的重要保证。

第四，城市生态与环境管理。城市生态与环境是指在城市这一特定区域内，与城市居民的生活和工作密切相关的各项自然要素及人类活动所形成的各种关系的综合。城市环境具有社会性、非平衡性、公共性、整体性和复杂性等特点。现代城市发展越来越强调绿色发展模式，即在利用自然资源时，要同时考虑城市当前和未来的发展需求，坚持走可持续发展路线。特别是现代城市管理过程中，城市管理不再是明显的政府主导和单一中心管制，而更加强调社会公众参与环境管理。对城市生态与环境进行管理的基本目标是防止环境污染，维护生态平衡，改善城市的生态自然环境，提高人们的生活水平，保障市民的身体健康，同时减少资源浪费，提高经济效益，实现城市的可持续发展。

第五，城市社会管理。城市社会管理是城市管理的基本职能之一，主要包含城市人口管理、城市社会保障管理、城市社区管理等方面。城市人口管理主要包括人口结构和户籍管理，这是城市社会管理的前提和基础，只有掌握人口结构的基本情况，才能为各项社会政策的制定及社会管理提供基本依据。社会保障从广义上讲是指国家通过各种正式和非正式的制度为其国民提供的安全保障，它是一种以政府为主体的公共福利计划。城市社区是城市构成的细胞，城市社区管理是指相关部门在市及市辖区人民政府的领导下，以街道为主导，对社区资源进行合理调配和综合利用，促进社区经济和社会协调发展的过程。搞好城市社区管理，有利于通过社区规范来调节社区中的矛盾冲突和利益纠葛，有利于培育社区成员的民主自治能力，有利于维护社会稳定、促进社区发展。

第六，城市公共安全管理。城市公共安全管理是指以政府为主导的管理主体，为了保障城市社会成员生活、工作和城市经济建设的正常运行，对城市中的灾害问题、人口问题、社会治安问题等进行预防、处理、解决的一系列活动及制度建设。国内外城市发展的实践表明，城市规模越大、功能越复杂，城市在公共安全方面潜在的危险也就越多。现代城市公共安全具有一定的时代性、复杂性、长期性和联动性，这些特点也对城市公共安全管理提出了更高的要求，政府在城市公共安全管理方面应遵循以人为本、法律至上、预防结合、集中指挥、整体联动等原则，将城市公共安全管理与城市总体规划设计有机结合，切实提高城市公共安全管理水平，保障社会和公民的安全。

第二节 城市管理目标

一、城市管理目标含义

城市管理目标是指城市管理所要达到的预期目的，城市管理总体目标是指所要达到的总体预期目的。拥有明确的目标可以使行动更加具有针对性，而城市管理目标随着城市功能的变化也具有阶段性特征。

城市的出现在于它有着特定的社区集散中心功能，而城市管理的本质就是要充分实现城市功能（尤建新，2003）。1933 年国际现代建筑协会指定的具有里程碑性质的《雅典宪章》提出城市的四大功能是：居住、工作、游憩、交通。1972 年的《马丘比宪章》在《雅典宪章》的基础上，强调了城市急剧发展中如何更有效地使用人力、土地和资源，如何解决城市与周围地区的关系，提出生活环境与自然环境的和谐问题（李德华，2001）。

在可持续发展理念的引导下，城市管理的目标不仅在于实现城市的功能，而且要营造人类住区的可持续发展。联合国人类住区中心于 2000 年 5 月发布的《健全的城市管理：规范框架》指出，城市发展的核心是人本身，而城市中的贫困、边缘化以及社会排斥影响了当今社会的发展，所以建设“包容性城市”是城市管理应当追求的目标。在此，“包容性城市”是指城市中的每个人不论财富、性别、年龄、种族或宗教信仰，均得以参与城市所能提供的生产性机会。当然，由于不同的城市具有不同的空间、经济和社会结构，因此城市管理的具体目标是多样化的。

随着城市发展阶段的不同，城市管理越来越繁杂，涉及的内容也是包罗万象。总的来说，无论城市管理如何理解、如何操作，其宗旨都是以人为本，满足居民的需求服务，城市管理的各项内容都需要以这个宗旨作为总体和长期工作目标。城市管理的主要任务是保证城市供给，提高城市服务质量（姚永玲，2017）。目前，城市管理面临的挑战是建立起一个和谐、可持续发展的城市。

二、城市管理目标的划分

由于城市管理的内容包含多个维度，而每个维度有与其对应的管理目标，因而城市管理目标也存在不同的划分维度。可以说，有多少种城市管理内容的划分，就对应着多少个城市管理目标。

第一,从管理对象或范围划分,城市管理目标可分为综合管理目标和部门管理目标。从城市总体运行看,城市综合管理目标是指从总体上对城市社会经济活动的管理要达到的目的,往往是指一定时间内城市的综合运行效果,这种效果来自各部门的共同努力。部门管理目标是指对城市社会经济各构成部门的活动管理所达到的目的,也称为"条状"管理目标,比如经济管理目标等。

在现实情况中,部门划分越细,目标就会越多。然而,部门越多,各部门之间就越容易产生分割,综合目标的实现就会越困难,效果也会大打折扣。因而,如何使部门协调,是有效提高管理效率、实现城市总体目标极为重要的任务。

第二,从时间角度划分,可分为近期目标和远期目标。其中,近期目标是指当年或五年内城市管理所要达到的目标;远期目标是指五年以后甚至更长时期内城市管理多要达到的总体目的。近期目标和远期目标具有相辅相成的内在联系,前者是后者的基础并且要以后者为基本出发点。

三、城市的目标化管理

城市管理的宗旨是以人为本,实现满足市民需求目标。在实现这个城市管理总体目标的过程中,要对总体目标进行分解,通过分解形成的多个子目标也要围绕总目标而展开。因此,对每个部门机构管理目标的识别是管理工作的首要任务。按照已经确认的目标,对各个环节进行目标绩效考核,是保障目标实现的前提。其中如何通过合理的制度安排,调动工作人员积极性是管理的关键环节,是管理工作的灵活性和主动性所在(姚永玲,2017)。

目标化管理的关键在于使用考核指标调动工作人员的积极性。随着城市管理对满足市民需求的目标越来越明确,目标化管理也越来越受到重视,并开始在相关领域得到推广。因此,在城市管理中推广目标化管理,对改进城市管理工作具有极其重要的意义。

由此可见,目标化管理是城市管理发展的必然趋势。它比过程管理需要更加科学的量算和考核,同时也要求工作人员具有更加丰富的知识和灵活的工作方法与责任心。

第三节 城市管理的职能体系

一、城市管理主体

认识城市管理的职能体系,首先需要了解城市管理的主体及其构成。一个城市的架构和形象通常是由它的市民而不是政府官员和简单意义的城市管理人员所决定的(曼纳・彼得・范戴克,2006)。从城市管理的主体构成而言,可分为政治性主体和参与性主体。

(一)政治性主体

城市管理的政治性主体主要是指拥有政治权利的城市管理主体。如在我国,这些主体包括:执政党——中国共产党城市党组织;城市政权机构,包括城市国家权力机关——市人民代表大会及其常务委员会以及城市政权机构,即市人民政府和由市人民法院、市人民检察院组成的司法机关(简称"一府两院"),以及这些机构的下级组织机构。

(二)参与性主体

城市管理的参与性主体又称非权力系统,是指不具有正式决策和执行的权力,但对城市发展问题的决策和执行有积极影响作用的群体、组织和个人的统称。与政治性主体相比,城市管理的参与性主体没有足够的资源和能力完全实现自身对城市各个要素的影响,但是参与性主体具有发言权、监督权和参与权,这对于政治性主体来说是一种有效的制约和必要的补充。在现代城市中,城市管理的政治性主体与参与性主体互相影响、互相制约,形成一种不可忽视的互动关系。

城市的参与性主体即非权力系统的组成随国情和市情的不同而异,一般包括非权力政治系统和非权力社会系统(马彦林、刘建平,2005)。正因为参与性主体独立于决策系统和运行系统,所以参与性主体能够从社会公平与公民权利的视角看待城市管理的种种措施。

(三)多元主体共治

既然政治性主体和参与性主体都有参与城市管理的必要,并且两个系统分别有不同的责任与义务,那么有必要进一步明晰这两个系统之间的关系。

根据两个系统各要素的属性,可以将其分解为权力、市场力、社会力三个大的方面。由斯通为主要创始人的城市政体理论(regime theory)对于这三方面力量之间的关系进行了比较系统的阐述。所谓"政体",是指非正式的(相对于选举的市政府而言)管治城市的联盟机制(张庭伟,2004)。这个理论主要基于发达国家的城市提出,但是具有比较普遍的意义,其向人们展示了城市中各个利益集团之间具有的密切联系,城市的正常运行与发展离不开这三个方面的力量。

第一,城市政府作为权力的主要载体,由城市选民选举产生,因此政府必须满足选民的要求。然而政府可以动用的资源非常有限(通常是预算资金),不能单独完成增加就业、完善设施等任务，所以政府必须寻求与市场力合作。

第二，企业、资本的所有者作为市场力的主要承载者，其最终目的是获得利润。他们趋向于同政府合作，但前提是政府要采取各种方式吸引企业，如减免企业税收，降低提供建设土地，简化建设审批手续，修改、简化规划条例（如允许提高容积率）等。这样，政府与企业就形成了“权钱政体”，但这一联盟要受到社会力的制约。

第三，在特定的情况下，政府也要求谋求与社会力合作，从而抑制大企业意志的膨胀或者向中央政府施加压力，获得补贴与各种支持，这样就形成了“权力与社会力政体”。但是，在全球化的今天，争夺国际资本和投资项目是在全球舞台上进行的。由于国际资本的高度流动性，地方政府与市民在和市场力谈判时的筹码越来越少，甚至国家政府的影响力也在下降。如果政府真的与社会力结成同盟，坚持要求大企业做出让步，则大企业完全可能会到别的城市甚至别的国家投资（张庭伟，2002）。因而，这一联盟需要因时因情势发挥作用。

二、城市管理职能

城市管理职能主要包括引导职能、规范职能、治理职能、经营职能和服务职能。

（一）引导职能

引导是城市管理有计划的行动。引导可以涵盖计划，而计划不能涵盖引导。城市政府对城市发展引导的原则和出发点，就是“按客观规律办事”。即，加强城市管理，把科学的共性规律与本国本市的特殊性结合起来，培养前瞻意识，做好科学预测预报，防患于未然，导其所顺、制其所逆。

城市政府的首要引导方法是把市场调节的自然机制与政府调节的计划机制很好地结合起来。首先，城市政府针对市场调节的不足之处，进行拾遗补阙，予以调节。市场是自在之物，不是万能的，是不以人的意志为转移的，人再聪明也不能走在市场的前面去主宰它，而只能认识它、调节它。其次，要改革城市政府的引导形式，城市是一个十分复杂的巨大系统，管理城市不能靠像队伍的排头兵，不能靠现场指挥，而是要靠深思熟虑的谋略。城市发展战略的研究和制定，其实就是一种很好的全面的根本的引导方法，城市规划也是引导城市发展的重要方法和条件。

在日常城市管理工作中，引导是一种职能和工作方法，上级善于引导下级，政府善于引导市民。在任何时候，说服教育的效果比简单行政命令的效果都要具有优势。

（二）规范职能

规范是城市管理引导的必然要求和条件，就像河道规定了河水的流向和范围一样。城市管理中涉及的规范主要有经济制度和社会制度规范。作为城市政府管理的依据，有国家制定和赋予的，但城市政府也有完善发展的可能和应用的灵活性。城市政府行为规范，就是划清政府职能、职权和职责，做到应管尽管，不该管的不越雷池一步。城市政府官员的自律规范是建设廉洁和有效政府的必要条件。

制定城市运行的公共规范和制度，是城市管理的重要任务。凡是城市中曾经出现的各种问题，都与管理规范及其是否得力有关。其中，在城市经济运行规范和制度的建设和发展中，城市市场规范、建设规范、人事规范对城市发展的速度和质量至关重要。在城市社会公共规范和制度的建设和发展中，城市文化教育卫生的规制建设（如发展义务教育和先进文化的规范）和道德规范的教育宣传与监督也十分重要。

（三）治理职能

治理是指分部门、分层次进行的管理。治理与引导、规范相互配合，共同实现城市管理。只有治理城市不良秩序，才能实现城乡正常秩序，实现城市管理目标。治理是对城市规范的维护，也受规范的约束。

治理也有缺陷，它容易产生治标不治本、治小而不治大的倾向。在分部门、分层次的常规形式的城市治理向综合治理转变后，一般城市治理和综合城市治理受到挑战。现代城市的发展，日益呼唤标本兼治、预防性治理、民主性治理。城市治理一般采取行政手段与经济手段相结合的方式。

（四）经营职能

城市经营不是"纯"经济的，其中有营利性经营，也有非营利性经营。营利性经营可与企业精英一样，谋求经营利润；非营利性经营，主要谋求综合性效益和效率。

城市的直接经营集中在城市有产权和支配权的"公财"，包括国有企业、国有土地、国有或市有（以及其他形式的公有、共有）城市基础设施、文化教育基础设施以及其他物质财富和资产、国有流动资金等，对他们按现代市场经济规律进行营利性和非营利性经营。

城市无形资产的创造也属城市经营的范畴，它是与增加城市的效益有关的非营利性经营。有形资产的创造和经营离不开城市无形资产的创造。无形资产来源于发展知识经济、提高人才竞争力，优化美化环境，塑造城市整体文化品位，提高城市知名度，有助于无形资产向有形资产转化。

只有城市有形资产与无形资产的结合经营，利用和协调城市企业的外部效益，协调管理城市内部效益与外部效益，才能把城市这一最大国有资产经营好，为国家创造社会财富，实现经济增长和社会进步。

（五）服务职能

为城市居民服务是城市管理的本职和目的，也是对城市经营的限定和制约，更是对城市非营利性经营的要求。它体现了经济发展、社会进步条件下的现代城市人文精神。

城市服务具有极其广泛而丰富的内容。首先是对企业的服务。道路桥梁、交通运输、电信电话等所有城市基础设施的建设和软硬公共品的提供，主要是以为企业服务为出发点和进退原则的，并随着经济发展和社会进步不断扩大为企业服务的领域。城市管理就是要加强对这种服务水平和协调程度的督促和检查。

其次是对市民和家庭服务。包括诸如加强劳动就业与保护、社会福利与保障、弱势群体的特别扶助服务；流动人口在内的居住、餐饮、购物、娱乐、求知、求学服务；尽量为居民排忧解难以及诉讼服务等。这是市民安居乐业，提高对城市认同感、归属感、荣誉感和城市家园感情的重要条件，是体现城市关爱和人文精神的重要方面，也是提高城市政府威信、改善政府与居民关系的重要环节。

最后是对社会整体的服务。对社会整体的服务包括防范灾害和文化教育服务。防范灾害主要包括：一是对自然灾害的防治；二是对社会灾害的防治，如防火、防止生产和交通事故、防治刑事犯罪等。文化教育服务，不仅要满足社会成员物质生活方面改善和提高的需求，更重要的是要满足他们的精神生活需要，这也是提高社会成员德智体方面发展和素质提升的必需，是根本性服务。

从以上城市管理的职能可以看出，城市管理不同于企业管理，属于比企业管理更高层次的、更重要的管理。

三、城市管理的实现方式

随着城市阶层的分化，城市中居民间的要求出现了较大差异，为兼顾不同人群的不同需求，城市管理应用多种实现方式。另外，城市管理也要遵循城市发展规律，从匹配城市发展客观规律视角进行，才能对城市发展管理、土地管理、城市社会管理、环境与资源管理、人口管理等多方面进行创新（项英辉、徐静，2016）。

第一，实行民主治市。城市在进行重大决策，特别是讨论通过事关普通百姓切身利益的政策和法规时，能够依法召开由专家、官员、社区居民参加的听证会。大多数居民反对或暂时通不过的政策和法规，人大不予通过；对政府尚未想到而群众呼声高的提案，人大和政府应加快决策和实施。又如，城市的发展规划，不是由少数专家说了算，更不是由某个高官一锤定音，而是由社区居民主持、专家辅助指导，倾听包括各种年龄、各个阶层市民的各种意见。

第二，建立制衡机制。对城市管理政策和规章的制定、审批、执行实行三者分离，以防滋生腐败。

第三，实现依法管理。依法治市是指城市政府严格按照法律的规定，管理好自身以及整个城市的各项公共事务，使城市管理工作的各个领域、各个环节都纳入法治的轨道。

第四，实施市民监管。建立严格的城市管理成本核算控制机制，明确实施标准，重大事项定期通报社会，实行市民监管。例如，住房公积金使用的定期公布制度，建立健全城市的社会保障机制，包括助学帮困、伤残帮困、孤老帮困、医疗保险、失业救济等。

第四节　城市管理的核心问题

一、城市管理面临的基本问题

城市管理在城市不同的历史发展阶段，围绕城市功能演化会面临不同的问题。例如，20 世纪 90 年代，国际上城市管理主要面临的问题是如何使城市经济、环境可持续发展，以及围绕体制实现经济、社会、环境联动和协调发展。20 世纪 90 年代以来，企业化的公共行政思想逐步进入城市管理领域，城市政府开始改革反思，思考如何开展市场化城市政府管理（诸大建，2000）。随着现代化城市建设深入发展，城市管理面临的问题越趋复杂，由于城市管理内容更加多元化，与城市居民息息相关的问题也更加纷杂。

总体而言，城市的主体是人，城市建设与发展是围绕人的建设与发展，城市管理需要依靠人、围绕人、为了人。从人的需要出发，构建以人为本的和谐城市，对于城市管理而言，其基本问题可归结为两个方面，即效率问题和公平问题。

（一）效率问题

效率是衡量城市管理水平的标志之一，效率的提高不仅能加快城市物流、信息流、资金流、人流等的有序流动，而且能够从根本上促进城市经济增长方式的转变，提高经济效益和社会效益（秦甫，2004）。由于城市管理内容趋于复杂和城市管理主体及组织体系的多元化发展，城市管理效率也涉及多个维度的内容。

从城市管理的主体来看，片面强调政府在城市管理中的主导作用，将政府作为城市公共产品的"提供者"和"生产者"的角色混为一谈，将导致城市政府在城市管理过程中不堪重负，财政压力过大。在政府与市场和企业争利的同时，许多本应由政府主导的公益性事业又出现政府缺位，导致城市管理效率不高。在城市现代化快速发展的今天，城市管理应以政府管理为主导，积极引进社会企业，鼓励个人参与，转变政府职能，充分调动城市管理其他主体的力量，实现城市管理的高效协同。

城市管理过程中，更好地发挥政府、第三方组织、企业和个人各自的职能和优势，实现相互之间科学有效的制约与监督，尊重城市管理的一般性规律，需要通过城市管理组织高效、协同管理来实现。城市管理，只有讲求效率，才能最大化地发挥资源配置作用，利用最小的成本为城市居民创造最大的需求效用。

（二）公平问题

公平是指同一管理措施对同类管理对象的公平性和管理者与被管理者的平等性，它是判断城市管理社会效果的衡量指标。现代城市管理一方面要讲求效率，另一方面要强调在城市管理面前人人平等、不搞特权、不搞例外。城市管理只有具备公平性，才能形成权威性（秦甫，2004）。

注重公平，不仅是城市管理中人与人之间的公平，还涉及城市管理内容中的方方面面。比如在城市管理中，与城市居民相关的包括财政管理、土地资源管理、城市规划管理、公共住房管理、生态与环境管理、社区管理以及城市公共安全管理等。可以说，与城市居民美好生活需要满足相关的领域，在城市管理过程中都会面临一些问题，而这些问题的解决，归根结底不仅要讲求高效率，也要注重公平。在城市管理面前实现人人平等，人与自然和谐相处，通过城市管理相关理论和方法的创新，才能构建一个和谐、宜居的人居城市。

总之，要真正妥善解决好当今城市管理面临的种种严峻问题，必须不断地对城市管理进行思想创新和实践创新，在讲求效率和实现公平间实现平衡，最大化满足城市居民需要。否则，这些与城市居民相关的最基本、最核心的问题不会得到很好的解决，城市健康发展的可持续性也将难以为继。

二、城市管理面临的关系问题

处理好城市管理中的主要关系问题，有助于找准城市管理的着力点、提高城市管理的意识与水平。

（一）讲求效率与注重公平的关系

效率是衡量城市管理水平的标志之一，效率的提高不仅能够加快物流、信息流、资金流、人流的有序流动，而且可以从根本上促进城市经济增长方式的转变，提高经济效益和社会效益。公平是判断城市管理社会效果的衡量指标，主要指同一管理措施对同类管理对象的公平性和管理者与被管理者的平等性。

城市管理一方面讲求效率，另一方面强调在城市管理面前人人平等。行政执行不能“欺软怕硬”，不能看背景、看后台，不能管民不管官，要保证行政执法过程的公平和公正。城市管理只有具备公平性，才能形成权威性。城市管理，讲求效率与注重公平相辅相成、互相促进的。

（二）人性关怀与严格执法的关系

城市管理要求管理者确立“以人为本”的基本理念，一切以市民的福祉为依归。这并不意味着以人本管理取代制度管理和法律法规。只有把人本管理和制度管理有机结合起来，刚柔并济、疏堵结合，才能做好城市管理工作。

（三）经济发展与生态平衡的关系

城市管理是以城市基础设施和公共资源为主要对象，以发挥城市经济、社会、环境整体效益为特征的综合管理。各国城市现代化进程中面临的共同问题是：对从生态平衡角度发展经济，建设和管理城市的重视不够，造成城市水源干涸、交通拥堵、失业率高、环境污染等严重的自然和社会问题。解决好生态环境、社会环境与城市发展之间的矛盾，探索环境与城市发展协调之路，是城市管理工作的重点和难点。

因此，城市管理必须关注人口、资源和环境的协调发展问题，将合理利用资源作为城市管理主体自觉的价值取向和重要原则，加倍重视防止污染，推进循环经济发展，完善废物处理，限制滥用国土资源，节水、节地、节能，做到资源、环境、人口相平衡，实现资源的永续利用和人类的世代发展。

（四）城市繁荣与城市安全的关系

公共安全是市民安居乐业的基本保障。城市化进程既是集聚财富的过程，也是积聚风险的过程。城市经济高速发展带来的人口膨胀，在住房、教育、生活等方面出现的两极分化，都有可能引发城市公共安全问题。城市规模越大、功能越复杂，潜在的危机也就越容易被诱发。

安全问题不能被城市繁华所淹没，现代城市管理必须解决好城市的安全问题。要把城市安全提到国家安全的战略高度来认识和应对，自觉以科学发展观规范城市发展安全管理(任胜利,2008)。重点加强建立覆盖城市各部门、各行业、各单位的应急预案体系,应急管理机构和应急救援队伍建设;建设好突发公共事件预警预报信息系统和专业化、社会化相结合的应急管理保障体系等。

三、城市管理面临的模式问题

城市管理模式是随着城市发展趋势和特征而不断变化的,但总体上无论城市管理模式发展趋向如何演变,都应以公众满意为导向。

(一)城市管理柔性化

传统城市管理是以技术、生产等物的管理为中心,以行政命令、制度约束为主导的管理。从20世纪80年代开始,城市管理向柔性化发展,即由传统管理进入文化管理阶段。城市文化管理以人为中心,人既是管理的出发点,也是管理的落脚点。尊重人,关心人,培养人,激励人,开发人的潜力,成为管理的核心内容。现代城市管理以人的自我控制、自查自律为管理的主要手段,是一种具有人情味的管理、人性化的管理,它依靠思想文化的灌输,价值观念的认同,感情的互动和良好风气的熏陶。这种管理实现高效率与高士气的良性循环,适应了知识经济时代城市居民需要层次的提高。

城市管理柔性化的另一特征是从以人、财、物等“硬件”为重点的管理向软件管理转变。知识资本由人力资本与结构性资本两部分构成。人力资本主要由知识和学习知识的能力、技能、发明创造力、完成任务能力等人力因素构成。结构性资本则表现为支持人力资本最大化的结构,如所有制结构、设备结构、数据库、信息技术应用程度、品牌、城市形象等。知识管理、学习管理、创新管理等软性管理将是现代城市新颖的管理模式。未来知识型的管理者注意市民的心理状态和道德状态以及人的素质提高;注重激发人们的创造力,创造出更先进的工作方式。柔性化的管理将是现代城市管理的必然选择。

(二)城市管理信息化

现代化城市管理逐步将信息、网络技术和人工智能作为重要手段,并要求管理者、决策者更多地运用数据、智能手段进行信息化管理,而不是主观臆断。城市管理信息化基于城市综合管理模型,全面开放的计算机网络,使城市管理各方面各层次的决策都建立在迅速适应情况变化和相互有机联系的基础上,从而有效提高城市管理效能。为了推进城市信息化管理,要不断提高城市管理者对信息化知识水平,加强程序化和标准化工作,运用高新技术手段,提升城市管理的信息技术装备。

(三)城市管理民主化

一方面是以国家整体上的民主政治促进城市管理的民主化发展,另一方面是加强城市管理自身的民主建设。民主化不在于提多少口号,而在于采取措施,在于制度建设、法制建设。民主制度与法治建设不可分割。市民对城市管理的参与,有着广泛丰富的内容和深刻的内涵,它包括接受城市管理的新理念,参与某些重大事项的决策讨论过程,改变自己的观念,建立新的价值取向,以及用现代城市文明准则规范自己的行为方式等方面。

(四)城市管理法制化

城市管理涉及面广,许多内容交织交叉,需要运用法律的手段加以规范。为此,通过制定全国性或地方性的法律、法规和规章,明确城市管理各部门、各主体的职责、权限与范围。在城市管理领域,坚持规章制度和流程清晰明确、具备可操作性,张榜公布、公开透明、责任明确,凡事都有可参考的规章制度,法度明晰、奖惩有度、执法严明。

参考文献:

[1]白建民、王欣、王薇,《现代城市管理》,中国科学技术大学出版社,2005。

[2]符娟,《提高城市管理水平的几点对策》,《城市建设理论研究》,2011,第34期。

[3]李德华,《城市规划原理(第三版)》,中国建筑工业出版社,2001。

[4]联合国,关于健全的城市管理规范:建设“包容性城市”的宣言草案,城市研究网,2020-5-12,https://www.un.org/chinese/events/Habitat/15.htm。

[5]马彦林、刘建平,《现代城市管理学(第二版)》,科学出版社,2005。

[6]曼纳·彼得·范戴克,姚永玲译,《新兴经济中的城市管理》,中国人民大学出版社,2006。

[7]钱振明,《善治城市》,中国计划出版社,2005。

[8]秦甫,《现代城市管理》,东华大学出版社,2004。

[9]任胜利,《让城市更繁华也更安全》,《人民日报》,2008-01-15。

[10]宋刚、张楠、朱慧,《城市管理复杂性与基于大数据的应对策略研究》,《城市发展研究》,2014,第8期。

[11]项英辉、徐静,《对城市管理创新的几点思考》,《城市管理与科技》,2016,第4期。

[12]姚永玲,《城市管理学》,北京师范大学出版社,2017。

[13]尤建新,《现代城市管理学》,科学出版社,2003。

[14]张波、刘江涛,《城市管理学》,北京大学出版社,2007。

[15]张垒,《城市发展建设中存在的问题及对策分析》,现代商贸工业,2019,第31期。

[16]张庭伟,《构筑规划师的工作平台——规划理论研究的一个中心问题》,《规划研究》,

2002,第10期。

[17]张庭伟,《新自由主义、城市经营、城市管治、城市竞争力》,《城市经营》,2004,第5期。

[18]张晓燕,《现代城市管理学》,武汉大学出版社,2012。

[19]诸大建,《新世纪城市管理中的核心问题》,《城市管理世纪论坛2000会议学术文集》,中共上海市建设党校、上海市建设职工大学,2000。

第二章　城市管理的基础理论

第一节　城市管理理论概述

自从城市文明诞生起，人们便开始了城市管理的研究。然而，城市的存在相对于人类漫长的历史长河而言实在是太短暂了，而现代城市的历史就更短了。由于古代城市主要是作为军事防御中心、商贸中心和达官贵人的消费中心存在的，工业主要是手工业，城市形态与现代城市相去甚远，古人所积累的城市管理经验难以应付现代城市管理。因此，虽然城市管理从城市文明开始就伴随人类的成长而出现，但是对现代城市管理的探讨只是在工业化以来现代城市发展过程中得以创新性展开。

在现代化城市发展过程中，出现“花园城市（园林城市）”、《雅典宪章》即“城市规划大纲”等对城市规划具有指导意义的探索。1898 年霍华德发表专著《明天的花园城市》，阐述了花园城市的理论。花园城市反映了人们对未来理想的城市设想——规模适宜，把田园的宽裕带给城市，把城市的活力带给田园，目标是城市农村协调融合为一体。1933 年国际现代建筑协会在雅典会议上制订了《雅典宪章》，提出以人为本的原则整体规划观念，从城市住宅、娱乐、交通、工业生产、文物保护等方面进行城市综合规划和管理。

同时，在现代城市发展过程中出现“霍桑实验”(1933)等对城市管理具有启发意义的探索。1924—1932 年，梅耶等人通过西方电气公司所属霍桑工厂进行一系列实验后，认为良好的人际关系是提高劳动生产效率的重要因素。由此意识到在各种影响效率的因素中，人是最重要的，进而得出新的管理理念，在“社会人”的假设基础上，即人除了有经济方面的需要外，还有社会的、心理的需要，从而强调管理者的重点是关心人而不是生产；减轻人们的心理压力，满足其各方面的需求；建立管理者与被管理者之间良好的人际关系；更多地关心被管理者的情感的非逻辑而不是效率的逻辑。对人的重要性的这种认识，突破传统或古典管理理论的认识。即，要发挥人的潜力，就只能加强技术管理，制定最精确的工作方法，实行严格的监督制度，实行利益有差别的计件工资制度，却很少注意社会因素对人的积极性的影响(丹尼尔·A. 雷恩，2000)。

随着西方发达国家的城市化已基本实现，发展中国家进入城市化的起步和推进阶段，城市管理研究成为世界各国所面对的现实而紧迫的任务，城市管理学得到迅速发展，涌现了一大批研究成果和众多理论学派。美国加州大学城市社会学教授孔弦在《城市社会学理论与方法》一书中将其归纳为以下几个学派(叶南客、李芸，2000)：

第一，管理方法学派认为城市管理只有靠各种科学管理方法作为管理的工具，才能发挥管理的效能，他们强调的是综合运用各种科学管理方法，单纯运用一种或几种方法是达不到管理效能的。

第二，管理经验学派认为城市管理是借助管理者经验的积累来进行的。他们强调的是管理经验，经验越丰富，管理就会越好。

第三，行为学派认为城市管理应重视人性的因素，如何激励管理人员和市民自愿发挥潜力才是成功的因素。

第四，社会学派认为城市是社会体系的一部分，城市社区是整个人类社会组织的重要组成部分，其管理制度与社会制度是密不可分的，因此，管理应考虑城市与社会的关系。

第五，决策学派认为城市管理的关键在于管理者所做的决策，决策做得好，管理就会好；决策做得不好，城市管理就无法达到预想的效果。

第六，数量学派认为城市管理可以用数学的方法，将管理做最佳的定量分析。

上述有关理论的探索和多种学派观点的提出，一方面为城市管理理论的发展提供了有益的科学理论基础，有助于推动“综合性城市管理理论”的产生和发展；另一方面，由于城市本身所具有的综合体特点，其研究内容非常庞杂，对城市每一个维度的研究都可形成一套理论，所以预示着将形成更多的学派及其理论，事实上与城市管理相关的理论确已很多，正如上述六大学派等。

在城市管理过程中可利用各类学派的丰富的理论研究成果指导实践。但是，城市是一个整体，利用各类学派的理论难免会相互冲突，不易整合利用，而且学派越多，这种局面会越加深化。因此，缺失综合性城市管理理论的现今，有必要选择能够贯穿于城市管理总体的理论作为城市管理的基础理论。

本书认为，城市管理基础理论包括公共管理理论、空间结构理论和系统管理理论三大理论。城市的第一特征是异质性人口的聚集，所以城市的最基本的管理是以社会公共事务作为对象的管理，公共管理理论应该是城市管理的基础理论之一。城市是人及其社会的空间载体，承接人及其社会所促成的空间组织，所以城市空间结构理论应该是城市管理的又一个基础理论。城市是构成极为复杂的综合体，其管理视角必须是整合、系统性的，所以系统管理理论应该是城市管理的另一个基础理论。

第二节　新公共管理理论

一、新公共管理理论的诞生

新公共管理是一个非常松散的概念，它既指一种试图取代传统公共行政学的管理理论，又指一种新的公共行政模式。新公共管理理论是当代国外行政改革的主要理论基础，影响很大（珍妮特·V. 登哈特、罗伯特·B. 登哈特，2004）。

新公共管理是在 20 世纪 80 年代，西方一些国家政府管理相继出现严重危机、传统科层体制的公共行政已经不能适应迅速变化的信息社会的发展、无法解决政府所面临的日益严重的问题的背景下诞生的。它主张在政府公共部门采用私营部门成功的管理方法和竞争机制，重视公共服务效率，强调在解决公共问题、满足公民需求方面增强有效性和回应力，强调自上而下的统治性权力与自下而上的自治性权力交互，强调政府与公民社会的协商与合作，强调政府低成本运作，强调公共服务的质量和最终结果，强调引进企业管理的若干机制和方法来改革政府，强调顾客第一和消费者主权，强调政府职能简化、组织结构“解科层化”、作业流程电子化（汪翔、钱南，1996）。

20 世纪 70 年代末以来，西方发达国家实行的政府改革，引起了极大的社会反响。“重塑政府运动”“企业型政府”“政府新模式”“市场化政府”“代理政府”“国家市场化”“国家中空化”等，就是对这场改革的不同称谓。人们普遍认为，区别于传统公共行政典范的、新的公共管理模式正在出现。自 20 世纪中叶开始，西方发达资本主义国家普遍实行“福利国家”制度。它们运用凯恩斯主义经济学指导国家的经济活动，试图依靠政府的作用来弥补市场的不足。然而过了多年，福利国家制度并未取得如愿的经济增长和社会满意度。20 世纪六七十年代以来，经济滞胀、政府扩大支出产生高税收、政府公共服务无效率，造成社会普遍不满，最终导致意识形态变革。人们开始从政治上批判福利国家的政策基础，主张以自由市场、个人责任、个人主义来重塑国家和社会(陈振明,2000b)。

在意识形态上崛起的“新右派”思想,主要来源于自由经济思想、新制度经济学和公共选择经济学。它强调自由市场的价值,批评政府干预的弊端,主张用市场过程取代政治或政府过程来配置社会资源并且做出相应的制度安排。它认为国家和政府作为非市场力量,会扭曲社会资源的有效配置。高税收将资源从创造财富的私营部门转移到消费财富的公共部门,妨碍经济增长和削减社会福利。只有让市场进行资源的最佳配置,让消费者和生产者决定福利的供给和需求,才能促进社会和经济的繁荣。于是,市场化成为政府改革的必然选择。公共企业的私营化、公共服务的市场化、公共部门之间的竞争、公共部门与私人部门之间的竞争,广泛进入西方国家的政府改革策略。

市场化改革从一定意义上讲,是在为政府减负,同时也意味着政府放权。在现代国家,政府扮演着双重角色,即是社会福利的提供者与经济稳定和增长的主舵手。政府在社会保障、社会公平、教育平等、医疗保健、环境保护等方面依然承担着不可推卸的责任,仍然支配着巨大的社会资源。社会要求政府花费更少、做得更好,更有效地使用公共财政资源。对此,政府必须积极从内部管理上挖潜,寻找新的管理理念和管理工具来提升政府的管理能力。私营企业优良的管理绩效和先进的管理方法,自然地成为政府进行管理创新的改革选择。西方国家的政府改革推崇市场化和效法私营企业管理,最终导致新公共管理典范的诞生而不同于传统的政府管理模式。

二、新公共管理理论的基本思想

传统公共行政的理论基础是以威尔逊、古德诺的政治与行政的二分法和以韦伯的科层制理论为基础的官僚组织理论。不同于传统公共行政,新公共管理的理论基础主要是公共选择理论、新制度经济学理论和私营企业的管理理论与方法。与传统行政模式将公共行政的管理方法局限于政治规则不同,新公共管理模式着力于经济规则。根据中西方行政学者们的论述,新公共管理理论的基本思想可以做如下概括(陈天祥,2007;蔡立辉,2002;黄健荣,2005)。

第一,政府的管理职能是“掌舵”而不是“划桨”。与传统公共行政管理中政府只是收税和提供服务不同,新公共管理主张政府在公共行政管理中应该只是制定政策而不是执行政策,即政府应该把管理和具体操作分开,政府只起掌舵的作用而不是划桨的作用。这样做的好处是,可以缩小政府的规模,减少开支,提高效率。掌舵的人应该看到一切问题和可能性的全貌,并且能对资源的竞争性需求加以平衡。划桨的人聚精会神于一项使命并且把这件事做好。掌舵型组织机构需要发现达到目标的最佳途径。划桨型组织机构倾向于不顾任何代价来保住他们的行事之道。因此,有效的政府并不是一个实干的政府,不是一个执行的政府,而是一个能够治理并且善于实施治理的政府。

第二,政府服务以顾客或市场为导向。新公共管理从公共选择理论中获得依据,认为政府应以顾客或市场为导向,从而改变了传统公共行政模式下的政府与社会之间的关系,对政府职能及其与社会的关系重新进行了定位(Stone,1980)。新公共管理理论认为,政府的社会职责是根据顾客的需求向顾客提供服务。市场不仅在私营部门存在,也在公共部门内部存在。于是在新公共管理中,政府不再是凌驾于社会之上的、封闭的官僚机构,而是负有责任的企业家,公民则是其顾客或客户,这是公共管理理念向市场法则的现实回归。

“企业家”在新公共管理思想中有其特殊的含义,作为企业家的政府并非以营利为目的,而是要把经济资源从生产效率较低的地方转移到效率较高的地方。因此,企业家式的政府应该是能够提供较高服务效率的政府。为了实现这一目标,政府服务应该以顾客需求或市场为导向。对公共服务的评价,应以顾客的参与为主体,注重换位思考,通过顾客介入,保证公共服务的提供机制符合顾客的偏好,并能产出高效的公共服务。

第三,广泛采用授权或分权的方式进行管理。政府组织是典型的等级分明的集权结构,这种结构使得政府机构不能对新情况及时做出反应(Stone,1980)。由于信息技术的发展趋势,加快决策的压力猛烈地冲击着政府的决策系统,政府组织需要对不断变化的社会做出迅速的反应。企业界经理采取分权的办法,通过减少层级、授权和分散决策权的办法迅速做出反应,从而有效地解决问题。因此,政府也应该通过授权或分权的办法来对外界变化迅速做出反应。政府应将社会服务与管理的权限通过参与或民主的方式下放给社会的基本单元:社区、家庭和志愿者组织等,让他们自我服务、自我管理。新公共管理理论认为,与集权的机构相比,授权或分权的机构有许多优点,例如,比集权的机构有多得多的灵活性,对于新情况和顾客需求的变化能迅速做出反应;比集权的机构更有效率;比集权的机构更具创新精神;能够比集权的机构产生更高的士气、更强的责任感、更高的生产率等。

第四,广泛采用私营部门成功的管理手段和经验。与传统公共行政排斥私营部门管理方式不同,新公共管理理论强调政府广泛采用私营部门成功的管理手段和经验,如重视人力资源管理,强调成本—效率分析、全面质量管理、降低成本和提高效率等。新公共管理理论认为，政府应根据服务内容和性质的不同，采取相应的供给方式。政府可以把管理的机构分解为许多半自主性的执行机构，特别是是把商业功能和非商业功能分开，决策与执行分开；移植私营部门的某些管理办法，如采用短期劳动合同、开发合作方案、签订绩效合同以及推行服务承诺制；主张全面的货币化激励，不过分主张传统的道德、精神、地位和货币等因素的混合以及单一的固定工资制的激励机制。特别是主张对高级雇员的雇用实施有限任期的契约，而不是传统的职位保障制。

第五，在公共管理中引入竞争机制。传统的观念认为，微观经济领域应该由私营企业承担，而公共服务领域则应该由政府垄断。与传统公共行政排斥私营部门参与管理不同，新公共管理理论强调政府管理应广泛引进竞争机制，取消公共服务供给的垄断性，让更多的私营部门参与公共服务的供给，通过这种方式将竞争机制引入政府公共管理中来，从而提高服务供给的质量和效率。之所以需要引入竞争，是因为竞争可以提高效率，即投入少、产出多；竞争迫使垄断组织对顾客的需要做出反应；竞争奖励革新；竞争提高公营组织雇员的自尊心和士气。因此，政府为了高效地实现公共服务的职能，应该让许多不同的行业和部门有机会加入到提供服务的行列中来。

第六，重视提供公共服务的效率、效果和质量。传统政府注重的是投入，而不是结果。由于不衡量效果，所以也就很少取得效果，并且在很多情况下，效果越差，投入反而越多(安东尼·吉登斯，2000)。新公共管理理论根据交易成本理论，认为政府应重视管理活动的产出和结果，应关心公共部门直接提供服务的效率和质量，应能够主动、灵活、低成本地对外界情况的变化以及不同的利益需求作出反应。因此，新公共管理理论主张政府管理的资源配置应该与管理人员的业绩和效果联系起来。在管理和付酬上强调按业绩而不是按目标进行管理，按业绩而不是按任务付酬。在对财力和物力的控制上强调采用根据效果而不是根据投入来拨款的预算制度，即按使命做预算、按产出做预算、按效果做预算和按顾客需求做预算。

第七，放松严格管制，实施明确的绩效目标控制。新公共管理理论反对传统公共行政重遵守既定法律法规、轻绩效测定和评估的做法，主张放松严格的行政规制，实行严明的绩效目标控制，即确定组织、个人的具体目标，并根据绩效目标对完成情况进行测量和评估。新公共管理理论认为，虽然任何组织都必须制定规章才能运行，但是过于刻板的规章则会适得其反；企业家式的政府是具有使命感的政府。它们规定自己的基本使命，然后制定能让自己的雇员放手去实现使命的预算制度和规章，放手让雇员以他们所能找到的最有效的方法去实现组织的使命。有使命感的组织比照章办事的组织的士气更高，也更具有灵活性和创新精神，从而更有效率。

第八，公务员不必保持中立。在看待公务员与政务官员关系的问题上，新公共管理与传统公共行政存在着明显的分歧。传统公共行政强调政治与行政的分离，强调公务员保持政治中立、不参与党派斗争、不得以党派偏见影响决策等。新公共管理理论则认为，鉴于行政所具有的浓厚的政治色彩，公务员与政务官员之间的相互影响是不可避免的。因此，与其回避，倒不如正视这种关系的存在。基于这种看法，新公共管理理论主张对部分高级公务员实行政治任命，让他们参与政策的制定过程并承担相应的责任，以保持他们的政治敏感性。在新公共管理者看来，政策制定与政策执行不应截然分开。正视行政机构和公务员的政治功能，不仅能使公务员尽职尽责地执行政策，还能使他们以主动的精神设计公共政策，使政策能更加有效地发挥其社会功能。这体现了新公共管理者重视激励、鼓励公民参与的取向。

三、新公共管理理论的成就及局限性

20 世纪 70 年代末 80 年代初，一场声势浩大的行政改革浪潮在世界范围内掀起。在西方，这场行政改革运动被看成是一场重塑政府、再造政府的新公共管理运动。尽管新公共管理在不同的国家的表现形式及具体做法有差异，变革力度也有所不同，但基本上都包含了三个层次的内容(阎宏斌，2005)：

第一个层次，与 20 世纪五六十年代的新公共行政总体上是相关的，即对原有的以科层制为核心的公共行政制度、机制、做法的重新审视和评估，总结经验，发现问题，并关注解决其中的关键问题。

第二个层次，侧重于从技术层面来解释和解决既有公共管理的时代问题，试图通过吸收经济学、管理学、行政学等学科的新知识和新成果，在决策、规划、执行、监督、考核评估等方面引入新的技术方法和手段，进而提高公共部门适应新时代变化的能力及其绩效表现。

第三个层次，是前两个层次内容的逻辑结果，是在重新审视政府与市场、政府与社会的关系的基础上进行的公共部门结构与制度的再设计，从而一方面增强公共部门内部效率和管理的科学化水平，另一方面改善公共部门对社会的回应性，弥合与社会的距离。

新公共管理是当代社会发展与公共部门改革的必然产物，因其理论在一定

程度上反映了公共行政发展的规律和趋势,因而对西方国家的行政改革起到了十分重要的推动和指导作用。

(一)新公共管理理论的成就

1. 新公共管理体现了国家与社会、政府与市场关系的新格局

自从工业革命以来,国家的地位事实上一直在上升。美国的罗斯福新政以后,政府更是一步步地将其领地延伸到过去属于市场的许多领域。然而,20 世纪 80 年代开始,西方国家开始显现出对市场的回归,90 年代则在世界范围内出现了政府权力、职能和责任的全面退却。各国政府都较以往计划得更少、占有得更少、管理得更少,并允许市场的边界不断扩展。当然,政府的这一转变并不标志着政府的终结。在许多国家,政府支出的国民收入仍然与从前一样多,而在另一些国家,政府仍旧是满足社会公共需求的最后手段(唐兴霖、尹文嘉,2011)。

那么,是什么促成了向传统自由主义的市场经济的回归? 有人认为,近代以来,一直存在着政府与市场关系的争论,人们也在政府取向和市场取向之间左右摇摆,而新公共管理只不过表明这次钟摆又一次摆向市场而已。但更多的人认为,科技革命、新产业革命以及全球化的深刻变化,正在从根本上改变国家与社会、政府与市场的关系,新公共管理体现了这种新的关系格局,并推动其向纵深发展。

2. 新公共管理表现出防止行政权力腐败的趋向

首先,新公共管理的服务定位将导致特权的消失和特权意识的弱化。其次,新公共管理的顾客至上改变了原先行政体系的主体中心主义,这种主体的边缘化使腐败丧失了发生的根据。最后,新公共管理由于实行公共服务的公开竞标,增加行政行为的透明度,使不透明地行使公共权力的机会最小化。总之,新公共管理已经显示出这样的趋势,即建立起一种以公共利益为中心的管理体制。此外,新公共管理还力图从根本上解决管理行政公平与效率不可兼得的矛盾。

(二)新公共管理理论的局限性

1. 效率至上的管理方法导致政府公共性的缺失

新公共管理所倡导的民营化、企业化、市场化等一系列以追求效率为目的管理方法,体现了人类寻求良好政府治理的一种努力,在某种程度上也反映了社会及公民对有效政府的期待。这些主张与方法可以说在理论与实践中极具启发与现实意义,但是对效率这种行政的工具理性价值的过度追求就是一种致命的自负,存在很多缺陷。

新公共管理主张建立市场化改革取向的政府,认为经济与经营中市场化的

操作方法和手段可以引入公共部门，以取代低效的官僚行政手段而作为资源配置的方式（杨博、谢光远，2014）。然而，市场不但本身具有不可避免的缺陷，而且市场追求高效率的特点在于，将所有活动和人类互动都看作交易和契约行为。效率成为衡量一切事物的价值尺度，所有活动都围绕追求高效率、高利润来展开。新公共管理采用的这种效率中心主义的方法，彻底打破了公私部门的界限，使政府施政的基本目标趋向于"三E"——经济、效率与效益，突出强调的是经济价值。

然而，公共行政在本质上是以民主与社会公正为基石的，政府的价值表现为强调追求人民主权、公民权利、人性尊严、公共利益、社会责任等多元价值，而过分强调对效率的追求，使经济价值成为判定社会发展的唯一标准，将使公共行政管理违背公共行政的根本价值和根本目标，最终会动摇公共行政合法性的基础地位。这是一种典型的工具理性的思维方式，即将效率作为公共行政追求的唯一目标，将公共行政沦为追求效率的工具，以致公共行政丧失了作为行政体系本身的"公共"属性。如此一来，则使公共行政的根本价值与根本目的走进误区，进而引发公共行政的价值危机。因此，公共行政应当承担政府在国家治理过程中的责任和正当性，关注其公共性的本质要求，实现公共行政的多元价值目标，避免公共精神的丧失。

2. 结果导向的量化管理方法导致片面性

新公共管理倡导并借鉴了企业的经济管理方法，这种管理方法直接以经济结果和经济指标为目标，以量化的结果为衡量绩效的标准，试图以此来提高公共管理的科学性和有效性（韩兆柱、杨洋，2013）。量化管理是一种以科学管理为理论依据，以实证主义为方法论基础，以科学主义作为指导思想，以追求精确、定量、客观为目标的管理方法。但是，这种管理方法在使用范围上具有一定的局限性，存在一定的盲区和缺陷。

第一，不是所有事物都可以用结果量化的标准来衡量的。有些事物的评价标准和结果是模糊的，尤其是在政府公共部门，由于所管理事务非常复杂，工作目标不可预测，事物之间具有较强的相关性和全面性，很难用科学、精确的量化结果来衡量，如果我们强加一些硬性指标，评价结果就会有失公正。

第二，单纯以经济指标来判定政府管理工作会导致社会问题。完全以数字化的经济指标作为公共行政工作结果的评价标准会带来严重的社会问题，尤其是GDP指标，无视或忽视社会发展、资源开发和利用、环境污染和人类发展等方面的内容。其在实践中的恶果是，虚假的GDP、资源的严重浪费、环境污染的加剧、贫富差距的拉大等。

量化管理方法本身没有错误,问题的关键在于,新公共管理方法把结果取向和量化管理绝对化,把经济价值看作行政管理的首要价值,将经济指标看作判定政府行政管理的重要标准,似乎数字化的"量"成了衡量事物优劣的唯一尺度,这在一定程度上忽略了公共行政对人本身及管理环境的重视,忽视了社会公平、正义等价值。从伦理与责任的角度来说,政府应始终是追求至善、维护公共利益、对人民负责的。然而,一旦作为工具的绩效管理被目的化后,金钱、数字就成为政府组织和政府官员的唯一目标,这样某些行政领导就会为了自己的政治前途搞政绩工程,试图通过这样的绩效来说明其工作结果的有效。新公共管理方法推行以结果为导向的定量管理方法,过分重视结果,过度依赖定量的方法,在管理方法上具有一定的片面性,在某种程度上会导致公共责任的缺失,有损社会的公共利益。

综上所述,新公共管理理论方法论作为一种新的理论范式,在公共管理发展的历史进程中,在新公共管理的实践中发挥着双重作用(陈振明,2000a)。

一方面,它突破了传统公共行政理论的羁绊,以新自由主义经济学、公共选择理论、交易成本理论和工商企业管理理论等经济理论为其理论基础,以"理性经济人"的个人主义理性思维方法为表征,以市场经济的竞争式管理方法为取向,形成了以结果为取向的绩效目标管理方法、以顾客为取向的回应性管理方法、以外部为取向的战略管理的管理方法体系。这些管理方法在实践中的运用,拓展了公共管理的研究范围与主题,丰富了公共管理的方法,优化了学科结构,完善了理论基础与实践模式,提高了政府管理的效率,在当代西方公共管理实践中发挥了重要的作用。

另一方面,由于新公共管理理论方法论囿于经济学的理论基础,并以理性经济人理念为逻辑起点,以引入市场机制、追求效率为目的,就不可避免地重蹈了工具理性的覆辙,将公共行政仅仅作为实现效率目标的工具,导致政府公共管理的公共性与价值性的缺失,从而招致理论界与实践领域的批判。尽管如此,新公共管理理论方法论作为一种新的管理范式,在一定的社会发展阶段中,仍然具有它存在的价值。

四、新公共管理理论与城市管理

未来,新公共管理理论的发展趋势将更加体现以人为中心,从对人、财、物等硬件为重点的管理转向以知识和学习等软件为重点的柔性化管理,管理的决策、执行和监督将建立在数字化基础之上，并不断扩大市民参与，实现管理透明与公开。

第一，城市公共管理主体多元化趋势将更趋明显，在此基础上建立现代城市管理三元治理结构成为必然选择。加快引入私营部门、第三部门等新的组织要素，建立由政府、企业、社会组成的多元化主体城市治理结构以弥补政府失灵和市场失灵。在这种三元治理结构中，政府是组织者和指挥者，其行为决定和影响其他城市管理主体的活动方式和活动效果。营利性企业和非政府组织配合政府提供城市公共物品与服务有利于分担政府管理事务，提高城市管理运行效率和效益。社会公众作为基础通过公开与不公开途径参与城市管理活动，推动城市管理机制内生化转变。政府突出其统领与指导作用，企业突出其专业与独立作用，社会突出其监督与制衡作用，三者地位应相差无几，完成“小政府＋大社会”的改造。

在城市管理活动中，政府的职能更多的是提供良好的交易环境，保证公正的交易制度，进行有效的市场监管，对于城市公共服务中的自然垄断产品，建立严厉的政府监督下的市场供给体制，对于共有资源或纯粹公共产品和服务的供给。政府作为投资主体通过市场交易委托给专业的建造者或经营者，提供高效高质的第三方产品或服务。

第二，以推进城市管理资源和管理体系整合为目标，城市公共管理手段科学化水平将有较大提升。用科学手段管理城市，是城市管理的必然趋势。城市管理手段的科学与否直接影响整个城市及各系统的正常协调发展。城市管理运行系统内容繁杂，包括城市交通管理，城市市容环境管理、城市旧城区改造管理、城市公共服务保障、城市公共安全管理、城市综合执法等多个领域，牵涉面广，必须采用科学的管理手段才能达到整合管理资源、管理机制提高管理效率和管理水平的目标。

第三，城市公共管理委托机制逐步建立，城市委托管理模式将得到广泛应用。城市委托管理模式，就是在保持公用事业所有权公有的前提下，政府公用事业管理部门依照法定程序，通过市场竞争从公开市场选择企业，按照双方签订的契约对城市基础设施和公用事业进行建设与管理，形成严格意义上的委托合作关系。选择的企业性质可以是私营企业、国有企业、公私合营企业或外资企业，并在经营管理过程中接受政府部门和市民监督。

委托管理方式有租赁管理、托管管理、特许经营权管理、直接管理等。政府与受托企业通过签订契约明确双方的行为和职责范围，受托企业有对公用事业进行技术开发、提供产品和服务的权利和义务。政府有权对受托企业进行监督，并保留对价格进行干预和单方终止契约的权利。这种委托管理模式不仅能够提高管理效率、发挥市场主体的专业优势、提高管理和技术水平、改善服务质量，还能有效预防政府直接承担管理事务过程中存在的低效与腐败，因此越来越成为城市管理的主要运行模式。未来这种管理模式将成为城市公共管理的重要途径之一。

第三节　空间结构理论

一、空间结构理论的基本问题

空间的配合是人类经济行为的产物，依经济原则形成空间位置与空间大小间相互密切的有机关系，其间必定存在着某种秩序，这种秩序被称为空间结构，这种结构实质上就是空间秩序。空间结构理论作为一种综合性的区位经济理论，它的研究对象涉及产业部门、服务部门、城镇居民点、基础设施的区位、空间关系，也涉及人员、商品、财政和信息的区间流动等方面。正是因为空间结构理论研究所涉及的内容过于宽泛，理论界对其学科性质的分歧一直较大。综观空间结构理论的基本问题，它主要包含五个方面(曾坤生，1999)：

第一，以城镇型居民点(市场)为中心的土地利用空间结构。这是对杜能理论模型和位置级差地租理论的发展。它利用生产和消费函数的概念，推导出郊区农业每一种经营方式的纯收益函数，并由此划分出一定的经营地带。

第二，最佳的企业规模、居民点规模、城市规模和中心地等级体系。理论推导的基础，一是农业区位论，二是集聚效果理论。将最佳企业规模的推导与城镇居民点合理规模的推导相结合，将城市视为企业一样，理解为一种生产过程，应用“门槛”理论，将中心地等级体系应用于区域规划的实际。

第三，社会经济发展各阶段上的空间结构特点及其演变。通过一般作用机制的分析，揭示空间结构变化的动力及演变的一般趋势和类型。

第四，社会经济客体空间集中的合理程度。在实践中表现为如何处理过疏和过密问题，对区域开发整治和区域规划有实践意义。

第五，空间相互作用。这主要包括地区间的物流、信息流、资金流，各级中心城市的吸引范围，革新、信息、技术知识的扩散过程等，这些方面是空间结构特征的重要反映。

二、城市空间结构理论——功能分化与重整维度

城市空间结构研究是现代空间结构理论的重要内容。在城市空间结构研究中,许多学者都认为,地表各个场所形成各种经济区位的过程,是较大地表的空间分化成为土地利用的小空间的过程。空间分化是空间结构的出发点,空间分化过程的结果就是空间结构,因而把它归结为城市空间分化过程的研究(陈秀山、张可云,2003;曾坤生,1999)。

根据罗伯特·迪金森的研究,随着城市化的进展,城市内将形成明确的功能区。一般来说,城市在发展过程中会聚集许多经济功能,从而使城市发展趋于多样化。城市发展过程的基本顺序是:第一,形成城市基础产业的生产区位;第二,由该生产区位引致人口集中而形成消费区位;第三,由消费区位引致的人口集中,形成非经济基础产业的区位;第四,由基础产业导致关联产业的区位;第五,再由这些产业区位进一步引致人口集中与消费区位,由此又导致非经济基础产业的区位。

由于城市功能的多样性,区位和企业功能等因素都必然导致城市空间的分化。就城市空间结构而言,许多城市都有自己的特点,同时也有其共性。对于城市空间结构,有不少探讨,其中最有代表性的是同心圆地带、扇形地带和多核心等理论。

(一)同心圆地带理论

该理论最早由伯吉斯提出。他以芝加哥为例,进行一般化推导,结果认定近代社会比较显著的事实是大城市的增长,这种增长主要表现在城市区域外延的扩张。他认为,这种扩张的典型过程,可用一连串同心圆加以说明。这个同心圆由五个地带组成:第一地带为中心商业区。第二地带是围绕城市中心的过渡带。它被第一地带的商业与轻工业侵入,也被称为颓废地区,常有贫民窟存在。第三地带是工人住宅地带。这里有由逃避第二地带颓废地区的工人居住于此,因为在此他们更容易接近工作地点。第四地带为住宅地区。主要有高级公寓或独栋居住房。第五地带为通勤者地带。它位于城市区域之外,包括郊外地区或卫星城镇,约在距中心商业区 30～60 分钟车程范围内。

伯吉斯还认为大城市可以有次商业中心向外扩张,形成卫星城市。这些卫星城市的市中心,并不意味着近邻地区的复活,而是表示若干附近的共同体,被总合成为较大的经济单位。在城市扩大时,由于住宅与职业的不同,个人或集团都在不断变化和移动,从而呈现出区位重整的过程。

狄更生发展了伯吉斯的理论。他认为城市因受地形或历史发展的影响，可能扭曲一般结构。但以城市中心为主的三大地带配置形态和过程，仍有可能存在。这三大地带是：中心地带、中间地带和外侧地带。三大地带集合成为城市化地区，其人口密度、职业、休闲、利益关系及组织方面各有不同，形成单一的社会、经济单位。狄更生同时认为，随着城市化的进行，城市中逐渐形成各具风格的地带。这种过程由城市的中心商业区逐渐向外扩大。他把这种城市同心圆地带的形成、扩大的过程称为同心圆增长，并认为城市空间结构是由城市中心的吸引与聚集的向心力、分散与分解的离心力和空间分化的其他力量共同促进而发展的。

（二）扇形地带理论

扇形地带理论是霍伊特在对美国城市状况进行实地考察后提出来的，此后得到了众多学者的响应和支持。该理论的主要观点是：城市的住宅由城市中心沿放射状交通路线呈扇形分布。该理论认为，就城市整体而言，其核心只有一个，交通路线由城市中心为轴心向外呈放射状分布。随着城市人口的增加，城市将沿该路线扩大，但同一利用方式的土地，往往从城市中心附近开始，之后逐渐向周围移动。同一方式的土地利用沿轴状延伸的地带，就是扇形地带。

（三）多核心理论

哈里斯和乌尔曼于1945年提出了多核心理论。这一理论认为，许多城市的土地利用形式并不一定在唯一核心周围，可能有若干个核心。他们以美国大部分城市为依据，认为城市核心周围发展的地区依次是中心商业区、批发商业及轻工业区、重工业区、住宅区、小核心、郊外和卫星城镇。

三、城市空间结构理论——规模和社会发展维度

空间是人类进行社会经济活动的场所，这种活动的每一个有关区位的决策，都会引起空间结构一定程度上的改变（曾坤生，1999）。区域发展状态与空间结构状态密切相关。空间结构的特征不仅受运费、地租、聚集等因素的影响，而且还与社会经济发展水平、福利水平有关。在社会经济发展水平的不同阶段，会不断产生影响空间结构的新因素。即使是同一种因素，也会产生不同的影响作用。空间结构理论在演进维度上把人类社会经济发展划分为四个演进阶段（陈秀山、张可云，2003）。

第一，社会经济结构中以农业占绝对优势的阶段。这一阶段的主要特征是，绝大多数人口从事广义的农业，城市之间的联系很少，缺乏导致空间结构迅速变化的因素，空间结构状态极具稳定性。

第二，过渡性阶段。这是一个由于社会内部变革和外部条件变化引起社会较快发展的阶段。其主要特征是社会分工明显，商品生产、商品交换的规模扩大，城市成为所在区域经济增长的中心，并开始对周边产生影响。空间集聚出现不平衡，空间结构呈现出中心—边缘不稳定状态。

第三，工业化和经济起飞阶段。这是社会经济发展中具有决定性意义的一个阶段。其基本特征表现为投资能力扩大、国民收入大幅度增长，国民经济进入强烈动态增长时期；第三产业开始大量涌现，交通网络发展很快，区域经济中心的等级体系得到加强，城市之间的交换、交流日益加强，空间结构状态从"中心—边缘"结构演变为多核心结构，处于一种比较充分的变化之中。

第四，技术工业和高消费阶段。这是空间结构与系统重新恢复到平衡状态的阶段。这种恢复当然不是单纯的重复，而是高水平、动态的平衡。在此阶段，空间结构的过疏过密问题会得到较大程度的解决，区域间的不平衡得以较大消除，各区域的空间和资源都能得到充分合理的利用，空间结构的各组成部分完全融合为一个有机的整体。

四、城市空间结构理论与城市管理

城市空间结构是伴随经济社会活动过程而形成的，相异的经济社会活动形成不同的城市空间结构特点，同时城市空间结构又对城市经济社会活动形成直接或潜在影响。因此，通过城市空间结构特点的识别分析，可增进对城市经济社会活动的空间展布特点的认识，诱导城市经济社会活动朝着有利的方向发展，提高城市整体运行效率。

城市空间结构影响城市运行效率，尤其是在城市交通运行方面影响显著。随着城市规模的扩大，当未能形成城市空间结构、始终处于无序状态时，交通运行将受到严重阻碍；即使形成城市空间结构向有序化发展，当结构不合理时，交通运行同样将受阻。因此，在城市发展过程中，城市管理需要诱导城市空间向适宜于城市自身客观环境的结构方向发展。

在城市规模发展不同阶段、社会经济技术发展水平不同阶段，与其相适应的城市空间结构不同。因此，在城市发展过程中，城市管理需要注重城市空间结构的选择和转化，城市空间结构的发展目标、规划设计、落实实践等要结合城市现状条件和社会经济技术发展趋势，避免盲目性和不切实际。

城市空间结构形成或影响涉及城市发展的方方面面，所以城市管理需要研究和深挖城市空间结构理论内涵，避免城市发展过程中出现不适宜的空间结构的形成。例如，随着市场经济的发展，人们收入水平的差异，对住宅区位选择的能力相异，会促成人口(居住)过滤、社区过滤，进而形成基于人口过滤的城市空间结构。这种以人口过滤为内涵的城市空间结构过于强化，会对城市社会的和谐发展带来一些不利影响。因此，在城市管理过程中，需要关注相关空间结构的形成与发展，尽管难以、也不必完全达到无过滤现象乃至均匀空间结构，但是有必要持续考察和分析过滤性城市空间结构的产生与变化过程，采用必要的稀释过滤的举措。

第四节　系统管理理论

系统管理理论是运用系统论、信息论、控制论原理，把管理视为一个系统，以实现管理优化的理论。这种管理理论是 20 世纪 70 年代的产物，西方称之为最新管理理论。该理论最初表现为两因素论，即企业是由人—物两因素组成的系统。创始人卡斯特和卢森威认为人是管理系统的主体。后来该理论发展为三因素论，即管理系统由人、物、环境三因素构成，要进行全面系统分析，建立开放的管理系统。系统管理理论的核心是用系统方法分析管理系统。

一、系统管理理论发展进程

“系统”一词由来已久，在古希腊，米利都学派的泰勒斯就已经把宇宙看成一个自我循环的自然总体。毕达哥拉斯则认为人是一个整体，而且与宇宙整体同构，认为人是小宇宙，是大宇宙的缩影。到了近代，一些科学家和哲学家常用系统一词来表示复杂的、具有一定结构的整体。在宏观世界和微观世界，从基本粒子到宇宙、从细胞到人类社会、从动植物到社会组织，无一不是系统的存在形式。

系统时时处处可见，一台机器、一个工厂、一个企业、一定自然条件下的植物群落、一个组织、一个国家等，都可视为一个系统。但是，传统的系统理论与“元素说”无法划清界限，而且其理论还建立在元素说的基础上，所以，他们所说的系统，在概念上更多是立足于集合论。

系统思想产生革命性变化，起源于黑格尔开创辩证法。进入现代后，系统思想在一定程度上受到了 19 世纪辩证法哲学思想的影响。辩证思想中那种有机地相互作用、相互联系的整体性思维方式，潜移默化地渗透到了 20 世纪初科学理论与科学工程实践中，促成了系统论的诞生和发展。

(一)第一阶段(20 世纪 30 年代)：一般系统论的诞生

作为一种哲学方法论，一般系统论是由美籍奥地利理论生物学家贝塔朗菲于1937年在芝加哥大学的一次讨论会上首次提出的。贝塔朗菲批评了当时关于生命体本质机械论和活力论的片面性观点，指出生命的本质在于它是一种由多个部分相互作用而形成的有机整体。他率先建立起一种机体系统论。1948年，机体系统论进一步发展成为著名的一般系统论。

贝塔朗菲认为，每一门学科或者科学都有一个模式，这个模式可用来反映现实世界某些方面的概念结构。没有一门学科可以垄断全部知识，因为每门学科只不过反映现实世界的某一小部分而已。但是，各门学科有相似之处。一般系统论的任务，就是要找出各门学科的类似性，并概括出一种理论框架，也就是建立普遍适用的理论体系，来描述现实世界的各种关系。再进一步，贝塔朗菲指出，所有学科都具有的类似性包括三个方面：一是对整体或有机体的研究；二是有机体趋向于一种稳定状态，也就是取得平衡；三是所有系统都具有开放性，即有机体受它所处的环境影响，同时又对环境施加影响。一般系统论的这种观点对系统管理理论的形成起到了至关重要的作用。

（二）第二阶段（20世纪40年代至50年代）：信息论、控制论的形成与发展

1948年，由美国数学家、通信工程师申农和韦弗建立了信息论。最初人们所注意的主要是它在通信工具和自动化控制工程中的作用，对于社会科学和管理科学似乎没有什么重要价值。但是，随着计算机的发展和它在管理科学中的应用，信息论逐渐显现出它在社会科学以及管理科学方面的应用价值。

信息论发表的同一年，美国著名数学家维纳出版了《控制论》一书。正如维纳本人所说："从我对控制论感觉兴趣开始，我就已经完全领会到，我发现的那些可以用在工程学和生理学上的有关控制和通信的想法，也可以用在社会学和经济学方面。"果如其言，自20世纪50年代以后，有关管理学的书籍几乎无一不涉及信息、反馈和控制论，以致人们认为，管理学因此而真正进入了科学化阶段。

（三）第三阶段（20世纪60年代至80年代）：系统理论的深化和实践运用

在基础理论方面，这一阶段，自组织理论诞生，推动着人们从动态的角度更深入地研究一般系统的概念和原理。自组织理论运用了实验和数学的方法，着眼于系统的产生、进化、质变、发展以及自调节、自稳定、自复制和自评价、自选择等问题。自组织理论的代表较多，典型的有比利时化学家普利高津的耗散结构理论，德国物理学家哈肯的协同理论，德国生物化学家艾根的超循环理论，还有与实验科学结合更密切的突变论、混沌论、分形理论等有关非线性复杂系统的数学理论。

二、一般系统理论

系统管理理论是建立在一般系统理论基础上的。所谓一般系统理论，是研究适用于各种系统的一般原则的科学，它是由贝塔朗菲在1937年首次提出来的。贝塔朗菲反对生物学中机械论的思想强调生物学中有机体概念，主张把有机体当作一个整体或系统来考虑，认为生物学的主要任务应当是发现生物系统中一切层次上的组织原理。1932年，他发表了《理论生物学》。1934年又出版了《现代发展理论》，论述整体性原则，提出用数学和模型来研究生物学的方法和机体系统论的概念。1937年，他提出一般系统论原理。1949年出版德文本的《生物学世界观——自然的和科学的生命观》，1950年发表《物理学和生物学中的开放系统理论》。1968年出版了名著《一般系统论——基础、发展和应用》。

贝塔朗菲认为机械论的观点是错误的，其主要错误观点为：一是简单相加的观点把有机体分解为各要素，并采用简单地相加来说明有机体的属性；二是机械观点，即把生命现象简单地比作机器；三是被动反映的观点，即把有机体看作只有受到刺激时才能反映，否则就静止不动。

贝塔朗菲概括地吸取了生物机体论的思想，并加以发展，提出了新的机体论思想。其主要观点包括：一是系统观点，认为有机体都是一个系统，并把系统定义为相互作用的诸要素的复合体；二是动态观点，认为一切生命现象本身都处于积极的活动状态，活的东西的基本特征是组织，主张从生物体和环境的相互作用中说明生命的本质，并把生命机体看作一个能保持动态稳定的系统；三是等级观念，认为各种有机体都是按严格的等级组织起来的，生物系统是分等级的，从活的分子到多细胞个体，再到超个体的聚合体，可谓层次分明、等级森严。

贝塔朗菲的上述思想，既受到赞赏，又受到责难，几经波折，直到第二次世界大战以后，他的系统论思想才逐渐得到承认，系统论作为一门新学科才得以成立，并不断发展。20世纪50年代，贝塔朗菲为宣传和发展系统论做了艰苦的努力；60—70年代，系统论思想才真正受到人们的重视。他临终前，发表了《普遍系统论的历史和现状》，试图突破人们对一般系统论仅从技术和数学上去理解的局限，认为系统论作为新的科学规范，可运用于广泛的研究领域，它应包括三个方面：一是关于系统的科学和数学系统论；二是系统技术，涉及系统工程的内容，研究系统思想和方法在现代科学技术和社会各种系统中的实际应用；三是系统哲学研究。

在贝塔朗菲提出一般系统理论以后，一些学者如经济学家博尔丁、运筹学家阿考夫和埃克曼、数学家和经济学家卡尔曼等人也对一般系统理论作出了贡献。总结一般系统理论的基本观点，可将其内容概括为以下几个方面：

第一，系统的概念。贝塔朗菲认为，所谓系统，是处于一定的相互关系中的与环境发生关系的各组成部分的总体。系统概念有其客观性，它广泛地存在于自然、社会各个领域之中，并且越来越被人们所深刻认识。以系统概念为核心的系统思想遍布于从工业企业、军备，直到纯科学的深奥论题等广阔领域中，正在起着支配作用。

第二，系统的特征。一般系统理论的研究发现，作为一个系统，其有如下特征：一是整体性。系统的各个部分不是孤立存在、相互分离的，而是相互依存、按一定规律和一定方式组成的整体。二是相关性。系统内的各个要素不仅是各自独立的子系统，而且是组成系统整体的有机成员，既相互作用，又相互联系。三是层次性。系统是由子系统组成的，同时它又是更大系统的组成部分，因而，系统的各组成部分是个等级层次体。四是动态性。任何系统的正常运转，不但受系统本身条件的限制和制约，还受到相关系统的影响和制约，所以，系统内外条件的变化，加快了系统内外因素的组合和重新组合，从而激化了系统运动动态性。五是目标性。系统的运动总是指向一定的目标，作为一个整体的各个组成部分（即各个分系统的目标）必须相互协调，并服务于系统的整体目标。而且社会系统由不同价值观和不同目标的个人和分系统组成，因而会寻求多目标。

第三，投入—转换—产出模型。人们可以把开放系统看作一个转换模式。在它与其环境的动态关系中，它接受各种投入，用某种方法将投入进行转换，从而输出产出。

第四，系统的界限。系统都有其与环境相分离的界限。界限的概念可以帮助我们理解开放系统与封闭系统之间的不同。相对封闭的系统有固定而不可渗透的界限；而开放系统在其本身与环境之间有可渗透的界限，在物理系统与生物系统中，界限较易确定；但在企业和社会系统中，界限则难于确定。

第五，反馈。这一概念对于理解系统如何保持稳定状态是十分重要的。如果一个系统要达到动态体内平衡或某种动态均衡，就必须有反馈信息输入，以便使人们了解这个系统是否真的达到了某种稳定状态而没有毁灭的危险。就一个开放系统而言，必须保持它同外界环境的信息联系不至中断，这样信息反馈可以反映出系统与其外界环境的关系状态进而采取必要的措施。

第六，负熵。封闭的物理系统受熵的作用力的约束，熵不断增大，直至最后全部系统不起作用。趋向最大熵值是走向紊乱、完全缺乏资源转换以致死亡的运动过程。在封闭系统中，熵的变换必须总是正数。然而，在开放的生物系统或社会系统中，熵可以抑制，甚至可以转变成负熵——一种组织更加完善、转换资源能力增大的过程，因为系统从其环境输入资源。

第七，稳定状态。动态平衡与内部状态稳定不变。稳定状态的概念与负熵的概念是密切相关的，也就是说，一个开放系统要能生存下去，至少必须从它的环境中摄取足够的投入物以补偿它的产出物及其在自身运转中消耗的能量和物质。这种状态被称为稳定状态或动态体内平衡。封闭系统最后必然达到最大熵值——死亡与解体的平衡状态。

第八，开放系统的同等结果。在机械系统中，在最初条件和最后状态之间有着直接的因果关系。生物系统和社会系统的情况则不一样。同等结果表明，某些结果可以用不同的最初条件和不同方法来取得。这种观点认为，各社会组织可以用不同的投入和不同的内部活动(转换过程)来达到其目标。

20 世纪 60 年代前后相当长的一段时间内，一般系统理论并未对管理思想发生重大的影响。直到卡斯特和罗森茨韦克尝试在般系统理论的基础上建立系统管理理论，用系统观点分析企业管理活动，才使系统理论在管理中得到了广泛的应用。

三、系统管理理论与城市管理

将系统管理理论应用于城市管理、规划与建设之中，目的在于从系统整体出发，实现目标最优化。系统工作方法论的着眼点在于，没有必要也往往不大可能使各子系统和目标都最优，只要结构合理，次优的子系统目标之间通过协同作用仍可达到系统整体目标的最优化。“最优化”一词是一个相对的概念，特别是在决策时，更应做到统筹兼顾，使战略、规划、计划形成一个相互连接、相互作用的范畴链。

目标管理是在系统辩证思维指导下的一种系统有效的管理方法，围绕着所设定的目标，组成一个自上而下的多层次的目标体系和与之相匹配的目标管理体系。每个层次都是一个相对独立的系统，为了完成自己的目标所规定的内容，又各自形成一个严密的发展系统，同时在整体上保证总目标的实现。

(一)系统管理的方法与城市管理的关系

现代城市是一个人造系统，伴随着社会产力的发展和科学的进步，其结构更加复杂，系统组成要素增多，要素与要素之间的关系日趋紧密。任何一个构成城市系统要素的变化和发展都会直接或间接地影响其他相关要素，乃至整个系统的变化和发展。因此,沿用传统的思维方式很难适应这种复杂的管理状况。只有运用系统管理的思维方式来认识分析现代城市,才能从系统要素的稳定性和动态性相统一的特点中把握系统要素之间的相互关系,掌操系统结构总体的变化规律,并根据这种客观规律来科学地调整系统要素和结构。

组织的系统管理一般分为高层管理、中层管理和基层管理三个层次。高层管理对应于组织的战略分系统,属于软系统管理;基层管理对应于组织的作业分系统,属于硬系统管理;中层管理对应于协调分析系统,既包括软系统管理又包括硬系统管理。

软系统管理可采用综合集成方法。综合集成方法实质上是将专家群体、统计数据资料信息、计算机三者有机结合起来,构成一个高度智能化的人机交互系统,从而综合集成上升到理性,由定性飞跃到定量,达到克服非程序化问题的模糊性、不确定性,最大限度地实现精密化、科学化的目的。

硬系统管理可采用系统工程方法。按照钱学森的定义,系统工程是组织管理系统的规划、研究、设计、制造试验和使用的科学方法,是一种对所有系统都具有普遍意义的科学技术。钱学森说,用定量化的系统方法处理大型复杂系统的问题,无论是系统的组织建设还是系统的经营管理,都可以统一地看作工程实践。因此,构建新系统(实物系统、社会系统等)、改造既有系统(改造水系、改组企业等)、管理现存系统(工厂、学校、国家等),这些实践活动都是工程,都可运用组织管理的技术及系统工程方法。系统工程是用来进行组织管理的工程技术,而非理论体系,它有别于作出战略决策、制定方针大计这类根本性问题,而是在他们之后解决如何实施的技术和方法。

软系统管理从管理的对象、环境到管理的任务和目标都明显地不同于硬系统管理。由于决策的确是其他管理职能的前提和核心,特别是被高层管理者视为首要工作,因而自然成为软系统管理方法所要解决的重点。行政管理领导者需要把现代城市当作一个系统整体,从系统整体的高度来观察和认识整个城市规划及其系统的各种要素,认真研究和掌握其相互之间的关系和变量,从系统整体的角度出发,科学合理地处理系统结构和要素之间的关系,为城市规划的科学化提供依据。

(二)系统管理的方法在城市的规划管理中的应用

城市的总体规划、城市的经济和社会发展规划等都是城市在一定时间内发展的蓝图,但它必须根据城市自身提供的财力、物力和人力逐步加以实施,是一个较长时间的规划。在编制城市总体规划和经济和社会发展规划的同时,要根据城市发展的需要和可能，根据财力、物力和人力，分清轻重缓急。

（三）系统管理的方法在城市建设中的应用

城市的规划和城市建设是城市系统发展的两个横向平行的系统要素，他们共同构成了城市空间组织系统的主要部分。作为组成城市空间组织系统的城市的规划和建设并不是孤立地去完成各自的任务。城市建设是城市的规划实施过程，二者之间具有不可分割性。城市建设的系统整体性，首先表现在城市内部的各种建设项目的相互配套性。在城市建设中，经济建设和市政公用基础设施的建设都同城市的整体发展有十分密切的联系。各个要素之间除了具有质的联系外，还有量的关系和比例。如果比例不协调，势必会形成一种整体的不平衡。

参考文献：

[1]安东尼·吉登斯，郑戈译，《第三条道路：社会民主主义的复兴》，北京大学出版社，2000。

[2]蔡立辉，《公共管理范式：反思与批判》，《政治学研究》，2002，第3期。

[3]曾坤生，《西方空间结构理论评述》，《经济学动态》，1999，第10期。

[4]陈广胜，《走向善治：中国地方政府的模式创新》，浙江大学出版社，2007。

[5]陈天祥，《新公共管理：效果及评价》，《中山大学学报(社会科学版)》，2007，第2期。

[6]陈秀山、张可云，《区域经济理论》，商务印书馆，2003。

[7]陈振明，《评西方的"新公共管理"范式》，《中国社会科学》，2000a，第6期。

[8]陈振明，《走向一种"新公共管理"的实践模式——当代西方政府改革趋势透视》，《厦门大学学报(哲学社会科学版)》，2000b，第2期。

[9]丹尼尔·A. 雷恩，孔令济译，《管理思想的演变》，中国社会科学出版社，2000。

[10]韩兆柱、杨洋，《整体性治理理论研究及应用》，《教学与研究》，2013，第6期。

[11]黄健荣，《论公共管理之本质特征、时代性及其他》，《公共管理学报》，2005，第3期。

[12]欧文·E. 休斯，公共管理导论，中国人民大学出版社，2001。

[13]唐兴霖、尹文嘉，《从新公共管理到后新公共管理——20世纪70年代以来西方公共管理前沿理论述评》，《社会科学战线》，2011，第2期。

[14]汪翔、钱南，《公共选择导论》，上海人民出版社，1996。

[15]阎宏斌，《新公共管理的特点与范式》，《求索》，2005，第6期。

[16]杨博、谢光远，《论"公共价值管理"：一种后新公共管理理论的超越与限度》，《政治学研究》，2014，第6期。

[17]杨全山、任立兵，《城市经营管理及其基础理论探析》，《大连海事大学学报(社科版)》，2007，第2期。

[18]叶南客、李芸，《现代城市管理理论的诞生与演进》，《南京社会科学》，2000，第3期。

[19]张纲,《公共管理学引论》,浙江大学出版社,2003。

[20]珍妮特·V. 登哈特、罗伯特·B. 登哈特,丁煌译,《新公共服务:服务,而不是掌舵》,中国人民大学出版社,2004。

[21]Stone C.,"Systematic power in community decision making",*American Political Science Review*,1980,74(4):978—990.

第三章　城市管理体制

第一节　城市管理体制的含义和内容

城市有序、持续、健康的发展离不开完善的城市管理体制和科学、廉明的城市政府决策过程。就本质而言，现代城市管理与经营是多元城市管理主体通过完善的城市管理体制实现多元共治的城市管理过程。城市管理体制是对城市中国家机构之间以及城市中的党政组织与国家机构之间等一系列关系的反映。

城市社会发展的水平很大程度上取决于城市管理体制的完善程度，城市管理过程中出现的许多问题也都源于体制问题。没有一种好的城市管理体制，城市各种关系就难以理顺，城市管理机构的作用、城市管理人员的能力与积极性就得不到充分发挥，这将会严重阻碍城市经济社会的发展与管理效益的提高。

一、城市管理体制的含义

一般认为，城市管理体制是指城市的组织形式、管理制度和管理方法的总称，是整个国家管理体制的重要组成部分。

具体地说，城市管理体制是一种由城市管理机构的设置、管理权限的划分、管理方式的确定以及管理机制的运用等综合起来的一种比较稳定的体系。亦即处理城市中各阶层之间的关系，规范和调整城市内部政党组织与国家机构之间、城市的国家机构纵向上下级之间以及横向代议机构、行政机构和司法机构之间关系的各种法律、规章和制度的总称。以上概念也可简单地理解为城市管理体制是城市的行政组织结构、职能结构、行政管理方式和行政运行机制的总和。

城市管理体制有广义和狭义之分。广义的城市管理体制范围很广，包括城市的政治管理体制、财税金融等经济管理体制以及科教、文化、卫生、体育等管理体制，是城市政治、经济和社会管理体制的综合；狭义的城市管理体制仅指城市行政管理机构设置、地位、职责和内部权责关系及相关规章制度通过一定方式和形式构成的具有某种格局的整体，包含的范围较小。

二、城市管理体制的内容

城市管理体制具有以下四个方面的内容：

第一，城市规划、建设、管理等机构的行政领导体制。它包括城市管理系统中的诸机构间的行政隶属关系，以及各自的管理幅度与管理层次。城市管理系统在市政府行政机构序列中的领导与被领导及协调与被协调关系、市政府其他职能机构与它们的关系等。总之，城市管理系统内的各组织机关及其职能机关的关系网络，构成了城市管理体制的主要内容。

第二，城市管理系统内各机构的职能及权责关系。城市管理系统各组织机关的职能，由相应的法律法规规定，其权责结构由职能体系所决定。

第三，城市管理体制中的市、区、街道“三级管理”体制。首先是三级管理中的职能分工，如市级的宏观决策指导与综合协调职能、区级的分解与协调及决策职能、街道级的执行职能。其次是事权分配及管理原则，如市级的规章政策制定权、区一级的决策指导权、街道的执行处理权。最后是指同一层级上的各管理机构的关系，如区级的规划、建设、管理的不同于市级的体制形式。

第四，城市管理系统中的政府、事业单位及企业单位之间的关系定位。城市管理体制中的政、事、企关系错综复杂，彼此制约。这是由城市管理的特点所决定的。首先，城市管理的许多内容属于社会福利性质的社会性服务范围，是不能以盈利为直接目的的，其工作成果与价值不直接表现为可以估量的物质或货币形态。因此，这类社会组织大多由市政主体的政府来出资或补贴，并得以继续发挥其管理的职能。其次，城市管理的实践中难免与作业联系在一起，这样一来，不论是政府还是事业单位，都难以承担此职能。企业在某种程度上兼有了政府、事业单位的特征，政企关系、政事关系、企事关系纠结于城市管理的全过程。从世界范围的城市管理来看，政府与承担城市管理作业任务的企业都存在着不同程度的矛盾。

第二节　中国的城市管理体制

中国城市管理体制在其发展过程中受到政治制度、国家结构形式、经济社会发展水平等因素的影响和制约，形成了自己的特色。一般来说，中国的城市管理体制包括市政管理中组织机构的设立、地位、职责、内部权责关系及与其相关的规章制度的总和，主要包括市政管理的机构构成、职能体制、领导体制以及市、区、街道的层级管理体制等，其核心是各机构间的职、权、责的配置问题。

一、中国城市管理体制的形成

中国的城市建制和城市管理体制的形成、发展和完善相对较晚，直至清末，中国才仿效西方国家的地方政治制度设立了城市行政建制。新中国成立后，历经多次改革形成了一套具有中国特色的城市管理体制。

1950 年中央政府颁布了《市政府组织通则》，规定人民行使政权的机关为市人大（或市各界人民代表会议）和市政府。在市人大闭会期间，市政府即为市的行使政权机关。市政府实行委员会制，市长为委员会主席。市政府是事实上的一级政权机关，兼行立法和行政职能（张步峰、熊文钊，2014）。

1954 年 9 月第一届全国人大召开，通过了《中华人民共和国宪法》和《中华人民共和国地方各级人大和地方各级政府组织法》（简称《地方组织法》）以及《人民法院组织法》和《人民检察院组织法》等，对地方各级政权机构作了明确的规定。1954 年 12 月，中国又颁布了《城市街道办事处组织条例》和《城市居委会组织条例》。

在 1966 年至 1978 年这一历史时期，中国城市管理体制基本上处于发展停滞状态，市、区政府名存实亡，人民委员会被“革命委员会”替代，各项工作处于停滞状态。党的十一届三中全会以后，中国的市政管理进入恢复和快速发展的新时期。

1979 年，地方各级“革委会”改为地方各级政府。1982 年 12 月，五届全国人大五次会议通过了新的《宪法》和《地方组织法》，规定了市和区设人大和政府。市和区的人大是地方国家权力机关，市和区的政府既是本级人大的执行机关，又是一级地方国家行政机关。1995 年 2 月，第八届全国人大常委会第十二次会议又一次对《地方组织法》作了修订，将不设区的市和市辖区的人大和政府的任期由每届三年改为五年。2004 年，《地方组织法》又作出修订，规定地方各级人大和政府的任期均为五年。

二、中国城市管理体制的基本内容

（一）市人大

市人大是所在市的国家权力机关。直辖市、设区的市的人大代表由下一级的人大选举，不设区的市、市辖区、镇的人大代表由选民直接选举。人大每届任期五年。

直辖市、设区的市的人大根据需要,可以设法制(政法)委员会、财政经济委员会、教育科学文化卫生委员会等专门委员会。各专门委员会受本级人大领导,在大会闭会期间,受本级人大常委会领导。各专门委员会在人大及其常委会领导下,研究、审议和拟订有关议案,对属于本级人大及其常委会职权范围内同本委员会有关的问题,进行调查研究,提出建议。

市人大可以组织关于特定问题的调查委员会。特定问题调查委员会是临时性调查组织,调查委员会必须在人大或者常委会会议期间产生。调查委员会有权向一切与调查的问题有关的国家机关、社会团体和公民个人进行调查,并提出报告,人大或常委会听取调查委员会的调查报告,并对该特定问题作出相应的决定。

(二)市政府

市政府是市人大的执行机关,是所在市的国家行政机关。市政府对市人大和上级国家行政机关负责并报告工作。在人大闭会期间,对本级人大常委会负责并报告工作。市政府是国务院统一领导下的国家行政机关,服从国务院的领导。

直辖市、设区的市的政府由市长、副市长和秘书长、局长、委员会主任等组成。不设区的市、市辖区的政府由市长、副市长,区长、副区长和局长、科长等组成。市政府每届任期为五年。市政府实行市长负责制,市长、区长、镇长分别主持本级地方政府的工作。

市政府会议分为全体会议和常务会议。政府工作中的重大问题,须经政府常务会议或者全体会议讨论决定。全体会议由本级政府全体成员组成。直辖市、自治州、设区的市的政府常务会议分别由市长、副市长和秘书长组成,不设区的市、市辖区的政府常务会议分别由市长、副市长、区长、副区长组成。市长、区长召集和主持本级政府全体会议和常务会议。

市政府行使下列职权:第一,执行市人大及其常委会的决议以及上级国家行政机关的决定和命令,规定行政措施,发布决定和命令。第二,领导所属各工作部门和下级政府的工作,并执行国民经济和社会发展规划、预算,管理本行政区域内的经济、教育、科学、文化、卫生、体育等各项行政工作。第三,改变或者撤销所属各工作部门的不适当的命令、指示和下级政府的不适当的决定、命令。第四,依法任免、培训、考核和奖惩国家行政机关工作人员。

(三)市人大与市政府的关系

根据《地方组织法》相关规定,市人大对市政府行使下列职权:第一,在本行政区域内，保证相关法规和上级人大及其常委会决议的遵守和执行，保证国家计划和国家预算的执行。第二，市人大选举市长、副市长，区人大选举区长、副区长。第三，审查和批准本行政区域内的国民经济和社会发展计划、预算以及它们执行情况的报告。第四，讨论、决定本行政区域内的政治、经济、教育、科学、文化、卫生等重大事项。第五，撤销市政府的不适当的决定和命令。

(四)市人大与司法机关的关系

市人大选举本级人民法院院长和人民检察院检察长，其中选出的人民检察院检察长，须报经上一级人民检察院检察长提请该级人大常委会批准。此外，市人大听取和审查本级人民法院、人民检察院的工作报告。

(五)市政府与上下级政府的关系

市政府与上下级政府的关系包括如下三方面：第一，执行上级行政机关的决定和命令，领导所属各工作部门和下级政府的工作。第二，改变或者撤销所属各工作部门的不适当的命令、指示以及下级政府的不适当的决定、命令。第三，办理上级政府交办的事项。

市政府根据工作需要，设立必要的工作部门。直辖市政府的局、委等工作部门的设立、增加、减少或者合并，由市政府报请国务院批准，并报本级人大常委会备案。其他市、市辖区政府的局、科等工作部门的设立、增加、减少或者合并，由本级政府报请上一级政府批准，并报本级人大常委会备案。市政府的各工作部门受政府统一领导，并且依照相关法规受上级主管部门的业务指导或者领导。

对于不属于自己管理的国家机关、企业、事业单位，市政府和区政府应当协助其进行工作，并且监督它们遵守和执行法律和政策。

(六)市政府、市人大与市委

1. 市委与市政府

十三届四中全会后，中国重新恢复设立政府内的党组。修正后的《中国共产党章程》指出，在中央和地方国家机关、人民团体、经济组织、文化组织和其他非党组织的领导机关中，可以成立党组。党组发挥领导核心作用。党组的任务，主要是负责贯彻执行党的路线、方针、政策；讨论和决定本单位的重大问题；做好干部管理工作；团结非党干部和群众，完成党和国家交给的任务；指导机关和直属单位党组织的工作(林雪霏，2015)。

党组是市政府工作实际的最高决策机构。党组的成员和负责人同时也是市政府的领导人和主要负责人。市政府中党组的成员，由批准成立党组的市委决定。党组必须服从批准它成立的市委领导。

此外，根据《党政领导干部选拔任用工作条例》相关规定，市政府、市人大及其工作部门或者机关内设机构在领导班子换届时，由市委常委会研究提出考察对象建议名单，经与上级党委组织部门沟通后，确定考察对象。市委、市政府领导班子正职的拟任人选和推荐人选，由上级党委常委会提名，党的委员会全体会议审议表决；全体会议闭会期间，由党委常委会作出决定。

2. 市委与市人大

《宪法》序言指出："中国各族人民将继续在中国共产党领导下……把我国建设成为富强、民主、文明的社会主义国家。"《中国共产党章程》总纲也明确规定，中国共产党"是中国特色社会主义事业的领导核心"。中国共产党对人大的领导主要是政治领导，这是党的政治权力，也是党的领导核心地位的体现。在城市管理中，市委对人大的领导具体体现在决策和用人两方面。

首先是市委对人大的决策领导。这主要是指市委的重要决策依照法定程序通过人大，使其在相关法规中得以体现，并进而得到全体市民共同遵守。

其次是市委对人大的用人领导。这主要是指市委向人大推荐重要干部，由人大选举和任命，使其推荐的人选进入国家机关的领导岗位。无论是党的政策还是党推荐干部，都要通过党在人大及其常委会中设立的党组来贯彻执行，这是党实现对人大领导的根本途径。

3. 市委对市人大和市政府关系的影响

市人大对市政府的权力主要包括人权、财权和事权三个方面，具体主要体现为对市长、副市长的选举，对预算和决算的批准，对国民经济发展规划及其执行情况的批准。

但是在具体执行过程中，市人大对市政府的权力受到一定削弱。首先，在人事方面，由于市长和副市长的人选是由市委或上级党委提名，加上党组这一制度，市委在市长和副市长任免方面起到更为重要的影响。其次，在财政方面，根据《预算法》，预算年度自公历 1 月 1 日起至 12 月 31 日止，而市人大会议通常在 1 月份召开，这意味着财政预算尚未得到人大批准就已经开始执行了。最后，在事权方面，在制定国民经济和社会发展规划之前，市委通常要通过关于规划的建议，通过这种方式把市委的重要决策体现在发展规划中。

三、中国城市管理体制的特点

中国的城市管理体制具有很多一般城市管理体制的共同特点，在发展过程中受到诸多因素的影响，也形成了自身的特点。特别是 20 世纪 80 年代以来推行的市领导县、地市合并和整县改市，对中国的城市管理体制产生了较大影响，形成了目前城乡合治型的城市管理体制。具体来看，中国的城市管理体制主要具有以下特点。

第一，建制双重性。中国的市既具有一般地域型行政建制的性质，又具有专门市镇型行政建制的性质。一般来说，市是设立在城市地区的专门类型的地方行政建制，不管辖大片农村地区。由于推行市领导县体制，特别是整县改市，使得市的行政区域不仅包括大片的农村地区，而且管辖人口中农业人口所占比例较高，有的甚至高达80%，改变了市是纯粹城市地区的地方行政建制的性质，从而使市兼具一般地域型地方行政建制的性质。即市政府不仅要对辖区内的城市地区实施专门的管理，而且还要按地域对辖区内事务进行一般管理。

第二，结构同一性。中国的《宪法》《地方组织法》和有关的法律对市的政权组织形式作了统一规定，市政权由市人大、市政府、市人民法院、市人民检察院组成。中国所有的市的政权组织基本上都是按这一模式设立的，具有高度的同一性。此外，市辖区的基层政权也是按这一模式设立的，由区人大、区政府、区法院、区检察院组成。

第三，法律地位的非自治性。中国的《宪法》和《地方组织法》规定，各级人大是地方国家的权力机关，地方各级政府是地方国家权力机关的执行机关，是地方国家行政机关，对本级人大和上一级国家行政机关负责并报告工作。全国地方各级政府都是国务院统一领导下的国家行政机关，都服从国务院。《宪法》同时还规定，民族自治地方的自治机关，除行使《宪法》规定的地方国家机关的职权外，还依照《宪法》《民族区域自治法》和其他法律规定权限行使自治权。这些规定明确表明，除民族自治区的市以外，中国的市都不是独立自治的政治实体，而是享有一定自主权的地方行政单位。

第四，行政地位等级性。由于中国不实行地方自治体制（民族自治区除外），各级行政机关之间存在隶属关系。一级政府既是本级权力机关的执行机关，又是上级国家行政机关的下级机关，必须对其负责、接受其领导、服从其指挥。同时，它还必须领导下级政府的工作。市政府也一样，它在整个国家行政体系中处于某一等级，行使相应的职权。

第五，职能广泛性。中国市政管理的内容十分广泛复杂，它集工业、商业、农业、财税、金融、卫生、教育、科技文化、体育、环保、城建、民政、司法行政于一体，具有很强的综合性。市政府不仅要管理城区的行业，还要管理郊县的农副业；不仅要管理常住非农业人口，还要管理常住农业人口和大量的外来流动人口；不仅要承担繁重的城市规划和建设任务，以保证城市协调有序的发展，还要抓好辖区内农村地区的基础设施建设，以加快农村的城市化发展；不仅要推动城市经济、社会、科技、文化、教育的发展，还要发挥城市的辐射和聚集作用，带动郊县经济和社会各项事业的发展；不仅要解决城市发展带来的人口膨胀、能源紧缺、污染严重、交通拥挤、住房紧张、就业困难等问题，还要做好保护农村耕地、科学种植、保护生态平衡、治污防污等工作（周诚君、洪银兴，2003）。

四、我国城市政府的职能

从城市政府的内容和范围来看，城市政府职能主要由政治、经济、文化教育和社全服务等职能构成，这些职能是城市政府的基本职能，它们集中体现了城市政府在进行具体管理中的运用（潘小娟、白少飞，2009）。

第一，政治职能。城市政府现阶段政治职能的具体内容为执行同级国家权力机关的决议以及上级政府的决议和命令，规定行政措施，发布行政决议和命令。

第二，经济职能。这是现代城市管理的基本职能之一，城市政府必须积极推动社会生产力的发展，维护经济基础的巩固。例如，加强对城市经济的宏观调控、各城区的经济调节、国有资产管理，以及组织力量规划并实施较大的经济建设项目。

第三，社会职能。社会职能即组织动员社会的各方力量对社会生活领域进行管理的职能，这是一项通过兴办各类公共事业，直接造福于民的职能。政府的服务是典型的公共服务。政府服务是有政府职能中内容最为广泛、丰富的一项基本职能。凡致力于改善、保障人民物质文化生活、体现人道主义思想的各项事务，都属于社会职能的范围。例如，制定社会保障的有关法律制度，完善社会保障体系；创办各种社会公益服务事业，治理环境污染，保护生态环境；控制人口增长，使之保持在适度状态；加强社区建设等。

第四，文化教育职能。文化教育职能是指领导和组织精神文明建设的职能，包括进行思想政治工作以及对科学、教育、文化等事业所进行的规划管理。文化教育的目的在于改造人，从而形成具有道德修养和先进科学技术知识的社会化公民阶层。城市化主要在于人的进化，而人的进化又取决于思想的进化。在未来的城市和社会发展中，要充分认识到城市文化教育工作的艰巨性和长期性，要使城市文化教育面向所有的人，将教育贯穿于一个人生命的全过程。

第五，运行职能。运行职能是城市政府的管理职能在管理和技术层面的具体体现。城市政府的运行职能主要由计划、组织、控制三个方面组成。计划职能是城市政府和其他管理机构的首要职能，包括两方面的含义：一是制定目标及行动方案；二是在具体的法律法规范围内，制定系统的工作程序。组织职能是指城市政府根据行政计划的各项目标和要求，配备相应人员，确立职权、职位，职责关系，将行政组织内部各要素组成有机整体，实现各种资源的最佳配合的职能。控制职能是城市政府在调节政府行为，并使之与既定目标相符合过程所发挥的作用。这种职能贯穿于整个城市管理过程，依据城市发展的总体目标对城市管理者和操作者的行为进行指导、修正。

第三节　国外城市管理体制

一、美国主要城市管理体制的类型

(一)市长议会制

在美国市长议会制是历史悠久、普遍实施的城市管理体制，它基于分权原则，设立立法、行政、司法三个机构。在这种体制下，市长是行政首长，议会是立法机关，根据城市自治宪章行使立法权。市议会由选民选举产生，负责立法和财政预算拨款，它有权制定规章制度及当地法律。议会的组成人数视情况而定，少的只有 2 人，多的达 50 人。大多数议会的议长从议员中产生，也有少数城市的议长由选民直接选出。在市长行使职能的具体权限方面，各城市又有所区别，所以市长议会制一般分为弱市长制与强市长制。

1. 弱市长制

在弱市长制中，行政权力源于议会。在市议会和市长的关系上，市议会处于强势地位，市长和市政府处于弱势地位。市议会权力很大，规模也很大，不仅负责立法和预算拨款，还拥有任免部分重要行政部门官员的权力，监督一切市政活动，制定预算，决定市政的一切重要问题。

市长只是名义上的行政首脑，通常由选民直接选举产生。市长没有行政领导权，市长作出的一切重大行政决策都必须得到议会的同意。市长的任免权限非常有限，市长只能委派少数不重要的人员，且需征得市议会的同意，市长无法对下属行使处分权。

市长同议会的联系主要表现在市长担任市议会的主席，主持市议会会议。市长的活动更多的是在礼仪方面，除此之外，几乎没有任何其他权力，形同一种荣誉职位。

政府各部门的首长，都由市民直接选举和议会推派人员担任，他们不对市长负责。市议会下设众多相对于市政府而独立存在和运作的委员会，委员会负责监督和控制市的各主要部门的活动，并任命某些重要的行政官员，这进一步削弱了市长对行政各部门的指挥和控制。

弱市长制是早期的一种市制形式。其优点在于市政权力的分散，避免少数政治家对市政权力的控制。弱市长制的缺点在于缺乏强有力的行政领导，行政权力碎片化，不利于行政效率的提高和促进专业化行政，市政容易被政治斗争所影响。自治的结果是城市政府由一连串的“小政府”构成，而不是由单一的控制中心指挥。

2. 强市长制

强市长制是在克服弱市长制缺少强有力的行政首脑、行政效率低下的问题上形成的。强市长制的结构主要有以下特点。

市长和市议会均由选民直接选举产生。市长对选民负责，市民有权任免市长，不受市议会的制约。

市长负责指挥和协调市政活动，拥有几乎全部行政管理权。市长拥有广泛的任免权，可根据宪章规定的程序，无须经过议会同意任免各部门的长官和某些委员会的成员。这些官员除了对各自的工作负责外，还要对市长负责，并向其直接汇报工作。市长有权在部门、机构和单位之间重组或改变其功能；市长有权编制和监督各级行政部门提出的预算，经议会通过后，负责执行预算；市长有权监督市议会所制定的法规的执行，还在本市与其他地方政府、与州和联邦或中央发生关系时代表本市。

市议会只是代议机关和立法机关，负责立法，并监督市政府的活动。市议会只具有行使市政决策及立法监督职能，不干涉市行政事务。

市长有权向议会提出立法建议，并对议会通过的法案行使否决权。市长在市议会表决赞同与反对票数相等时有决定性的投票权。市长虽有权否决议会的立法案，但经议会再度以绝大多数通过后，不得再否决。

在实践中，市长往往委任政府专职人员管理行政业务（相当于某种程度的副市长），提高了市政计划和服务功能的效率，市议会免除了日常的行政业务，也有利于更多地关注市民的主要需求。

强市长制被认为是治理大城市的最好形式，现在美国大城市除个别外，大多数采用强市长制。强市长制的优点是克服了弱市长制职权分散、职责不清的弊端。市长是政治竞选的产物,拥有管理市政的职责和权力,成为强有力的行政领导核心。强市长制的缺点是政治与行政不能密切配合、相互联系,由于存在着市长和议会之间的制衡,往往造成市议会和市长之间的对立,因而不能充分发挥城市的政治功能。此外,市长通常很难兼具政治家和卓越管理者双重品质。不过后面这一缺点为首席行政官制所补充。

3. 首席行政官制

首席行政官制是20世纪中叶在美国出现的一种新制度。因为城市问题日趋复杂,使得大城市需要有专门知识的管理人才参与管理,但是选举产生的市政官员往往不具备这些专门知识,首席行政官制应运而生。

首席行政官制又称为首席行政官强市长制(chief administration officer,CAO),是强市长制派生出的一种城市管理体制。与强市长制不同之处在于,市长之下还设立一名专业的首席行政官,由他专职负责行政事务的管理。首席行政官由市长任命,对市长负责,以分担市长的行政工作,市长则可以全面考虑市的总体方针、政策,全力以赴从事竞选活动等。

在首席行政官制下,市长设立的专业行政官的主要职责是协调各部门的工作、准备预算、安排一般人事、为市长提供专业方面的咨询建议等。实际上首席行政官是管理顾问的角色,重大事务仍由市长负责。

(二)市经理制

市经理制又称为市议会—经理制(council-manager plan)。市经理制是一种效仿企业管理体制的城市管理体制。其中,市议会相当于企业的董事会,是由居民选举产生的权力机关,承担立法、决策职责,负责聘任城市经理并视政绩决定城市经理任期。作为行政管理专家的城市经理相当于企业的总经理,由议会聘任,对议会负责,由议会授权管理城市的日常行政事务。

市经理制和委员会制的相似之处在于,两者从总体上来说都依赖一个小型议会。其设计理念虽然与委员会制有着一致性,但是这种设计更明显地利用了私人商业公司的管理模式,在私人商业公司中,由股东选出一个董事会,然后由董事会选出一个执行官来承担公司的管理工作。相应地,市经理制中公民相当于股东,而市议会则相当于董事会,在市政管理中董事会主席的位置是由市长担任的,而其首席执行官则是经理。

市经理制具有以下特点。

第一,全体居民选举产生市议会。市议会的规模视具体情况而定,一般为5—7人。市议会制定规章、决定政策、控制财政,并对市政府的行政活动进行监管。

第二，市议会聘任训练有素的市政专家出任市经理。市议会掌握全部立法权、聘任监督与随时撤免市经理的权力。为了吸引真正优秀的市政人才，市宪章一般不要求市经理必须是本市公民，经理人选的主要标准是看候选人所受的训练和实际的行政能力，由市议会以多数通过后聘请。市经理的任期不定，市议会可随时更换，只要市议会多数通过即可解聘。

第三，城市事务的管理权集中于市经理。市经理有权任免监督各部门首长和其他行政人员。市经理对议会负责。具体的政策执行责任完全委托给市经理，市经理则就政策问题向议会提出建议。

第四，市经理制也设有市长，但是市长只是礼仪代表和荣誉职位。在市经理和市议会之间，市长有时可发挥调节和沟通的作用，协调他们之间的关系。

市经理制颇得西方市政工作者的好评，认为它是城市管理体制中最好的一种，能提供最有效、最经济的市政，体现了市政管理专业化和科学化的原则。它能够提供一个统一的市政首长，在市政活动中存在一个中心人物，明确集中全市及所有各部门工作的责任。他负责政府的运作、工作的效率、项目的实施以及诸如此类的工作。市经理也许不是全方位的专家，但是他有权物色符合议会要求并能胜任不同部门工作的各式人才，这或许是他的义务或职责所在。市经理制有利于在市政管理中网罗专家，提供职能分工而不割裂事权，消除了对市长掌握的官职的争夺，使公众对选举的兴趣从人物转向问题。

市经理制的不足之处在于市经理保持政治中立，使得市经理制缺乏强有力的政治领导，市经理缺乏政治号召力。市经理只对议会负责而不直接对选民负责，选民对其只有间接控制权。全职的职业经理给兼职的、非专业性的市议员提供政策建议，议会难以真正对城市政策的执行过程形成有效监督。

二、其他国家城市管理体制

(一)英国的市政体制

英国是议会民主和地方自治制度的发源地。英国城市很早就设置了议会，城市议会集立法权和行政权于一身，实行议行合一体制，行政权由议会内部设置的若干行政委员会行使。英国的城市议会由选民直接选举产生的议员组成。城市议会议员每届任期四年，届满全部改选，有些城市每年改选 1/3。1972 年，英国废止了城市参议员，市议会不设参议员，少数社会名流可当选名誉议员。

议会领导人为议长，由全体议员和名誉参议员选举产生，议长通常就是市长。市长任期一年，连选可连任。市长为议会主席和政策发言人，在议会会议中有投票权，但一般只在表决赞成与反对票数相等时，市长才投出决定性的一票。市长除主持市议会事务外，多数活动是礼仪性的，并不比其他议员拥有更多的权力。英国城市议会的议员均为兼职，并且不领取薪金。城市行政职权由议会授权各委员会行使，委员会根据议会的授权自行处理各自主管的事务。

随着城市议会工作的扩展，需任命一些职员去执行行政事务，如议会秘书、司库、教育官、卫生视察员、测量员等。职员对议会委员会负责，市议员个人无权直接对职员发布命令。职员的任免由市议会投票表决决定。市议会委员会的行政职权主要是根据市议会议案制定执行方案，同时对职员的工作实行监督。城市管理事务首先须由议会讨论决定，然后才交给委员会执行，各委员会受议会监督和控制。

城市议会的行政委员会主要有两类：一是法定委员会，即根据有关法律规定为处理特定事务而必设的委员会，其设置和地位受法律保护。法定委员会拥有一定的行政权，其职责范围非常明确。重要的法定委员会有警察、财政、卫生、消防、教育等方面的委员会。二是常设委员会，其职责是处理城市的大量日常事务，如公用事业、环境卫生等。除财政委员会和警察委员会的全体委员均须为议员以外，其余各委员会可由议员和非议员共同组成。此外，城市议会还设有临时委员会和联合委员会。临时委员会是应临时需要设立，并随着事务的结束而取消。联合委员会通常是因几类事务需要协调处理而设立的。

城市自治并不意味着市议会在所有事务上都有自主权，城市议会的职权由国家通过立法作出规定。城市政府掌握属于城市自治事务的自由裁量权，也有一些事务由中央政府设立的派出机构直接管理。这就是说，英国城市自治是在法律范围内的有限自治。根据英国《地方政府法》，城市政府的主要职责是：保障公共安全（如警察、消防），提供基础设施，提供公园和休闲场所，维持公共秩序，搞好环境卫生（如垃圾收集与处理、环境保护等），制定城市发展规划，发展公用事业，发展城市文化（如图书馆、博物馆、美术馆等），提供公共服务。

（二）法国的市政体制

在法国地方行政体制中，市镇是基层行政单位。根据法国法律，所有的居民共同体，不论人口多寡，均为市镇，享有市镇的法律地位。市镇拥有公法人资格，具有独立的行政地位，拥有独立的预算和财政体系，对辖区内的行政事务拥有决策权。法国市镇的人口规模不一，最小的市镇不足100人，最大的市镇有几百万人。人口超过100万的城市只有3个，分别是巴黎、马赛和里昂。法国《市镇法典》规定，每个市镇政府由市镇议会、市镇长及若干名市镇长助理组成。法国市镇政府的组织结构具有同质性和统一性。

法国城市议会由市民普选产生。小市镇的议员只有几人至十几人，大多数城市的议员人数在70人以下。法国市议员职位是无报酬的，也不享有司法豁免权。但大城市的议会议员具有一定职务津贴。法国法律规定，任何人不得同时兼任两个市议会的议员。担任某些公共职务者，如省长、警察、职业军人等，不得兼任市议员。直系亲属不能同时担任同一市议会的议员，500人以下的小市镇除外。市议会每季度至少开会一次，会议公开举行。

市长既是市议会议长，又是城市的行政首脑，全面领导城市的行政管理工作。市长由市议会在其成员中选举产生。市长的任期与市议会相同，在任期内，市议会不得罢免市长。市长对市议会不负有政治责任，如出现市议会的多数议员不支持市长的局面，市长并非必须辞职。中央政府对市长行使监督权，部长会议可颁布法令撤销市长的职务。内政部长根据省长的请求，可发布政令停止市长职务。市长对处分不服，可向行政法院起诉。

市长任职期间没有薪俸，但领取职务津贴。职务津贴由市议会在内政部提出的最高限额内确定。最高限额根据市镇人口的多寡而变化。城市还设若干名市长助理协助市长工作。市长助理的人数由市议会根据市人口的多少确定，最少2人，最多不得超过市议会法定人数的30%。市长助理由市议会在其成员中选举产生。市长助理是市长的高级辅助人员，他们与市长共进退，如因特殊情况需改选市长，则市长助理也必须随之改选。

法国市议会负责设立和组织市行政机构，决定市预算并监督执行，决定公共工程及实施方式，领导城市建设规划，审议市长签订的合同等。市议会有权创建和组织公共事业。城市公共事业分为强制性公共事业（如基础教育）和自由处置公共事业。对于强制性公共事业，市议会没有选择的自由。对于自由处置公共事业，市议会可根据需要自行决定和作出安排。

市长既是城市的最高行政长官，又是中央政府在城市的代理人。作为国家公务人员，市长代表中央政府履行某些职权，这些职权不受市议会控制，受省长和中央政府的指挥和监督。作为城市的行政长官，市长负责执行市议会的决议和城市自治公务，受市议会控制。法国城市管理越来越多地实行委托管理和企业化运作。委托管理是指由市政府通过签订合同，将城市管理事务委托给公共机构、公共企业或私人企业管理。委托管理减轻了市政府的管理负荷，精简了行政机构，同时也节省了财政开支。

(三)日本的市政体制

日本《地方自治法》规定,地方公共团体是具有法人资格的公法人。现行日本地方自治体制采用“都、道、府、县”和“市、町、村”两级制,现有都、道、府、县47个(其中1都、1道、2府、43县),市、町、村3 245个。

都、道、府、县为同一级行政区划单位,名称不同主要是沿袭历史习惯,在行政地位和行政职能上并无本质差别。市、町、村是设在都、道、府、县内的地方基层组织。都、道、府、县和市、町、村虽是两级政府,但都享有独立的自治地位。

日本城市分为两大类:一类是一般的市,另一类是政令指定市。一般市和政令指定市的设置标准有所不同。设置一般市的标准主要有:人口在5万以上;从事城市性业务的人口占全部人口的60%以上。具有100万人口的城市,经批准可成为“政令指定市”。目前,日本共有12个政令指定城市,它们是:大阪市、横滨市、京都市、广岛市、札幌市、川崎市、仙台市、千叶市、神户市、福冈市、名古屋市、北九州市。凡列为政令指定市者,在事务分配、行政监督、组织和财政方面,享有与都、道、府、县同等的行政地位和权限。城市的规划建设、环境保护、居民生活福利等重大事务均可由市长决定,不必报都、道、府、县审批。行政区划上,政令指定市可以分区并设立区级办事机构,以提高行政管理效率。

城市政府由议决机关和执行机关(即议会和地方公共团体的行政首脑)组成。市议会是市政府的最高权力机关,由选民直接选举产生。市议会议员人数依城市人口而变化,大体在30～100名不等。议员任期4年,不得兼任国会议员、其他地方议员、地方公共团体的常勤职员等职务。议会设有议长和副议长,从议员中选举产生。市议会还设有若干个委员会,实行定期会议制度。城市政府的执行机关为市长及其工作机构。市长由辖区选民直接选举产生,任期4年。在任期内,市长如得不到议会的信任,会被提前解除职务。市长代表执行机关,负责全面领导和处理该市的行政管理事务。在市长之下,设有若干辅助办事和行政执行机构。

三、中美城市管理体制比较

中国城市管理体制和美国城市管理体制有一些共同之处,但也存在下述几方面的差异性。

(一)城市权力领导核心

美国的城市政权的主体主要是市议会和市长,其权力核心一般是市议会,即使在市长和议会关系中市长处于强势地位的强市长制下,市议会也保证了立法和监督权。在城市的政党政治中,执政党都不直接参与市政管理。中国城市国家政权机构不包括中共市委,但中共市委在城市权力体系中处于核心地位,这是由中国的国情决定的,也是与美国的城市所不同的一大特征。

在中国,市人大的地位类似于美国的市议会,市人大是城市最高国家权力机关、立法机关,但其作用不同于美国市议会。在中国,中国共产党是领导核心,市人大的工作受中共市委的领导。党领导市人大,形成党委监督人大,但人大却无法监督党委。如何有效发挥市人大的职能,始终是政府管理体制改革中不断探讨的主要问题。

(二)市的地位和隶属关系

中国的市的法律地位是非自治性。从直辖市、地级市和县级市的行政层级中,不同的行政级别之间有隶属关系,县级市除受省管辖外,还受到地级市及部分副省级市、直辖市的管辖。从各自领导和管辖的内容来看,基本上是对同类事务进行分级管理。这样,下级政府始终没有自己明确的事权范围,缺乏自主权。美国的城市之间虽然有层次差异,但不相隶属,法律地位是自治的、平等的,市与上级政府之间一般没有领导与被领导的关系。

(三)市的建制特点。

中国市的建制具有双重性,城市政府管辖附属的农村地区,因此具有了地域型而非纯粹市镇型行政建制的特点。尤其是在城乡差异显著的状况下以及尚不具备城乡合治的条件下,通过行政手段推行城乡合治,因此在以整县改市模式和市管县模式为代表产生的部分城市中,呈现这种地域型市镇的特点。

美国的市是一种纯粹的市镇型行政建制。由于美国城市化进程是在乡村城市化、工业化发展的内部条件成熟,并在一种内生型的、城乡一体化的基础上发展起来的,所以逐步消除了城乡之间的差别,乡村脱离了传统意义的乡村面貌,成为高度现代化的新区域。

第四节 非政府组织的作用

一、非政府组织的含义与性质

城市非政府组织在城市公共服务和公共管理中扮演着越来越重要的角色,可以为城市公共服务和公共管理提供一些新途径、新举措。

关于非政府组织(Non-Government Organization,NGO),有许多不同的称

谓，如非营利组织（Non-Profit Organization）、慈善部门（Charitable Sector）、独立部门（Independent Sector）、志愿部门（Voluntary Sector）、免税部门（Tax-exempt Sector）等。对于非政府组织的界定也不统一。美国联邦国内税法对于合乎免税规定的非政府组织定义为：非政府组织本质上是一种组织，限制其将净盈余分配给任何监督与经营该组织的人，诸如组织的成员、董事或理事等。有的学者从功能的角度来界定非政府组织，认为非政府组织是满足公共目的的需要，实现社会公善的私人组织。

综合各种对非政府组织定义的界定，非政府组织是指在城市中，组织设立的目的不在于获取利润，且净盈余不允许分配，由自愿人员组成，实现自我管理的，具有独立、公共和民间性质的组织或团体。它具有以下几方面的特色：

第一，非政府组织是正式的组织。非政府组织要求必须要有某种程度的制度化，临时和非正式的民众集合并不是非政府组织。非政府组织受到国家法律的合法承认，这种法人资格才能为团体托付订定契约和保管财物。

第二，非政府组织是民间的组织。非政府组织不是政府组织的部分，也不能由政府官员充任的基金会所管理。非政府组织可以接受政府的明显支持，同时政府官员也可以成为非政府组织的董事。非政府组织最主要的特点在于它在基本结构上是民间组织，不能为政府控制。

第三，非政府组织实行非利益的分配。非政府组织不是专为本身组织生产利润，它是在特定的时间中聚集利润，但是要将其使用在机构的基本任务，而不是分配给组织内的财源提供者，这是非政府组织与私人企业的最大不同之处。

第四，非政府组织实行自己治理。非政府组织能监控自己的活动，它们有内部的治理程序，不接受外在团体的控制。

第五，非政府组织是志愿性的团体。非政府组织包括某些程度的志愿参与机构活动的引导或是事务的管理，特别是志愿人员组成复杂领导的董事会。

第六，非政府组织具有公共利益的属性。非政府组织是为公共目的服务的，并提供公共财产。

二、城市非政府组织的类型

按照非政府组织国际分类（The International Classification of Non-Government Organization）的标准，非政府组织分为12类。

（1）文化娱乐：文化艺术、休闲娱乐、服务俱乐部等。

（2）教育研究：中小学、高中以上，其他教育，教育研究等。

(3)健康:医院康复、医疗机构、心理健康与咨询、其他健康服务等。

(4)社会服务:社会服务、紧急救护、收入支持与维持等。

(5)环境:环境、动物等。

(6)发展与住宅:经济社会与社区发展、住宅、就业训练等。

(7)法律宣传与政治:公民与宣传组织、法律服务、政治组织等。

(8)慈善中介与自愿性服务:募款服务、支援服务组织等。

(9)国际活动:国际救护组织、人权组织、发展协会组织等。

(10)宗教:如天主教、佛教、犹太教等。

(11)商业与专业协会:如商业协会、劳工联盟、专业组织等。

(12)其他。

三、城市非政府组织在城市管理中的作用

传统的非政府组织的主要功能在于收容、救济、医疗、办学、文化和社会服务等方面。随着非政府组织的不断发展,其功能和影响也在不断扩大,在解决公共问题及提供公共服务等方面,发挥着越来越重要的作用。

非政府组织在解决公共问题的作用方面有六个显著的特征:一是非政府组织与大多数政府部门一样,均为服务导向;二是非政府组织可以成为城市政府与服务对象之间的桥梁;三是非政府组织的行动取向,针对服务对象直接提供服务;四是较之企业或政府组织,非政府组织的结构通常较少层级节制,更具弹性;五是非政府组织通常被作为检验创新理念或实验社会替代方案的场所;六是多数非政府组织,如消费者或环境保护团体不仅关心公、私组织的服务和产品质量,更关注它们对消费者或社会的影响,它们扮演的正是捍卫公共利益的角色。

在公共服务方面,非政府组织发挥的功能与作用主要体现在以下几个方面:

第一,发展公共政策。非政府组织在直接参与处理城市社会事务时,能够及时发现城市管理中的许多公共问题。同时非政府组织可以广泛地运用影响力,如提供信息、陈述请愿、参与诉讼、直接代表,来影响大众传播、影响城市政府的决策等。对于长期的决策,可以通过持续的分析研究,为政府政策制定和决策提供意见或建议。

第二,监督城市政府。虽然城市政府组织有防止弊端的机制,但仍不能完全保证公正无私。非政府组织可以不断地提醒政府与公民,使政府与公民尽到其应尽的责任与义务,以便使它们更加关心城市公共事务。

第三,监督市场。在城市政府无法充分发挥功能的领域,非政府组织可以扮

演市场监督者的角色，如保护消费者权益。在许多方面，非政府组织可以直接提供选择方案，提供更高品质的产品给社会。

第四，维护良好的社会价值。非政府组织对社会公共服务的奉献精神，对人、自然、社会的关怀，对平等权利的重视，对公众参与的重视等，均体现了民主社会的基本价值，它们通过自己的行为，倡导和维护着良好的社会价值观。

第五，直接提供社会公共服务。非政府组织可以弥补一些城市政府无法履行的公共服务和社会福利职能的不足，尤其是在社会服务、文化教育、医疗卫生、社区发展、社区互动等方面发挥着极大的作用。

第六，促进积极的社会公众参与。非政府组织所倡导的是积极的公民精神，这种精神强调公民应当积极主动地参与公共事务，对社会应有仁德与爱心；对社会要承担个人的道德责任；要有利他主义精神，这是民主社会最重要的精神。非政府组织可以为城市公众参与社会公共事务提供重要途径，也为培养积极的城市公民精神提供场所。

四、中国城市管理中的非政府系统

中国城市管理的非权力系统包括非权力政治系统、非权力社会系统两个方面。非权力政治系统包括民主党派组织、政治协商会议、人民团体、居民委员会等，它们是中国法律明确规定并赋予了某些法定治理权力的政治或自治组织。非权力社会系统包括社会团体、民间组织、企业、事业单位和市民个人等(虞维华，2005)。

(一)人民团体

人民团体是指以表达和维护一定阶层的群众的具体利益为宗旨，担负着部分社会管理职能的群众性政治团体。中国城市的人民团体主要包括工会、共青团、妇联、科协、侨联、文联等，它们受中共市委领导，是执政党联系群众的桥梁和纽带。人民团体在城市管理中的作用主要表现在：代表各自所联系群众的利益，反映群众的呼声，维护各界群众的合法利益；做好所联系群众的思想政治工作；动员所联系群众参加城市建设；参与中共市委和市政府的政策制定和贯彻执行。

(二)居民委员会

居民委员会是城市居民自我管理、自我教育、自我服务的基层群众性自治组织，不设区的市、市辖区的人民政府或者它的派出机关对居委会的工作给予指导、支持和帮助。城市居委会由本居住小区全体有选举权的居民或者每户派代表选举产生。居委会每届任期 3 年，成员可以连选连任。居委会的设立、撤销和规模调整，由不设区的市、市辖区的人民政府决定（邵任薇，2003）。

（三）民主党派组织和政治协商会议

中国共有八个民主党派，它们在直辖市、地级市和县级市建立有组织体系。市民主党派设有市委员会，由主任委员、副主任委员、委员和秘书长组成，并根据需要设立必要的工作部门。民主党派组织在城市政治生活中的作用是：参政议政、献计献策、民主监督、扩大和巩固统一战线。政治协商会议是城市中具有广泛代表性的统一战线组织。市政协在中共市委的领导下，促进共产党和民主党派的合作，是城市政治协商和民主监督的重要形式。

（四）营利性企业

伴随着城市基础设施和公共服务投融资体制的改革，在政府“掌舵”而不“划桨”的理念指导下，企业广泛参与到城市公共产品和服务的生产之中。它们与城市政府以及公营部门开展合作，以合同外包、特许经营、合作生产等方式建立伙伴关系。企业参与城市管理和运营，有利于降低公共服务成本和节约财政支出，提高城市公共服务的质量和效率。

（五）非营利性组织

非营利性组织又称非政府组织或第三部门。伴随着政府职能转变，除国有事业单位外，各种非营利、非政府属性的社会组织也在迅速发展之中。社会组织与人民团体的区别在于，它们由政府部门尤其是民政部门进行管理；而人民团体是中国共产党与社会公众之间的中介，它们接受中共市委的直接领导，发挥非营利组织的作用，有利于提高公共产品和服务供给效率。

（六）市民参政

市民参政也称公众参与，是指市民通过一定的途径和形式向政府提出意见、建议和要求，促进或阻止某些公共政策过程的行为。市民可通过个人的社会关系网络、信访、检举、揭发、媒体、抗议、游行、集会、示威、选举等途径和方式，向城市党政机关表达自身的利益诉求，促使公共权力部门关注“民意”，更有效地提供公共产品和服务，及时回应市民的公共性利益诉求。

参考文献：

[1]林雪霏，《政府间组织学习与政策再生产：政策扩散的微观机制——以“城市网格化管理”政策为例》，《公共管理学报》，2015，第1期。

[2]莫于川，《从城市管理走向城市治理：完善城管综合执法体制的路径选择》，《哈尔滨工业大学学报（社会科学版）》，2013，第6期。

[3]潘小娟、白少飞，《中国地方政府社会管理创新的理论思考》，《政治学研究》，2009，第

2 期。

[4]全钟燮,孙柏瑛等译,《公共行政的社会建构:解释与批判》,北京大学出版社,2008。

[5]饶常林、常健,《我国城市街道办事处管理体制变迁与制度完善》,《中国行政管理》,2011,第 2 期。

[6]邵任薇,《中国城市管理中的公众参与》,《现代城市研究》,2003,第 2 期。

[7]王佃利,《城市管理转型与城市治理分析框架》,《中国行政管理》,2006,第 12 期。

[8]虞维华,《非政府组织与政府的关系——资源相互依赖理论的视角》,《公共管理学报》,2005,第 2 期。

[9]张步峰、熊文钊,《城市管理综合行政执法的现状、问题及对策》,《中国行政管理》,2014,第 7 期。

[10]周诚君、洪银兴,《城市经营中的市场、政府与现代城市治理:经验回顾和理论反思》,《改革》,2003,第 4 期。

第二篇

城市管理方法

第四章　城市的规划管理

第一节　城市的规划管理概述

一、城市的规划管理内涵

城市的规划管理是指通过制定适宜规划、有效落实规划，进而达到预期目的的城市管理（发展）模式。在此，制定适宜规划需要客观了解城市自身条件和外部环境，正确设置可达目的和措施；有效落实规划需要持续跟踪和监督已定规划的落实，促使规划变成现实。制定适宜规划、有效落实规划整个过程本身就是城市的规划管理内容；确保制定规划的适宜性、落实规划的有效性的相关规制的设立和实施过程也是城市的规划管理内容。

城市的规划管理适用于城市管理的方方面面，在众多领域和层次上广泛应用，形成涉及面广泛的实际案例，且具有与时俱进、持续发展的势头。城市的规划管理领域广泛、内涵丰富，可从多个维度进行考察和分类，但从管理对象的内容可二分为硬件性规划管理和软件性规划管理。

城市的硬件性规划管理是指城市建设相关的规划管理，如城市建筑的建设及其布局规划管理、城市交通规划管理、城市环境规划管理、新城区或开发区布局和建设规划管理等。其以城市建设空间发展规划综合管理为核心，具体围绕城市的规划管理为中心展开。

城市的软件规划管理是指城市社会发展相关的规划管理，如城市经济发展规划管理、城市社会发展规划管理、轻工业调整和振兴规划管理、城市科技规划管理、城市教育规划管理等。其以经济和社会发展规划综合管理为核心，具体围绕国民经济和社会发展规划为中心展开。

区别于城市的规划管理，当前常常使用和论及的城市规划管理，在使用习惯上、实质上更多代指的是城市的硬件性规划管理，可视作城市的规划管理的一种狭义概念，即其中的一种类型。广义的城市的规划管理同时覆盖城市硬件性规划管理和城市软件性规划管理。

二、城市规划管理

城市规划是指城市政府依据国民经济和社会发展规划，根据当地的自然环境、资源条件、历史文化、现状特点，体现统筹兼顾、综合部署原则，为确定城市的规模和发展方向，实现城市的经济和社会发展目标，合理利用城市土地，协调城市空间布局等所作的一定期限内的综合部署和具体安排。城市的规划管理将城市规划编制管理、城市规划审批管理和城市规划实施管理有机统一起来。

有关城市规划管理的实践和表述往往侧重于“规划”，主要聚焦于城市土地资源和城市使用空间的统筹相关建设规划，即主要关注规划的制定。其对规划的“管理”(即规划管理)关注不足。而事实上，通过系统的科学管理手段，可以让城市规划变得更加高效、有益，规划与管理相辅相成、缺一不可。

城市规划管理具有科学性、复杂性、系统性、综合性和实践性等特征，兼具规划与管理，能够为城市建设和发展提供科学的指导手段，有效提升城市建设质量和空间利用水平，促进城市健康、稳定和可持续发展。

三、城市国民经济与社会发展规划管理

城市国民经济和社会发展规划是城市的经济、社会发展领域的总体纲要，以城市国民经济、科技进步、社会发展、城乡建设为对象，体现城市在规划期内国民经济的主要活动、科技进步主要方向、社会发展的主要任务以及城乡建设的各个方面所作的全面规划、部署和安排，提出政府在规划期内经济社会发展的战略目标、方针政策、主要任务、实施重点，是具有战略意义的指导性规划。

有效利用城市国民经济和社会发展规划在软件性领域更好地发展城市，需要从规划的制定到落实上进行必要的管理。对规划的制定和落实进行必要的管理，即城市国民经济和社会发展规划管理，有助于保证规划本身的适宜性，同时保证既定规划的落实。因此，城市经济和社会发展规划管理具有与规划内容本身同等的重要性。

科学编制并组织实施国民经济和社会发展规划，有利于合理有效地配置公共资源，引导市场发挥资源配置的基础性作用，促进国民经济持续快速协调健康发展和社会全面进步。为推进国民经济和社会发展规划编制工作的规范化、制度化，提高规划的科学性、民主性，更好地发挥规划在宏观调控、政府管理和资源

配置中的作用,需要强化和完善规划管理。

四、城市部门规划管理

在城市的规划管理中,城市规划管理和城市国民经济和社会发展规划管理分别在城市的硬件性规划管理和软件性规划管理中成为城市政府层次的综合性、纲领性规划管理框架。这两大规划管理的落实,需要通过城市政府各部门(委、办、局)层次的部门规划管理实现。同时,尽管城市规划和城市国民经济和社会发展规划具有政府层次的综合性质,但是这两种规划在管理上,如具体编制、监督落实等方面,城市规划归属住房和城乡建设局(住建局)主管,城市国民经济和社会发展规划归属发展和改革委员会(发改委)主管。因此,从管理维度来讲,这两种规划管理也可看作城市部门规划管理。

城市部门规划管理是城市(政府之下)部门层次的城市规划管理,在整个城市的软硬件性规划管理过程中发挥着编制、执行和监督的主体作用。如果城市部门规划彼此之间缺乏协调甚至相互冲突,会导致规划管理上的重复或缺失等混乱和管理不到位或成本的增加,在一定程度上会影响城市的健康发展。究其原因,主要是在同一个城市空间上,往往各部门都有自己的规划引导和控制要求,在工作目标、空间范畴、技术标准、运作机制等方面存在交叉和矛盾。因此,如何提升城市部门之间的合理规划与协调合作管理成为政府城市管理的重要内容。

第二节 城市规划管理

城市规划管理作为城市规划在编制、审批和实施过程中的重要管理手段,其主要行为主体是中央和地方政府,同时辅之以群众参与。因此,城市规划管理可以分为三大主要部分:法律管理、行政管理和公众参与管理。城市规划管理对城市规划设计乃至城市空间建设具有重要意义,需要逐步提升管理水平。

一、城市规划法律管理

依法行政是现代公共管理的根本要求,规划是政府公共管理的重要职能,因此规划法是规划管理体系之核心。各国家地区的实践已表明,规划法的颁布标志着城市规划管理作为行政管理职能的法定程序化,是重要的管理手段(陈霈、黄亚平,2020)。现代城市法制规划体系的发展始于第二次世界大战后的全球城市发展浪潮，各国家地区纷纷颁布各自的城市规划法。

城市规划是一个复杂的、发展的、综合性的概念，在不同国家的城市规划发展过程中，不同时期往往也有不同的侧重点，广泛涉及包括但不仅限于土地规划、住房规划、环境规划和空间规划等。但城市作为空间集聚的产物、土地作为空间集聚的载体，土地规划和空间规划是城市规划的核心组成部分（虽然两者在很多时候也存在重叠），甚至在一些特定时期约等于某些国家城市规划的主干或重要补充。

（一）国际“城市规划法”发展脉络

纵观世界，许多发达国家建立起成熟的城市规划法体系，并积累了丰富的经验和教训（王伟、姚洋涛，2020）。第二次世界大战后，中国、英国、德国、日本和美国等国政府出台涉及城市规划的关键性法律。图 4—1 中列出的法律文件为第二次世界大战后颁布的或战后的首次修订版。

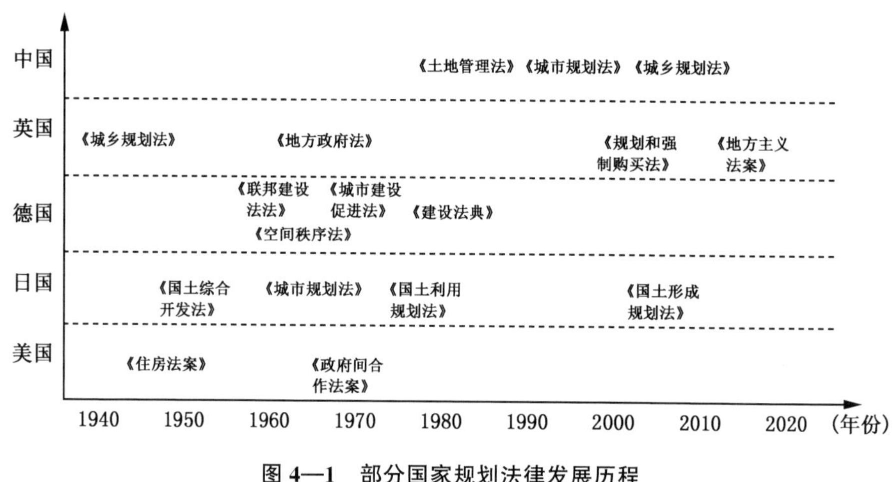

图 4—1 部分国家规划法律发展历程

1. 英国城市规划法律发展

英国作为老牌资本主义国家，不但是现代城市规划的发源地，也是目前世界上规划体系最为完备和先进的国家之一，在城市规划的编制和体系建立上拥有相当多值得学习和借鉴的经验。

英国最初对城市规划的尝试始于 19 世纪，随着当时英国工业化的推进，城市规模不断扩大，城市人口快速膨胀，环境卫生不断恶化，住房短缺问题也日益加剧，迫使英国在 1848 年颁布了《公共卫生法》，并在 1875 年颁布了《住房改善法》，这两部法案意在解决当时的城市卫生和住房问题，也被认为是现代城市规划法的前身。1909年,英国颁布了第一部真正意义上的城市规划法——《住房与城镇规划诸法》,标志着城市规划成为政府的正式职能,政府开始对土地利用等方面进行行政干预。

随着《住房与城镇规划诸法》的实施以及在实践中问题的暴露,英国对其进行了修订,并在1925年颁布了《城镇规划法》。随后,更是进一步颁布了《城乡规划法》(1932),明确提出地方政府应编制"城镇规划大纲"并进行城乡双向管理。这一时期是英国城市规划发展的探索期,虽然城市规划体系框架已经搭建起来,但仍存在显著不足。一方面城市规划的法律地位并不牢固,另一方面此时城市规划仅限于地方政府,缺少全国性的统筹和区域协调,而英国的城市规划进入全面发展阶段是在第二次世界大战以后。

第二次世界大战对英国的城市造成了严重的毁坏,战后为了更快地恢复国民经济以及进行城市重建,英国颁布了修订后的《城乡规划法》(1947),规定地方政府必须编制"发展规划",且各地的"发展规划"必须得到中央政府的批准后才能执行。《城乡规划法》(1947)标志着英国城市规划的进一步法制化,规划的最终决定权被收归中央,土地所有权和开发权分离,中央统筹管理初具雏形,为战后英国经济的快速复苏与发展奠定了基础,但也在随后的执行过程中暴露出一些问题。因此,英国政府对其进一步完善,并颁布了《城乡规划法》(1968),引入了综合开发规划以替代之前的单一规划模式,形成了"结构规划"和"地方规划"相结合的"二级规划体系",各郡负责宏观的结构规划,各区负责微观的地方规划,将战略规划与实际操作执行有机结合起来。

也是在这一时期,英国首次将公众参与作为规划流程的一部分。后来随着《地方政府法》的颁布,空间规划权利被下放到区政府一级,意味着之前"二级规划体系"在一定程度上被打破。大都市郡地区和伦敦的各个自治区实行"整体发展规划",而其他地区则沿用之前的"二级规划体系",因此一般也被称为"双轨制"。

2004年英国颁布《规划与强制购买法》,使得"区域空间战略"与"地方发展框架"取代了之前的"结构规划"和"地方规划",形成"国家规划政策文件""区域空间战略"和"地方发展框架"并存的"三级规划体系"。2011年,英国政府颁布《地方主义法案》,废除"区域空间战略",推行"地方主义"的分权改革。时至今日,英国的城市规划法依然在不断地调整。

2. 美国城市规划法律发展

美国最早的城市规划可追溯至杰斐逊总统时期的美国财政部长艾伯特·加

勒廷提出的《联邦道路和运河建设报告》。以该报告为核心，形成了后续的“加勒廷国家规划”愿景。虽然该愿景最终并未由联邦政府执行，但在地方政府和私人企业的介入下基本实现，一系列规划工程的实施在地理上联通了美国几个重要的经济区，极大地促进了美国的繁荣发展。同时，正如从“加勒廷国家规划”愿景的最终实施中可以看出的，美国的城市规划体系与执行具有更高的自由度，起主导作用的往往不是联邦政府，而是地方政府、社会与私人组织。这与英国并不相同，相关法律也比较少。1968 年美国联邦政府出台了《政府间合作法案》，赋予地方更大的规划自主权，同时鼓励和推动地方间的合作发展。

美国的城市规划更多是以大都市区为主体的区域规划，这在很大程度上保留了地方的自由度，但也导致缺乏国家层面必要的统筹协调，使得城市间的发展分化和脱节较为严重。

3. 日本城市规划法律发展

日本是一个人口众多但土地资源相对匮乏的国家。整个国家地形狭长、多自然灾害，75%的国土为山地丘陵地带，人口高度集中。因此日本一直十分重视城市规划工作。日本的城市规划立法起步较早，可追溯到 1919 年制定的《城市规划法》和《市街地建筑物法》。

第二次世界大战结束后，日本的城市规划主要集中于城市重建工作，并逐渐形成国土规划体系。其中的代表就是 1950 年日本通过的《国土综合开发法》。这是日本战后第一部全国性的国土规划法案，也成为日本之后几十年空间开发的基本法。

1962 年，日本在上述法案基础上编制第一次国土综合开发规划，即《一全综》，之后以此为基础不断发展。而随着城市的发展，城市用地、工业污染和人居环境恶化等问题也日益凸显。日本在 1968 年出台新的《城市规划法》。其后，颁布《国土利用规划法》作为补充，并不断修订。2008 年颁布《六全综》，这一阶段日本确定了“广域区自立发展”的规划理念，出台《日本国土形成规划法》。在日本国土规划中，“管理性”逐步凸显，并在已有法律基础上依据国情不断进行调整。

4. 德国城市规划法律发展

第二次世界大战前，德国由于历史发展原因并没有形成全国统一的城市规划，不同地区大多是通过地方法律引导城市发展与建设。即便是纳粹德国时期，德国的城市规划也主要是为其军事和政治目的服务，并未形成城市规划的法律体系。

第二次世界大战结束后，德国重建工作开始，德国的城市规划法定程序交由各州地方政府负责，直到 1960 年《联邦建设法》的颁布，才标志着德国首部统一的城市规划法的诞生。随后，德国又在 1965 年颁布了《空间秩序法》，该法案不仅包含了法律程序，还涉及具体政策原则，强调在城市规划中应重视自然、经济和社会文化的协调与需求，并被各州后续的地方规划法所采纳。上述两部法案的颁布，标志着德国国家规划体系基本成型。1971 年的《城市建设促进法》是对《联邦建设法》的进一步补充，聚焦联邦和各州如何更好地共同支持城市的旧城改造和持续更新改善，两部法案最终合并为《建设法典》。

目前，德国城市规划的法律核心是《空间秩序法》和《建设法典》，同时也有一些其他法律法规与之配套。

（二）中国城市规划法律管理

新中国成立之初，百废待兴、百业待举，城市规划也提上了日程。新中国早期的城市规划发展主要是学习苏联经验与模式，主要是依托大型基础设施建设带动城市规划，侧重于产业导向，不少地区的城市规划往往围绕重点产业或重点企业进行，在特定时期积累了一定的城市规划经验，但短板也较为明显，即没有形成完整的城市规划体系。这一时期乡村地区也没有总体规划，主要聚焦于农村用地规划，称为土地整理。其后受到“大跃进”“人民公社”等影响，中国城市规划工作逐步陷入停滞。

改革开放后，中国进入社会主义市场经济阶段，逐步开放土地市场，经济也开始全面转型。1986 年，随着《土地管理法》的发布，我国开始了第一轮土地规划编制工作，其核心是“保护耕地、保障建设用地”。1990 年，我国正式实施《城市规划法》，标志着我国城市规划法律建设进入快速发展期。1993 年，我国通过并实施了《村庄和集镇规划建设管理条例》，意在加强村庄和集镇的规划建设管理，改善村庄和集镇的生产生活环境，促进农村经济和社会发展。1998 年，针对《土地管理法》实施中暴露的不足与问题，对其进行了修订，确立了土地利用总体规划的法律地位，并且明确从属关系。这一时期，随着市场化的不断推进，土地规划和城市规划之间的矛盾也日益尖锐。

2008 年，《城乡规划法》在《城市规划法》与《村庄和集镇规划建设管理条例》的基础上修订颁布，形成了较为完善的城乡统筹规划体系，并逐步化解之前土地规划和城市规划的尖锐矛盾，使两者在法律层面和行政层面实现了有机融合。

二、“城市规划”行政管理

城市规划行政管理是以政府为主体，依托于法律，进行城市规划管理。不同国家表现出不同的形式，但大致可以分为四种类型：

第一，地方自治主导型。典型代表是美国，城市规划方式各州不同，以地方性法规和行政管理为主，地方具有相当大的自治主导权。具体的操作方式以发展空间规划和社区规划为主，重视城市设计的作用。以新城市主义和可持续发展等思想为主导，凸显社会学和艺术化等特点。

第二，上下分权指导为主的平行型。典型代表是英国，英国的城市规划行政管理经过不断地发展，目前由国家、省（区）和市三个层级组成，具体操作方法是国家和省（区）级负责非法定的战略性规划指导，再由市级进行具体远景规划和土地利用规划并赋予法律效力，从而形成上下分权指导为主的平行型行政管理。

第三，垂直型。典型代表是德国，自上而下垂直分工，形成国家、州、区域和地方四级递进关系，且每层规划均具有法律法规效力，国家制定宏观的框架和规划原则，州和区域进一步制定因地制宜的城市规划和立法，地方则负责落实上一层级的城市规划并编制具体的土地利用和建设发展规划细则。

第四，网络型。典型代表是日本，城市规划行政体系主要由国土规划、城市规划和街区规划三个层面所组成，在规划层次上分为国土形成规划、国土利用规划和土地利用基本规划三个方面，国土空间规划体系和行政体系相对应，以国家、区域、都道府县和市町村四级组成网络型。

就目前而言，中国的整体城市规划管理的行政管理以垂直型为主要特征，不同城市表现出一定的差异性。

城市规划管理在实践中往往是错综复杂的，应避免僵硬地套用某一类型，需要充分吸收不同类型的经验教训，结合本国、本地区实际情况，探索出因地制宜的“城市规划”行政管理体系。

三、“城市规划”公众参与管理

城市规划中的公众参与理念于 20 世纪 20 年代被纳入欧美法典中，成为规划程序之一，于 60 年代后兴起，体系逐渐发展完备。城市规划中公众参与管理至今已成为众多发达国家城市决策制定、实施、管理体系中一个必经环节（左菲菲，2016）。

以美国为例，美国的城市规划以地方自治为主，在城市规划过程中存在社区听证环节，并发挥着极其重要的作用。20 世纪 60—70 年代，美国城市化进程加快，在老城改造和新社区建设中，社区作为自治组织获得了极大的授权，社区居民可以通过社区听证的形式参与到社区规划的制定与后续执行的监督中，既维护了社区居民的利益，也平衡了各利益群体的诉求，为社区建设做出了突出贡献（谢芳，2009）。

城市规划中的公众参与理念于20世纪80年代引入我国，并在规划听证方面取得了一定的成效。但受传统观念和体制的影响，我国民众对政治或者公共事务的参与素养和意识有待提升。一方面，公众参与公共事务的水平和能力有限，很少或者无法真正提出可行性建议；另一方面，公众参与的程度和渠道不完备，人们总是觉得这种参与就是一种形式，起不了什么作用，提了意见最后也不可能被采纳。这就需要在加强群众教育、提升知识水平和素养的基础上，不断健全参与机制，设立参与机构、扩宽参与渠道，创新参与方式，引导公众真正参与到城市规划的整个过程中来，实现能参与、想参与、真参与、参与后有成效的目标。

第三节 “城市国民经济和社会发展规划”管理

发展规划一般专指政府为实现国家或城市（地区）某一时期的发展目标而制定的某段时期内经济社会发展的预期框架和行动指南。在中国，“国民经济和社会发展规划”是具有战略性质的指导性文件，是全国或者某一地区、某一城市经济、社会发展的总体纲要。国民经济和社会发展五年规划是中国最为重要的宏观经济和社会管理工具，是国民经济和社会发展的一个中长期计划，主要是为国民经济和社会发展远景规定目标和方向，对国家重大建设项目、生产力布局、国民经济重要比例关系和社会事业等做出规划。政府依据“五年规划”，动员与配置全社会的资源，推进经济社会的发展（中国社会科学院经济研究所课题组，2020）。显然，“国民经济和社会发展规划”管理对城市发展可形成巨大影响，有必要持续完善、有效利用。

“国民经济和社会发展规划”是一个相对具有中国特色的称呼，但并不表示只有中国有涉及经济和社会发展的综合性规划，其实许多国家和地区也有各自的综合性发展规划，只是叫法和形式有所不同。

以欧洲为例，欧洲绝大多数国家针对诸如经济、环境和能源等不同的领域也制定了不同的发展规划，同时具有综合性的整体规划，一般纳入空间规划。如欧洲理事会提出，空间规划是经济、社会、文化和生态政策在空间上的映射，其目标是实现区域的平衡发展以及空间统筹（罗超等，2018）。欧洲协作委员会也认为空间规划的制定有利于实现不同部门之间的政策整合与协作，进而促进区域整体的发展。欧盟在1999年通过的《欧洲空间发展展望》对于整个欧洲的空间规划具有重要意义——其通过空间政策统筹来促进多中心的经济、社会、环境协调的区域发展。

一、“国民经济和社会发展规划”历史脉络

国民经济和社会发展规划由中央和城市(地方)共同促进。中央注重全国统筹战略布局的“国民经济和社会发展规划”;而城市则注重在国家战略布局之下的具体详细规划与落实,即“城市国民经济和社会发展规划”。两者相辅相成,共同组成中国特色的“国民经济和社会发展规划”。因此充分了解“国民经济和社会发展规划”的编制、发展及管理经验,对理解“城市国民经济和社会发展规划”管理具有重要意义。

从1953年至今,我国已制定和实施了十四个五年规划。在“一五”到“十五”时期被称为“五年计划”,从“十一五(2006—2010年)”时期开始改称为“五年规划”。本书统称为“五年规划”,而在具体论述时则根据情况分别称为“五年计划”或者“五年规划”。“五年规划”是我国经济社会发展中的重要组成部分,深具战略性和前瞻性,对一段时期我国经济社会发展起到顶层设计和纲领性指导的作用。

我国“五年规划”的制定与实施是与时俱进的,在不同时期有不同侧重,与当时的国际国内发展格局息息相关,并在一个又一个规划的发展中总结经验,不断调整规划的目标、性质和内容、体系和程序,逐渐形成了较为完善的具有中国特色的“五年规划”体系。

在规划目标方面,从早期争取实现“社会主义工业化”到实现“四个现代化”,就是对国家发展目标认知不断深化的过程;从解决人民生活温饱到全面建成小康,再到开启全面建设社会主义现代化国家新征程,也是规划目标不断实现、不断稳步推进的过程。

在规划性质方面,从早期的指令性逐渐发展为指导性,再到兼具约束性的转变,也体现了规划性质的不断完善和调整。

在规划内容方面,规划内容不断扩展,逐步发展为从经济规划到经济社会规划,再不断囊括政治建设、生态建设、文化建设和国防建设等规划在内的全面综合一体式建设规划。

在规划体系方面,从单一规划扩展到由总体规划、重点领域专项规划和空间规划等多种规划相结合的完善规划体系。

在规划的程序方面,从中央直接制定发展为中央提出规划建议、国务院编制纲要、全国人大审议的制度化、法制化规划。与此相应,城市层次的“五年规划”

也与时俱进。

按照其历史演进的过程，可将我国的“五年规划”划分为三个时期：一是计划经济体制下社会主义建设时期；二是从改革开放到十八大之前的中国特色社会主义建设时期；三是中国特色社会主义建设新时代。

计划经济体制下社会主义建设时期，包括5个“五年计划”，即第一个五年计划（1953—1957年）到第五个五年计划（1976—1980年），其中1963年至1965年为国民经济调整期即非五年计划期。这一时期“五年计划”的中心任务是推动“社会主义工业化”和实现“四个现代化”，因为该阶段以学习苏联计划经济模式为主，并迫切希望实现从农业国到工业国的转变，所以强调政府指令性计划，优先发展重工业，意在建立独立完整的工业体系和国民经济体系。但由于这一时期受到多次国内外重大政治事件的干扰，实际上除了“一五”计划外，其余四个五年计划被频繁打断且并未正式公布。

从改革开放到十八大之前的中国特色社会主义建设时期，包括“六五（1981—1985年）”到“十二五（2011—2015年）”共计7个“五年规划”。这一时期我国经济体制逐渐从计划经济向社会主义市场经济转型，规划也从早先指令性规划向确定战略纲要及引导市场发展的规划过渡。“六五”到“十二五”这35年间也是中国发展最为迅速的时期，中国特色社会主义现代化建设取得突飞猛进的成果，实现了从解决温饱到总体小康、再到全面建设小康的跨越式发展。

十八大以后，中国进入中国特色社会主义建设新时代。第十三个五年规划（2016—2020年），是中国特色社会主义建设进入新时代的第一个“五年规划”。2020年10月29日，中国共产党第十九届中央委员会第五次全体会议审议通过了《中共中央关于制定国民经济和社会发展第十四个五年规划和二〇三五年远景目标的建议》；2021年3月11日，十三届全国人大四次会议表决通过了关于国民经济和社会发展第十四个五年规划和2035年远景目标纲要的决议。

“五年规划”是具有中国特色的国家发展总体规划，也是经过长时间不断探索和实践逐渐完善的治理国家的重要工具。“五年规划”的发展过程是一个不断探索和创新发展理念、努力认清历史方位和把握发展大势、科学规划发展战略和确定重大任务、不断提高政府宏观调控与国家治理能力现代化水平、持续完善社会主义市场经济体制的历程。

二、“城市国民经济和社会发展规划”法律管理

目前我国没有涉及“国民经济和社会发展规划”的具体法律。作为城市规划

核心法律的《城乡规划法》中也并未涉及“国民经济和社会发展规划”相关制度安排。即在我国城市规划法律中，往往把“城市规划”主要限定在狭隘的硬件性规划范畴内，并没有纳入国民经济和社会发展这一软件性规划问题。

例如，《城乡规划法》第一条指出，“为了加强城乡规划管理，协调城乡空间布局，改善人居环境，促进城乡经济社会全面协调可持续发展，制定本法”；同时又在第五条指出，“城市总体规划、镇总体规划以及乡规划和村庄规划的编制，应当依据国民经济和社会发展规划，并与土地利用总体规划相衔接”，明确表述出城市规划与城市国民经济和社会发展规划的关系。即城市规划与城市国民经济和社会发展规划是有区别的，《城市规划法》主要论及硬件性城市规划问题。为了弥补“城市国民经济和社会发展规划”的法律管理上的空白，为使其纳入法律层面，以利有效管理，亟待进一步填补相应的法律空白。

由于缺失有关规划管理的具体规范法律的情况，“国民经济和社会发展规划”管理主要依赖一些政府文件展开。1999 年，国务院办公厅就转发国家计委《关于“十五”规划编制方法和程序的若干意见》，明确了“十五规划”的构成，界定了各类规划的性质作用，并对规划编制方法和程序作出规范。2005 年国务院发布《关于加强国民经济和社会发展规划编制工作的若干意见》，将国民经济和社会发展规划分为总体规划、专项规划和区域规划三类，进一步对编制程序和方法作了规定（蓝枫，2018）。虽然目前我国的国民经济和社会发展规划还没有具体的规划法，但是在长期的具体实践和若干意见指导下，“五年规划”的编制与程序已经形成了一套较为成熟的不成文制度。

2018 年《中共中央国务院关于统一规划体系更好发挥国家发展规划战略导向作用的意见》（以下简称《统一规划意见》）更是明确要求理顺国家发展规划和国家级专项规划、区域规划、空间规划的相互关系，统一规划体系，完善规划管理，提高规划质量，强化政策协同。

《统一规划意见》明确定义“国家发展规划，即中华人民共和国国民经济和社会发展五年规划纲要，是社会主义现代化战略在规划期内的阶段性部署和安排，主要是阐明国家战略意图、明确政府工作重点、引导规范市场主体行为，是经济社会发展的宏伟蓝图，是全国各族人民共同的行动纲领，是政府履行经济调节、市场监管、社会管理、公共服务、生态环境保护职能的重要依据”。同时也明确了国家发展规划的指导地位，“国家发展规划根据党中央关于制定国民经济和社会发展五年规划的建议，由国务院组织编制，经全国人民代表大会审查批准，居于规划体系最上位，是其他各级各类规划的总遵循”。

三、“城市国民经济和社会发展规划”行政管理

行政管理是中国“国民经济和社会发展规划”最重要的管理手段，并表现为较强的垂直型管理模式。由于“国民经济和社会发展规划”管理上缺失法律管理，因此行政管理在很大程度上起到了一定的填补作用，尤其是中央通过意见文件等方式，为城市的国民经济和社会发展规划管理起到了一定的指导作用。与此相对应，“城市国民经济和社会发展规划”行政管理主要以中央意见指导为主、城市自主规划管理为辅。

国民经济和社会发展规划，按照行政层级划分，可分为国家级规划、省(区、市)级规划和市县级规划。省(区、市)级规划与市县级规划分别由同级人民政府组织编制，并由同级人民政府发展和改革委员会及有关部门负责规定起草工作。“城市国民经济和社会发展规划”主要聚焦于城市层面的国民经济与社会发展规划。

(一)国家层次规划编制过程

国家“五年规划”的制定流程，为“城市国民经济和社会发展规划”管理提供参考范式。国家“五年规划”编制大多历时较长，一般耗时两年以上，制定过程大体分为三个主要阶段(王绍光等，2014)：

第一，《基本思路》编制阶段。主要研究《中华人民共和国国民经济和社会发展第××五年规划基本思路》(以下简称《基本思路》)。正式编制“五年规划”之前，需要对上一个“五年规划”的执行与实践进行初步总结与反思，同时形成对今后五年国内外发展态势和机遇挑战的一个预判，理清发展脉络、认识发展进程与所面临的问题，形成基本规划思路，为后续“五年规划”的具体编制提供纲领性指导框架。

第二，《建议》编制阶段。主要编制《中共中央关于制定国民经济和社会发展第××五年规划的建议》(以下简称《建议》)。《建议》一般由中央财经领导小组牵头编制，进行前期研究工作，成立起草组，并在中央政治局常委会直接领导下，负责文件起草工作。

第三，《纲要》编制阶段。即正式编制阶段，编制完成《中华人民共和国国民经济和社会发展第××五年规划纲要》(以下简称《纲要》)。虽然《纲要》在流程上是第三阶段，但在具体编制过程中是与第二阶段《建议》同步进行的，这主要是为了便于实现两者的协同，因为《建议》的修改贯穿始终，并非一稿确定。因此，在实际的“五年规划”编制过程中，《建议》形成一稿，《纲要》就要改进一稿，两者一一对应，同步修改、同步推进，在此期间，《纲要》被称为“《纲要》框架”，当《建议》通过时，“《纲要》框架”更名为“《纲要》草案”，该草案仍需经过多轮修改、审

查，最终由人大通过后，正式发布《纲要》。《纲要》发布后，即规划编制管理结束后，进入实施管理阶段。中央五年规划编制阶段与环节流程见表4—1。

表4—1　　中央“五年规划”阶段与环节示意表

编制阶段	环节一	环节二	环节三	环节四	环节五
《基本思路》编制阶段	前期调研、课题研究、研讨会、借鉴部门和地方思路	提炼基本思路	地区片会、专家委员会会议	国务院、政治局常委	调研、省部级学习班
《建议》编制阶段	课题研究、部门专题研究、人大政协建言	集中学习、起草组调研、内部研讨、集体起草	书面征求意见、座谈会、集体审议	政治局常委会会议、政治局委员会议、中央委员会会议	宣讲会、各地各部门党委会议、媒体宣传
《纲要》编辑阶段	公众建言献策、调研、研讨会	内部研讨、集体起草、根据意见修改	座谈会、专家委员会会议、书面征求意见、集体审议	国务院常务会议、国务院全体会议、政治局常委会会议、政治局委员会议、全国人大会议	宣讲会、各地各部门党委会议、媒体宣传

资料来源：根据王绍光等(2014)整理。

（二）城市层次规划管理

城市规划管理的流程在很大程度上参考和借鉴了中央的规划管理流程，并根据自身情况进行适当调整。城市在规划编制管理过程中最重要的一点是处理好中央战略指导和城市自主权的关系。因为不同城市存在显著发展差异，所以并没有特定的模式。以下是上海市“十二五规划”处理案例。

2009年国务院发布《关于推进上海加快发展现代服务业和先进制造业建设国际金融中心和国际航运中心的意见》，正式提出上海要打造“四个中心”，包括国际经济中心、国际金融中心、国际贸易中心和国际航运中心。2010年国务院正式批准实施《长江三角洲地区区域规划》，明确长江三角洲地区发展的战略定位，提到上海的核心地位。同年，中共中央第十七届五中全会通过《关于制定国民经济和社会发展第十二个五年规划的建议》。规划首先对“十一五”期间取得发展成绩作出总结与肯定，并根据新的国内外形势对“十二五”期间的发展规划作出重大部署，明确主要发展目标。

随即上海市根据《中共中央关于制定国民经济和社会发展第十二个五年规划的建议》和《中共上海市委关于制定上海市国民经济和社会发展第十二个五年规划的建议》编制《上海市国民经济和社会发展第十二个五年规划纲要(2011—

2015年)》(以下简称《上海“十二五”规划纲要》),明确提到“十二五”是上海加快建设“四个中心”和社会主义现代化国际大都市的关键时期,并认为长三角世界级城市群正在形成以及国家对上海建设“四个中心”的支持政策,为上海参与全球竞争、抢占经济发展制高点带来了重大机遇,并以此为依据制定相应的规划。

上海在积极响应中央部署规划意见之外,在发展规划管理中还积极发挥自主权。《上海“十二五”规划纲要》中明确提出,上海要根据自身情况因地制宜,发挥世博会后续效应,利用世博会给上海带来的知名度和影响力,加快发展旅游、会展、文化创意、金融服务等产业,充分将世博会的带动作用转化为现实优势。

在中央战略指导之外,因地制宜地发挥地方自主权,是“城市国民经济与社会发展规划”管理中的重点和难点。

四、“城市国民经济和社会发展规划”公众参与管理

城市根据全国或省的总体规划部署,制定本城市国民经济和社会发展规划,确定重大社会经济发展课题。建立专门的规划编制工作领导小组,并邀请专家、学者参与其中。在编制过程中,以座谈会、上门征求意见、网络征询等方式向上级发改委、各部门及广大人民群众征求意见,以便更好地完成规划编制工作。

目前,我国“城市国民经济和社会发展规划”管理的公众参与主要有四种方式:

第一,决策者调查会。决策者和公众直接沟通交流,以了解公众意见。

第二,动员式意见征集。通过党和政府的政治动员系统来鼓励和征集公众对于公共政策的意见。

第三,正式渠道的公众征集。公众通过公开的渠道建言献策。

第四,非正式渠道的公众表达。随着互联网的普及与网络平台的兴起,大量的公众意见可以通过非正式渠道对规划的管理产生影响。

例如,2015年北京市在编制《国民经济和社会发展第十三个五年规划》时,就组织开展了“十三五”规划编制公众参与活动,公众可以通过网站、微博等多种方式参与其中,提出自己的观点与建议。

第四节　城市部门规划的协调管理

一、城市部门规划协调需求

(一)规划与城市政府(职能)部门

目前,中国行政管理总体表现为较强的垂直型管理模式,城市职能部门与中

央部门基本对应。因此，城市职能部门在承担维持城市正常运转、促进社会发展和保障民生职能的过程中，中央（或省区）部门会对城市相应部门进行必要的指导和管理，形成所谓上下职能之“条”与城市（地方）之“块”的条块关系。图4—2为住建部、发改委和自然资源部三职能部门与城市（地方）的条块关系示例。

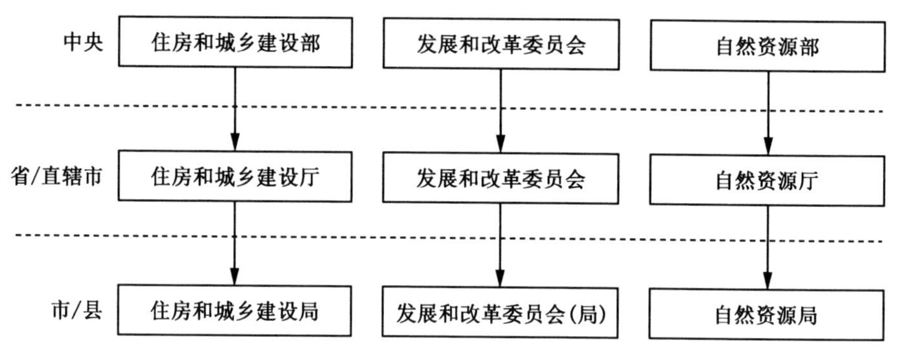

图4—2　中国职能部门与地方层级条块关系示意图

在运行或管理城市这个空间区域过程中，由于城市政府设置和运行对应于中央部门的多个职能部门，而各职能部门同时各司其职，所以形成在一个空间多个（职能）部门履职重叠的形势。这些城市部门在管理城市过程中制定和实施各自规划，导致出现一个城市多个规划并行的局面。城市中实施的各种规划与各类城市部门对应，且规划内容和特点取决于对应城市部门的职能属性。同时，由于上述条块关系的存在，城市中实施的各种规划的内容总体上受到与城市部门相对应的中央部门规划的影响。

（二）部门规划协调必要性

城市内存在多个部门，与此相对应，各部门制定的多类规划在同一个空间上并行，并且各规划反映各部门的履职诉求。即使作为城市综合性规划的城市规划和城市国民经济和社会发展规划，也会分别不同程度地反映其主管部门住房和城乡建设局与发展和改革委员会在履职上的特殊诉求。

在中国政府条块分割体制下，城市内各部门大多从各自履职诉求出发制定各自的规划内容并执行管理，缺乏统筹协作意识，致使各类规划层出不穷，尤其是在空间范畴、工作目标和运行机制等方面常存在交叉、缺位和矛盾，不仅严重影响城市的健康发展，还增加了城市的建设成本。

《城乡规划法》第五条指出：“城市总体规划、镇总体规划以及乡规划和村庄规划的编制，应当依据国民经济和社会发展规划，并与土地利用总体规划相衔接。”由此可见，一是在城市的规划系统中，城市规划、国民经济和社会发展规划、土地利用总体规划这三种规划在城市的规划系统中尤其重要；二是这三种规划之间具有交叉性，同时也具有潜在矛盾或冲突的可能性；三是强调规划之间的协调具有必要性。

现实中，城市的规划系统不仅有这三种规划，还有交通规划、环境规划、教育规划等与各政府职能部门所制定的各类规划并行。这些规划大都或多或少涉及空间利用和布局问题，而空间资源是既定的，因此即使在运行或管理城市这个空间区域过程中总体目标一致，也仍然存在缺乏相互有效衔接的问题，需要协调管理。

二、规划及其部门协调管理

(一)规划协调管理——“多规合一”

在条块分割体制下，会形成“分割”的规划体制，规划之间难免出现“打架”“冲突”的问题。在一个条块相互制衡的国家机构体系中，分离与分化同样是政府部门间关系的基本特征之一。这种分离与分化体现在官僚机构的目标追求、认知能力、行动资源和自主权行使等方面。换言之，不同政府部门在决策过程中可能因知识结构、职能范围和服务对象的不同而产生异质或不相一致的偏好与目标，且当政策相关的任务和权限在同一级别的政府部门之间进行分配时，它们会从不同的价值立场、认识角度或应用不同的标准来定义政策问题并做出相应的反应(吴文强，2020)。

作为化解规划间的“打架”“冲突”的管理即规划协调管理，有必要探索和推进“三规合一”乃至“多规合一”。其中，“三规合一”指的是对城市发展和空间格局影响较大的城市规划、国民经济和社会发展规划与土地利用规划三大类规划进行协调整合的工作。“多规合一”为凡是和利用城市空间、影响城市空间结构(所占比重、相对位置)的所有政府部门规划，即不仅包含上述三大规划，还包括交通规划、生态环境规划等所有规划，进行统筹整合的工作。

“三规合一”“多规合一”不仅有助于明确各部门的权责，促进各方在同一空间内进行规划统筹，还可以在实践中理清政府各部门的职权关系，显著提高政府的行政效率与管理能力。目前，住建部、国家发改委和自然资源部等部委在一些地方已开展“三规合一”的试点工作。如广东省、福建省、上海市等，均已开展“三规合一”工作，以期解决三个部门三类规划所造成的各自为政等问题。

规划协调管理意在通过协商的方式推动多部门在同一空间内进行统筹规

划，减少各自为政导致在规划编制和管理中的冲突与矛盾，实现全局利益与部门利益、中央利益和地方利益的有机结合，形成综合均衡、互相协调、指导反馈的有效机制，而绝非将多个规划内容进行简单合并，所以对政府的行政管理能力有着较高的要求。基于这种协商的规划协调管理可归并整合成如图 4—3 所示的模式。

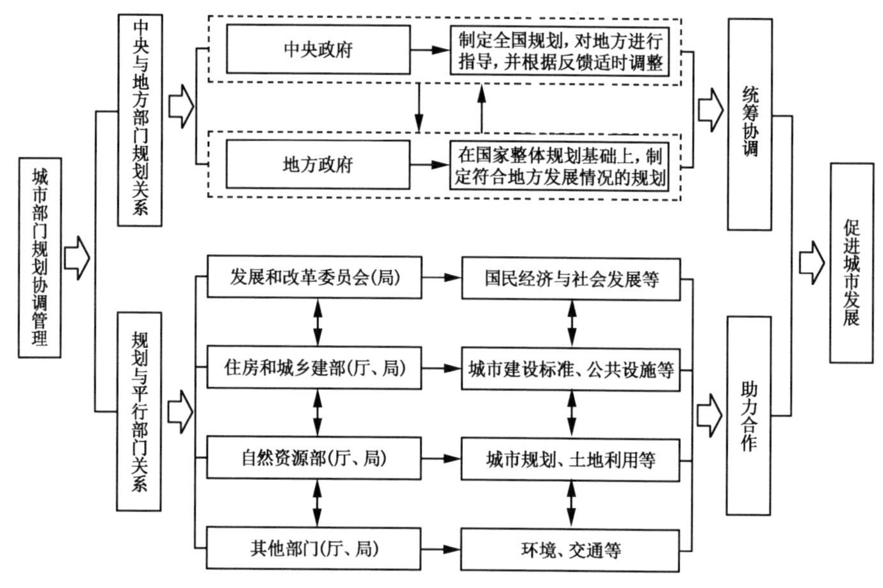

图 4—3 城市部门规划协调管理模式图

政府部门间相互关联但又相对独立的结构关系决定了单个部门在面对复杂问题时的局限性，部门间唯有通过协调才能变得更加有力。事实上，城市发展过程中的许多顽固性公共问题大多涉及多个领域、多个部门，仅凭单一部门往往治标不治本，唯有通过多部门的协调运作才能得以真正解决。

(二)规划部门协调管理——机制安排

城市规划系统中潜在的各部门规划之间的“打架”源于各部门规划主管机构因职能差异所导致的“追求”偏差。因此，要有效解决部门规划之间的“打架”，关键是促进规划部门间的协调，而为此需要探索和建立相关部门间的协调机制。在推进部门间协调机制和制度安排方面，既有探索和经验有如下几个方面：

1. 议事协调机构

当前为了确保公共事务的有效运转，中央和地方政府往往通过领导小组、委员会、部际联席会议和工作组等解决跨部门的协调问题(赖静萍、刘晖，2011)。

其中,领导小组和委员会等多由党政领导人挂帅,属于依托等级关系的纵向协调机制,而部际联席会议可以由牵头机构组织安排,成为一种重要的横向协调机制(周志忍、蒋敏娟,2013)。

2. 项目制

项目制是一种以“条”为主的纵向协调机制(陈家建,2017)。由上级政府主导,上级政府通过考核管理和资源投放等方式对下级部门进行指导,并明确下级各部门的协调分工内容,推动和监督下级各部门对政策和规划的执行情况。

3. 运动治理机制

运动治理机制是指政府为完成某一特定任务而采取的动员式治理。无论是项目机制还是运动治理机制都着力于实现跨条块和跨部门协调,但运动治理机制更为强调自上而下形成的压力推动,对任务指向性更强、对任务完成度要求更高,一项政府日常工作任务在此过程中往往会变为一项政治任务(刘骥、熊彩,2015)。

4. 大部制

大部制旨在通过横向职能整合和机构重置,改革集中决策权和控制权,解决政府部门间职能交叉重叠和沟通不畅等问题(王伟,2016)。例如,通过组建城市管理委员会,将市容环卫、城市管理执法等相关职能进行横向整合,形成综合的管理执法机构。显然,这种机制有利于部门规划向“多规合一”的方向转变。

城市部门协调机制的发展往往是由发展需求推动的。除了上述四种主要机制以外,学界和政府也在积极探索新的部门间的协同机制和管理模式,以应对不断增大的协调多重规划管理的潜在需求。随着城市规划体系的不断完善,未来会有丰富多样的机制和制度安排进一步强化政府部门间的协调,部门间在规划上的合作也将不断深化。

参考文献:

[1]陈家建,《项目化治理的组织形式及其演变机制——基于一个国家项目的历史过程分析》,《社会学研究》,2017,第2期。

[2]陈霈、黄亚平,《法治视角下的伦敦规划编制框架》,《华中建筑》,2020,第9期。

[3]赖静萍、刘晖,《制度化与有效性的平衡——领导小组与政府部门协调机制研究》,《中国行政管理》,2011,第8期。

[4]赖静萍、刘晖,《制度化与有效性的平衡——领导小组与政府部门协调机制研究》,《中国行政管理》,2011,第8期。

[5]蓝枫,《我国中长期发展规划的实践与探索》,《城乡建设》,2018,第23期。

[6]刘骥、熊彩,《解释政策变通:运动式治理中的条块关系》,《公共行政评论》,2015,第6期。

[7]罗超、王国恩、孙靓雯,《中外空间规划发展与改革研究综述》,《国际城市规划》,2018,第5期。

[8]王绍光、鄢一龙、胡鞍钢,《中国中央政府“集思广益型”决策模式——国家“十二五”规划的出台》,《中国软科学》,2014,第6期。

[9]王伟,《十八大以来大部制改革深层问题及未来路径探析》,《中国行政管理》,2016,第10期。

[10]王伟、姚洋涛,《国家空间规划体系的国际比较与启示》,《北京规划建设》,2020,第1期。

[11]吴文强,《政府多部门决策协调的研究述评》,《公共行政评论》,2020,第1期。

[12]谢芳,《西方社区公民参与:以美国社区听证为例》,中国社会出版社,2009。

[13]中国社会科学院经济研究所课题组,《“五年规划”的历史经验与“十四五”规划的指导思想研究》,《经济学动态》,2020,第4期。

[14]周志忍、蒋敏娟,《中国政府跨部门协同机制探析——一个叙事与诊断框架》,《公共行政评论》,2013,第1期。

[15]左菲菲,《美国城市规划中公众参与模式的转型与发展研究》,《低碳世界》,2016,第25期。

第五章　信息化城市管理方法

第一节　城市管理信息化概述

一、城市管理信息化内涵

进入21世纪以后，城市日益成为世界关注的主题和竞争的焦点，信息化逐渐被引入城市管理。城市管理信息化是城市管理活动手段信息化的过程。从本质上看，城市管理信息化是对物质城市及其经济社会特征做统一的数字化重现和认识；从操作上看，城市管理信息化是用电子化的手段来分析处理和管理城市。需要注意的是，城市信息化的内涵并非单一的信息化建设，而是纳入整个城市系统，为城市系统赋予智能特性。

"数字城市三部曲"(《比特之城》《伊托邦》《我＋＋：电子自我和互联城市》)的作者米切尔(Mitchell)曾断言，20世纪90年代全球兴起的数字网络将成为改变城市面貌并产生新型社会关系的基础设施，并在此基础上系统阐述了这种新型城市在经济、社会和文化等方面的意义；同时，深入探讨了创建这种智慧化的新型城市将对未来城市生活的影响。他指出，信息时代将产生的新的空间组合和城市结构，将深远地影响大众享受城市公共服务的权利、经济发展、社会文化活动的形式和社会生活体验等(Mitchell，1996)。

二、城市管理信息化相关概念

(一)管理对象

1. 城市部件

城市部件简称"部件"，是指城市市政管理公共区域内的各项基础设施，包括道路交通类、市容环境类、园林绿化类、房屋建筑类、公用设施类等市政工程设施和市政设施以及其他构筑物等。根据工程建设标准，可以将城市部件分为数百类。

2. 城市事件

城市事件是指城市市容环境以及管理秩序遭到影响乃至破坏，需要处理并使之恢复正常的事件，这些事件可能是人为或自然因素导致。城市事件一般可以分为市容环境、施工管理、突发事件、街面秩序、宣传广告等类别。

(二)管理技术

随着时代发展，城市管理信息化不断地吸纳世界各类电子信息技术发展的最新成果，丰富信息化技术内涵。城市管理信息化中的最为基础的电子信息技术及其特点如下：

1. 地理信息系统

地理信息系统(geography information system，GIS)，是一种采集、存储、管理、分析、显示与应用地理信息于一身的计算机系统，是分析与处理海量地理数据的通用技术，是信息系统的一种，以表征地球表层空间地理现象和事务的地理空间数据与信息为特征的运作对象，是对地理空间数据进行处理加工、提取有用的地理空间信息乃至知识的系统。其主要功能表现为数据采集和输入、数据处理、数据存储和管理、空间查询与分析、空间查询检索和空间模型分析。

GIS 由于自身技术内涵、应用范围和应用的需求的不断扩展，其组成不断发生变化。在 GIS 发展的初期，GIS 的组成包括 GIS 技术人员、GIS 软硬件、地理信息数据和地理模型。随着应用的逐步深入、客户需求的发展，GIS 的组成已经发生了深刻的变化，包括地理信息数据、GIS 软硬件网络、GIS 管理、地理信息标准、地理信息技术人员五个部分。

GIS 技术的应用可以做到对城市部件管理的“一目了然”。无论是监督受理中心还是专业管理部门，通过 GIS 图形软件，都可以看到部件的实际位置，实现(空间)图(内容)文一体化的协同工作应用环境。随着信息技术和 GSI 技术的发展，通过浏览器就可以浏览电子地图以及在电子地图上显示出部件。此外，利用 GIS 技术还可以对图形数据进行编辑和空间分析，为城市管理决策服务。

2. 全球定位系统

全球定位系统(global position system，GPS)，是一种以空间为基础的导航系统，可在全球范围内全天候地为海上、陆地、空中和空间的各类用户提供高精度的三维位置、三维速度和时间信息。它集成了微电子技术、计算机技术、通信技术、航天技术和遥测控制等诸多技术，成为一种全球、全天候、全自动和高精度的导航系统。它具有提供高精度的空间信息和在数据采集时使空间信息与属性信息相结合的特性。

3. 遥感技术

遥感(remote sensing,RS),是一种利用物体反射或辐射电磁波的固有特性,通过观测电磁波识别物体及物体存在环境条件的技术,具有探测范围大、获取资料速度快、受地貌条件限制少、获取的信息量大和用途广等特点。遥感作为一种获取和更新空间信息的强有力的手段,能及时提供准确、综合和大范围内进行动态监测的各种资源与环境数据,因此遥感信息已成为地理信息系统十分重要的信息源,利用航空遥感技术,可以获得城市遥感图像信息,实现城市管理信息可视化。

4. 射频识别技术

射频识别技术(radio frequency identification,RFID),是一种非接触式自动识别双向通信技术。通过视频识别技术,可自动识别静止的或移动中的目标对象,迅速、简便、无误地获取相关数据,并与数据库系统进行数据交换,实现双向通信。由于具有这种优势,射频识别技术广泛利用于物流、交通、身份识别、资产管理、信息统计、查阅应用、安全控制、垃圾清运数字化等众多城市管理领域。

三、城市管理信息化的主要模式

信息化是影响城市现代化水平的关键因素,城市管理信息化是定义城市现代化的重要内涵,是城市发展的长期战略。与传统的城市管理不同,以地理信息系统、射频识别技术等为核心技术的数字化城市管理模式,实现城市管理的网络化和动态化,将城市管理从定性管理发展为定量管理、从静态管理发展为动态管理、从单一管理发展为综合管理、从滞后管理发展为实时管理。

城市管理信息化内涵丰富,涉及领域广泛,实施模式多样。广义来讲,只要在城市管理中采用电子信息通信技术的均可归属信息化城市管理范畴。

由于城市是一个繁复系统,其构成复杂,管理职能部门多,且各职能领域管理内容和需求不同,在推进城市管理信息化过程中需要乃至形成各种形式的信息化管理模式。如信息港、电子政府、电子政务、电子商务、智能交通、智能建筑、医疗保险电子支付系统、针对新冠疫情而采用的随申码、行程卡等,城市信息化形式多样。

另外,由于城市管理各种职能又可细分为多个层级和类型,与之相应需要乃至形成一套针对性的管理信息化系统。例如,交通管理信息化体系——智能型交通系统(intelligent transportation system,ITS)建设中,设立高科技公共交通系统、高科技交通管理系统、高科技交通信息系统、高科技货物运输系统、高科技车辆管理及道路系统五个子系统;其中高科技公共交通系统又分为公共交通信息服务和公共交通管理服务两个部分。

同时，城市各部分相互依赖、相互作用，所以又需要形成综合性信息化城市管理模式。这类综合性模式中，比较重要的形式有数字化城市管理模式、网格化城市管理模式、智能化城市管理模式。数字化城市管理是信息化城市管理的基础，用广义的角度来说，两者是相同的。网格化城市管理是微型版数字化城市管理模式。智能化城市管理是信息化城市管理的最终目标模式。但不论哪种模式，信息化都是其基础和基本内涵，只是所强调的中心或者重点有所差异而已。

第二节　数字化城市管理

一、数字城市及其相关概念

(一)数字城市理念来源

1998 年 1 月，时任美国副总统的戈尔在开放地理信息系统协会会议上发表了题为《数字地球：21 世纪认识地球的方式》的报告，首次提出“数字地球”的概念(Gore，1998)。他指出，有必要在三维地球的数字框架中，依据地理坐标集成相关信息，构建数字化的地球，作为人们认识、保护和改造地球的信息来源和技术手段。同年 9 月，戈尔又提出了数字化舒适社区建设，迅速地在全球掀起一股建设“数字城市”的热潮。1999 年 12 月，欧盟提出“电子欧洲”。2005 年，日本政府各部门基本全面实现了通过互联网开展业务，标志着日本全面进入办公电子化时代。

1998 年 6 月，江泽民在两院院士大会上强调了数字地球的战略意义。此后，我国有关部门和科技界就数字地球问题进行了比较广泛的研究和探讨，并提出了“数字中国”的初步构想。一般认为“数字城市”是“数字地球”和“数字中国”概念的衍生，是数字中国的具体表现形式。

数字城市是以信息技术为支撑、以信息产业为主导、以信息服务为中心的一系列数据库和信息系统的一种城市发展模式(姜爱林，2004)。学界将数字城市界定为物质城市在数字网络空间的再现和反映(边馥苓、王金鑫，2004)，其主要表现形式在于城市政府的门户网站和城市空间信息工程两个层面(仇保兴，2010)。从信息系统和信息服务平台的角度看，数字城市实质上是一个基于计算机网络和城市信息资源的开放的、复杂的适应系统，是城市数字虚拟空间、信息服务市场和信息资源配置中心。

数字城市为认识物质城市打开了新的视野，为城市的调控、预测和监管提供了革命性的手段，数字城市在城市可持续发展、电子政务、规划建设、防灾救灾、环境治理、智能交通、远程医疗、远程教育、电子商务、公安、公众信息发布服务等许多方面产生了巨大的作用。数字城市通过收集、分类保存、智能识别并处理海量信息资源，既能虚拟现实，又能直接参与城市管理，是工业时代向信息时代转变的基本特征之一(牛文元，2002)。

数字城市发展模式减少了政府的自主权，扩大了公众的参政权(Castells，2002)，通过现代信息技术手段与公众参与的行政理念的结合，更好地实现了善治(good governance)。善治又称良好的治理，是指将治理国家的公权力归还给社会各界的公民，让广大的群众和国家部门共同担负起推动经济、社会、政治的进步的义务，其目标就是实现公共利益最大化。

(二)数字城市的内涵

数字城市建设的初衷在于依托全球定位系统、遥感系统、地理信息系统等关键技术，对城市中广泛的、多源的空间信息进行有效的集成和管理，并加以深入开发和应用，建设服务于城市建设规划和管理的信息基础设施和信息系统，通过公众参与治理进一步改进城市发展质量。

1. 狭义的数字城市

狭义的数字城市偏重于数字城市的建设和运营工程，即利用数字城市概念，基于3S技术——遥感技术(RS)、地理信息系统(GIS)、全球定位系统(GPS)，深入开发和应用空间信息资源，面向政府、企业、市民公众等各类主体，服务于城市规划、城市建设、城市管理，促进城市人口、资源环境、经济社会等各方面可持续发展，建设相应的信息基础设施以及应用体系。数字城市的本质在于空间信息基础设施的建设和应用，以及在此基础上的深度开发和整合，最终达到城市各类信息的交流和共享。

2. 广义的数字城市

广义的数字城市是指城市信息化建设。一方面，是信息化基础设施建设，通过建设宽带多媒体信息网络、地理信息系统等基础设施平台，整合城市信息资源，实现城市经济信息化，建立城市电子政府、电子商务企业、电子社区，并通过发展信息家电、远程教育、网上医疗，建立信息化社区；另一方面，还涵盖了信息化过程中产生的一系列社会经济关系以及文化伦理观念的变化与调整。

二、数字化的城市管理

(一)数字化城市管理的内涵

就管理技术而言，数字化城市管理利用了GIS、RFID等物联网技术，通过建立城市管理的综合性指挥监督平台,促进城市管理科学化、高效化。通过数字化信息系统,统筹城市管理资源,实现城市管理区域网格化,成果管理内容数据化。

就管理方法而言,数字化城市管理结合了城市单元网格管理法以及城市部件/事件管理法,根据部门归属,逐一认领城市部件或事件,从而量化管理对象、细化管理行为。

就管理体制而言,数字化城市管理建立了双轴心系统——城市管理监督中心和城市指挥中心,区分监督和指挥职能,在相互制约中实现问题处置及时化。

就评估体系而言,数字化城市管理创建了外部评估和内部评估相结合的考评体系,对城市管理进行全方位的综合评估,实现考评反馈精细化,确保权责清晰、责任到位。

(二)数字化城市管理的内容

1. 万米单元网格划分

运用网格地图的技术,以 1 万平方米为基本单元,将城市管理区域划分成若干个单元网格,由城市管理监督员对所分管的单元网格进行全时段监控,从而实现由粗放管理到精细化管理的转变。万米单元网格划分,通过管理空间的分层、分级,促进了全区域无死角管理目标的实现。结合城市管理工作的实际,责任网格的划分多以街道办事处、社区为基础,按照行政界限为网格单位,区级划到办事处,办事处划至各社区,使单元网格之间无空白区域、无交叉重叠,使管理服务落到实处。一般而言,应用万米单元网格划分的区域,可以实现每个责任人管理 40 万～60 万平方米的空间责任目标,有效减少管理工作的流动性和盲目性,为城市管理、规划、市政建设、劳动社保以及应急响应等多个领域的拓展应用提供了空间支持。

2. 城市部件编码

将城市管理对象作为城市部件、事件,通过勘测普查、标准分类、定位标图等手段,运用地理编码技术,对每个城市部件、事件进行编码,为每个城市部件建立"身份证"。例如,每一个井盖、每一盏路灯、每一根电线杆、每一座桥梁、每一条道路等都明确属性、位置、归属部门等。落实每一个部件的准确位置及责任单位后,建立数据库,实行编码入库管理,通过网格化城市管理信息平台对各类部件进行分类管理。城市部件编码,通过万米单元网格与城市部件精准对接,实现对城市管理对象的定性、定量和定位,实现不用到现场就了解部件详情的工作要求。

3. 实时数据采集

数字化城市管理的实时信息采集,依托无线数据采集系统完成,该系统分为手持终端和无线数据采集平台系统。手持终端是装入城管通软件的智能手机，通过无线采集平台与监督中心连接。城市管理监督员使用手持终端在所负责的区域内巡查，将发现的所有城市部件和事件的详细信息包括位置、图像、声音和问题描述等通过无线网络传送到无线采集平台。无线采集平台对这些信息进行解析，然后传送到监督中心（应用服务器端）。监督中心通过无线采集平台将任务发送到监督员的手持终端上，监督员从个人任务中获取相关的任务信息。一方面，城管通可以对城市的各类问题进行快速反应，从而实现对城市部件和事件的科学管理；另一方面，城管通也可以对城市管理信息采集员在规定区域内的工作状况进行有效监督，从而实现对采集员的科学管理。

4. 空间技术综合应用

在数字化基础设施方面，利用网络技术，实现有线网、无线网互联，构建城市管理运营的基础设施平台。在空间信息方面，可以利用网格地图技术，实现城市管理区域精准划分，创建城市管理的地理空间体系；结合地理编码技术，实现城市管理对象在管理区域中的有序定位；利用 GIS 技术，实现图文一体化的协同工作环境。此外，利用 GPS 技术，可以实现城管通与城市管理对象的准确定位；利用 RS 技术，实现城市管理信息可视化。在数据存储和处理方面，利用数据仓库技术，建立城市管理数据库群，实现海量地图数据集成整合；利用数据融合与大数据挖掘技术，将城市管理对象进行分类，并实现各业务部门间的实时关联。

5. 双轴心管理平台

数字化城市管理的平台是双轴心结构——城市管理监督中心（负责监督和评估）和城市管理指挥中心（负责指挥、调度、协调），将监督职能与管理职能分开，确保相互制约，从而各司其职、各负其责。在监督轴上，政府相关部门对城市管理工作进行监督和评估；在指挥轴上，政府对城市中的市政基础设施、公用事业、环境卫生、城市环境综合整治等部门的工作进行综合统筹。

6. 管理流程再造

在传统的城市管理流程中，各相关专业部门在巡逻过程中发现城市管理方面存在的问题，现场进行解决并跟进处理情况，各部门的处理情况分别于年底进行统计，并向有关部门汇报。部门之间缺乏沟通，整个流程缺乏监督，无法形成及时、全面、系统的反馈和回流，导致政府对城市管理的整体状况无法进行及时、系统、全面的掌握。

数字化再造后的城市管理流程，对管理体制和技术进行创新，对成熟信息技术进行综合运用，从而实现工作程序的科学优化和重新设计，促使组织结构、人员安排、岗位设计面向流程需要。同时,其还注重组织文化的建设,建立健全相关激励机制,极大地提高管理工作的效率。

7. 全方位评估体系

全方位评估体系的评估内容包括城市管理工作的过程、责任主体、工作绩效、规范标准,涵盖区域评估、部门评估和岗位评估三个层面。其评估对象包括城市管理信息采集员、专业管理部门、城市管理监督中心、城市管理办公室。针对上述四级责任主体进行综合评估考核时,对每个考评对象进行五分制量表评估,设计四级指标,采用加权综合评分法得到总分,从而自动生成评估结果,并根据不同的颜色显示在相应的网格中,并予以公布,一目了然。新的评估体系呈现动态性、实时性和阶段性的特征。

(三)数字城市管理的流程

数字化城市管理工作流程包含以下环节:信息采集、案卷建立、任务派遣、任务处理、处理反馈、综合评估监督。在整个流程中,针对城市问题,六个环节进行循环流转,以信息采集员为关键线索,构成城市管理业务的完整环路。同时,整个流程包含三个管理阶段:发现问题、派遣任务、处理问题。三个管理阶段与六个环节相对应,可以克服原有流程的缺乏监督和回流以及速度较慢的弊端。新的管理模式通过信息化技术的应用,实现信息的实时传递,将发现问题和处理的主体一分为二,起到监督激励互动促进的作用。政府做到对城市问题进行统一调度和科学管理,建立城市问题反映的直达途径,减少中间环节和管理层级,实现管理组织的扁平化。

(四)数字城市管理的组织架构

在组织架构上,数字化城市管理系统包括网络和硬件层、数据层、应用支撑层、应用层、用户认证层、用户层六个部分。整个系统采用多层开放式架构,所有用户采用单点登录的模式经过系统身份认证和授权后进入系统,从而配合数字化城市管理标准规范体系和信息安全体系的建设。

1. 网络和硬件层

整个系统运行的物质基础,主要包括核心网络、电子政务网、公众服务网、移动通信网、公众电话网和互联网等,涉及的硬件主要包括服务器、存储备份系统、呼叫中心系统、大屏幕与视频发布系统以及整个机房系统。

2. 数据层

系统数据储存和管理的中心,包括空间数据库、业务数据库、系统运行支撑数据库。其中,空间数据库包括基础地理信息数据库、单元网格数据库、城市部件数据库、城市事件数据库、地理编码数据库等子系统。业务数据库包括组织机构数据库、流程定义数据库、上报案卷数据库、案卷管理库、多媒体文档库、评估指标数据库、共享查询库、系统维护数据库。系统运行支撑数据库主要包含元数据。

3. 应用支撑层

提供地理信息系统(GIS)平台、中间件等一系列应用支撑软件,简化系统实施的过程。地理信息系统平台提供对地理信息空间数据的管理、维护、操作、显示、分析、建模等空间位置相关的服务。

4. 应用层

数字化城市管理的信息系统平台,应用支撑层提供的应用服务,促进城管业务所需要的各系统实现城管数字化。该层主要包括无线数据采集系统、监督受理系统、协同工作系统、监督指挥系统、综合评估系统、应用维护系统、地理编码系统、基础数据资源管理系统、数据交换和共享系统这 9 个基础子系统。此外,还有 7 个拓展子系统,即车辆和人员定位系统、视频监控子系统、业务短信系统、部件在线更新系统、公众信息发布系统、违法停车处理信息管理系统、停车收费管理系统。

(1)基础子系统

第一,无线数据采集系统。供城市信息员使用,用于采集核查核实城市管理问题的现场信息,并通过无线网络实现与监督指挥控制中心的通信。其核心是信息采集器的手持终端,由智能手持终端硬件、系统软件、信息采集器应用软件等组成。

第二,监督受理系统。供监督指挥中心受理人员使用,在城市管理信息系统和呼叫中心系统的基础上,对城市管理问题进行登记、核实、转发、立案。根据信息采集员上报的信息和社会公众的举报,生成案件记录,并在系统中流转,实现与协同指挥系统的信息流转。

第三,协同工作系统。供监督指挥中心派遣员使用,将派遣、处理、反馈、核查等环节进行关联,促进数字化城市管理系统的监督轴、指挥轴以及专业部门之间的协同工作,具有良好的自适应性、可扩展性。

第四,监督指挥系统。确保信息测试和管理的新模式得到充分的应用和实践,便于相关领导及时了解城市问题处理和管理的现状。

第五,综合评估系统。通过制定监督评估和考核的体系,对城市管理的各方面进行综合考评。系统具有动态设置和管理的功能,能够设定评估准则、主体和模型，并且自动执行考评过程。考评结果以图形和报表的形式进行输出，从而有效指导日常工作和进行绩效考核。

第六，应用维护系统。定期或不定期地对用户网格、信息采集员、执法人员的基础数据进行管理维护，还可以对业务流程进行管理维护。

第七，地理编码系统。对基础地理数据、遥感影像数据、城市网格数据、城市部件与事件数据、地理编码数据等地理空间数据与城市管理业务数据，进行显示、操作、维护、分析、建模、更新，实现整个系统的图文一体化。

第八，基础数据资源管理系统。对空间框架数据、遥感影像数据、城市网格数据、城市部件与事件数据、地理编码数据等地理空间数据与城市管理业务数据，进行显示、操作、维护、分析、建模。

第九，数据交换和共享系统。实现不同系统间数字城管业务信息的传递和交换，从而彻底解决目前由于不同领域部门系统间的差别和隔离而导致的“信息孤岛”问题，实现城市空间数据在应用层次上的共享，便于查询、获取、交换、使用和再加工信息。

（2）拓展子系统

第一，车辆和人员定位系统。采用定位技术，将定位信息发给指挥监督中心，便于其及时掌握各车辆人员的具体位置，并在大屏幕电子地图上即时显示车辆或人员的历史轨迹回放以及总体的调度，做到实时定位和指挥。

第二，视频监控子系统。从公安视频系统中接入视频监控信号，在数字城管监督指挥中心的大屏幕和电脑终端上进行显示，实现对城市部件和事件的全方位全时段的可视化监控管理，从而进行准确判断并作出及时响应。对监控范围内的突发城管事件，进行录像取证，实现综合治理的效果。依托视频探头大屏幕、双屏工作站等设备，结合相关的联网 GIS 功能，实现全时段视频信息的直观展示。

第三，业务短信系统。实现案件到达提醒、短信催办、超时提醒、公众举报反馈、群发短信等功能。

第四，部件在线更新系统。在线维护城市部件的信息，主要包括部件浏览、部件定位、地图编辑器等相关工具。

第五，公众信息发布系统。对公众用户实时发布城市管理的相关信息以及处理反馈结果，提供在线投票功能，对投票信息进行统计和分析生成综合评估所需的数据及其他信息。

第六，停车收费子系统。规范停车收费管理，按相关要求进行统计。

第七，违法停车处理信息系统。通过对辖区内违法停车进行信息采集，实现对违法停车信息的管理。

第三节　网格化城市管理

一、网格化城市管理的概念

网格特指一种地理数据模型，即将地理信息表示成一系列的按行列排列的同一大小的网格单元，每一网格单元由其地理坐标来表示。网格化城市管理是一种新型的管理模式，其技术基础是网络，在网格、计算机和数据库等设备中间起到桥梁作用。它通过整合多种设备的优势，利用丰富的信息资源，实现与公众和技术人员的信息传递、交换和共享等（Foster，Kesselman，2003）。

二、网格化城市管理的特征

（一）管理技术的特征

第一，数字化管理。与传统城市管理模式不同，网格化城市管理模式与现代信息技术的联系空前紧密，3S（GIS、GPS、RS）技术、海量数据存储技术、移动通信技术、中间件技术等共同奠定了网格化城市管理模式的技术基础。在网格化城市管理模式框架内，科学技术与现代管理理念有机地合为一体，实现工具理性与社会理性的高度统一，并最终共同为管理实践服务。

第二，闭环式管理。网格化城市管理强调即时的信息收集、处理、反馈、监管的闭环式循环。传统城市管理模式下的管理效果经常是力度很大、结果很差，其原因之一是时时更新和动态监控难以到位。在网格化城市管理中，单元网格内一旦某一城市部件出现问题，会在第一时间被发现、第一时间被解决、第一时间被反馈、第一时间被检验。城市管理工作的主动性大大增强，实现准确、及时的动态化管理。

第三，精细化管理。精细管理的核心思想是通过管理的细化和深化，明确各环节的关键控制点，建立合理、高效、不断优化的业务流程。精细管理是现代管理的发展方向和本质要求，网格化城市管理模式正是城市管理中的一种精细化的管理。

第四，动态化管理。传统城市管理模式在信息获取上基本处于静止、被动的状态，往往是在一类问题积累到一定程度、带来恶劣影响之后，城市管理工作才跟上来，因此也就有了所谓的“突击式管理”“运动式管理”。网格化城市管理模式有网格化城市管理信息平台作为技术支撑，实现了信息的实时更新和动态监控。

（二）管理模式的特征

与传统城市管理模式相比，网格化城市管理模式特征凸显且效果明显，有效整合城市管理资源，变小城管为大城管，变传统管理为信息化管理，变偏重管理为监管并重，该模式是城市管理改革与管理现代化的一个方向。

（三）管理理念的特征

城市网格化管理模式是以信息化、标准化、精细化、动态化、人性化为管理的准则，相互联系相互融合。其所基于的理念为：第一，城市管理的手段是精细化；第二，网格化管理是实现城市管理全过程有效控制的基础和前提；第三，信息化是实现城市管理现代化的手段和保证；第四，人性化是城市管理的出发点和最终目的，是实现以人为本执政理念的根本要求。

（四）组织设计的特征

城市网格化管理模式在组织结构上的优势和特点在于建立有别于传统管理体制的双轴化组织体制，即建立了两个轴心——监督轴心与指挥轴心。两者相互依存、相互制约，实现监管分离。其中，监督轴心的职责是发现问题、传递问题信息，并对问题解决情况做出评估；调度轴心的职责是接收监督轴心传递的问题信息，继而通过指挥调度解决问题。具体做法上，不同地区略有差异。

（五）管理流程的特征

城市政府网格化管理模式的另一个突出特征就是实现了城市管理流程的再造。其在现有的管理体制和技术上，综合各项创新和最新的科研成果，优化和完善城市的管理流程，对局部进行更加科学合理的改造或重建，对于管理机构和部门的人员也进行适当的优化，建立相应的监督管理规定，规范管理人员的行为和工作习惯，用尽可能少的投入获得尽可能多的收益，从而带动管理效率的提升。

（六）评估系统的特征

城市政府网格化管理模式的具体评估系统和相应体系主要包括两部分内容：一个是对应的内部评估；另一个是相应的外部评估。内部评估则往往是通过城市管理信息系统内部自动生成的评估信息，外部评估往往通过社会公众、舆论媒体、主管机构和上级领导部门的评估构成。

第四节　智慧化城市管理

一、智慧城市及其相关概念

(一)智慧城市理念来源

1990年,一场名为为“智慧城市、快速系统、全球网络”(Smart Cities,Fast Systems,Global Networks)的国际会议率先提出了“智慧城市”(Smart City)的概念,探讨了城市通过信息技术聚合智慧从而形成可持续竞争力的途径。

此后,格雷厄姆(Graham)和马文(Marvin)在《电信与城市》一书中系统地阐释了智慧城市的概念。两位作者着眼于信息化的时代特征,认为城市除了具有传统的社会和经济中心等功能外,还具有信息通信技术网络中心的功能。他们大胆指出电子信息必将活跃于城市各部件之间,从而支撑更幸福和更有活力的城市生活(Graham,Marvin,1996)。

2008年,美国国际商业机器公司(International Business Machines Corporation,IBM)提出了“智慧地球”的设想,进一步完善智慧城市的技术基础。继2007年《欧盟智慧城市报告》中率先提出智慧城市的创新性构想,欧盟委员会在2009年提出智慧城市的具体建设方案,并投入了100亿～120亿欧元的建设资金。

2009年,《知情与互联:智慧城市宣言》的作者坎特(Kanter)和利托(Litow)对智慧城市的治理模式提出了更具体的设想。他指出,在智慧城市中,城市领导者将使信息通信技术与社会创新结合,从而产生一个具有便利性、流动性、高效率、低能耗、舒适自然环境、更快决策和促进合作的智慧世界,进而提供优质公共服务支撑起市民的幸福生活(Kanter,Litow,2009)。

同年,时任国务院总理温家宝在北京科技界大会作了题为《让科技引领中国可持续发展》的报告,对智慧城市及其相关概念进行了诠释,标志着国家层面对智慧城市的重视。我国学界对智慧城市的认知大多集中于对信息技术的有效利用,认为智慧城市是物联网和数字城市技术的结合,是以城市数字化为基础,通过建立分析模型实现城市运营状态的可度量和可视化(李德仁等,2012),其核心思想在于利用先进的现代信息技术,通过对城市运行中的关键信息进行全面的感知、智能的分析、系统的整合,以便为市民提供便捷的高品质服务,为企业提供广阔的创新空间,为管理部门提供精细的城市管理工具(王辉等,2010)。

(二)智慧城市含义

1. 狭义概念:城市智能化

IBM公司对智慧城市进行了如下描述:通过对城市社会系统如公共服务、能源、电力、交通等设施进行智能化改造,从而有效减轻城市压力。可以说,智慧城市是IBM将2008年提出的智慧地球概念落实到城市(区域)实体的延伸产物。

城市的智能化强调的是利用信息技术等各种先进的技术手段,改善城市现状,解决现代城市面临的各种问题。换言之,城市智能化侧重于城市病的诊治。

2. 广义概念:城市全面发展

城市全面发展的理念将智慧城市视为城市资源优化整合的结果,在资源整合的过程中,城市可以实现从经济到人文的全面发展,实现人与自然的和谐共生。总体而言,城市全面发展是一种可持续进步的理想状态。具体而言,智慧城市需要以智慧的理念规划城市,以智慧的方式建设城市,以智慧的手段管理城市,以智慧的思维发展城市,使城市各项功能系统运作更加协调高效(张琴,2012)。

城市的全面发展涵盖了高效的经济活动、舒适的生活环境、良性的生态循环、不断提高的资源利用效率和城市宜居指数,从根本上防止城市病的产生。

(三)智慧城市的特性

第一,动态性。由于智慧城市是一个较为新颖的概念,现阶段对于智慧城市的探索仍在初级阶段。而概念的形成与事物的变化是互为表里的,因此需要根据智慧城市建设和运营的实际情况,动态地认识智慧城市的概念,不断丰富智慧城市的理论内核。

第二,先进性。智慧城市的基础是城市智能化建设、运营和管理,是先进信息技术的产物。互联网、云计算、物联网等构成了智慧城市的技术基础。建设和管理智慧城市需要依靠最为先进的信息技术,不断提高数据采集、传播和处理以及协调决策的效率,从而促使物联网和互联网在城市范围内达到高度融合。

第三,基础性。智慧城市在很大程度上依赖于先进的信息技术,而信息技术的实现则离不开基础设施的建设。因此,智慧城市的建设必须从完善基础设施开始。

第四,渐进性。智慧城市的建设和运营不是一蹴而就的,而是一个不断完善的探索过程。需要认识到,智慧城市是一项庞大的系统工程,囊括了数以万计的感应模块和大量的智慧项目。因此,智慧城市的建设和运营需要统筹安排、循序渐进,在实践中不断探索和调整,防止冒进。

第五,不平衡性。智慧城市作为一个先进理念,在被广泛接受之前,需要经历一个较为漫长的认知过程。同时,智慧城市的建设和运营需要较高的资金投入。因此,在推进智慧城市的建设过程中,需要正视地区差异,选择发展程度较为适合的区域,率先开始智慧城市的建设试点工作。

第六,复杂性。智慧城市作为一个庞大的系统工程,需要实现多方面的共融互通,因而具有极大的复杂性。一方面,智慧城市对互联网技术、物联网技术、云计算技术等先进技术有较强的依赖,需要在建设和运营中促进各项技术的集成;另一方面,依托信息技术的城市建设、运营以及管理,最终仍需落实到实体空间中去,因此需要实现现实社会和虚拟空间管理模式的融合。

第七,突变性。智慧城市所依托的信息技术发展日新月异,必须时刻关注技术发展的最新动向。此外,需要认识到技术发展的不确定性,在确保技术先进性的同时,保障信息安全。

二、智慧城市的实现

(一)智慧城市的系统组成

核心子系统 1:居民(people)。城市的基本功能在于容纳居民进行生产生活,因而居民是城市最为重要的核心子系统。在智慧城市的框架内,居民子系统不仅关注人口数量,更注重居民的生活质量,所以居民子系统还涉及人口健康状况和社会网络。具体包括公共安全与防疫、医疗、教育、市民生活质量等。

核心子系统 2:交通运输(transport)。城市的交通运输系统包括城市路网的各个方面,以公路交通为主(包括整个公共交通系统),以及海运和空运。智慧城市所依托的物联网技术,对配套的交通运输基础设施提出较高的要求。因而,智慧城市的建设和运营,在很大程度上,致力于通过采取有效的交通管理措施,提高交通系统的效能,从而降低运输成本。

核心子系统 3:通信(communication)。现代城市的通信系统包括电子通信设施的基础架构,以电话、光纤宽带、无线网络为代表。如前文所述,智慧城市的技术基础是信息技术,因而先进的城市通信系统在智慧城市的整体系统中居于重要地位。

核心子系统 4:商业活动(business)。商业系统是城市繁荣兴盛的基础,它包括商业计划的调节、对外开放和投资、劳动力市场和产品市场的监督和立法。商业系统的运行,需要相应的制度环境提高法律法规、行政规章和政治制度的支持。随着城市经济的发展,如何通过立法、司法和执法提高商业活动的效率,成为当前商业活动子系统健全和完善的主要命题。

核心子系统5：能源(energy)。能源系统在维系现代城市功能正常运转中，具有举足轻重的地位。能源系统包括能源的生产、运输以及废弃物的处理。整个系统最大的特点在于不稳定、不充分、不可持续，所以克服这些特点成为重要课题。

核心子系统6：水资源(water)。在人类发展的早期，人类大多逐水草而居，很多城市也依水而建。因此，从城市诞生之初，水系统在城市运行系统中的重要性就是不言而喻的。城市的水系统包括整个城市的水循环、供应和清洁系统。由于水在人类生命中的不可或缺性，随着城市数量的增长以及规模的扩张，水资源日渐稀缺。同时，由于工艺技术限制和居民环保意识不足，水资源的利用效率较为低下，浪费现象严重。通过提高利用效率，改善水资源的供需矛盾，成为当前城市水系统治理的主要议题(《IBM白皮书》，2009)。

(二)智慧城市的运营结构

第一，物理层次：感知层。智慧城市运营的底层结构是其物理层次，即感知层，是人们可以感觉、触摸和度量的信息源，包括城市中的居民、建筑、公共设施、各类机构和部门，以及上述六大核心子系统的实体。借助GIS、GPS、RS、宽带网络、物联网、媒体以及虚拟仿真技术等先进的技术工具，可以对城市中包括居民在内的各项实体的功能和地理空间等信息进行自动采集。就感知层的具体运营过程而言，以摄像设备为代表的大量感应器，对城市内的各类微观元素进行全天候监测，并将各类具体需求统一提取到第二层次——网络层。

第二，虚拟层次：网络层。智慧城市运营的中转结构是其虚拟层次，即网络层，由互联网组成，包括互联网、无线网络和有线网络。借助信息网络、人工智能等技术，对于第一层次搜集提交的信息进行分析和判断，即依托机器智能整合需求并模拟决策。通过网络层对信息的加工处理，城市环境、公用事业、产业发展等各方面的信息最终被上传到第三层次——应用层。

第三，智能层次：应用层。智慧城市运营的最高结构是其智能层次，即应用层，其作用类似于大脑之于人体的作用，主要依托信息技术和决策模型维持运转。该层次的具体运行情况如下：首先搜集汇总第二层次上传的各类解决方案；进而利用中央指挥终端对各个方案进行评分，并自动筛选最高得分方案；最后根据最优方案对各个子系统发出动态指令，从而确保所有参与方的高效合作。通过对微观信息的统一管理和整合决策，应用层确保城市内各类微观主体的需求得到有序满足。

三、智慧城市管理的内容

(一)宏观层面:战略管理

战略管理作用体现在宏观层面,在整个智慧城市的管理体系中起到囊括全局的作用。其具体操作步骤如下:首先,确定智慧城市的使命和定位;其次,设定组织的战略目标,包括准确定位城市发展特色和产业方向,这需要从全局的角度综合考虑城市的外部环境和内部条件;再次,根据目标定位和发展现状,合理确定进度安排;最后,通过合理配置组织资源,促使进度安排付诸实施。

(二)微观层面:要素管理

第一,信息管理。智慧城市的所有业务工作都是围绕信息进行的,信息管理是智慧城市管理的核心。信息管理涉及信息的处理、采集、传播、发布、运营、应用等各个环节,涉及大量的存储设备、网络基础设施、终端设备等硬件的管理和各类应用系统。信息管理的目的在于打破不同层次的部门间和组织间的纵向和横向的信息壁垒,为信息资源的高效增值提供良好的信息环境。因此,信息管理的主要任务是建设高效畅通的信息共享渠道和创建完备的信息共享机制。

第二,技术管理。日新月异的技术是推动智慧城市不断发展的动力源泉,因此,技术管理是智慧城市管理的关键。智慧城市的技术管理的主要内容包括技术创新和技术安全两个方面。一方面,根据城市管理需求和科技环境进行技术创新,形成创新发展的良好环境,从而确保智慧城市管理技术上的高效性与先进性;另一方面,要加强对信息系统核心技术的安全管理,保证技术资源管理的稳定性和安全性。

第三,基础设施管理。智慧城市的基础设施管理,涉及城市各方面的部件设施,除了包括传统城市的道路设施、管网、建筑等,还有智慧城市赖以运行的传感设备、信息存储设备、信息处理设备、信息传播设备等。基础设施管理的目标是高度共享、合理配置、提高资源利用率。基础设施的兴建和重置成本较高,因而对基础设施的合理配置与高效管理对有效降低城市管理成本具有非常重要的意义。

第四,自然资源管理。自然资源管理要求城市对其发展所需要的水、能源、森林资源等自然资源进行日常的、全面的、动态的监控。首先,通过数据采集,获得各项资源的实时动态存量;其次,通过统计学和预测学方法,对数据进行快速处理和分析;最后,基于数据分析结果,提供合理的城市自然资源开发和使用方案,从而实现科学管理资源的使用、回收、清洁、再利用。同时,需要加强对自然资源使用中产生的污染和突发事件进行预警和预测。

（三）操作层面：事务管理

城市的事务管理涉及整个城市活动的各个方面，与城市中的人员和企业组织等各个群体密切相关。事务管理的目的在于：一是为管理主体提供更加方便的管理工具，从而实现更高的管理效率，达到更优的管理效果；二是搭建智慧的社会管理体系，明确日常事务管理的各项职能和工作流程，并且设置对重大突发事件可以快速反应和处理的工作体系，从而快捷高效地为市民和企业服务。总体而言，城市事务管理最终成果是形成一个涵盖整个城市各项事务的基于物联网的智慧化的互联互通网络。

参考文献：

[1]《IBM 白皮书》，《智慧的中国、智慧的城市》，2009－08。

[2]边馥苓、王金鑫，《论数字城市工程及其技术体系》，《武汉大学学报（信息科学版）》，2004，第 12 期。

[3]陈辉，《关于城市管理信息化的探索》，《世界经济与政治》，2004，第 11 期。

[4]仇保兴，《我国数字城市发展的挑战和对策》，《城市发展研究》，2010，第 12 期。

[5]仇保兴，《中国城镇化发展与数字城市建设》，《城市发展研究》，2011，第 8 期。

[6]江昶，《国家治理现代化视域下的中国城市信息化建设研究》，《国家行政学院学报》，2018，第 6 期。

[7]姜爱林，《城镇化与信息化互动关系研究》，《经济学动态》，2004，第 8 期。

[8]李德仁、姚远、邵探峰，《城市的概念、支撑技术及应用》，《工程研究》，2012，第 4 期。

[9]李颖智，《智慧城市管理模式研究》，华中科技大学学位论文，2015。

[10]牛文元，《先进生产力和先进文化的载体——中国数字城市建设的五大战略要点》，《南京林业大学学报（人文社会科学版）》，2002，第 1 期。

[11]王辉、吴越、章建强，《智慧城市》，清华大学出饭社，2010。

[12]王爽、梁爽、刘广辉、刘榜真，《“数字城管”中无线数据采集系统的设计与实现》，《测绘标准化》，2013，第 1 期。

[13]王毅，《物联网与城市建设》，电子工业出版社，2012。

[14]张琴，《智慧城市》，天津古籍出版社，2012。

[15]Castells，M.. Local and global：cities in the network society，*Tijdschrift voor Economische en Sociale Geografie*，2002，93(5)，548－558.

[16]Foster，I. & Kesselman，C.. *The Grid 2：Blueprint for a New Computing Infrastructure*，Amsterdam：Elsevier，2003.

[17]Gore，A.. *The Digital Earth：Understanding Our Planet in the 21st Century*. Cali-

fornia Science Center, Los Angeles, California, 1998.

[18]Graham, S. , Marvin, S.. *Splintering Urbanism: Networked Infrastructures, Technological Mobilities and the Urban Condition*, London: Psychology Press, 2001.

[19]Kanter, R. M. Litow, S. S.. Informed and Interconnected: A Manifesto for Smarter Cities, *Harvard Business School Working Paper*, 2009(9): 141.

[20]Mitchell, W. J.. *City of Bits: Space, Place, and the Infobahn*. Cambridge: MIT press, 1996.

第六章　城市管理绩效评价

第一节　城市管理绩效评价概述

一、城市管理绩效概述

城市管理绩效是城市管理活动的表现结果，是衡量管理目标实现程度的基本依据。管理主体或监督机构可以根据目标的达成情况，检查决策及其实施过程出现的影响目标达成情况的因素，并进行目标或管理行为及活动的矫正，以便在下一个循环订立新的目标或采取新的对策措施。

(一)城市管理绩效的含义

绩效是指行为主体开展活动的效果或结果。城市管理绩效是城市管理的成绩和效果的总称，或者说是城市发展及管理目标的实现程度。它主要包括五方面的内容。

第一，城市组织机构状况。城市中的各类组织是城市管理网络中的重要节点，对城市管理网络的正常运行影响很大，无论哪一级的组织不健全，都会影响城市资源的发掘和利用，降低城市管理的效益。

第二，城市治安治理状况。城市治安是城市居民安居乐业的基本保障，如果城市秩序不好，居民就不会有安全感，也就不可能产生对城市的归属感和认同感，无法形成城市的凝聚力。

第三，城市设施环境状况。城市是居民生活、工作的基本场所，城市环境状况的好坏将直接影响城市的整体形象和城市居民的生活健康。城市环境状况是城市管理绩效的一个重要组成部分。

第四，城市居民素质状况。任何城市发展的最终目标都是实现人的全面发展。教育在提升人的文明素质等方面发挥了重要作用。通过多种形式的活动，培养市民的城市意识，提高市民的文明程度，使市民成为城市管理的参与者、监督者、维护者和享受者。这是城市管理绩效最重要的方面。

第五，城市社会服务状况。满足城市居民需求的方式多种多样，其中最重要的就是充分利用城市资源，提升社会服务水平。城市社会服务的完善与否，直接影响到城市居民各种需求的满足，影响到居民对城市的满意度，它反映了城市管理在满足居民的各种服务需求方面的有效程度。

(二)城市管理绩效的影响因素

影响城市管理绩效的因素很多，归纳起来可分成硬件要素和软件要素两大类。

1. 硬件要素

硬件要素主要是指城市中的各类装备、设施、投入城市管理的经费和物质资料等，它对城市管理的效果有很大的影响。城市规划布局越合理、配套设施越完善、服务网点越齐全、功能越多、安保系统越先进、城市环境越优美、教育设施越完备、投入的经费越多，城市的治安环境、教育、文化活动、服务等方面的效果就越明显，居民满意程度也就越高。

新建城市，一般硬件设施比较完备，可以大大减少管理成本，提高管理的效果。而在一些老城市，由于其各种硬件设施欠缺和老化，必须进行大量的投入。硬件条件先天不足，不仅会大大增加管理的难度，也会影响城市管理的绩效。

2. 软件要素

软件要素，一方面是管理者的观念、思路、工作方法、管理技巧、榜样行为、人格魅力、奉献精神等；另一方面是管理对象的文明素质、城市意识、对城市事务的关心热心程度等。软件要素是影响城市管理绩效的主要因素。硬件要素再好，也需要软件要素配合，否则硬件设施的作用就难以充分发挥。

城市管理者若能严格要求自己，乐于奉献，勤政敬业，踏实务实，就会得到广大市民的拥护和认可，能有效地组织和发动市民积极参与城市事务，提高管理效率。管理者的观念、思路、工作能力和方法，对管理效果的影响是直接和巨大的，城市管理突破口的寻找，城市管理思路前瞻性和现实性的结合、城市管理方案的可操作性、城市管理所涉及的各方面力量的调动和协调，对广大城市居民的组织、宣传鼓动等，都会直接影响管理绩效。

城市管理对象具有双重性，他们在接受管理的同时也是管理主体的一个方面，是管理力量的一个组成部分。他们通过互助方式实现自我服务、自我管理。城市居民如果没有城市意识、没有对城市的认同感，那么他们就没有参与城市事务的积极性，对管理机构的组织、宣传没有呼应，无法形成互动，管理者的思路、方案也就无法落实，无法成为有效的活动。

二、城市管理绩效评价的含义

城市管理绩效评价的内涵可以从三个方面来理解：其一，从微观层面来看，绩效评价是对个人工作业绩、贡献的认定；其二，从中观层面来看，绩效评价是城市各部门履行其被授予的职能，对政策制定执行的效果，项目管理实施的状况影响等的认定；其三，从宏观层面来看，绩效评价是整个城市管理绩效的测评，城市组织为满足公众的需求所履行的职能，体现为经济的健康、稳定与快速发展，人们生活水平和生产质量的持续提高。

综合而言，城市管理绩效评价应包含以下几方面的内容：一是评价的对象是城市公共组织和组织中的工作人员；二是评价分为定期的和不定期的；三是评价包括考察和评价两个阶段；四是评价的内容包括组织的指标测定和个人的政治素质、业务素质、行为能力和工作成果等；五是评价结果与其他管理环节挂钩。

三、城市管理绩效评价的作用

第一，绩效评价是城市科学管理的基础。绩效评价是城市实施有效管理的基本环节。通过绩效评价，对城市公共项目实施的实际情况进行考察，分析实际效果与预期目标的偏离程度，总结公共政策、项目实施的经验教训，反馈给城市有关公共管理部门，以便对城市公共管理项目做出适当调整，弥补公共管理项目的缺陷，为未来的城市公共服务积累经验，完善和提高城市科学管理水平。

第二，绩效评价是提高城市公共组织绩效的动力机制。绩效评价对提高城市组织工作效率的促进作用表现在两个方面：一是绩效评价提供了一种组织压力情景，强化了员工的责任意识，促使其提高自我能力和素质，努力工作，从而提高工作效率；二是绩效评价将个人发展目标与组织目标协调起来，无疑有助于城市组织工作效率的提高。

第三，绩效评价是增强城市组织沟通的方法。通过绩效评价，可使城市组织表达管理层对员工的工作要求和发展期望，获得员工对管理层、对工作以及对组织的看法、需要和建议，共同探讨员工在组织中的发展和未来的工作目标，建立起管理者和员工之间的沟通渠道，增强组织的号召力和社会公众的凝聚力。

第四，绩效评价是城市塑造形象和提高信誉的源泉。绩效评价实际上是一种信息活动，其特点是评价过程的透明和信息的公开，针对组织在各方面的表现情况做出全面、科学的描述并公之于众，无疑有助于广大员工和群众了解监督和参与公共组织的工作。一方面,绩效评价有助于克服员工和群众对组织的偏见,建立和巩固对组织的信任;另一方面,具有影响力的绩效评价结果对公共组织来说起着重大的监督作用,能够为组织和全体员工改进工作绩效提供有价值的信息反馈,从而为组织提高自己的服务质量提供依据和参考系数。

第五,绩效评价是依法监督员工行为的重要途径。管理者对员工的监督管理可以采取两种方式:一是运用经验或个人主观意见,对员工的工作状况做出评价;二是运用规范的评价标准和评价程序,对员工的工作业绩做出全面的鉴定。前者主观随意性大,带有较多的感情色彩,易造成片面性和盲目性;后者评价标准和程序规范透明,评价结果全面客观,成为管理者依法管理的重要途径。同时,通过绩效评价,使员工明确自己所负担工作的目标、职责和要求,并了解组织对自己的期望和对未来工作的要求,从而使个人目标和组织目标有效结合。

四、城市管理绩效评价的要素

城市管理绩效评价是对城市管理状况进行全面、综合、科学、公正的评价。城市管理绩效评价的主要要素包括绩效评价的目标、评价的途径、评价的制度安排和绩效的信息系统。进行绩效评价首先要确定评价的目标。由于绩效改进的目标不同,评价的目标也随之不同,绩效评价可通过不同的途径来实现。评价的制度安排主要涉及的是确定由城市中哪一个部门负责绩效评价的管理和指导,以及建立相应的配套制度以保证绩效评价的顺利实现。绩效评价的信息系统一般包括绩效测量体系、绩效信息的报告和审核机制、绩效信息使用机制等。

(一)绩效评价的目标

绩效评价以技术和管理为目标。其技术目标部分的重点在于,建立一套科学体系,可以精确地测量组织和个人的绩效,以便确认个体的强项和弱项。绩效评价的根本目的是评价公共组织的行为活动和运营状况,审查公共组织对资源的利用及所取得的成绩,以期向公众证明公共资金得到合理和富有效率和效力的使用,从而维护公共组织存在的合法性。根据评价的侧重点不同,评估目标可具体分为三种:

第一,提高组织绩效。绩效评价强化了组织目标以及管理层的预期。通过评价,使公共组织内部的功能发挥,以达到持续提高组织绩效的目标。提高组织的运行效率和所提供的服务质量意味着对组织的结构、功能进行不断审查,对各种制度及其制度间的相互作用进行反思。这就需要建立以绩效为导向的信息系统,采用灵活的管理工具和管理技术。

第二，明确责任制。通过绩效评价，确定资源在公共组织和私营伙伴之间的分配，并进一步明确两者相应的责任和建立相应的外部监督机制。当前，在公共组织和私营组织提供公共服务的问题上，确定谁是最有效的公共服务提供者和实现公共资源的最优配置时，绩效评价的结果自然成为最重要的参考标准之一。

第三，增收节支。通过绩效评价，减少公共组织不必要的活动和开支，以实现增收节支的目标。在当前公共服务越来越复杂化的条件下，绩效评价的一个重要作用就是通过衡量并比较政府和公共组织的绩效，借鉴有效的管理制度、程序和方法，摒弃不必要的活动，从而实现节约成本、增加收益的目标。

要实现这些绩效评价的目标，就需要建立一个良好的绩效评价系统，设计出能有效评价的评估指标体系，并且不断地对组织绩效进行评价和分析。

(二)绩效评价的途径

实现绩效评价可通过自上而下或自下而上的途径来进行。自上而下的评价途径主要针对目标大幅度影响预算，评价模式侧重于评价技术的有效性、可靠性和同质性，因而这种评价方式往往要使评价要素标准化，并预先制定好评价机制。自下而上的评价途径主要强调沟通与合作，在其评价模式中，组织内部机构一起参与讨论评价的指标设计，从而提高评价的有效性。

(三)绩效评价的制度安排

制度安排涉及评价中各部门的地位和角色的安排。一般来说，首先设立相应的职能部门或专家管理机构来协助开展绩效管理和绩效评价。同时，使组织内部各部门认识到绩效评价的职能部门或专家管理机构并不是以竞争对手出现的，它只是起到思想库的作用。此外，培训员工、创造以绩效为导向的文化氛围也是绩效评价和绩效管理的重要因素。因此，建立相关的培训制度、帮助组织成员转变观念态度，也成为制度安排的必要内容。

(四)绩效评价的信息系统

评价的信息系统包括确定评价的内容、绩效资料的审核、绩效结果的反馈制度和绩效信息的使用机制。

第一，绩效评价体系的内容确定。绩效评价体系的内容一般包括产出、效益、财务结果、预先制定的衡量内容或服务质量、顾客满意程度等。由于被评价的组织性质不同，评价的侧重点也应有所不同。同时，绩效评价内容不是一成不变的，它随着管理的需要在不断地变化。而且，组织提供服务的性质也决定了评估的内容要素。

第二，绩效评价信息的审核与评价制度。对与绩效相关的信息或资料进行审核是有效绩效评价的关键步骤。审核可以用于绩效评价的每一阶段,如可以审核指标体系选择的适当和有效性、资料收集和加工的可靠性、资料信息的准确性等。绩效资料和信息的审核一般需要专门的机构来管理。

第三,资料评价信息的使用机制。对绩效进行比较和对结果进行评价是绩效评价的关键步骤,也是使得评价有意义的方面所在。绩效评价信息可在以下三个方面使用:使用绩效评价信息检验组织是否达到原先设定的目标;利用绩效信息来进行绩效预算的操作;在组织和个人层面上,利用绩效评价信息对个人和组织进行绩效激励。

五、城市管理绩效评价的原则

城市管理绩效评价需要坚持如下原则:

第一,客观性原则。该原则要求城市管理绩效评价过程和评价结果要客观真实,不能主观臆断,更不能弄虚作假;否则,评价结果就没有权威性,无法达到绩效评价的目的,激励与调控活动也因失去了依据而无法开展,最终导致城市管理战略的不可持续性及城市系统运行的盲目。

第二,科学性原则。这一原则要求在城市管理绩效评价过程中,要科学地确定评价标准、选择评价方法,采用先进的手段。制定评价方案要严谨,在城市管理绩效评价过程中严格把关,树立评价的权威性,及时发现评价工作中的不足并针对性地进行整改,确保评价过程及结果的准确性。

第三,公正性原则。这一原则要求用统一的标准对城市管理各项工作进行评价,对城市中的各种要素进行一致性的评判,以使评价结果公正、科学、客观。为了较好地贯彻这一原则,可以选择社会中介机构进行评价,或者由上一级主管部门、专家学者、市民代表组织联合小组进行评价。

第四,可操作性原则。城市管理绩效评价是一个具体的操作过程,制订评价工作方案时一定要考虑其可操作性,在实施过程中要选择适当的考评范围,在保证结果客观、科学的前提下,抓住关键环节和主要环节进行评估,使评估方法尽量简单,易于操作。

第五,综合性原则。由于城市运行及其管理是一个综合而复杂的系统,这就要求城市管理绩效的评估必须涵盖城市管理的各个主要环节。不能以点概面、以偏概全,在充分肯定城市管理成绩的同时,找出不足,综合评价城市管理的结果。

第二节　城市管理绩效评价策划

一、城市管理绩效评价的内容

城市管理绩效评价的内容包括建立城市管理考核评价制度、确定考核评价工作班子、确定考核评价工作办法以及表彰先进和总结经验等几个方面。

(一)建立城市管理绩效评价制度

对城市管理实行绩效评价制度,是组织实施城市管理的重要保证。城市管理部门围绕市政府提出的发展战略,确定城市管理考核评价原则,有效整合城市管理资源,创新城市管理理念,进一步建立和完善城市管理的责任机制、投入机制和激励机制,制定考核内容和考核办法,实现城市管理效能最大化。

对完成考核目标较好的单位和个人,除了给予精神奖励、分别增加城市管理经常性费用外,还应给予单位和个人一定的物质奖励,对有重大贡献的部门和个人给予嘉奖并通报表彰。

在实施考核评价工作过程中,根据有关方面的意见,还可设立否定指标。比如对市相关部门在城市长效管理中存在的管理不力行为且在社会上造成强烈反响的,一经查实,由该城市管理考核领导小组进行严肃处理,并取消上述单位或个人的评奖资格。

2009 年 7 月 1 日中央政治局通过的《关于建立促进科学发展的党政领导班子和领导干部考核评价机制的意见》明确了 干部所在的工作部门从事民意调查的绩效考核方法,降低了 GDP 在考核干部中的比重,加大了民众满意度、社会发展与安全稳定、和谐社会建设程度等指标的比重,使该考核体系能真实、准确地反映干部的行为与政绩。

城市管理绩效评价制度的建立,可在一定程度上推动各部门、各区、县和基层单位努力克服困难,创造条件,发挥确保城市管理目标实施的工作积极性。

(二)确定考核评价工作班子

科学、公正地开展考核评价工作,需要有一个好的工作班子,即一个能充分反映各方面情况的绩效评价办公室。

首先要选择一个合适的牵头组织单位。城市管理是一项复杂的系统工程,涉及多个部门和方面的利益。从实施目标管理工作的实践来看,绩效评价工作的牵头单位应与城市管理工作的牵头组织单位一致。城市管理的牵头单位经市政府授权，负责全面组织城市管理的实施工作，既掌握对实施目标的深度要求，也全面掌握实施过程中的一些具体情况，对绩效评价的标准全面掌握。

确定牵头组织单位后，第二步工作就是组织绩效评价工作班子。实践表明，由下列单位组成市绩效评价办公室是合适的，即市城管办、市建委、市监察局、市直机关党工委、市文明办、市爱卫办、市财政局、信访局、园林局以及市委市政府督察室等。这样，组织既可体现政府工作、综合经济、党的组织监督等各个层次的结合，也能相对合理地从各个角度综合平衡考虑应获奖单位和个人。评议时，各归口单位管理部门派代表一同参加，以利于集中各方面的意见。

（三）确定绩效评价工作办法

第一，考核评价依据。确定考核评价的依据主要有以下几个方面：一是根据城市管理绩效考核奖励办法，经过自评、市复评的打分结果；二是根据统计考核制度由统计考核网络提供的年内定期执行情况的信息资料；三是各归口管理部门和区、县自评的结果；四是市绩效评价办公室组织的典型调查情况。

第二，考核评价办法。根据城市管理绩效考核奖惩办法，按一定标准考察评比相结合的方式，如现场查看、查阅资料、组织评议等办法进行考核。

根据目标管理的特性，实现目标主要采取自主管理或自我控制的办法，充分发挥部门和目标承办单位的积极性、主动性和创造性；对执行结果强调由执行者自我检查分析执行过程中的经验、缺点和错误，以更好地发挥自己的能力，为实施下一年的目标创造更好的条件。

为此，第一层次的绩效评价工作，应是由市各归口管理部门和下级政府对照标准自查、自我评分。这些单位根据市的城市管理考核奖励标准，按每一目标的完成程度、质量初步评定得分，逐级汇总分析，报送市绩效评价办公室。第二层次的绩效评价，则由绩效评价办公室按照绩效评价要求实行同类归并，制定绩效评价标准。

（四）总结经验

总结经验是绩效评价工作的最后一道程序，也是城市管理工作的最后一个环节。通过总结城市管理管理经验，提高城市管理工作的效率和社会效益，进而改变城市精神面貌。

二、城市管理绩效评价的程序

（一）确定绩效评价的目标与规划

第一，确定决策者的需要。绩效评价的目的之一就是总结经验，为下一步决策提供相关信息。了解和确定决策者的需要,这对于有的放矢地评价是非常必要的。因而在评价前与决策者充分沟通,了解他们是如何理解问题的、他们将如何使用评估信息,这些都是指导评价规划的前提。

第二,明确项目的性质和范围。为什么要对该项目的绩效问题进行研究、评价的结果会被哪些人使用以及对问题处理的历史,都有助于明确问题的性质和范围。

第三,制定被评价项目的有效目标。目标可以定义为项目实施后应达到的理想状态的,广泛的、一般性的陈述,一个组织必须把其目标具体化以使他们所取得的成效的质量和程度能够测量。理性的评价模式的第一步就是明确目标,然后将绩效与目标进行比较。

第四,制定全面的考核办法。全面的考核方法包括:效力考核(量化方案各项目实现程度)、无形考核(把握后果质量)、副作用考核(量化非预期后果)、分配考核(对受益者和费用承担者之间的影响差异的比较)。

(二)选择评价指标

评价指标是反映总体现象特征的概念和数值。任何指标都是从数量方面说明一定社会总体现象的某些共性和特征。通过一个具体的统计指标,可以认识研究现象的某一特征,说明一个简单的事实。如果把若干有联系的指标结合在一起,就可以从多方面认识和说明一个比较复杂的现象的许多特征及其规律性,因此,评价指标的选择也就变得较为复杂和困难。具体来说,每一个关键性问题几乎都可以列出许多测度指标,而评估者既可以采用一个指标来测度某一现象,也可以采用一系列指标来反映这一现象。因此,在选择指标时,一方面必须遵循构建评价指标体系的原则;另一方面,也可以由评价者进行初选,然后请一些同行专家进行评议,或采用其他科学的方法选择评价指标。

(三)确定评价模式

评价设计绩效有两个方面:一是获得绩效的实际运行结果;二是应用某种价值观念来确定这些结果的价值。因此,在绩效评价方法和技术的采用中,也应该考虑这两方面的因素。绩效评价模式主要有如下几种方法:

第一,伪评价。所谓伪评价,即采用描述性方法来获得关于绩效运行结果方面的可靠且有效的信息的一种评价模式。它不用去怀疑这些运行结果对个人、团体和整个社会的价值,即它假设价值尺度是不容置疑的。在伪评价中,采用问卷调查法、随机抽样、统计技术等方法获取绩效信息,然后使用社会系统核算或标杆比较的方法来评价绩效。

第二，正式评价。正式评价也是采用描述性的方法获取绩效运行结果方面的可靠而准确的信息，但是对结果的评价是建立在已经被正式宣布的目标或目的基础之上的。它的假设是，正式宣布的目标或目的是对价值的恰当衡量。正式评价中使用的方法与伪评价中使用的相同，目标也相同。不同之处在于，采用法律和计划文书来鉴别、界定和指明正式的目标和目的。这些正式的目标的适宜性是不容置疑的，因而正式评价中常用的评价标准是效率和效果类。它的主要评价形式是发展性评价、回顾性过程评价、实验性评价和回顾性评价结果等。对于正式评价的结果，可以采用目标图形化法、价值澄清、价值评论、交互影响分析、折扣法等技术手段。

第三，决策理论评价。决策理论评价同样是采用描述性的方法以获取绩效结果的可靠而有效的信息，但是对这些结果的评价标准不仅仅是被正式宣布的目标，其他利益各方的目标都应考虑在内。换句话说，就是将利益相关者宣称的潜在的目的和目标明确化。其假设是，利益相关者的潜在和公开目标是对绩效的恰当衡量。主要评价方法有头脑风暴法、辩论分析法、德尔菲法和用户调查分析法等。

（四）编制评价执行计划

第一，成立评价工作小组。组建研究评价小组，最重要的是有一个好的评价协调人，其对小组成员的工作应起到一个良好的协调作用，并对评估工作是否按计划进行负责。同时，根据评价的目的，还聘请一些外部专家参与评估。小组成员的选定需具备两个条件：一是能够代表某一群体的利益；二是具备某一方面的专业技能和经验。

第二，合理分派成员任务。将所有的评价任务进行分解，根据每一个成员的能力和特长，分派给其合适的任务，编制计划必须列出需要评价小组做的每一项任务和活动及其负责人，做到“人人有事做、事事有人做”，保证整个计划的顺利执行。

第三，科学安排日程与经费。对评价工作过程做一个科学合理的日程安排，包括评价工作每一项任务完成所需要的时间以及顺序安排等。为了保障评价工作的顺利进行，必须安排充足的经费，评价小组要按照评价工作所需要的工具、条件等，做好经费预算。

（五）评价数据和信息分析

第一，数据处理并制表。即把调查记录中的各种分散的信息，经过分类加工汇总集成表示总体特征的信息，包括手工汇总和计算机汇总两种形式，数据处理的最终反映形式是编制各种表格,即制表。

第二,对制表结果进行分析。即评价小组对这些处理的信息进行讨论和分析的过程。对于定量指标,可以采用前后对比等方法进行分析,从而作出评判并得出结论;对于定性指标,可以采用逻辑框架法等进行分析,并判断各种定性指标对结果和社会的影响。然后,在此基础上,评价小组形成初步的结论和建议。

第三,审查评价结果,提出绩效改进方案。评价数据分析报告工作的完成并不意味着评价工作的结束。在完成数据分析报告之后,还需要对评价的结果进行审查,发挥评价工作应有的作用,交流评价结果并根据评价的实际情况,提出组织绩效改进的方案。

第三节 城市管理绩效评价方法

一、城市管理绩效评价方法及步骤

城市管理绩效评价方法有很多种,不过可归纳为定性方法和定量方法两大类。

第一,定性方法。用定性方法对城市管理绩效进行评价,主要是评价主体通过参观、实地考察、听取汇报、查阅资料、收集居民和单位等对城市管理的意见等方法获取信息,经过分析、讨论,在考评主体内部达成共识,从客观角度,对城市的整体状况做一个定性的结论。这种方法的评价结果在一定程度上会受到评价者主观因素的影响。

第二,定量方法。定量的方法是将城市管理绩效分解成各个环节的成效,然后通过统一化操作,使各个环节的成效成为一种可比较的统一指标,再根据各个环节间的相关性,将这些统一指标按照相关规定组合起来,最后测算出可比较的综合结果。

常用的定量方法是指标体系评估法,其评估程序如下:

(1)根据对城市管理绩效评价的内容和要求,列出若干个用于考核的第一级指标。

(2)根据影响一级指标的各要素,形成第二级指标,为评价的准确起见,每个二级指标还可以由若干个第三级指标来反映。

(3)指标确定后,根据每项指标的重要程度确定其权重大小,确定具体指标的评分标准,建构指标体系。

(4)使用访谈、问卷调查、抽样检查、资料审核等方法对城市管理的实绩进行考评。

(5)将考评结果和评分标准对比以确定该城市在各指标上的得分,并根据基于指标体系测算的总得分结果评价城市之间的管理绩效。

二、城市管理绩效评价指标体系设置

城市管理绩效的评价,需要有一个科学的、系统的、规范的、具有一定可操作性的衡量监测标准。设计一个目标体系,并把它具体化,建立一组衡量和监测城市管理绩效的统计指标和评价指标,有助于实现城市管理的科学化、制度化、规范化。

城市管理绩效评价指标体系既能为城市提供一个较为完整的管理内容和组织的规范系统,成为城市管理实际工作的指导或参考模式;同时,又可为各级政府和有关部门提供城市管理现状和发展的各种信息,在城市管理的决策和规划中发挥咨询作用。

(一)城市管理绩效评价指标体系设置原则

构建城市管理绩效评价指标体系是一项复杂的系统工程。为了使城市管理绩效评价指标体系具有较强的科学性和指导性,在选择具体的指标时,要遵循一定的原则。

第一,规范性原则。城市管理绩效评价指标体系首先要成为一个具体指导城市管理工作的工具。这将有助于管理者全面了解城市管理工作的内容,使各个城市的实际管理工作能够统一起来,逐渐实现规范化和制度化。

第二,可操作性原则。城市管理绩效评价指标体系必须具有一定的可操作性,所以该指标体系的构建必须立足于现有的城市基础设施,充分开发和利用现有的城市资源;每个指标的设计必须考虑其指标值的测量和数据搜集工作的可行性。

第三,以人为本原则。绩效评价指标体系的设计要坚持以人为本的原则。在选用指标时要尽可能选取那些与人密切相关的内容,着重体现与人类居住和活动有关的因素,反映居民社会生活及环境的主客观感受的需求,以便为人的全面发展创造一个良好的城市氛围。

第四,系统性原则。城市的全面发展涉及方方面面,是一个非常复杂的系统。对这样一个大系统的管理绩效进行评价,就必须用系统的观点,从整体上把握城市系统的特性和功能,从城市发展的可持续性、城市的竞争力出发,对城市管理绩效作出整体性分析和评价。

第五,前瞻性原则。城市管理绩效评价的评价指标不仅要反映城市发展的现状,还要反映城市的未来发展趋势。要在科学预测城市发展趋势的基础上,充分考虑城市各指标的超前性,使构建的指标体系能较好地反映未来的城市发展态势。

第六,静态评价和动态评价相结合的原则。静态评价是要对城市管理的现有水平进行评估,反映城市在特定时间和空间所存在的现实状况。动态评价则是把某个城市与它自己的过去进行比较,然后再把它的进步幅度与其他城市的进步幅度进行比较,以此来判定该城市的城市管理的进步速度。动态评价有利于调动相对落后城市的积极性,在指标设计时突出这一原则有助于推动整个城市体系的发展。

(二)城市管理绩效评价指标体系设置标准

城市绩效评价最重要的是建立衡量的指标体系,其需要考虑的方面(标准)主要的可概括如下。

第一,经济(成本标准)。这种衡量标准在于说明花去了多少费用或是否按程序支出。成本衡量能很好地体现出预算和实际成本之间的差距,着重陈述完成既定任务所耗费的成本,如更新城市垃圾桶共支出了多少费用等。

第二,效益(质量标准)。效益衡量主要看绩效是否得到改善,通常用来衡量提供服务的影响,检查服务是否达到预期目的。它关心的是目标和结果,即目标的达成情况。效益可分为两类:一是改变现状的程度,如交通拥堵状况缓解了多少,空气质量改善了多少;二是行为改变的幅度,如市民遵守交通规则情况改变等。

第三,效率(生产力标准)。效率是指为生产特定水平的效益所付出努力的数量,简单说就是投入与产出的比例关系。例如,城市垃圾或污水处理设施投资,其与垃圾资源化或中水所产生的收益之比,反映出所投入资金这种要素的效益情况。

第四,公平(公平性标准)。公平指的是效果(如服务的数量或货币化的收益)和努力(如货币成本)在社会群体中的不同分配,它与法律和社会理性密切联系。公平作为衡量指标时,关心的是接受服务的团体或个人是否都受到公平待遇,需要特别照顾的弱势群体是否能够享受到更多的服务。公平无法在市场机制中加以界定,因而公平很难衡量。

(三)城市管理绩效评价指标体系设置要求

设置城市管理绩效指标体系,既要体现时代的特征,又要有一定的超前性,至少应该包括以下六个方面：

第一，环境优美。绿化布局合理，绿色氛围浓郁，无“脏、乱、差”现象，居住环境整洁，景观优美，人与自然基本和谐。

第二，生活舒适。生活设施配套齐全，服务网络合理便民，交通出行便捷，老有所养，安居乐业，特殊困难群众得到很好的照顾，市民幸福感强、满意度高。

第三，文化丰富。城市教育机构健全，教育文化设施完善，不同层次教育形成网络，群众文化活动丰富多彩，内容健康向上，居民文化素质不断提高，精神消费需求得到满足。

第四，管理有序。形成以街道为核心，以居委会为基础，以专业管理为主线，以基层群众组织自我管理为补充的组织管理架构，管理制度健全、管理手段规范、管理成效明显。

第五，风气良好。社会秩序安定，居民团体友爱、互帮互助，尊老爱幼、家庭和睦，人际关系和谐，城市共建有声有色，形成“人人为我、我为人人”的良好社会风气。

第六，特色鲜明。充分利用城市自然资源，发掘城市历史文化的内涵，塑造能够体现时代性和鲜明个性的城市形象，形成较强竞争力的城市品牌。

（四）城市管理绩效评价指标体系设置类型

城市管理绩效评价指标体系按照组成其指标的性质和特点可分为两大类，即客观指标体系和感官指标体系。

1. 客观指标体系

随着城市现代化管理的不断成熟和完善，城市管理绩效问题得到了更多关注，衡量城市管理绩效的客观指标及其体系的建构成为探讨城市现代化管理的核心内容之一。但是，从城市管理绩效评价指标体系的设置实际情况来看，由于城市管理涉及众多领域，又因为考虑的维度和侧重点不同，有关评价城市管理绩效的客观指标及其体系构成还没有公认的方案。

例如，有些城市管理绩效评价指标体系层级相同，比如都为包括 2 个层级，但是指标构成上呈现较大差异。例如，有的由财务层面（3 个二级指标）、市民层面（6 个二级指标）、内部业务管理层面（22 个二级指标）、学习创新与自我成长层面（9 个二级指标）4 个一级指标和 40 个二级指标构成（王岱凌、蒋国瑞，2009）；有的由城市管理绩效评价指标体系分为服务业绩（16 个二级指标）、服务对象（9 个二级指标）、服务能力（10 个二级指标）、内部运行与发展（4 个二级指标）、服务成本（2 个二级指标），41 个二级指标构成（王倩雯，2016）；还有的城市管理绩效指标体系又分城市环境管理指标、城市职能管理指标、城市发展管理指标等 3 个一级指标，其下又设 10 个二级、19 个三级指标构成(见表 6—1)。

表 6—1　　城市管理绩效评价指标体系

<table>
<tr><th>一级指标</th><th>二级指标</th><th>三级指标</th></tr>
<tr><td rowspan="3">城市环境
管理指标</td><td>经济</td><td>经济增长率
经济结构优化率</td></tr>
<tr><td>人口与环境</td><td>城市土地资源利用效率
城市人口密度</td></tr>
<tr><td>社会</td><td>失业劳动力的再就业率
劳动力就业率城市管理职能指标</td></tr>
<tr><td rowspan="4">城市职能
管理指标</td><td>经济调节</td><td>区域协作份额占有率
城市规划有效率</td></tr>
<tr><td>市场监管</td><td>城市化率
市场秩序完好率
企业对政府的满意率</td></tr>
<tr><td>社会管理与公共服务</td><td>职能部门管理有效率</td></tr>
<tr><td>国有资产管理</td><td>国有企业资产保值增值率
生产安全率
国有企业实现利润增长率城市发展指标</td></tr>
<tr><td rowspan="3">城市发展
管理指标</td><td>行政能力</td><td>城市发展地位的定位正确率</td></tr>
<tr><td>廉洁状况</td><td>公民满意度</td></tr>
<tr><td>行政效率</td><td>行政经费占财政支出的比重
行政成本降低率</td></tr>
</table>

资料来源：根据杨东奇和李一军论文(2006)整理。

任何城市管理绩效指标都含有一定的决定性影响因素，对这些决定性因素进行整理和归纳，主要有：经济发展因素、生态环境因素、居住水平因素、交通环境因素、公共基础设施因素、社会安全因素、教育水平因素、健康水平因素、科技与信息因素等。其各个因素又由多个具体的次级因素(评价指标)群构成。

2. 感观指标体系

城市管理绩效评价的感官指标体系(杨戌标等，2005)是一组反映城市形象、秩序、卫生等情况的指标体系，如城市的“绿化”“洁化”“亮化”等。城市管理绩效评价的感观指标体系可分为三类：

第一，城市外观。其包括市容秩序、公共设施、建筑景观和广告标志四类指标。

市容秩序包括：无摆摊设点、乱堆杂物、乱搭乱建、乱拉乱挂、乱停车辆等现象；无毁坏或擅自改动、迁移市政、环卫等公用设施以及擅自挖掘、占用人行道等行为。

公共设施方面包括：道路、人行道和广场路面平整，无坑洼、隆起、破损、积水，无污水外溢；路面上各种井盖保持完好，铺装平整，无残缺破损，各种排水、排污管道未裸露地面；市政、园林、供水、供电、通信、交通、环卫、宣传等公共设施保持完好和整洁。

建筑景观包括：沿街建筑物立面整洁、美观，店牌、夜景灯光以及户外设施设置规范；无违章搭建；现有建筑物外形完好、整洁，无断墙残壁，遮阳（雨）篷整洁完好。

广告标志包括：无违章设置广告栏、宣传牌、招贴告示、画廊、霓虹灯等，经审批设置的，外观整洁完好，无油漆剥落和破损；各类牌匾、标志文字书写规范，无错别字，用语正确；建筑物、公共设施、树木、地面等物体上无非法涂写和招贴广告。

第二，城市绿化。相关指标涉及整体布局、植物配置以及设施布置，要做到疏密有致、美观大方，与周边环境相融合；城市绿化带中树木、花草生长良好，树形完美，枝叶繁茂，无死树、缺株，无明显枯枝，树上无钉子、铁丝、电线捆绑现象，无明显病虫害发生，防治及时有效；草坪、地被修剪及时，生长旺盛；园林设施完好整洁，无破损、锈蚀，绿地保持完好，无挪用现象；绿化设施完好，无践踏、损坏现象。

第三，城市环境卫生。主要指标包括：道路、公共场地和绿化带清洁卫生，路面无痰迹、无瓜果皮核、烟蒂、纸屑，无垃圾杂物，无污水，路面、花坛内外、树木周围整洁，自设废弃物容器外观美观、整洁、完好；公共厕所清洁卫生，沟槽、管道畅通无外溢，设施完好，标志牌规范，无违章变相收费行为等。

参考文献：

[1]埃莉诺·奥斯特罗姆、拉里·施罗德、苏珊·温，《制度激励与可持续发展》，上海三联书店，2000。

[2]陈龙桂，《区域发展评价方法研究》，中国市场出版社，2011。

[3]陈振明，《公共管理学——种不同于传统行政学的研究途径》，中国人民大学出版社，2003。

[4]梁蓓，《区域经济规划与投资环境分析》，对外经济贸易大学出版社，2011。

[5]彭国甫，《地方政府公共事业管理绩效评估研究》，人民出版社，2006。

[6]彭国甫,《中国政府绩效评估研究的现状及展望》,《中国行政管理》,2006,第11期。

[7]秦甫,《现代城市管理》,东华大学出版社,2004。

[8]石森昌,《城市协调发展评价与预测研究:以天津市为例》,中国发展出版社,2015。

[9]田成诗,《城市可持续发展水平的指标体系及评价初探》,《统计与信息论坛》,2003,第3期。

[10]王岱凌、蒋国瑞,《基于模糊层次分析法的城市管理绩效评价研究》,《中国管理信息化》,2009,第22期。

[11]王德起、谭善勇,《城市管理学》,中国建筑工业出版社,2009。

[12]王倩雯,《基于价值网视角的天津市城市管理绩效评价研究》,《东南大学学报(哲学社会科学版)》,2016,第18卷增刊。

[13]闫学东,《城市规划》,北京交通大学出版社,2011。

[14]杨东奇、李一军,《基于DEA的城市管理绩效评价研究》,《中国软科学》,2006,第2期。

[15]杨戌标、何荣坤、朱金坤、陈红英,《中国城市管理研究:以杭州市为例》,《经济管理出版社》,2005。

[16]姚从容,《公共环境物品供给的经济分析》,经济科学出版社,2005。

第三篇

城市基础管理

第七章　城市基础设施管理

第一节　城市基础设施管理概述

一、城市基础设施的内涵

人类社会的繁荣与进步依赖于配置公共资源及其基本服务的实体基础设施,这些基础设施的质量和效益会影响到人们的生活质量、社会制度的健康发展以及经济和商业活动的持续发展。在工业化国家,基础设施特别是道路、桥梁建设的发展始于18世纪,到19世纪,主要的基础设施建设已与经济同步。

由于世界各国国情不同,对城市基础设施的概念尚没有统一的解释。但经济学家汉森(Hansen,1965)提出的广义和狭义城市基础设施的分类方法一直被沿用至今。根据汉森的分类解释,广义城市基础设施包括经济性基础设施和社会性基础设施。经济性基础设施是指那些直接参与、支持城市物质生产过程的基础设施部门,其核心内容包括城市能源供应系统、水源与给排水系统、交通运输系统和邮电通信系统。而社会性基础设施则是那些旨在提高城市社会福利水平、间接影响城市物质生产过程的基础设施部门,包括文化、教育、卫生、福利、环保等系统。

根据经济学界比较一致的观点,在城市基础设施的理论研究和管理实践中,一般采用狭义的城市基础设施概念,即指那些直接参与、支持城市物质生产过程的基础设施,也即经济性基础设施。根据《1994年世界银行发展报告》,经济基础设施包括三个方面:(1)公共设施,包括电力、电信、自来水、卫生设施和排污、固体废弃物的收集与处理等;(2)公共工程,包括公路(道路)、大坝和灌溉及排水渠道工程等;(3)其他交通部门,包括城市和城市间的铁路、城市交通、港口和水路、以及机场等。

20世纪90年代以来,伴随着经济理论研究的进展,城市基础设施的内涵进一步完善。从经济性基础设施的概念出发，可形成城市基础设施六大系统的完整体系，即城市能源动力系统、水资源和供排水系统、道路交通系统、邮电通信系统、生态环境系统和防灾系统。这六大系统的组成及其主要内容见表7—1。

表7—1　城市基础设施“六大系统”的组成

系统名称	组成内容
城市能源动力系统	包括城市电力生产、供应系统，城市燃气（天然气、人工煤气、液化石油气）生产供应系统，城市供热生产、供应系统
城市水资源和供排水系统	包括地下水、地表水资源，供水专用水库，引水渠道和取水设施，制水及输配系统，配水渠道、管网、泵站。排水管网及污水处理厂设施等
城市道路交通系统	由城市道路系统、交通管制系统和客运系统组成 城市道路系统包括城市道路、桥梁、隧道、停车场、道路照明等交通工程设施，以及城市对外交通运输集散和衔接设施 交通管制系统包括交通信号灯、各种交通标志设施等 客货运输系统包括公共电、汽车站线，出租汽车、地铁、轻轨、缆车等交通站线、轮渡港站等各种客运设施、航空港及导航系统，以及各类城市货物运输设施
城市邮电通信系统	由城市邮政系统和城市电信系统组成 包括邮电局、所和邮政信箱等邮政服务设施，电信局以及电话、电报、移动通信和网络等服务设施
城市生态环境系统	由城市园林绿地系统和城市环卫系统组成 城市园林系统包括公园、动物园、植物园等；城市绿地系统包括草坪、林带、行道树、公共绿地、防护绿地、苗圃等 城市环卫系统包括垃圾粪便的收集、清运、处理设施，公共场所和公共厕所保洁以及其他市容和环境卫生设施
城市防灾系统	包括城市抗震、防震设施，城市防洪、排涝等防汛设施，城市消防设施，城市人防设施等

资料来源：根据潘胜强论文（2007）整理。

二、城市基础设施的特征与作用

城市基础设施是一个综合、复杂的系统，其产品和服务不但具有自身独特的工程技术特点，还在提供、生产、使用或消费等方面表现出显著的经济和社会属性。目前，虽然有关城市基础设施特性方面的研究较多，但尚未形成统一、规范性的结论。以下主要从工程技术属性和经济社会属性两个方面对城市基础设施的主要性质与特征进行归纳、总结。

（一）工程技术属性

关于城市基础设施的工程技术属性，管理界一般多从建设项目的固定资产投资规模、建设施工周期等工程技术角度出发，认为城市基础设施项目具有建设规模大、投资多、技术复杂等特点。但从城市基础设施行业的角度，城市基础设施还表现出显著的整体性、地域性、超前性和规划约束性。

1. 整体性

从工程技术的角度看，城市基础设施是由六大系统集合而成的综合系统，并作为一个整体的系统提供其特殊的产品和服务，其建设和经营都要从整体上考虑。这种整体性具体表现在两个方面：一是城市基础设施产品的服务能力是由各个子系统综合形成的，缺一不可，在城市基础设施的开发、建设、经营和管理中需全盘考虑、统筹安排，如城市道路、供排水管网、电力与通信线路等需作为一个有机整体进行规划建设；二是从功能和效率发挥的角度看，城市基础设施不仅要与城市社会、经济的发展保持同步，还需在其内部各个子系统之间保持合理的比例关系，如城市供水系统中的制水能力需与供水管网设施的传输能力相匹配，以形成一定的供水能力，而城市运输系统中的道路规模必须与交通运输设施保持一定的比例，以形成一定的运输载荷能力。

2. 地域性

城市基础设施工程项目一般在特定的城市区域选址建设，一旦建成就不再发生位移，其服务的受益区域存在明显的界限。城市基础设施一般为特定区域内的消费者提供专门服务。

3. 超前性

城市基础设施项目的建设一般需要经历一定的施工周期，要实现城市基础设施综合功能的同步形成，往往要考虑城市基础设施规划建设的适度超前。同时，城市基础设施的规划建设还必须充分考虑城市社会经济发展的需要，以满足城市人口增长及工业、商业等城市经济发展对城市基础设施的需求。

4. 规划约束性

城市基础设施建设不同于一般产品的生产和服务的供给，它必须依据城市总体规划，支持城市总体规划的实施，促进城市的全面、协调、可持续发展，因此必须做到规划先行，按规划建设城市基础设施项目。

(二)经济社会属性

关于城市基础设施经济社会属性的论述较多，但不同经济学派的观点的侧重点有所不同。城市经济学界侧重于城市基础设施的社会属性的研究，主要强调其基础性，认为城市基础设施是城市经济发展和社会生活的载体和基础。而公共经济学则侧重于城市基础设施产品(服务)的提供与生产方式，以及政府、市场及消费者的市场行为特征等方面的研究，认为城市基础设施产品(服务)具有公共物品、混合物品和私人物品的综合属性。但从总体上看，可从基础性、混合物品属性、自然垄断属性、外部性、资源共享性等方面具体分析城市基础设施的经济与社会属性。

1. 基础性

主要是指城市基础设施在城市经济发展和社会生活中具有载体性和决定性的基础性地位。

城市基础设施的基础性体现在两方面：一是城市基础设施所提供的产品和服务是城市经济生产部门进行生产和人们生活的基础性条件，城市基础设施不但为制造业、加工业、商业和服务业等各产业的生产活动提供必要的交通、通信、电力等基础条件，也为城市居民提供水、电、气等生活基础；二是城市基础设施所提供的产品和服务的价格构成了其他部门产品和服务的成本，其性能和价格的变化，必然使其他部门产生连锁反应。

2. 混合物品属性

经济学家布坎南（Buchanan，1965）指出，在私人物品和公共物品之间的准公共物品为“俱乐部产品”，即混合物品，在消费上具有有限的非竞争性和局部的排他性。大部分城市基础设施，如供水、供电、供热等都具有这种混合物品性质。其他设施或服务（如收费道路、桥梁等）则具有非竞争性和排他性，在一定条件下（不拥挤状态）增加消费者的边际成本为零，但要将某些人排除在消费之外是可行的（如设立收费机制）。同时，某些城市基础设施的服务具有较为明显的外部效应，如城市污水与垃圾处理设施，具有改变生态环境的外部效应，这些设施也具有混合物品性质。

需要指出的是，在实际生活中，仍有一部分城市基础设施具有纯公共物品性质，如敞开的城市道路、没有收费机制的桥梁设施、开放性的城市公园、城市消防、防洪排涝及城市排水设施等，这类设施和服务具有消费上的非竞争性和非排他性；而城市出租车服务等则主要表现为私人物品性质，在消费上具有竞争性和排他性。

3. 自然垄断属性

根据经济学的观点，所谓自然垄断性是指产品或服务提供者（企业）有一直下降的平均成本和边际成本曲线，它表示持续的规模收益递增。

城市基础设施的自然垄断性主要体现在三个方面：

第一，城市基础设施项目具有大量的沉淀资本，多数城市基础设施如供水、供电、供气、供热、通信等都建有专用网络以输送货物或资源，而网络的建设和维护费用巨大。从资本规模和工程技术的角度看,这类城市基础设施必须进行一次性大规模投资,这种投资具有不可分性。而大部分城市基础设施的资产具有耐用性、专用性和非流动性,资产不易出售或转作他用,因而投资一旦实施,就会形成大量的沉淀资本,而变动成本的比重相对较小,从而在客观上形成了市场进入障碍,即使没有管制,竞争者也不容易进入该市场,由此加强了某些设施服务的自然垄断性。

第二,服务的区域性。城市基础设施提供的几乎全部产品或服务都具有就地生产、就地消费的显著特点,其产品或服务的提供依赖于一定的地区和特定的路线,不同地区、不同线路提供的同一服务是不同质的,一般不具有显著的替代性。

第三,规模经济性。城市基础设施在提供产品或服务时,使用同一网络向不同的使用者提供产品与服务比对不同用户分设不同的网络更为经济节省。基础网络成本的增加大致与网络的服务半径成正比,但其服务能力的增加则与服务半径的平方成正比。这表明,在现有的需求水平上,随着服务提供量的增加,某一城市基础设施提供服务的边际成本递减,提供服务的平均成本也会随提供服务量的增加而下降。

4. 外部性

某些城市基础设施产品(服务)的提供或消费,同样会给第三者带来额外的损失或收益。例如,城市污水、垃圾的处理及向居民提供洁净的饮用水有利于消费者的健康和环境保护。地表饮用水的过量供应将减少河水流量、改变河流的原有面貌,甚至影响河流及沿岸的生态系统。交通运输造成空气污染和温室效应等。

5. 资源共享性

城市基础设施产业所提供的产品和服务带有公共产品或准公共产品的性质,与其他产品不同,一般不是为特定的对象(如特定的企业或个人)服务,而是为许多企业与个人服务或享用,它所服务的对象往往是不确定的,甚至是随机的,且使用和服务过程中一般不能独占,不能进行排他性消费,具有较明显的共享性、公益性,其共享程度依基础设施项目性质不同而有所差异。

(三)城市基础设施的作用

城市基础设施是实现城市经济效益、社会效益和环境效益相统一的必要条件,在整个城市建设和发展中具有十分重要的地位和作用。

1. 城市基础设施是城市赖以生存与发展的基本条件

城市是社会生产力在地域空间集聚的高级形式，城市基础设施则是城市各种生产要素聚集的物质基础。它是城市存在与发展的物质条件，也是城市与农村区别的重要标志。城市生活和生产的社会化与现代化是建立在城市基础设施供给的能源、交通道路、邮电通信、水资源等之上的。新建或扩大一个城市，总是基础设施先行，基础设施是生产设施和生活设施发挥作用的前提。离开城市基础设施，城市就不成其为城市，城市就无法生存下去；离开城市基础设施的发展，城市也无法发展。城市的扩大和发展是城市现代化的重要条件之一，在很大程度上取决于基础设施已有的容量和可以增加的容量。一个城市基础设施的容量有多大，预示着它的发展潜力有多大。

2. 城市基础设施是城市经济正常运转的前提条件

城市作为经济中心，在国家或地区经济发展中具有举足轻重的地位。城市基础设施中的很大一部分以社会方式直接参与了城市企业的生产，其中，供水、排水、道路、交通、煤气、热力、电话等设施，以各自特殊的方式，直接进入物质生产部门的产品生产全过程。不容讳言，没有水资源的开发利用和雨水污水的排放处理，企业就无法生产；没有城市的交通设施，生产资料就难以进入社会再生产过程，产品或商品流通势必会遇到极大的困难。城市基础设施中有一部分并不直接参与企业的生产活动，但也间接地影响企业经济效益，从而影响城市经济的正常运转。

3. 城市基础设施是城市居民生活必不可少的物质条件

城市基础设施也具有为社会服务的性质，其服务对象不仅是生产，而且还有城市居民的生活，有些设施如防火、防洪、防震等还担负着保证城市安全的作用。为城市居民生活服务是城市基础设施一开始出现就具备的职能。城市居民生活质量的高低主要取决于国家经济的发展和国家的综合国力及人均国民生产总值的水平，但城市基础设施的完善及良好与否也对城市居民生活质量有重要影响。良好的城市基础设施，即使城市经济的持续发展获得推动力，也使城市居民在生活上得到实惠，其影响是潜在而深远的，因而其作用是不容忽视的。

很难想象，一个现代化的城市没有了电力和燃气供应，居民的生活会出现什么样的情况。一个城市如果交通不畅、通信不灵、电力燃气供应不足、给排水能力低下等，就谈不上城市居民生活的高质量，充其量也就是维持居民生活而已，最终，城市将会因此而萎缩下去。相反地，完善而良好的城市基础设施为城市居民创造清洁、卫生、优美、舒适的工作条件和生活环境，提高城市居民生活质量，增强城市居民对城市的向心力、凝聚力，从而促进城市经济的发展。

4. 城市基础设施是城市产生聚集效益的决定因素

从历史上看，城市之所以能够得到迅速的发展，就在于城市比农村拥有更高的聚集效益。城市聚集效益的产生是由于众多的社会经济单位集合于城市这个空间内既实现高度专业化分工，又形成经济实体、社会实体和物质实体三者的有机结构，从而提高劳动生产率，产生整体性高效益的结果。高度的专业化分工与经济实体、社会实体和物质实体的综合统一，要求有精密分工和广泛紧密的协作，使城市成为高度社会化的有机整体，这种社会化是建立在完善而良好的城市基础设施之上的。

完善而良好的城市基础设施可以使城市各社会经济单位更好地通过分工协作加强联系，城市基础设施的各个方面迅速传递着人流、物流和信息流，把城市地域内各社会经济要素紧密地聚合在一起，大大提高了城市所有部门的经济效益、城市社会效益和城市生态环境效益的有机整体的城市聚集效益。城市经济的高效益，是由城市基础设施提供的物质条件决定的。没有城市基础设施，城市经济的集聚性和集聚经济效益是无法存在和发展的。

三、城市基础设施管理的内容

城市基础设施管理是在城市政府及其职能部门的统一领导下，在城市政府其他工作部门的配合和下级政府职能部门的分工协作下，以城市基础设施的基本信息流为基础，以提高城市基础设施的综合效益为目标，运用决策、计划、组织、指挥等一系列机制，采用法律、经济、行政、技术等手段，通过政府、市场与社会的互动，围绕城市基础设施的融资、建设和运营进行的决策引导、规范协调、服务和经营行为。

城市基础设施管理是一项复杂的综合性管理活动。一般来讲，一项基础设施的完整供给流程有资金融通、生产建设和运营维护三个环节，所以，城市基础设施的管理实际包括融资管理、生产建设管理和运营维护管理，后两个环节又可统称为城市基础设施的经营管理。

(一)城市基础设施的融资管理

1. 城市基础设施融资的含义

城市基础设施融资就是城市基础设施建设中资金的融入，也就是建设所需资金的筹集，包括政府、企业、个人等资金供给者向城市基础设施建设投资的途径和渠道。它涉及城市基础设施建设资金融通的形式、手段和方法。其作用体现在三个方面：一是维持正常的建设和运营；二是给经济主体提供发展机会；三是缓解临时的资金短缺问题。

2. 城市基础设施融资的渠道

按照资金来源的途径，城市基础设施建设融资的方式可以分为五种：财政融资、银行融资、商业融资、资本市场融资和国际融资。

第一，财政融资。传统的观念认为，所有的城市基础设施都是公共产品，是不可经营的行业。因此，政府成为城市基础设施的唯一投资者，而财政资金则是城市基础设施融资的唯一渠道。现在，世界各国城市基础设施的融资渠道都随着投资主体的多元化而大大扩展，表现出多样化特点。城市基础设施需要政府筹措大规模资金的投入才能满足城市发展的需求，所以，财政资金仍然是城市基础设施融资渠道的重要组成部分。

但是，相对于城市基础设施的融资需要而言，财政融资渠道的资金筹措能力依然无法解决城市发展和城市基础设施建设中巨大的资金缺口问题。同时，城市基础设施财政融资渠道的稳定性还大大受制于国家财税体制的变化。

第二，银行信贷。商业银行贷款就是从商业银行获得短期或中长期贷款。在城市基础设施融资中，当投资项目规模较大时，融资方还可以通过由数家银行联合组成的银团获得贷款资金。银行融资是一种方便、迅速、灵活的融资方式。

第三，资本市场。资本市场融资是指通过资本市场发行股票或者债券进行权益融资和债务融资。资本市场通过价格机制，把资本引向最能发挥资本效益的地方。同时资本市场促进了资本的社会和公众化，通过资本市场，可以在很短时间内集聚大量的投资资金满足建设的需要，而且在市场机制下，通过分散化决策，资本市场还大大分散了大规模投资可能带来的风险。此外，资本市场能够为融资者提供灵活多样的融资方式。因此，完善健全的资本市场是城市基础设施融资的稳定来源。

第四，商业融资。商业融资是指企业作为资金供给者向基础设施建设资金需求部门融出资金的方式和方法。在商业融资中，各类企业是城市基础设施建设的投资主体。在市场经济条件下，企业以实现投资收益最大化作为主要经营目的，而城市基础设施建设往往投资巨大、周期较长，风险难以预测，因此，通常只有少数财力雄厚的企业才会投资于大型基础设施建设领域。

第五，利用外资。利用国外资本、利用国际金融机构的资金是城市基础设施的另一个重要融资渠道。利用国外资金的渠道主要包括外商投资、国外贷款和利用国外资本市场三种方式。外商直接投资主要是指外商以全部或部分取得经营管理权的方式而直接投资于城市基础设施建设。

在城市基础设施的建设中，以上融资相互补充、互济余缺。不同的投资主体既可以单独融资，也可以通过联合投资的方式进行多渠道的立体融资，从而构成多元化投资主体结构。

(二)城市基础设施的经营管理

所谓城市基础设施的经营管理，是指城市基础设施的生产建设与运营维护的具体手段、方式和方法，是城市基础设施效能和综合服务能力有效发挥的基础。科学的管理模式与经营方式是城市基础设施良性运营的重要条件。受不同历史传统和现实因素的影响，城市基础设施经营管理方式都不尽相同，尤其是随着全球化的推进，新的经营方式、手段不断涌现。

1. 政府主导

政府直接或由政府设立相应的机构规划、投资、管理和运营城市基础设施。政府主导通常表现为政府所有并经营基础设施，即国有机构的所有权以及由它经营管理高度统一于同一主体。政府主导方式既可能是政治理念的体现，同时也可能反映了特定治理对象的内在要求。

一般没有营利性和利润，或者说利润微薄，这种方式适用于一些非经营性的基础设施项目。例如，对于某些生产纯公共物品、外部性和自然垄断性强、难以引入市场竞争和社会资金的城市公用事业企业，如城市绿化、市容行业等，可以采用这种由国家特定经济部门直接管理的方式。国有独资以及国家控股是政府主导城市基础设施经营的两种主要形式。

2. 公私合作

公私合作是指通过多方的参与，在政府监管下商业化地建设、运营基础设施。它的特点有：一是政府职能明确，只管理和经营关系国计民生的具有非经营性和非排他性的基础设施、产品或服务和产业，那些具有准经营性和纯经营性的项目则引入竞争机制，交由社会来承担和经营，实现投资主体的多元化以及所有权和经营权的分离；二是财政支出小且范围清晰，基础设施管理的综合成本相对较低，管理效率较高；三是基础设施的管理与经营以法律和经济手段为主，约束力强，管理行为和经营活动有章可循，从而促成了管理秩序和经营行为的合理规范。公私合作主要有 BOT、TOT、PPP 等几种方式。

第一，BOT(Build-Operate-Transfer)方式，指建设—运营—转让。BOT 以政府和私人机构之间达成协议为前提，由政府部门向该机构颁发特许证，允许其在一定时期内筹集资金建设某一基础设施，并管理和经营该设施以及相应的产品与服务。待合同期满，将项目所有权交还政府，转由政府特定部门经营和管理。在欧美国家,BOT已广泛运用于大规模的城市基础设施建设当中,例如,澳大利亚悉尼港湾隧道工程就是运用BOT方式建设成功的。这种方式适用于那些规模大、建设周期长、价值转移慢、资本回收困难的项目,如环境卫生设施、通信设施和生活动力设施等。

第二,TOT(Transfer-Operate-Transfer)方式,即移交—经营—移交。TOT一般是指政府把已经建成投入运营的公共设施经营项目所有权和经营权(主要是经营权)暂时转让给其他经营主体,经营合同期满后,项目仍由政府无偿收回。

第三,PPP(Public-Private Partnership)方式,即私人机构与政府合作。PPP是指政府部门通过政府采购的形式,与中标机构组成的特殊目的项目公司,签订特许协议,由该机构负责融资、建设与经营。这种形式的实质是政府通过给予民营企业长期的特许经营权和收益权来换取基础设施加快建设及有效运营。

3. 市场运作

市场运作是将城市基础设施的生产和供给交由一些私人机构建设、运营。除了正常的市场监管外,政府较少干预这些机构的具体经营活动。这类城市基础设施的收费标准完全由市场供求关系决定,或者参考政府指导价。基础设施的市场运作体现了现代城市政府职能由管制向治理的转变,它是当今各国城市政府改革的一个重要方向。市场运作的形式通常有股份制、私有化以及管理合同等。

第一,股份制。股份制是现代企业制度的一种形式,是以入股方式把分散的、属于不同人所有的生产要素集中起来,统一使用、合伙经营、自负盈亏,按股分红的一种经济组织形式。股份制的基本特征是生产要素的所有权与使用权分离,在保持所有权不变的前提下,把分散的使用权转化为集中的使用权。城市基础设施领域推行股份制,主要表现为资本所有者与经营者的分离。具有专业知识和管理经验的经营者享有独立的经营权,股东根据其所持有股份的比例享受收益。

第二,私有化。私有化是指公有组织或公有财产的所有权人直接或由其代理人越权,将公有组织或公有财产以及这些组织或财产的所有权及其派生权利,合法或非法地由公有组织或公有财产的全体公民或某一集体所有转变为个别私人所有的行为及其过程。经营与管理城市基础设施私有化方式是将国有企业转化为私营或混合式的企业,转制后的企业单位成为真正独立的市场主体,与其他同行企业平等地参与市场竞争,独立经营、自负盈亏。

第三,管理合同。管理合同是指企业对以自身为当事人的合同依法进行订立、履行、变更、解除、转让、终止以及审查、监督、控制等一系列行为的总称。其中订立、履行、变更、解除、转让、终止是管理合同的内容；审查、监督、控制是管理合同的手段。管理合同必须是全过程的、系统性的、动态性的。全过程就是由洽谈、草拟、签订、生效开始，直至合同失效为止。管理合同的形式将广泛的基础设施经营和维修责任委托给私人部门，承包商被授予充分的决策自主权，其私人介入程度较高。管理合同主要有两种：一种是收费固定的合同；另一种是根据经营业绩收取费用的合同，该合同将承包者的收入与经营业绩挂钩。

第二节　城市基础设施供给与需求

一、城市基础设施供给需求理论

城市基础设施供求状况，决定着城市经济社会运行的状况，城市经济效益，城市居民生活质量等方面的问题。由于城市基础设施构成的性质和作用不同，决定城市基础设施的供给与需求因素也是不同的。

在市场经济条件下，私人产品的供给与需求，完全是由市场调节的。市场对于私人产品的有效调节，是建立在一些(基本)假定基础之上的，即市场是完全竞争的市场。完全竞争市场是假定在该市场中，每个生产者和消费者的个别行为都不会对市场价格造成影响，并且信息是完全的，每个厂商都实现了利润的最大化，每个消费者都实现了效用的最大化，同时，市场上的各种资源都得到了最佳配置，市场处于一种均衡的高效率状态。在现实中，市场这只“看不见的手”虽然是有效的，但不是万能的，市场在某些方面是失灵的。

(一)不完全竞争

市场效率主要是基于完全竞争，在完全竞争下个别人的行为(包括企业)不能影响市场价格。但是，在现实经济生活中，由于垄断的存在，使得市场价格受到垄断者(如大企业)的操纵，从而使需求和生产结构扭曲，并且产生了超过正常水平的利润，而这些利润可能转而用于不真实的广告宣传。这样，就使市场资源配置的效率受到了损失。

(二)经济外部性

当某个当事人的生产或消费行为，对其他人的利益产生了有利或不利的影响，而又不索取应有的报酬或不支付应有的代价时，就产生了外部效果。比如，企业的生产活动造成了城市的空气污染，但企业不会对住在该城市受到污染的居民给予补偿。在市场条件下，外部性引起个体收益和社会收益的不相等，即某些个体行为对个人有益而对社会无益，从而造成外部的不经济。公共产品是外部效果的极端情况，一些公共产品，如路灯，它往往对提供者没有太大的利益，而是对社会公众有益，因此，这些公共产品很难由私人提供，因而也不能通过市场机制得到充分的供给。然而，这种公共产品对于社会来说又是必不可少的，所以，政府必须插手提供公共产品，如进行国防建设、修建公路、支持纯科学研究和维护公众健康等。

（三）信息不对称性

市场成功是建立在信息完全对称的基础上的，由于信息的充分、完全，生产者可以及时调整生产计划和产品价格，消费者可以及时寻找到低价商品，从而使市场达到新的均衡。但在现代经济生活中，由于信息不对称的存在，会导致市场的低效率，因为人们为了搜寻信息而付出了交易成本。

（四）应对基本原则

对于公共产品的供给，市场失灵是显而易见的。由于其具有非竞争性和非排他性特征，市场并不能将其所有的成本和收益包括在内，市场上买者和卖者之间的交易不可避免地直接影响第三者，即产生市场外部性。同时，一些具有自然垄断特性的公共产品不可能实现完全竞争，其供给与需求结构不均衡，产生垄断利润。在这种情况下，市场是失灵的，市场无力实现资源的有效配置，供给与需求不能实现均衡。

通常情况下，当私人市场对第三者产生增进福利的正外部性时，会有一种“搭便车”的激励，即努力得到产品的收益而避开为此付代价的驱动力，“搭便车”的人越多，产品的生产者越不愿意供给该产品，结果必然造成市场上该产品的供给不足。但是，当私人市场对第三者产生减少福利的负外部性时，必然会产生类似“共有地悲剧”的过度使用问题，结果导致供给过多。

科斯定理表明，用私人方式可以解决一部分公共产品的市场失灵问题，即通过利益各方相互谈判、界定产权而达成一致的有效方案，将外部性内部化。但在多数情况下，由于存在交易成本而使谈判困难直至失败，达不到有效率的结果。当人们不能用私人方式解决外部性问题时，需要政府的参与，政府有时通过管制行为阻止社会无效率的活动，有时通过直接或间接的方式生产经营公共产品。对于准公共产品，因其既具有公共产品的特性又具有一定的竞争性或排他性，此类产品的供给与需求既需要政府参与又不应该完全放弃市场调节的力量。城市基础设施绝大多数属于准公共产品或纯公共产品，因此，其供给与需求应根据各类设施自身的特点而选择由政府或市场提供。

对于纯公共产品性质的设施，如消防、治安等，因其具有完全的非排他性和非竞争性，能产生广泛的社会效益，应由政府提供，具有需求无限而供给有限的特点。对属于准公共产品的具有自然垄断性质的设施，如通信、供水、排水等，供给与需求应是政府参与和市场调节共同决定的机制，其管网建设由政府直接或间接供给，而管网上的产品或服务应引入市场机制。这样，一方面可避免过度垄断带来的低效率；另一方面又可解决市场失灵导致的无效率。并且，随着经济水平的不断提高，城市基础设施经营领域的市场化程度不断提高，供给与需求受市场调节的范围和比例会增大。

二、城市基础设施供给需求因素

（一）城市基础设施的需求决定因素

城市的发展，城市经济社会的运行，城市居民生活都对城市基础设施提出了需求。决定城市基础设施需求的因素主要有以下几项：

第一，城市发展阶段和城市发展水平。城市基础设施是随着城市发展而发展起来的，城市发展阶段越高、城市现代化程度越高，对城市基础设施的需求也就越大。

第二，城市规模与城市等级。总体上说，城市规模越大，对城市基础设施的需求也就越大；与此相对应，城市规模等级越高，对城市基础设施的需求也就越大。

第三，城市的性质与城市产业结构。城市性质不同，对城市基础设施的需求也就不同，工商业城市比旅游、文化城市对城市基础设施的需求要大。同样是工商业城市，由于城市的产业性质不同，对城市基础设施的需求也不同。一般来说，重工业城市要比轻工业城市对城市基础设施的需求大得多。

第四，城市居民生活水平。一般来说，城市居民收入水平和消费水平越高，对城市基础设施的需求也就越大。

第五，自然环境条件。城市所处的自然环境条件不同，对城市基础设施的需求也不完全相同。比如，高纬度地区由于冬季取暖等情况，对能源的需求会大得多，因此衍生出相应的基础设施需求。

第六，城市管理体制与城市基础设施的政策。城市管理体制与城市基础设施政策不同，对城市基础设施的需求也不完全相同。一般来说，计划经济体制和城市基础设施无偿使用的政策，不仅制约城市基础设施的需求，同时也制约着城市基础设施的供给。

(二)城市基础设施供给的决定因素

决定城市基础设施供给的因素主要如下:

第一,城市经济社会发展水平。一般来说,城市经济社会发展水平越高、科学技术越发达、劳动生产率和经营管理水平越高,对城市基础设施供给的能力就越强。

第二,城市自然地理环境。城市所处的自然地理环境不同,城市基础设施供给的能力也有所不同。如果城市所在地区水资源比较丰富,水电能源供给就可能比较充分。

第三,城市基础设施性质,供给的方式,供给的水平和能力。如有些城市基础设施投资大,要求水平高,供给能力约束条件多,供给能力就会受到一定的限制等。

第四,城市管理体制和政策。城市管理体制不同,城市基础设施的供给水平和供给方式也会不同。在计划经济体制下,城市基础设施完全由城市政府包下来,实行无偿使用的政策,制约了城市基础设施的供给。在市场经济体制下,城市基础设施纳入了市场经济运行的轨道,由于城市基础设施的经济性质不同、供给方式不同,决定供给的因素也不同。在市场经济体制下,一般来说,纯公共产品是由国家或城市政府提供的,这类设施的供给只能由公共支出水平决定。准公共产品性质的城市基础设施,既受公共支出制约,又受消费者的消费需求制约;而且经济越发达、市场化程度越高,受消费者需求的制约就越明显。

三、城市基础设施供给需求平衡

城市基础设施供求平衡,才能促进城市经济社会发展,提高城市经济效益、社会效益和环境效益。要使城市基础设施供求平衡,必须处理好以下几个方面的关系:

第一,城市建设与城市基础设施需求的平衡。由于城市基础设施建设需要一定的时间,因此,必须处理好城市对城市基础设施需求的时间,使城市基础设施建设超前一定的时间和一定的数量。如果超前的时间太长、超前的数量太大,就会形成城市基础设施闲置和浪费;如果没有超前或超前的量太小,就会出现供不应求的状况,从而影响城市经济社会的协调运行,降低城市经济效益、社会效益和环境效益。

第二,城市基础设施供求总量平衡的问题。城市基础设施供给与城市基础设施的需求总量必须平衡，城市才能协调发展。

第三，城市基础设施供求结构平衡。城市基础设施是由几个大的设施体系构成的。城市发展水平、城市性质、城市产业结构等的不同，对不同性质的城市基础设施需求的数量是各不相同的。即使对同一城市基础设施，在不同的时间，需求也不完全相同。因此，城市政府必须根据城市需求结构，调节城市基础设施的供给。

第四，城市基础设施的替代关系与城市基础设施的供给。有些城市基础设施的使用价值具有相互替代的关系，如城市道路交通与城市通信、城市电能与城市燃气，在一定条件下是可以相互替代的。城市政府应当根据城市基础设施资源情况，做好城市基础设施的调配关系，以求得城市基础设施的供求平衡。

第三节　城市基础设施建设投融资模式

一、项目区分理论与投融资主体界定

城市基础设施建设投融资模式主要是研究如何在投融资理论指导下建立科学高效的城市基础设施建设投融资运营体制，为社会提供与城市发展需要相适应的城市基础设施建设资金。从资金来源看，城市基础设施项目的建设资金有城市政府的财政性资金（内部资金），包括本市的财政资金和上级政府的补助性资金，以及以政府信用或项目本身融入的资金，包括政策性银行贷款、商业性银行贷款、发行债券、股票上市、股份出让等。

（一）项目区分理论

所谓项目区分理论，就是将投资项目区分为经营性项目、准经营性项目和非经营性项目，根据项目的属性决定项目的投资主体、融资方式、权益归属及运营方式。

非经营性项目投资主体由政府承担，按政府投资运作模式进行，资金来源应以政府财政投入为主，并配以固定的税种或费种加以保障，当然，其权益也归政府所有。在投资的运作过程中，非经营性项目也要引入竞争机制，按照招投标管理规定进行操作，并需提高投资决策的科学性、规范性，促进投资效益的进一步提高。

经营性项目则属于全社会投资范畴，投资主体可以是国有企业，也可以是民营企业和外资企业，通过公开、公平、公正的招投标，其融资、建设、管理及运营均

由投资方自行决策，所享受的权益也理应归投资方所有。但在价格制定上，政府应兼顾投资方利益和公众的可承受能力，采取“企业报价、政府核价、公众议价”的定价方法，尽可能做到公民、投资方、政府三方满意。

准经营性项目由政府投资建设，以政府投资补助的形式引入社会投资商开发建设和经营。

项目区分理论的目的，是将政府投资与社会投资分开。非经营性项目由政府投资建设，政府应做好规划、保证重点、量力而行、减少风险；经营性项目属于社会投资范畴，应将其真正推向市场，通过公开、公平、竞争的招投标方式运作。

（二）城市基础设施项目分类与投资主体界定

关于城市基础设施项目，其项目区分的原则是基于产品或服务的分类理论及投资行为的分类属性，基本上界于纯公共物品与纯私人物品之间，属于准公共物品类；其相应的投资行为亦有两种属性，即营利性投资和非营利性投资。因此，可以借鉴上述理论对城市基础设施项目进行分类与界定，以便按照不同的规律，形成不同的运作体系，进一步实施新时期下的城市基础设施投融资发展战略。

城市基础设施项目可从能否让市场发挥作用这一角度分类，以投资项目有无收费机制（即资金流入）可分成两类，即经营性项目和非经营性项目，但其因受到政府政策的影响而有所变化。

第一类为经营性项目。此类项目有收费机制，即有资金流入，但这类项目又以其有无收益（利润）分为两类，即纯经营性项目和准经营性项目。

纯经营性项目（营利性项目）可以通过经营收回投资并获得收益，包括收费高速公路、收费桥梁、废弃物的回收利用等，可通过市场进行有效配置，其动机与目的是利润的最大化，其投资形成是价值增值过程，可通过社会投资加以实现。

准经营性项目即有收费机制和资金流入，并有潜在的利润，但因政策及收费价格没有到位等客观因素而无法收回成本的项目，附带部分公益性，是市场失效或低效的部分。因其具有不够明显的经济效益，市场运行的结果将不可避免地形成资金供给的诸多缺口，要通过政府适当补贴或政策优惠维持运营，待其价格逐步到位及条件成熟时，即可转变成纯经营性项目。准经营性项目包括煤矿、地铁、轻轨、污水处理厂、收费不到位的高速公路等。

第二类为非经营性项目。即无收费机制、无资金流入，这是市场失效而政府有效的部分，如敞开式城市道路等，其目的是获取社会效益和环境效益。由于市场调节难以对此起作用，这类投资只能由代表公共利益的政府（财政）来承担，即投资主体为城市政府。

（三）经营性与非经营性项目的分类方式

通过制定特定政策或提高其价格等使项目的可经营性指数提升，即准经营性项目可变成纯经营性项目；非经营性项目也可变成准经营性项目，甚至变成纯经营性项目。因此，非经营性项目、经营性项目也不是一成不变的，它可以通过特定条件相互转化。如敞开式道路一旦取消了收费即成为非经营性项目了。事实上，在通常情况下，同一个项目很难区分其是经营性还是非经营性的，因为项目本身在不同的环节是不一样的，因此，最好的办法是先对项目进行分解，再通过独立的项目研究确定其是否经营性的。

城市基础设施领域业务分解的具体方式有如下两种：

1. 垂直分解

城市基础设施服务项目有的具有明显的垂直结构。项目的垂直分解，就是把城市基础设施的服务沿运营流程纵向分解为几个相对独立的部分，如电力供应可以沿垂直方向分解为三种独立业务：发电、输电和配电，并把这三种业务交由不同的经营主体来经营。输电是具有自然垄断性的网络业务，可由一家企业或少数几家企业经营。发电由于技术的进步，可采用火电、水电、风电、核电等而成为竞争性业务，可实行多家企业同时经营，每家企业经营一个或几个发电厂，电价竞争上网。配电业务也带有网络性质，可实行垄断性经营。在城市燃气制储和输送业中，分配具有竞争性，实行竞争经营，管道是网络业务，实行垄断经营。在铁路运输业中，铁路线路管理与铁路运输业务，可彼此分离，前者垄断经营，后者竞争性经营。

2. 水平分解

即把城市基础设施服务项目按市场来分解。这包括两种情况：一是按地理区域来分解基础设施服务，二是按业务类型来分解基础设施服务。如电信业务中，可以把以无线电为基础的蜂窝式移动电话业务与以电缆网络为基础的传统电话业务分离开来，或者把长途业务与市话业务分开。在铁路运输业务中，可以把货运和客运分开，分别交由铁路运输公司经营；或者把全国铁路运输按地区分解，交由不同路局经营。水平分解的一个最大好处是可以消除不同业务之间的交叉补贴和由此带来的不公平竞争，缺陷是会导致区域垄断或业务垄断。但不同区域或不同业务上经营业绩的相互比较可以向政府提供企业内部信息，为实现有效规制提供条件。

二、城市基础设施建设吸纳社会投资模式

(一)社会投资的概念

所谓社会投资,是指除政府投资以外的其他投资。在城市基础设施领域则特指除政府(部门)以外的其他机构的资金对城市基础设施行业通过各种投资形式的参与。

城市基础设施具有外部性、公共性和投资巨额性等特点,长期以来一直被视为政府投资领域。随着经济、技术等多种因素的发展,这种情况在发生显著的变化。不论在理论上还是实践上,吸纳社会投资参与城市基础设施建设越来越引起注意和受到重视。特别是进入 20 世纪 80 年代以后,由于工业化、城市化的加速推进,政府财力不足以及在政府控制下的城市基础设施供给效率低下,越来越多的城市尝试引入社会投资参与城市基础设施建设。

对于城市基础设施投融资来说,作为主导城市基础设施的城市政府,吸纳社会投资是其重要职责,也是推进城市基础设施建设的重要途径。政府投资在城市基础设施中占据重要地位,但如何吸纳社会投资已引起各级政府的重视。

近些年,随着公共产品理论、项目区分理论、可销售性理论在城市基础设施行业分析中的引入,人们逐渐对城市基础设施的属性和特点有了一个全新的认识。虽然目前在诸如管网等个别领域的可经营性上尚存在争论,但是对于具有可经营性的城市基础设施项目(企业),吸纳社会投资参与逐渐向市场机制过渡,已经成为城市基础设施行业发展的方向。

(二)吸纳社会投资的主要方式

城市基础设施行业中不同产品和服务具有多样性的经济属性,决定了社会投资的形式也是多种多样的。世界银行总结出各国民间资本参与城市基础设施的主要方式,归纳起来,社会资本投资城市基础设施建设的方式大致可以分为两类。

第一类是管理权参与,通过签订各类承包合同、形成政府(部门)与社会资本共同担负某项城市基础设施服务的责任,如经营业绩协议、管理合同、服务承包合同和特许经营权等方式。

第二类是所有权参与,即通过将现有城市基础设施企业实行股份化改造的形式,将部分或全部资产的所有权转让给社会资本所有者,或者社会资本通过参股方式投资新建项目。

由于管理权和所有权方面对城市基础设施的参与不能简单地区分开来，实际中很可能是管理权和所有权参与的混合形式。

1. 经营业绩协议

经营业绩协议是指政府作为城市基础设施企业的所有者与管理者之间签订的有关经营业绩考核标准以及如何分配经营所得的协议，其主要目的是在政府和经营者之间形成一种激励与约束的关系。通常经营业绩协议由政府（部门）与管理者个人签订。严格地讲，经营业绩协议方式并不涉及社会资本投资。在这种制度下，政府不仅拥有全部的所有权，而且保留了全部的决策权。但这种方式带有一定的委托代理性质，将商业化的管理原则应用到了城市基础设施企业，因而也可以看作社会资本投资城市基础设施企业的一种形式。

经营业绩协议是一种社会资本参与程度很浅的方式，应该说是一种过渡性的制度安排。它主要应用于一些可经营性很低的城市基础设施行业。正是由于这些行业的可经营性很低，因而社会资本几乎不可能进行较深的参与。往往政府补贴是这些行业能够得以运行和发展的基础。经营业绩协议成功的关键在于：恰当的使用范围选择、最佳管理者的挑选、业绩考核标准的制定、有效汇聚激励制度的确定，以及实行事后考核评价。

2. 管理合同

管理合同是指政府部门或其授权机构通过与社会资本所有者（专业管理公司）签订合同的方式，将其商定的城市基础设施交由社会资本管理，并按照合同向社会资本方支付管理费用。通常管理合同由政府（部门）与专业管理公司签订，实际上是委托经营的形式。

表面上看，管理合同方式同经营业绩协议很相似，但这种方式给予了社会资本较深层次的参与，通常经营业绩协议是与管理者个人或团队签订，而管理合同是与专业管理公司签订。例如，城市住宅小区业主委员会与物业公司签订的服务合同也是管理合同的一种具体形式。

管理合同在城市基础设施领域也取得了成功。如园林绿化项目中引入专业管理公司进行经营等。由于管理合同方式实现了更为有效的管理分工，因此它能提高城市基础设施的运行效率和服务效益。在社会资本投资参与程度方面，管理合同方式虽然比经营业绩协议有较大的提高，但仍然是社会资本参与程度较浅的一种方式。它适合于在一些可经营性程度不高的城市基础设施行业中使用，有利于提高城市基础设施运行效率。但对于可经营性较高的行业，管理合同方式并不合适。

3. 服务承包合同

服务承包合同是指政府出于提高效率、降低成本的目的，在一项较大的城市基础设施项目中，将部分或全部的建设、运营、服务通过订立合同的方式分包给社会资本去实施。这种方式有利于发挥专业机构的优势，节省投资，加快建设进度，提高管理水平。例如，住宅装修中房屋所有者与装饰公司签订装修服务合同，铁路运输和城市轨道交通中的机车维修保养，可以分包出去，在供水和污水处理方面，管道的维修、查表、收费等，都可以采用服务承包合同方式。

与管理合同方式相比，服务承包合同方式的社会资本参与程度得到提高。在服务承包合同中，政府承包给社会资本的往往是城市基础设施项目的部分职能，但社会资本在行使服务承包职能时，具有了完全的自主决策权。

服务承包合同适合于部分可经营性的城市基础设施项目，政府可以将基础设施项目的某项服务功能承包给社会资本负责经营。

4. 租赁

租赁是指社会资本投资商通过向政府或其授权机构支付一定费用，以获取某一城市基础设施在规定期限内的排他性的经营权。

在租赁方式中，政府或其授权机构承担城市基础设施投资和建设的责任，社会资本所有者在项目建成后向政府支付一定的租赁费用，以取得该城市基础设施的排他性经营权，并承担此后的经营责任。在租赁合同中，租赁方负责该项设施产品或服务的收费，其经营利润来自当期经营所得与经营费用之差，再扣除应交付给政府部门的租赁费。

租赁方式的主要特点是，城市基础设施项目的所有权与经营权完全分离，即在所有权归属政府不变的前提下，承租商通过支付约定的租赁费取得完全的经营权。它适合于可经营性较高的城市基础设施行业中应用。这种应用已较为广泛，如电信运营商租赁电信基础设施、城市停车场租赁经营、公交线路经营权租赁等。

5. 特许经营

特许经营是指政府(部门)通过特许权合同给予合同持有人一定期限内自主经营和管理某一企业或项目，并从其经营中获利的排他性权利。合同持有人一般需要对准予其经营的企业或项目给予融资上的安排。

特许经营合同的客体可以是已建成的城市基础设施项目，也可以是没有建设的城市基础设施项目，但这一城市基础设施项目具有较强的可经营性。其具体表现形式主要有 BOT、TOT、BOOT 等。

特许经营是一种社会资本参与程度较深的方式，它适合于在可经营性较高的城市基础设施行业中使用，而且这些项目通常具有长期稳定的现金流。如收费高速公路建设经营、自来水厂、污水处理厂建设经营等可采取特许经营方式。

三、城市基础设施建设融资模式

(一)项目融资——BOT 模式

项目融资是指项目发起人为了某一特定项目成立项目公司，并依赖于项目本身，将项目产生的现金流量形式的收益用于偿还项目贷款，并以项目资产作为贷款抵押的融资方式。

从项目融资的定义中可以看出，贷款人给项目提供的贷款是建立在以项目产生的现金流量和项目资产作为抵押的基础上，对项目发起人的其他资产无权进行追索。因此，贷款人只具有有限追索权，甚至无追索权，即仅对项目现金流量和项目资产具有追索权。在实际中，除非项目有异常明朗的获利前景，否则极少采用无追索权的项目融资方式，通常采用有限追索权的项目融资方式。有限追索权的项目融资方式是指项目发起人除了用项目的资产作抵押外，还要向项目贷款人提供信用增强支持，如建设完工担保、产品购买担保等。

1. 项目融资的优点

第一，有利于吸纳更多的社会资本。由于项目融资的资金来源多种多样，而且只要项目能够产生足够的现金流量，就能够比较容易地实现融资。此外，项目融资的融资限制较少，可以采用高负债的形式融入所需的资金，因此当政府授权机构作为项目的发起人时，能够从外部吸引更多的资金投入到城市基础设施项目之中。

第二，有利于项目发起人最大限度地规避风险。在项目融资方式中，项目发起人一般都专门为项目的建设和经营成立一家新的项目公司。项目发起人通常只按照国家对项目资本金的要求投入部分自有资产或资金，并将项目资产与自身的其他资产严格分开，项目的资金则以项目本身的现金流量为基础，以项目资产为抵押在货币市场融资。项目发起人承担的最高损失仅局限于项目发起人投入的资本金。因此，项目发起人通常的基本出发点是建立在有限追索权的基础上，为项目公司安排最大限度的负债，除非遇到不可抗力的外部因素(如自然灾害)的干扰，一般项目公司是能如期偿还项目融资借款的。

第三，有利于推广实施。首先，项目融资方对资本市场发育程度和政府行政管理能力的要求较低，适用性广泛且较易获得成功。其次，相对来说，可以实行项目融资的城市基础设施项目多为中、小型基础设施项目，所需的资金量不是很大，项目融资的结构也不是很复杂。

2. 项目融资的资金结构选择

项目融资的资金结构是指在项目融资过程中确定的项目资本金和债务资金的数量、相互间的比例关系及相应的来源。对于城市基础设施项目而言，资本金和债务资金的比例是资金结构选择首要考虑的问题。项目融入的资本数量越多、资金的成本越高，项目公司还本付息的压力就越大，但对投资主体来说，项目的风险则越小；反之，融入的资本数量越少、资金的成本越低，项目公司还本付息的压力就越小，但对投资主体来说项目的风险则越大。因此，在实际操作中，要根据项目现金流量预测选择资本金与债务资金的恰当比例。在城市基础设施项目融资中，具体选择何种融资方式或融资方式组合，主要依据各种资金来源的可获得性、融资回报率的比较以及资金使用的期限等因素综合作用来确定，经过系统的深入研究比较形成的项目融资的资金结构。

项目融资最典型的模式是 BOT 模式，其含义为建设—经营—转让，代表了一个完整的项目融资概念。BOT 模式的基本思路是：由项目所在城市，经授权的机构为项目的建设和经营提供一种特许权协议，作为项目融资、建设、经营和承担风险的约定，并在协议规定的期限内经营项目以获取商业利润，最后在协议结束时将该项目转让或无偿移交给相应的政府机构。BOT 模式主要包括以下几个组成部分：

第一，项目发起人。项目发起人是城市基础设施项目所在城市的政府、政府机构或政府指定的公司。项目发起人在法律上既不拥有项目，也不经营项目，而是通过给予项目某些特许经营权和给予项目一定数额的低息贷款或贷款担保作为项目建设、开发和融资安排的支持。

第二，项目公司。项目公司是 BOT 模式的主体。项目公司从项目所在城市的政府获得建设和经营项目特许权，负责组织项目的建设和生产经营，提供项目开发所必需的资本金和技术、安排融资、承担项目风险，并从项目投资和经营中获得利润。项目公司一般是为项目开发专门组织起来的，它的组成通常由在这一领域具有较强技术能力的经营公司和一些金融性投资者参加。

第三，项目贷款方。BOT 模式中的贷款银行组成较为复杂，除了由商业银行组成的贷款银团外，政府的出口信贷机构、世界银行、地区性开发银行，在 BOT 模式中通常也扮演重要角色。贷款的条件取决于项目本身的经济状况、项目公司的经营管理能力和资金状况，但是在很大程度上主要依赖于项目发起人和所在国政府为项目提供的支持和特许权协议的具体内容。

除了上述三方外，BOT 模式在许多情况下，通常由项目所在城市政府机构、担保受托人、保险公司、有关国际机构、律师、专家及评估咨询机构等参与，他们分别充当不同的角色，以共同促进 BOT 模式的实现。BOT 模式融资的基本结构通常是有限追索权的项目融资结构，贷款依靠项目现金流来偿还，项目风险由项目公司承担，项目发起人只承担类似“供货或付款”或“提货或付款”性质的承诺和一定数额的低息贷款或贷款担保责任。

为了适应不同的情况，BOT 模式衍生出许多变化形式，如 BOOT（build，own，operate，transfer），BLO（build，lease，operate），TOT（transfer，operate，transfer）等，广义的 BOT 概念包括这些衍生品种在内。

（二）资本市场融资——债券、ABS 以及股票市场融资模式

1. 债券融资

债券融资就是为城市基础设施项目的开发建设利用国际国内债券市场，通过设定的债券品种融通资金的一种融资方式，它可分为国内债券市场融资和国际债券市场融资两种模式。债券融资有以下两个优点：

第一，融资成本相对较低。具有现金流的城市基础设施项目，普遍存在收益稳定但收益率较低的特点，因此其融入的资金必须成本低廉。而利用发行债券融资相对于股权融资而言，具有融资成本较低的特点，即使相对于银行贷款，城市基础设施通过债券市场融资所付出的利息成本，也要低于银行同期贷款利率的水平。

第二，融资主体继续自主经营。由于城市基础设施的特殊性，政府是融资主体，对城市政府而言，利用债券市场融资不仅是一种市场化的低成本融资方式，而且不会使政府对城市基础设施的控制权造成稀释，融资主体能够继续自主经营。这样，利用发行债券进行融资无疑是一个既可获得所需资金又保持了政府控制权的好办法。

2. 资产支持证券化

资产支持证券化融资（Asset Backed Securitization，ABS），具体是指以目标项目所拥有的资产为基础，以该项目资产的未来收益作保证，通过在国际资本市场发行高档债券或国内资本市场发行债券等金融产品来筹集资金的一种证券融资方式。ABS 模式的目的在于通过其特有的提高信用等级的方式，使原本信用等级较低的项目可以进入高档证券市场，并利用该市场信用等级高、债券安全性和流动性高、债券利率低的特点，大幅度降低发行债券和筹集资金的成本。

ABS的适用领域主要看原始权益人有无能够产生稳定现金收入的资产。一般来说，凡有可预见收入支撑和持续现金流量的项目，如果加以适当的结构重组，均可以采用ABS方式进行融资。从实践情况来看，适宜采用ABS方式的资产主要有：房地产抵押贷款和租金收入；飞机租赁应收款和汽车贷款；信用卡应收款；出口收入和贸易应收款，航空和火车票销售款；电信等公用事业收益；收费公路桥梁和其他基础设施收益；等等。

3. 股票市场融资

通过股票市场融资是世界各国城市基础设施建设的一种重要融资方式。相对于其他融资方式而言，股票市场为企业筹资服务的能力是资本市场中最强大的。无论在发达国家还是发展中国家，这种融资方式都即将成为或正在被很好地用于城市基础设施建设服务，并在城市基础设施融资中发挥着至关重要的作用。

城市基础设施建设以股票市场融资可以说是融资发展的最高层次。这种融资方式之所以受到经济发达国家和发展中国家的普遍欢迎，得到广泛应用，是因为它具有以下几个其他融资方式所不具备的优越性：

第一，没有固定的利息负担。城市基础设施企业通过发行股票融资后，没有按期支付利息的义务。如果在一定经营期后企业没有盈余，并且认为不适合分配股利，就可以少支付或不支付股东股利。因而利用股票市场融资可以使企业的资金量保持相对稳定的状态，适合于城市基础设施建设需要资金量大、周期长的特点。

第二，所融资金不必偿还。城市基础设施企业通过发行股票融入的资金属于永久性资金，除非企业清算，否则不会撤出。而通过举债融入的资金，则无论借款期有多长，总是要到期偿还的。因此，通过股票市场融入的资金没有固定的到期日，也不用偿还，从而能够为城市基础设施企业永久使用。

第三，筹资风险最小。城市基础设施企业通过股票市场融资后，由于既不用偿付本金，也不用支付固定利息，不存在不能偿付的风险，因此筹资风险最小。所谓不用偿付本金，就是通过股票市场融入的资金，不像债务资金那样需要到期偿还，从而避免了企业可能面临的偿付风险和流动风险。所谓不用支付固定的利息，就是对通过股票市场融入的资金，公司可以根据自身的需要和实际，采用灵活的股利支付方式，从而避免了企业债务资金不论情况如何都必须按约定支付利息的弱点。此外，股票的发行将使城市基础设施企业的股东人数增加，这不仅为城市基础设施企业带来更多的可用资金，而且潜在的以资产损失为主的各种风险也可以有更多的股东分担，从而使企业面临的风险得到进一步分散。

第四，提升企业信誉。股东权益是构成企业所借入一切债务的基础。发行股票后的城市基础设施企业，因要对股东负责，并因为是上市公司，社会对其运行进行监督，城市基础设施企业按现代企业制度要求规范操作，因此其股东权益也将得到极大的提高，从而能够为债权人提供较大的损失保障，使企业的借债信用度上升。这一点在银行贷款和发行债券时最为突出，无论是银行还是债券投资者，都会将借债企业的信用等级视为贷款或投资的依据。

此外，由于企业通过股票市场融资不仅要符合监管部门和市场所规定的严格条件，还要公开披露信息，以便于得到各方的监督，这就为提升上市企业信誉创造了外部条件。

（三）投融资模式在城市基础设施项目的应用范围

城市基础设施的不同行业具有不同的经济属性，因此在不同的行业中，社会资本投资方式也不尽相同。一般而言，可经营性程度较低的城市基础设施行业适合采用社会资本介入较浅的方式，可经营性程度较高的行业适合采用社会资本介入较深的方式。城市基础设施行业的可经营性并不是一成不变的，因此社会资本介入方式也会出现相应的变化。

1. 城市供水

城市自来水行业可被简单地划分为制水和管网两部分。制水的可销售性指数很高，即具有很强的可经营性，其竞争的潜力也很高，未来可以视作普通商品对待。但由于自来水生产的投入较大、回收期较长，因而受到的外部因素影响较大。因此，对于经济落后地区，社会资本实力和参与意愿较弱，应主要采用管理合同和服务承包合同的方式。在经济欠发达地区，社会资本实力和参与意愿有了一定程度的提高，主要应采用租赁和特许经营等方式。在经济发达地区，社会资本实力和参与意愿均很高，应主要使用特许经营和私有化的方式进行参与。管网的可销售性不高，即可经营性不强。但自来水管网受到的外部因素影响处于不敏感水平，即受地域和经济差异的影响不是很大。因此，在经济落后和欠发达地区，社会资本应主要采用经营业绩协议和管理合同方式参与；在经济发达地区，应引入服务承包合同和租赁的方式，以进一步开发其竞争潜力。

2. 污水处理

污水处理的可销售性指数很高，有很强的可经营性。其竞争的潜力也很大，有条件在建设、经营上实行充分的市场化。但由于污水处理的投入较大、回收期较长，因而其受到的环境外部因素影响很高，不同经济状况地区的不同经济发展时期，社会资本参与方式有所不同。在经济落后地区，社会资本投资意愿很弱，应主要采用管理合同和服务承包合同的方式。在经济欠发达地区，社会资本实力和参与意愿有了一定程度的提高，主要应采取服务承包合同和租赁等方式。在经济发达地区，社会资本实力参与意愿均很强，应主要采用特许经营和私有化的方式进行参与。

3. 城市燃气

城市燃气可分为燃气制储和传输管网两部分。城市燃气管网的可销售性不高，其竞争的潜力也很低，但是受到的环境外部因素影响却很高。因此，在经济落后地区，应主要采用经营业绩协议和管理合同的方式。在经济欠发达地区，应主要采用管理合同和服务承包合同的方式。在经济发达地区，可考虑采用服务承包合同和租赁的方式，通过社会资本在管理权方面的参与提高效率和效益。城市燃气制储的可销售性较强，有条件在建设经营上实行市场化，在经济落后地区可尝试租赁和特许经营方式，在经济欠发达地区可实施租赁或特许经营的方式，在经济发达地区可探索特许经营和私有化模式。

4. 城市交通

城市交通行业可以简单地划分为公共交通和轨道交通两部分。

公共交通的可销售性指数很高，具有很强的可经营性。考虑到城市对交通的负载能力限制，其竞争的潜力并不是很高。由于社会资本介入公共交通的投入较大、回收期也较长，因而其受外部因素影响也较大，不同地区或同一地区的不同发展时期里社会资本参与方式差异较大。因此，在经济落后地区，社会资本应主要采用服务承包合同和租赁经营的方式进行投资参与；在经济欠发达地区，主要应采用租赁和特许经营等方式；在经济发达地区，应主要采用特许经营和私有化的方式进行投资参与。

城市轨道交通又可划分为轨道交通基础设施和运营服务两部分。通常轨道交通基础设施投资大，社会效益显著，对整个轨道交通项目来说，综合轨道建设和运营服务，投资回收普遍存在一定的困难，但轨道交通的运营服务部分具有较强的可销售性，即可经营性较强。因此，对于不同地域的城市和城市的不同经济发展阶段，对轨道交通项目的社会资本投资参与方式也不尽相同。对于轨道交通基础设施部分在经济落后和欠发达地区，社会资本采取服务承包和租赁方式参与较适合；在经济发达地区，社会资本采取租赁或特许经营方式参与较适合。轨道交通的运营部分随着经济发达程度的高低，其竞争性程度随之升降，通常可采用特许经营和私有化方式让社会资本投资参与。

5. 城市园林绿化

城市园林绿化行业可以简单地分为城市绿地和城市公园两部分。

城市绿地的建设和维护是城市政府的责任，应该通过政府资金予以解决。在城市绿地建设中几乎无法就项目本身设计出收费模式，因而其可销售性很差，基本不具备可经营性。同时，城市绿地的竞争现状和潜力均很低，受外部因素影响也很小。因此，对城市绿地可以通过在管理上引入社会资本投资参与，以达到减少政府工作压力和降低建设维护成本的目的，如可采用服务承包合同方式。

城市公园具有相当高的可销售性，同时潜在的竞争力和环境外部因素的影响也非常高。实践中，城市公园的建设和运营早已对社会资本实行了全面的开放政策，很多城市都出现了社会资本投资建设的公园项目，特别是主题公园建设，并且都取得了较好的经济效益和社会效益。鉴于城市公园的可经营性极强，且未来的竞争潜力仍较充足，对社会资本投资建设公园要给予更多的关注和政策优惠。现阶段，在经济落后和欠发达地区应以降低政府建设和管理成本为首要目的，采用租赁和特许经营方式实现社会资本的参与；在经济发达地区，则可采取私有化的方式鼓励社会资本在所有权方面进行广泛深入的参与。

6. 城市环境卫生

城市环境卫生行业可简单地划分为废弃物收集、清运和废弃物处理两部分。

城市废弃物收集和清运的可销售性很强，社会资本可以从管理权和所有权两方面进行全面的投资参与。考虑到废弃物收集和清运项目存在规模效应，未来的竞争潜力比较低，对废弃物的收集和清运收费只有在经济比较发达的地区才能顺利地实现，并且能够为服务提供者带来预期的收益，因而其受到的外部因素影响较大。因此，在经济落后和欠发达地区主要采用服务承包合同和租赁方式，在管理权方面引入社会资本参与，以达到政府降低建设和管理成本的目的；在经济发达地区采用特许经营和私有化的方式，全面引入社会资本参与，并形成合理的收费机制，以便社会效益和经济效益均得以均衡实现。

城市废弃物处理的可经营性很低，社会资本不宜深度介入。在不同地域和城市的不同发展阶段，采取的社会资本投资参与方式各不相同。在经济落后地区，宜采用经营业绩协议和管理合同方式让社会资本参与；在经济欠发达地区，可以采用管理合同和服务承包合同方式让社会资本投资参与；在经济发达地区，适宜于采用管理合同和服务承包合同方式吸纳社会资本投资。

参考文献：

[1]潘胜强，《城市基础设施建设投融资管理及其绩效评价》，湖南大学学位论文，2007。

[2]王佃利、张丽萍、高原，《现代市政学(第二版)》，中国人民大学出版社，2008。

[3]王琳、汤秀娟,《市政管理学》,北京理工大学出版社,2011。

[4]肖云,《城市基础设施投资与管理》,复旦大学出版社,2004。

[5]杨宏山,《城市管理学》,中国人民大学出版社,2013。

[6]张伟,《城市基础设施投融资研究》,高等教育出版社,2005。

[7]张跃庆、吴庆玲,《城市基础设施经营与管理》,经济科学出版社,2005。

[8]Buchanan,J. M. ,An economic theory of clubs,*Economica*,1965,32(125):1—14.

[9]Hansen,N. ,Unbalanced growth and regional development,*Economic Inquiry*,1965:4(1):3—14.

第八章　城市交通管理

第一节　城市交通管理概述

一、城市交通的内涵

(一)交通及城市交通的定义

交通是城市的命脉，是城市的基本功能之一。交通是指通过各种交通工具(火车、汽车、轮船、飞机等)，或者仅依靠人力而进行的客流、货流产生位移的交流运输，从广义上来说，还包括信息的传递。

交通大致可以分为四类:陆运交通、海运交通、空运交通、信息交通。陆运交通是指以陆地为运输载体的交通，是主要的运输渠道。海运交通是指行走在海洋上的交通工具的运输，由于海洋运输的成本很低，通常作为跨洋货物运输的主要渠道。空运交通是指在高空或低空进行运输的交通，由于速度优势，空中运输可以满足追求时间效率的客运和货运。

随着现代城市的产生与发展，城市的功能区划逐渐明显，形成了“居住区”“工作区”“商业与娱乐区”分离的城市构架。为了方便城市居民的工作与出行，城市交通的出现将各个功能区相互连接，形成了一个有机的动态的整体。因此，城市交通可以定义成为了满足城市居民从事工作、生活、商业和娱乐活动而产生的客流和货流位移的一种交通运输活动。

广义上来说，城市交通包括城市之间交通和城市内部交通，城市间交通是指连接城市与城市之间的交通运输，城市内部交通是连接城市内部之间的交通。城区范围内的交通，是城市各种用地之间人和物的流动。城市交通是一个独具特色、由多种类型交通组合而成的交通系统。这些流动都是以一定的城市用地为出发点，以一定的城市用地为终点，经过一定的城市用地而进行的。城市交通系统是城市社会经济系统的一个子系统。现代城市交通系统已经发育为一种立体化、综合化的系统。

（二）城市交通的构成

城市交通系统主要由三部分构成：(1)城市交通基础设施系统，包括城市道路、桥梁、轨道系统等；(2)城市客货运输系统，包括公共汽车、电车、出租汽车、地铁(轻轨)、轮渡等公共客运系统，人力三轮车、自行车、摩托车、私人汽车等个体客运系统，以及城市内部的货物运输系统；(3)城市交通控制系统，包括交通标志，信号系统，交通信息采集、传输、控制等交通管制系统。

从城市交通的组成来看，城市交通的出行主体是人，载体是道路，使用的交通运输工具是机动车、轨道列车、自行车等。其中，人是城市交通中最为复杂的组成部分，人在出行中的行为表现有步行、乘坐公共交通、驾驶车辆和交通管理者。人的交通行为出行需求受到外界环境因素的驱动，引导生物体产生运动或者是支配机械产生运动。交通管理者通过制定各种规章和交通规划对这种运动进行管理和诱导。出行需求是人受到外界环境刺激和生理或心理需求共同作用的结果，外界环境产生的诱因会引起人产生各种生理或心理的需求，当需求强度增加到一定程度时就会转化为出行行为。

道路是城市交通运输的基础设施，也可以理解为任何一种交通工具行驶路线的总和，城市道路可以被划分为主干路、快速路、次干路和支路。主干路是连接城市各主要部分的干路交通，是城市交通的大动脉，以交通功能为主，联系工业区、居民区、客运站、货运站等，与快速路共同构成城市交通的骨架结构。快速路是指汽车交通快速通行、为流畅地处理城市大量交通而建筑的道路，通常与主干道呈立体交叉，与支路呈平面交叉，是连接城市不同区域的主要方式，也是与高速道路的联系通道。次干路是为了辅助主干路而联系城市各部分和集散交通的一般性交通道路，兼具服务功能。支路是以服务功能为主的次干路与居住区的联络线，为地区交通服务，也起到集散交通的作用。城市主干路、快速路、次干路和支路共同构成了城市道路交通网络。

交通运输工具是城市居民出行过程总使用的一种机械工具，是随着社会经济发展而逐渐衍生变化的。现代城市交通工具包括机动车和非机动车，主要提供客运和货运服务，其中机动车包括公共交通车辆、出租汽车、地铁(轻轨)列车以及私人汽车。非机动车包括自行车。公共交通车辆是按照固定线路行驶，沿线设置站点，定时往返并收取固定费用的一种交通工具，也是现代城市提倡居民出行的主要方式。出租汽车是一种具有辅助作用的公共交通工具，可以补充固定站点无法到达的服务。地铁(轻轨)列车是为了满足大量城市居民出行而发展的一种交通工具，也是现代城市交通大力发展的网线交通工具，具有运量大、速度快和运输效率高等特点。私人汽车是城市居民在生活水平提高以后为提升自己的出行效率而产生的一种交通工具，也是造成城市交通拥堵的主要原因。

交通对城市拓展、经济增长和社会进步起到了决定性的作用。快速、便捷、舒适、高效的城市交通系统，是增强城市综合竞争力的重要因素，也是提高广大市民生活质量的迫切需要，还是城市管理者追求的目标。然而，近年来，随着城市建设步伐加快、机动车拥有量的迅猛增长，“行车难、停车难”已成为许多大、中城市的一种通病，交通问题已逐渐成为阻碍、制约城市社会经济发展的负面因素，成为城市管理的热点和难点。

二、城市交通的影响因素与存在的问题

（一）城市交通的主要影响因素

城市交通是一个复杂的系统，是城市社会经济和物质结构的基本组成部分。它把分散在城市各处的城市生产、生活活动连接起来，在组织生产、安排生活、提高城市客货流的有效运转及促进城市经济发展方面起着十分重要的作用。影响城市交通的因素主要有以下几个方面：

第一，城市规模对城市交通的影响。城市规模决定了交通需求总量，当需求超过供给时，就会产生交通拥挤。纵观城市发展历史，中小城市交通不拥挤，交通拥挤不畅者多为大城市。大城市中常住人口和流动人口众多，居民上下班和学生上下学是城市出行的主体，同时，流动人口对交通的需求是常住人口的3倍左右，所以大城市对交通的需求很大，而供给常常不足，就会出现交通拥挤问题。

第二，城市形态对城市交通的影响。城市形态是指城市空间结构，如中心组团、分散组团、条形、串形等城市形态。影响城市空间结构的四个基本要素中，地理特征是自然要素，非人力所能改变；建设控制、相对可达性、动态作用均与城市交通有直接的关联性。大城市不宜采用中心组团形态，宜采用分散组团形式，且各组团要有明确的定位，要有相当的规模，要有充足的就业岗位。过去曾有建卫星城的教训，卫星城规模比较小，不能分担母城的部分功能，加上设施、教育等配套建设跟不上，卫星城没起到应有的分流作用。

第三，土地利用对城市交通的影响。在城市的发展中，土地的使用性质和土地开发强度决定了出行生成与出行吸引，决定了交通需求空间分布特征，决定了路网布局与交通系统的发展方向。土地使用性质确定后，就基本确定了出行生成量。因此，在划分土地使用功能时，应考虑居民就近上班的可能性，也就是说，

居住用地应当遍布于各种功能用地之中，而不是独立于各种功能用地之外。这种布局不仅减小了客运工作量，而且方便、效率高。

第四，人口密度对城市交通的影响。城市人口总量决定城市规模，决定交通总需求。城市各个组团、各个分区的人口应与其用地规模相匹配。建设部规定，每平方千米用地分布1万人。同时，随着经济的发展，生活水平的提高，居民平均出行次数将增加，流动人口的交通需求很大，应充分考虑这一问题。另一方面，人口密度高，出行需求量必然增大，有一定数量的人居住，就有相应数量的出行，就要求有大体相等的交通供给。所以，欲缓解高密度地区的交通，疏散人口应是首选的根本措施。

（二）城市交通面临的问题

城市交通的发展往往很难赶上城市扩张带来的对交通发展的实际需求，最终导致城市交通问题不可避免地产生。城市交通的普遍性问题主要表现在以下三个方面：

第一，城市道路负荷重，交通拥堵严重。一些世界性的大城市（如北京、上海、首尔、东京等）的中心区域，在上下班高峰时间大部分路口都处于饱和或超饱和状态。交通拥堵给城市带来了巨大的经济损失。在交通拥堵的压力下，城市拼命扩张版图，进一步恶化了土地的供求关系。

第二，人车关系紧张。交通工具不足、运输能力不够导致了乘车难的问题。出租车和私人轿车的增加，对缓解市民乘车难的问题没有太大的意义。因为，这些小型车辆整体承载容量有限，反倒占用了过多的道路空间。

第三，加剧城市的环境污染。交通工具的迅速增加加剧了城市的环境污染。城市交通带来的环境污染主要体现在大气污染和噪声污染两个方面。机动车已成为一氧化碳、二氧化硫、氮氧化合物、碳氢化合物等污染物的主要排放源。能否有效控制交通工具这个污染源，成为能否有效控制整个城市环境污染的关键环节。

（三）城市交通的可持续发展

在认识到城市交通对城市经济社会发展和生态环境造成的巨大负面影响的同时，考虑到能源的限制和土地资源的有限性，西方发达国家城市规划师和交通工程师提出了城市交通的可持续发展理念。

可持续发展是一种综合的发展，它的核心在于尽快发展经济以满足人类日益增长的基本需要，但经济发展又不能超出资源环境的承载力。因此，人们在发展经济的同时，应关注生态环境的保护和社会资源的有效配置。可持续发展涉及经济、社会和环境三个方面，是经济可持续发展、生态可持续发展和社会可持续发展的协调统一。

城市交通系统可持续发展（sustainable development of urban traffic system）的含义是交通系统、社会系统、经济系统和环境系统的协调发展，即交通—社会—经济—环境构成的复合系统的多维协调发展。经济可持续发展是交通可持续发展的资金条件，资源是交通可持续发展的物质条件，环境和社会是交通可持续发展的基础和约束条件。

城市交通可持续发展的目标是实现城市交通与社会、经济、资源环境的协调发展。在满足城市社会经济发展对交通需求的同时，重视城市生态环境保护和资源合理利用，符合城市的社会—经济—生态复合系统长期可持续发展的整体需求，并要求现阶段的发展不能损害未来的城市交通发展能力。

城市交通可持续发展的内涵可以概括为以下三点：

第一，满足社会日益增长的交通需求。城市交通系统可持续发展的根本目的不是自身的发展，而是保证社会经济的可持续发展，满足人们对交通活动数量上和质量上的需求，提高人们交通活动的效率。

第二，提高环境资源的效率。资源环境体系的基本承载力是决定城市社会经济活动规模与范围的基础。城市交通发展受到承载力水平的制约，对环境资源的索取一旦超过了允许阈值，便会受到自然的惩罚。通过改善交通结构、改进交通工具和有效的交通管理措施提高交通系统的效率，降低单位交通量的资源消耗量，提高城市交通的环境承载力。

第三，环境保护。交通工具的污染物排放和噪声污染是城市交通系统环境影响的两大方面，城市交通系统可持续发展要求注重环境保护，减少对环境造成的负面影响。

三、城市交通管理的内容与原则

（一）城市交通管理的定义

城市交通管理是指城市政府为保障交通基础设施为城市经济和市民生活提供良好的服务，综合利用各种手段，科学合理地组织城市中人与物运输的活动。

城市交通是多因素（个体）的动态的复杂系统，由多个主体形成，包括用地、人、车辆和道路等四个方面。主体与外界环境进行对话和相互作用时，主体（子系统）之间也在进行着不同程度的信息、物质、能量的交流。其中，用地和人是对城市交通的决定性因素，车和道路是对城市交通起影响性作用的因素。

城市交通管理系统是一个复杂的适应系统，也是一个动态演进的过程，城市交通管理要朝着科学化、规范化、法制化方向不断发展。

（二）城市交通管理的主要内容

解决城市交通问题的根本途径有：一是要合理安排与调整城市用地布局（功能分区），逐步形成合理的路网结构，处理好城市交通与对外交通枢纽点的衔接；二是采取合理的城市交通政策，提高城市交通管理水平。也就是说，在一定的路网结构下，城市交通管理在解决城市交通问题中扮演着重要角色。

在城市的发展中，城市交通管理在促进与改善居住、娱乐与工作条件，生产者和消费者之间重要联系方面起着关键性作用。如果没有城市交通管理，城市交通基础设施在城市生产、流通、消费过程中所承担的连接纽带功能就无法有效发挥。

城市交通管理是一项非常复杂的系统工程，涉及社会经济发展、人民生活等诸多方面。管理的本质特征不仅有其技术的内涵，而其在实施的过程中更赋予了其政府行为的属性。因此，城市交通管理不仅仅是一个技术问题，更是在一定的宏观和微观政策框架下，与城市社会、经济和国家产业政策等发展密切相关的综合性问题。

城市交通管理应考虑到社会的各种因素，尽可能采取合理的管理策略和措施。城市交通管理内容可以分为交通系统管理和交通需求管理两个方面。

交通系统管理（traffic system management）是对交通流的管理，是指交通管理部门通过对交通流的管制及合理引导，使交通流在道路网络上重新分布，均匀交通负荷，提高道路网络系统的运输效率，从技术上缓解交通压力，是一种技术性管理。

交通需求管理（traffic demand management）是对交通源的管理，是指政府从宏观的角度利用行政手段干预城市交通的发展规划，影响城市交通结构，通过削减不必要的交通需求，减少道路交通流量，从根源上缓解交通紧张局面，是一种政策性管理。

（三）城市交通管理的基本原则

1. 交通分离原则

不同的交通工具有不同的运行速度和不同的配套设施，有必要在一定程度上进行分离，使同一交通工具在同一车道或车道内同一区域内通行，以便加快交通速度，防止不同速度的交通工具互相干扰。实行交通分离通常采取划线分离、设置隔离墩、修建立体交叉和专用道路以及采取交通信号控制等措施，在空间和时间上分离道路上的交通。交通分离可分为以下三种方式：

(1)混合交通。这是较低级的分离方式。机动车、自行车、行人等同在一个车道内通行，一般机动车在中间，行人在最右侧通行，非机动车在靠右侧。

(2)并列交通(或称分道交通)。并列交通是指各种交通形态占有同一通行带的特定部分，根据置右原则，中间走机动车，两边走自行车，两侧走行人。分道交通进一步又可分为两种：①物理隔离物方法，人为设置隔离物，使车辆和行人相互分离；②法律分离方法，依法律规定，在道路上设置分离标志，如中心线的两条黄线或反光道钉等。

(3)分离交通。这是交通分离的最高形式。不同的交通工具有不同的运行车道，一般由机动车专用道、自行车专用道和行人专用道组成，每条专用道不互通，交叉时采取立体结构形式。另一种形式是实行车辆分离，将不同的车种、不同方向和不同车速的车辆进行分离。

2. 交通流量均分原则

不同时间和空间内的交通流量是不同的，如果不对交通流量的分布进行调节，就会形成在某个区域内或某个时间段的流量过分集中，超出道路的负荷能力，造成交通拥挤。交通流量均分可以分为两种方式。

(1)时间性交通流量均分。城市交通最为拥挤的时间大多为上下班时间，因此，可以对上下班时间进行调整，采取灵活的时间规定。

(2)空间性交通流量均分。空间性交通流量分布状况的好坏，一方面取决于城市道路的规划建设是否合理，具体措施是在规划建设中安排好干道、支道和环城路、高架、地面、地下等道路的关系，使交通流量有分流空间；另一方面取决于均分流量的管理措施是否得当，具体措施是在狭窄和繁忙的地段采取单向交通，在拥挤的道路上禁止某种或某几种车辆通过，用可变交通标志引导交通等。

3. 交通连续原则

交通连续原则指的是在交通过程中，时间、空间、运行管理上和交通参与者自身精神的连续。交通连续措施包括交通工具的连续、交通组织的连续、交通设施的连续等，这些措施都是为了保障交通运行的连续性。只有这样，才能使运输工具和交通参与者占用道路面积和时间减少，加快交通流量。

4. 交通总量削减原则

交通总量是制定交通政策的主要依据，指的是所有交通参与者与其旅行时间(或旅行距离)的乘积。交通总量包括机动车交通量、非机动车交通量以及行人交通量等。使交通总量达到最小的办法是尽量减少交通参与者的数量或将交通参与者的旅行时间缩短，当然，最好是两者同时减少。

5. 优先权原则

广义上的优先权是指对有利于城市交通状况好转的交通方式在政策上优先扶持，在规划建设上优先考虑，在对道路交通资源的使用上优先。狭义上的优先权仅指对有利于城市交通状况好转的交通方式在对道路交通资源的使用上优先。

第二节　交通拥堵原因与治理理论

一、城市交通拥堵

（一）城市交通拥堵的含义

城市交通拥堵通常具有时空特性，一般发生在一个相对时间和相对空间范围内，是在交通运输过程中阻塞城市交通正常运行的表象形式，这种表象说明了城市道路资源没有得到合理的利用。

从交通流角度定义。交通流主要包括人流和车流，其中人流是出行者以步行为主或以非机动车为主的交通流，通常是在道路上划有专门人行通道。交通拥堵的重点是指以机动车为主的交通流，描述交通流的参数包括交通量、速度、交通密度、排队长度、车距等。交通拥堵就是随着交通密度的持续增加，车辆的行驶速度就会降低，由此就产生了时间上的延误。

从出行者角度定义。城市居民在交通出行过程中对一次出行时间或交通运行中断状态的次数和时间有一定的心理预估，当实际情况超出这一预期，即是发生了交通拥堵。

从经济学角度定义。从经济意义上来说，交通拥堵是由于交通供给和需求之间的矛盾产生的。交通需求是伴随着社会经济活动所派生出来的，由城市的社会、经济、政治、交通文化、出行所需时间、方便性、安全性等多个因素构成，可以按照不同的连接点、不同的交通方式或不同时间研究。交通供给是由社会经济发展水平、城市形态、土地利用方式、产业结构布局带来的交通设施建设所提供的交通通行能力，还涉及所消耗资源、城市规划、区域规划等因素。

（二）城市交通拥堵的特征

城市道路是一种特殊的公共物品，它既具有一般公共物品的共享性，又具有某时间点唯一性和空间点的独占性。一般的公共物品是一个人享用并不影响其他人使用，比如路灯、阅报栏等。城市道路具有一般公共物品的特性，高架桥修好了，所有的汽车都可以通行，但一条车道在一辆车使用时其他车辆则不能使用，城市道路的使用在某个时间地点上都是独占的。因此，城市交通拥堵的发生具有时空变化特征，在时间、空间、类型上具有其独特属性。

1. 时间特征

第一，集中性。城市居民出行的主要目的是工作和学习，因此在工作期间呈现出行早晚高峰期的拥堵，在一段时间内交通流瞬间持续增大。根据交通调查统计规律，工作日上午 7:00—9:00 以及下午 17:00—19:00 均是出行量的最高峰，引发全城常发性交通拥堵蔓延。尤其随着现代城市化进程的发展，进城方向和出城方向重度拥堵明显出现在周一早高峰和周五晚高峰。

第二，规律性。城市交通拥堵根据市民的出行习惯会产生一个周期。一般情况下，早上班高峰和晚下班高峰期，城市交通拥堵会依次发生，并且周而复始，呈现一定的规律。

第三，持续性。城市交通拥堵不是一瞬间的事情，它往往会持续一段时间，具有连续性的特征。城市道路是公共用地，由于大家都想尽快地免费地占用，因此最终消耗的是公共用地的时间资源。比如，一千米的城市车道，堵车抢占现象严重，车辆花上一个小时也未能通行。

2. 空间特征

城市交通拥堵空间性体现在如下两方面：

第一，集中性。拥堵发生的地点往往集中于中心城区的各个主干道和繁华路段，从交警部门的监测中可以明显看出主干道堵车的频率最高。

第二，排他性。私家车占地面积大，每一辆私家车堵在路上时的占地空间都不允许其他车辆再同时进入此空间。城市道路的数量是有限的，过多的私家车发生交通拥堵就意味着公共空间资源在极大地浪费。城市道路作为公共产品，每个人都想优先享用，如某一时段每个人都想优先使用某一段城市道路，那么往往每一个人都无法高效使用这一段道路，空间资源、时间资源都在这种占用中被无形消耗掉了。

3. 类型特征

根据交通拥堵的产生原因，可被分为常发性交通拥堵和偶发性交通拥堵。常发性交通拥堵是周期性拥堵，在时空上具有规律性和可预测性，是由于交通流量的突然增大超过正常容量而引起。偶发性交通拥堵是突发性的，在时空上没有规律，且很难预测，一般是由于特殊事件(交通事故、大型活动、恶劣天气等)交通通行能力减少而引起。

二、交通拥堵产生的原因

交通拥堵已成为全世界大中型城市共同面临的问题,其在交通系统中严重影响了道路交通网的通行能力,形成网络阻塞点。造成交通拥堵的原因包括以下几个方面:

(一)城市化和机动化水平提高

随着城市社会经济高速增长,城市化水平也迅速提高,人口向大城市集聚,城市的产业结构调整,功能区划明显,居民的经济、文化生活更加频繁,使城市交通总量增长速度高于城市交通建设速度;城市郊区过度开发,引发居民出行次数增加和出行距离增大;居民收入水平提高,对出行舒适性和快捷性要求也逐渐提高,城市机动车在交通工具中的份额高速增长,私人汽车有逐渐取代自行车的趋势。城市化和机动化的联动效应使城市拥堵范围从中心区向郊区迅速蔓延

(二)政府管理落后

城市道路使用的唯一性决定了政府对作为公共物品的道路使用、占用、收费安排、分配上的作用影响着城市交通的堵塞程度。例如,车道划分不合理,左拐车道少,红绿灯间隔时间短且不能根据车流量及时调整,路口监控设施数量不足等。交警和道路协管人员数量和素质也是影响交通疏导的重要条件,提高选拔门滥,加强业务能力培养是政府对管理人员进行有效管理的发展方向。

(三)公共交通发展滞后

公共交通网络不发达,市民不愿意放弃开车而改乘公共汽车,过多的私家车进入城市使道路的通过率下降,是造成城市交通拥堵的原因之一。城市公共交通超载现象严重、服务质量不高,也是公众不愿选择公交出行的原因之一。公共交通发展滞后主要体现为:公共汽车数量不足,发车班次少,间隔时间长,上下班高峰期到站时间不准确,承载量不足,换乘不方便等。

(四)城市规划不合理

大多数城市规划的功能布局通常是市中心最强,环形分级,四周辐射,梯次减弱。功能过于集中化的规划建设理念,无形之中加大了出行者集中使用道路的需求,明显增加了城市交通的压力,很容易造成交通拥堵。从道路的规划上来说,城市的路网应该分成很多等级,每种等级应该有严格的建设要求规划,至少预算未来 10—15 年的通行状态,而现在很多城市都没有做到这一点。当城市道路承载不了交通流量时,总是再次拓宽改造,一挖再挖,这就加重了交通拥堵的

产生。国内很多城市还是缺乏规划预见性，缺乏未来几年时间怎样随时保证主动脉的畅通状态（包括它的建设力度、管理力度等）的详细规划。城市道路结构的层次不分明，导致城市次干道不能充分发挥疏导作用，也是容易造成城市交通拥堵的原因之一。

三、城市交通拥堵治理相关理论

（一）公交优先理论

公交优先理论是指在城市发展和规划中，政府部门把公共交通的建设和管理放在优先的位置上考虑，给予政策、资金、技术等方面的扶持，使公共交通能以畅通的道路、良好的车况、纵横密集的线网站点，为公众出行提供更好更优质的服务。

倡导公交优先是为了合理利用城市交通资源，组织城市交通的合理运行所采取的一种组织方式，最终目的就是要积极引导市民选择公交出行。对于城市交通来说，道路资源非常紧张，一辆公共汽车的载客量相当于几十辆轿车和自行车，其道路资源的利用率很高。

一般认为公交优先的内涵包括以下三个方面：(1)政府部门在综合交通政策上明确公交优先发展的地位，并在政策资金上给予大力支持；(2)在城市路网规划建设上，确立公交优先发展的地位；(3)在城市道路资源的使用与管理上，确立公交优先的权利。

保障公交优先权利的实现，首先要公共交通设施用地安排优先。要按照公共交通优先发展的总体目标，在城市用地配置上优先安排公共交通设施用地，并按行政划拨的方式供地。其次，公交的道路使用权利优先。公共交通的道路优先使用权是指通过道路设施的建设和管理手段的改进，从空间上和时间上在城市道路系统中给予城市公共交通系统以优先通行的权利。最后，交通管制措施制定要体现公交优先。交通管制体现公交优先的原则，要“限私放公”，对私家车要限制。

城市走可持续发展之路，发展以城市公交为主的城市交通体系，将是解决城市交通压力的有效手段和基本途径。

（二）多中心治理理论

多中心治理理论是在公共管理研究领域出现的一种新的理论。多中心治理城市交通强调以保障有效的交通出行为目的，允许多个服务中心并存，运用多种治理方式管理城市交通，通过竞争和协作给予公民更多的出行选择权和更好的交通服务，极大地提高政府决策的科学性。

多中心治理理论是将多种社会科学方法有机融入公共事务治理问题的分析中，将宏观现象与微观基础连接起来，强调公民参与政府治理的重要性。首先，要求政府部门按照公众导向转变自身的任务和角色，与市民进行有效的互动，改善公共服务模式，提升公共服务能力，增强政府决策的灵活性。其次，要求公共产品的多个生产者、公共服务的多个处理主体，从单一部门的垄断机制上建立竞争机制，通过各个主体的激烈竞争，迫使生产者自我约束、降低成本和提高质量。例如，城市公交实际上不一定全部由政府包揽，公共交通和私人交通一样可以由个体经营。

在许多发达国家，众多小公司参与经营一些公共汽车运营线路。它们进入市场竞争，虽然收费略微高些，但设备舒适、运行安全、服务周到、到站准时，既方便市民出行，又为公交系统增加了竞争的压力，提高了城市整体公交效率和水平。显然，有必要适当允许在公交系统上引入竞争机制，允许部分符合条件的私人参与到城市公共交通运行上来，也就是要走多元化的路子才能从根本上解决城市居民的出行难问题。

（三）跨部门协作理论

跨部门协作治理城市交通拥堵就是应对公共价值、激励出行者、应对城市交通拥堵变化、建立跨区域城市交通网络等合作中的难题，打造多元化的协作治理城市交通的新体系。政府应该积极与其他部门沟通协调，综合治理城市交通拥堵。例如，牵头规划部门对城市交通网进行规划，协同交警部门通过增加监测设备、红绿灯引导设备、地线圈感应设备等疏通交通拥堵，协同相关部门完善相关法律及宣传教育等措施，有效缓解城市交通拥堵现象。

第三节　城市交通需求管理

一、城市交通需求管理特点

（一）城市交通需求的含义

交通需求管理就是在满足资源和环境容量限制的条件下，根据交通出行产生的内在动力，出行过程中所表现出来的时空消耗特性，通过各种政策、法令、现代化信息设备、合理开发土地使用等，对交通需求进行管理、控制、限制或诱导，减少出行的发生，降低出行过程中的时空消耗，从而达到供需相对平衡，保证城市交通系统的可持续发展。

交通需求管理,一方面是对道路设施运行的有效管理,旨在最大限度地发挥其全部潜在效能;另一方面是对道路交通产生吸引源的控制和调节,目的在于尽可能削减非必需的需求反映在道路上的无效负荷,并对必需的需求道路负荷给予合理的组织与引导,使之在时间与空间上尽可能均衡地分布于道路系统上。

交通需求管理的目标,宏观上讲,是通过一系列的交通管理措施,在当前土地及能源、资源和环境容量有限的条件下,使交通需求与供给达到平衡,促进城市的可持续发展。微观上讲,便是通过一系列的政策导向措施,促进交通参与者的选择行为的变更,减少机动车出行量,提高交通工具的利用率,最终削减道路流量,减轻或消除交通拥挤。

(二)交通需求的影响因素

第一,社会经济发展水平。居民出行需求的满足依赖于交通供给水平。以快速大容量的轨道交通为例,它是未来城市交通建设的主体,是居民出行的理想选择。然而,地铁的建设常常要花费巨额的资金,没有一定的经济支持是难以完成的。因此,经济发展水平制约着交通供给设施的建设。同时,社会经济发展水平的高低也影响着交通需求的各个方面,人们生活水平的高低不同,城市居民的探亲、访友、休养、旅游次数和出行总量也不同,对交通的需求也不同。

第二,城市土地利用布局。城市土地利用布局决定了城市交通出行需求的基本特征。城市土地利用分析包括城市建设用地分析、人口分布分析、就业岗位分布分析、人口与就业分布平衡分析四部分内容。用地、人口、就业三者间的内在关系及三者内容结构的发展演变趋势决定了人口在区域间的流入及流出。

第三,交通服务方式及服务水平。人们出行需求呈现出多样化趋势。从出行方式选择来看,出行次数、目的、距离的不同,人们对交通方式的选择偏好也不同;从出行质量的要求来看,迅速、安全、便捷、舒适等都是人们的考虑因素。

第四,交通服务方式的使用成本。人们总是希望花费尽可能少的钱获得最大的收益,因此公共运输系统的票价及个人交通工具的使用成本也影响着人们的出行需求。

第五,其他。诸如气候与天气条件、地形条件、交通管制等也是影响交通需求的重要因素,是我们分析交通需求的先决条件。

(三)交通需求管理的主要内容

交通需求管理的内容主要包括通过实施时差出勤等对策,在时间上分散交通需求;通过向驾驶员提供道路交通情报和拥挤、事故状况,促使交通需求在空间上分散化；通过提高公共交通的服务水平，促进人们利用大运量、快速的公共交通；实施各种综合对策，促进小汽车的有效利用对策以及通过城市规划、交通规划等对交通发生源进行调整。

交通需求管理措施多种多样，主要以土地利用规划，城市交通管理和居民出行行为调整为主。其各项措施对居民出行的影响和内容如表 8—1 所示。

表 8—1　　交通需求管理措施分类

行为影响	项目	具体措施
发生源调整	减少出行行为 限制机动车流入	在家办公、远程办公 道路收费、环境税等
出行时间变更	变更通勤时间 变更勤务时间	错峰山下班/上下学 弹性上班制
出行路径变更	通讯导航 交通诱导	交通管制 停车诱导系统等
出行方式变更	公交优先 多种出行方式组合	停车换乘 公交专用线、公交优先方案等
机动车高效利用	提高机动车利用效率 限制机动车使用	合乘、物流系统优化 单双号限行、公车私用限制等

资料来源：根据刘婧论文(2008)整理。

交通需求管理的措施和内容多种多样，根据不同的实施区域和交通状况灵活多变。需要指出的是，需求管理的措施与人们出行行为的影响并非为表 8—1 中单一的对应关系。各项措施的交互作用将影响居民整体的出行决策，如以出行时间变更为目的的错峰上下班也将会引起人们出行方式的变化。

二、城市交通需求与供给特征

(一)城市交通需求的特征

交通需求管理政策是根据交通出行的内在动力，对个体出行进行管理、控制、限制和诱导，因此，要正确制定和实施有效的需求管理措施，首先要把握交通需求的内在特征。

1. 基本需求与派生需求

在城市交通中，人的出行及各类物资的流动是最原始的、无法回避的，是城市不可或缺的一种功能需求，称之为城市交通的"基本需求"。在一般情况下，从保障城市正常功能的角度考虑，对交通基本需求应给予满足，否则，一旦这种需求受到过分抑制，就意味着城市功能受损。而由汽车、地铁、自行车等各种交通运输工具所承接的客运量及货运需求，以及由道路、地铁线路及铁路等运输系统载体所承担的交通负荷，虽然其产生是由基本需求所决定的，但其强度及时空分布又不完全决定于基本需求，故称之为“派生需求”。

基本需求的产生主要源于城市的社会政治、文化、经济以及人的日常生活需要。研究城市交通的“基本需求”是为了从需求的本质属性及其变化规律上更好地认识它，以便制订有效的需求管理对策，切实发挥交通需求管理的作用。基本需求总量及时空分布强度，即不同时间、不同地域的需求大小（单位时间和单位土地面积的出行生成吸引量），是受城市规模、形态、地理环境、社会经济发展水平以及城市土地使用布局等诸多因素制约的。只有上述这些因素的改变才会导致基本需求的改变，因此，基本需求具有较大的刚性。

派生需求源自基本需求，中间加入了运输方式选择、运输组织以及交通管理等若干环节，而每一个环节都会直接影响那些最终反映在运输系统和运输载体网络系统上的负荷量大小及分布状况。因此，派生需求具有较大的弹性。正是由于派生需求存在的这种弹性，才为需求管理提供了可能性。

城市交通基本需求受城市发展规模、形态、布局社会经济等诸项因素的变化发展产生反作用力的影响。中心区过分集中的出行需求无疑会抑制土地高强度持续性开发，抑制就业岗位进一步增加。郊区低密度的出行需求分布状况以及较少的基础设施投入就可以取得良好的交通环境，自然会刺激人口与就业岗位向郊区转移。一旦出现交通需求过快增长的势头，以致超出交通设施供力的增长速度，城市的社会经济发展就会受到抑制。在这种情况下，如同其他资源需求（水、能源等）的制约作用一样，必然会迫使城市产业结构与布局作积极的调整，达到与资源条件相适应前提下的社会经济正常发展，派生交通需求的能动反作用可能更为明显。例如，客货运量的过度增长必然会引起运输方式与运输组织的变革。道路交通负荷的过度增长不仅会引起道路交通组织与管理方式的调整，甚至还会进一步引发运输方式与运输组织的改变。

基本需求对派生需求存在制约关系，派生需求对基本需求又存在反作用。道路交通负荷过度增长或过分集中的分布反过来必然会抑制出行及货物的流动，最直接的影响就是对非基本出行的抑制——如购物、休闲等；反之，道路负荷水平的下降则会刺激出行，最敏感的也是非基本出行。各种客货运输方式的需求变化同样也会影响交通的基本需求。这种反作用关系有时可能更为复杂一些，如公交客运量的增长可能导致公交服务水平的下降，由此可能又导致小汽车（或自行车）出行的增加，尔后可能会使道路交通状况恶化，进而对出行与货物流动的抑制(总量上的抑制或时空分布的抑制)作用便产生了。

2. 时空不均匀性

城市区域土地使用强度的差异决定了交通需求空间分布不均特性。城市中心区域土地利用强度高,交通需求很大,交通拥挤现象就相对严重;而另外一些土地利用相对较弱的地区,路段的交通需求较小,交通就比较顺畅。每个交通个体都拥有自己的发生源和吸引源,个体出行的空间集聚便形成交通需求。因地理位置、人口数量及土地开发强度的不同,任意两个发生源、吸引源之间的交通联系强度也是不一样的。

现代城市商业、服务业等大多数集中在中心城区,而居住区则多分布在中心城区的外围。因此,城市交通需求的空间分布还呈现出"向心"特性和"潮汐"现象,这些"向心"特性和"潮汐"现象就是交通需求结构特性的典型例子。

时间、季节的变化对交通需求也有着深远的影响。举例来说,在上下班高峰时段需求量迅速增加,而低峰时段需求量则快速回落。如果在高峰时段交通需求得到了满足,那么在低峰期,必然会导致一些运输能力和设备闲置;高峰时期投入的运能越多,低峰时期闲置的运能也就越多。因此,如何合理地调控交通需求,合理配置交通运输能力是当今交通行业研究的重要课题。同样,白天、夜晚、节假日、周末、工作日以及产品、市场销售的不同时期,也会影响交通需求的变化。

3. 多层次性

交通需求是多层次的,交通需求的多层次体现在交通方式的多样性上。人们在出行的时候可选的出行方式有很多,可以是单个的乘坐公共交通,也可以是对各种交通方式的综合选择。它还体现在运输功能上,既有大宗货物、远距离的交通需求,也有快捷、门到门的交通需求。

4. 随机性与可控性

城市交通系统具有很高的开放性。系统的任何一个使用者都可以不经事先申请或约定,随时随地进入系统。交通系统的开放性决定了交通需求的随机性。交通需求的产生与发展是有一定的规律的,也就是说它是可控的,因为其重要影响因素之间的相互关系在一定时期内是比较稳定的。

(二)城市交通供给的特征

交通供给不仅包括交通基础设施,还把交通用地、交通工具以及相关的法律法规等对交通需求有所影响的因素都囊括在内。交通供给有如下几个特性。

第一,交通供给的资源约束性。城市道路是不可能无限制进行修建的,它受到城市土地资源和资金的约束。从这个方面来考虑,交通供给具有约束性特性。交通供给的约束性特性意味着供给的有限性,也说明单纯地靠增加供给来解决交通拥挤是不可取的。

第二,交通供给的目的性。需求与供给是相辅相成的,有需求就有供给。交通供给为交通需求主体提供了不同等级的道路等基础设施、多样的交通工具等,满足不同交通需求主体的出行,这也是交通工具的目的性的体现。

第三,交通供给的公用性。交通产业是一项公益性的产业,城市道路、交通工具等都是为了满足所有人出行的,交通供给具有公用性特征。交通供给的这种公用性特征说明交通供给对整个社会的重要性,也决定了对交通供需的调控是需要广大市民给予积极配合的。

第四,交通供给的整体性和可升级性。城市道路建设是交通供给非常重要的组成部分。交通供给的城市道路、城市道路网络是在整体性规划的基础上建设的,所以必然具有整体性。同时,交通供给还可以升级,城市道路可以通过改建、修复等进行升级,以满足不断增长的交通需求。

(三)城市交通供需平衡

交通供给与需求并不是完全分离的两个部分,它们在实践中相辅相成、共同服务于交通综合管理体系。交通需求管理的理论基础就是交通供给与需求的平衡,供需配合,才可以达到缓解城市交通拥挤、实现城市交通顺畅的目标。

交通需求不是一成不变的,它是一个变化的量。交通需求是伴随着社会经济活动系统 A 所派生出来的,所以交通量 V 可以用该活动系统 A 和所供给的交通服务特性 S 的函数(需求函数)来表达。

$$V=D(A,S)$$

这里的 V 一般是用向量来表示的,因为不同的起终点、不同的交通方式或不同的时间等各种方式它是不同的。而影响交通需求的服务特性 S 不仅仅包括价格,而且包括出行所需时间、方便性、安全性等多个特性构成的向量。

另一方面,所提供的交通服务的特性 S,不仅依赖于交通系统 T,而且同交通拥挤现象所表现出来的特性一样,随交通量 V 而变化。如果将这个关系称为服务函数 J,则 J 可以描述交通服务的供给,即

$$S=J(T,V)$$

在所给定的社会经济活动系统 A 和交通系统 T 之下,根据交通服务的需求与供给的短期的相互作用,可实现特定的交通流模式(平衡交通流模式),这就是交通的供需平衡。具体来说,就是使用者根据交通服务的特性,随时变更自己的

出行次数、出发时间、目的地、所使用的交通方式、行驶路径等，或者交通经营者对所提供的运行次数、发车时刻、到达时刻、途径路线等服务进行调整，通过这种方法达到平衡。

当然还要认识到城市交通的产业属性，也就是说，城市交通的供求关系是一种相互制约、相互辅助的关系。交通供给对交通需求一方面起到了刺激的作用，另一方面也可以制约交通需求的增长。这种供求关系总是在一种“不平衡—平衡—不平衡”循环往复过程中螺旋式上升、发展的。过去人们正是对这种相互制约互动关系缺乏全面理解，在认识和实践上走了冤枉路，认为不断增加交通基础设施的建设就可以满足交通需求，交通就不再拥挤，而忽略了在扩大供给的同时又刺激了新的需求更快速度增长，暂时供需平衡还会打破，拥挤再次出现。

从交通供给与需求的特点可以看出，需求是可以调节的，而供给是有限制的。供给必须满足社会各项活动所必需的基本需求，保持交通运输系统在可接受的负荷状态下运行，否则城市就无法生存和发展；同时，由于供给的短缺，必须对交通需求进行有效的调整。正确理解和把握交通供需规律，有助于运用需求管理调节手段来调节需求的增长，即在供给内容、供给时机、供给对象和供给地域等方面按照以最少供给实现供需平衡的原则加以选择。简言之，正确的需求管理理念指的是在合理的供给方式下，鼓励既合理又易满足的需求，抑制不合理或不易满足的需求。

三、城市交通需求管理的实施

(一)交通需求管理的实施层次

交通需求管理影响面广，社会性、政策性、系统性强，许多问题涉及城市性质、土地使用、生产力布局等各个方面、各个层次。不少专家经过多年的工作实践和分析研究，认为不少问题在高层次易于解决而在低层次却难以解决，甚至无法解决。因此交通需求管理，首先应争取在高层次和源头上加以考虑，能于高层次解决的不要推延到低层次。

第一，城市定位层次。城市性质、规模、结构与功能定位层次是实施交通需求管理的最高层次，也是从源头上解决交通问题的最佳层次。此时做好未来交通发展的战略方案，认真处理好交通与城市发展的关系，困难不是太大。

第二，城市总体规划层次。城市总体规划层次是实施的交通需求管理的次高层次，或基础层次，这个层次决定了土地利用、功能分工，人口、就业岗位等分布，也决定了交通发生、吸引、分布、集聚强度和城市交通的主要流向与流量。

第三，城市综合交通规划层次。城市综合交通规划层次是实施的交通需求管理的关键层次，任务是落实城市道路网络、路网结构、交通枢纽、交通结构、站场港口布局及对外交通干线等专业规划，从而确定了客货运与交通设施在城市空间范围的分布。它是解决城市交通问题的重要阶段，对实现需求与供给的平衡起着关键性的作用。

第四，交通监控、组织与管理层次。交通监控、组织与管理层次是交通需求管理的最后发挥作用的层次。对交通进行监控、组织与管理是解决城市交通问题的最后一个层次，或者说是最后的措施，也是实现交通安全畅通的最后保障。这一层次就是在现有既定布局的基础上做好车流、快慢分流、静动分流以改善交通秩序，提高交通运行质量与道路的通行能力。其特点是直接面对交通参与者，面对动态的车流、人流，措施的好、坏，是否有效，很快就会反映出来。另一个特点就是前面几个层次未解决的问题或解决不好的问题，都要在实践检验中暴露出来，因此这个层次所需解决的问题往往是前面积累下来的，有时也是非常困难的。

（二）交通需求管理的实施原则

交通需求管理如同一把双刃剑，实施得当能促进交通的流畅、城市经济的发展，实施不当会对城市经济产生不良的影响。为保证交通需求管理措施的有效性，实施时需审慎地考虑公平合理的原则，经济与环境可持续发展的原则，公交优先的原则，道路时空资源均衡使用的原则，多方结合，协调发展的原则，因地制宜、经济适用的原则、可接受原则等项原则。

第一，公平合理的原则。交通是为了满足全体市民的出行需要，必须体现公平的原则。不仅要改善少数人出行条件，更要解决广大市民、特别是工薪人员和学生的上班上学出行；不能只为小汽车行驶的快速、舒适服务，更要关心大众搭乘公交条件的改善。

第二，经济与环境可持续发展的原则。城市交通是城市经济与社会可持续发展的重要条件，交通需求管理不能以抑制社会经济发展为代价，也不能以恶化环境为代价来换取交通的改善，而是要在保证经济与环境可持续发展的前提下，各得其利，即在交通改善的同时促进经济发展与环境的改善。

第三，公交优先的原则。从某种意义上来说，交通设施也是一种产品，作为产品就应该有偿使用，并体现等价交换原则。对于占用土地资源、城市空间较多的个体交通方式收费太低，会导致使用者过多，总体效益下降，道路设施供不应求，最终将导致交通阻塞。对于占用空间资源较少的公共交通服务，其舒适性差、速度低，收费不能太高，必要时政府还要适当补贴，提高服务质量，改善服务态度，鼓励市民利用公交，增加公交客运量和比例，以提高城市交通系统的总体效益，满足城市社会经济的发展和大众的出行需求。通过经济杠杆的调控，有助于优化城市交通结构，充分发挥道路设施的潜在能力。

第四，道路时空资源均衡使用的原则。通过交通需求管理，充分利用现有的道路时空资源，使道路网无论在空间或时间方面均能得到充分高效的利用，即尽可能使车流量较为均匀地分布在全市道路网络上，在一天的时间内也尽可能地减少由于交通过分集中而造成的拥堵现象。

第五，多方结合、协调发展的原则。交通需求管理政策、措施与方案应坚持宏观与微观相结合的原则。应通过宏观分析制定需求管理的总体战略方案，并在宏观战略指导与微观分析的基础上，制定具体的有效措施，两者应分工合作、紧密结合、相互协调。动态交通与静态交通的需求管理也要相互结合、协调发展。动与静是相对的、伴生的，必须在重视城市动态交通的同时，也重视静态交通。

第六，因地制宜、经济适用的原则。交通需求管理的策略方案不能千篇一律、生搬硬套，对不同的用地性质、街区环境、区位、路网结构、交通结构、车辆组成、管理体制等，要区别对待、具体分析、充分论证。

第七，可接受原则。道路交通需求管理的政策措施涉及面很广，要取得成功、收到实效，必须获得各相关部门的理解、信任和支持，特别是使用者的理解和支持。首先要使公众乐于接受或愿意接受，这是获得成功的重要前提。

（三）交通需求管理的实施战略

建立完善的交通需求管理体制，协调城市土地开发经营决策、城市交通设施建设的投资决策、城市交通运输经营决策和城市道路交通管理决策。

以基本需求的源头控制长期战略目标，通过强有力的城市规划控制与引导，改善城市土地利用布局、控制中心区土地开发强度、改变土地上市方式和土地上市量、优化城市开发与改建次序，以期实现城市发展有序化，使城市规模的扩展以及布局、开发方式与城市交通基础设施的发展相协调，使城市的出行总量、出行距离以及各类物资的流动量得到合理的控制。

对派生交通需求的调节与控制通常作为近期或中远期战略目标，建立供需之间的经济调节杠杆。其主要目的是控制机动车（主要指私人小汽车）的拥有和无节制的使用。在出行量与物流量一定的情况下，通过运输方式的合理安排及运输组织的改善；在途时间物流量一定的情况下，通过对运输方式的合理安排及运输组织的改善，使在途时间和占用交通设施空间最小化。

交通需求管理是交通规划与交通治理的一种新的思路与理念,它更强调的是对道路资源配置方式和过程进行理智的干预。从作用机理上来说,交通需求管理主要通过以下三种途径改变人的出行,调整交通需求,最终实现交通供需的平衡。

第一,削减或者引导交通需求。通过协调城市发展与交通之间的关系,调节基本需求,进而调节派生需求,达到交通资源最优利用,效率最高。例如,通过调整城市中心区布局,规划建设多中心的城市用地布局,引导居民就近购物、上班,从而削减出行距离和数量。

第二,优化交通结构。现代城市,尤其是大城市人多地少,交通现状特征和矛盾决定了城市交通必须建立以公共交通为主、辅之以其他交通方式的多层次的城市综合交通结构。

第三,调节交通需求的时间和空间分布。利用行政手段或经济杠杆,对交通需求总量在时间和空间分布上的调控,可以减少上下班交通高峰期车辆、行人流量,缓解城市交通拥挤现象,改善道路状况;还可以调节高峰时段、交通资源紧缺域的交通需求向非高峰时段、交通需求不旺盛的地区转移,达到时空资源均衡利用、设施效率综合最优的调节效果。

每种交通需求管理措施都从不同的方面对交通系统在不同程度上产生影响。但是,任何单个的需求管理措施所起的作用是一定的,仅仅一项措施是难以得到满意的效果的,它们相互的影响是累积并相互促进发展的,总的影响要远远大于单个影响,因此,对需求管理措施需要配合使用,才能更好地缓解紧张的城市交通状况。

参考文献:

[1]交通运输部道路运输司,《城市交通拥堵治理实践》,人民交通出版社,2013。

[2]焦新龙,《城市交通现代化管理战略研究》,浙江大学出版社,2012。

[3]刘婧,《交通需求管理政策对城市交通结构的影响研究》,北京交通大学学位论文,2008。

[4]刘双良、张志泽,《现代城市管理与经营》,天津大学出版社,2009。

[5]马帆,《基于需求管理的交通拥挤问题研究》,长安大学学位论文,2009。

[6]裘瑜、吴霖生,《城市公共交通运营管理实务》,上海交通大学出版社,2004。

[7]袁振洲,《城市交通管理与控制》,北京交通大学出版社,2013。

[8]张旭霞,《市政学》,对外经济贸易大学出版社,2006。

[9]周晶,《城市交通系统分析与优化》,东南大学出版社,2001。

第九章　城市环境管理

第一节　城市环境管理概述

一、城市环境

(一)城市环境的内涵

城市环境，广义地说是硬环境和软环境的统一，是经济、社会、自然的复合型生态环境。鉴于经济、社会环境前文已有所述，在此取狭义的环境概念，主要探讨城市自然环境和人工物质环境的治理。自然环境是城市空间范围内的大气、土壤、水(地面水与地下水)、动植物、矿物等各种自然要素的总体；人工物质环境是包括各类建筑物、绿地、交通、服务设施和文化设施等人类自身创造的环境。

城市环境是人类在政治、经济、文化活动中不断利用和改造自然环境而创造出来的高度人工化的生存环境，是典型的人工生态系统。它与自然生态系统有着重要的区别，具有自己鲜明的特征。主要体现为社会性、依存性和易变性。

第一，城市环境具有社会性。城市是以人为本的城市，城市人群不仅依存于城市的自然生态环境，还要按照人口密集和经济集聚的特点及规律，建造适于自身发展要求的社会经济和自然环境，这对城市整体环境的发展变化有决定性的作用。

第二，城市环境具有依存性。城市环境这种人工生态系统的新陈代谢与纯自然生态系统不同，必须从系统外输入生产、生活和各种社会活动所需要的大量物资、能源，输出各类产品、半成品，向系统外排放废弃物。这就形成了一个特殊的人造循环系统。当生产和生活的排泄物超过城市环境自我调节能力时，不仅会造成城市环境污染，还会引起城市的周围环境污染。

第三，城市环境具有易变性。城市环境系统的生态结构简单，物种单调，不如自然生态系统那么稳定，自我调节能力差，极易受自然或人为因素的影响。因此，城市环境既容易受各类污染侵害，又易于人们进行环境建设，再造新的良性平衡。

(二)城市环境的特征

城市环境系统是以生物为主体的、有生命的动态开放系统，不断与外界进行着物质、能量和信息的交换。城市是整个环境系统的一部分，按照现代环境学的观点，城市具有自然环境系统的部分特征，但与自然环境系统相比，城市环境系统在组成成分、作用等方面发生了很大的变化，具有不同于自然环境系统的突出特点。

城市环境系统是以人为主体，人口高度集中的环境系统；是人为改变了结构，改变了物质循环和部分改变了能量转化的、受人类生产活动影响的环境系统；也是人类在改造和适应自然环境的基础上建立起来的特殊人工环境系统；是由社会、经济和自然三个子系统复合而成的，由城市居民与其周围环境相互作用而形成的网络结构。一般而言，城市环境系统具有以下特点：

1. 城市环境系统的人为性

从系统的组成来分析，在城市环境系统形成之前，人类在环境系统中一般处于相对次要的地位。而在城市环境系统中，人口高度集中，人类处于主导地位，而植物和动物都处于微不足道的地位。

城市是人工环境系统，整个系统代谢过程的变化规律是由自然规律和人类影响叠加形成的。其中，人类社会的政治、经济、文化和科学技术对城市环境系统的发展起着重要的作用。如为了生产和生活的需要，城市的发展几乎完全取决于人的意志，城市规模不断加大，造成绿地面积减少、动物种类和数量减少，各类建筑、道路、公用设施等甚至改变了自然环境系统的形态和结构。

2. 城市环境系统的不完整性

自然环境系统是由自然界一定空间内的生物系统和非生物环境系统相互作用、不断演变、呈现动态平衡和相对稳定的统一整体。按其能量物质的传递次序，分为生产者、消费者和分解者，自然环境系统可实现物质循环和能量的多层次分级利用，营养结构比较和谐，处于相对平衡和良性循环状态。

但在城市中，自然环境系统为人工环境系统所代替，动物、植物、微生物失去了原有自然环境系统中的环境，生物群落不仅数量少、结构简单，而且各类生物在环境系统中的角色和作用也发生了变化。例如，自然环境系统中的“生产者”绿色植物不但数量少，其主要作用也不再是向城市居民提供食物，而是作为环境保护、观赏、美化、气候调节、环境廊道、空间隔离屏障等用途。而城市环境系统中的“分解者”的功能也微乎其微，城市中所产生的大量废弃物已远远超出自然系统中“分解者”的承受能力，必须由化粪池、污水厂、垃圾处理站等人工设施进行处理。因此，相对于自然环境系统，城市环境系统是不完整的，无法实现自我平衡和循环。

3. 城市环境系统的开放性

由于城市环境系统内部结构和功能不能实现自我平衡、自我循环，环境系统的正常运行需要外界系统供给大量的能源和物质。城市环境系统的开放性，首先表现在对外部系统的能源、物质等方面的吸引力。城市的规模越大，与外界的联系越密切，要求输入的物质种类和数量就越多，城市对外部能源和物质的接受、消化、转变的能力也越强。城市环境系统除能源和物质依赖外部系统外，在人力、资金、技术、信息等方面也对外部系统有依赖性。同时，城市环境系统所产生的大量废物也需要利用外界系统进行分解处理。

其次，城市环境系统的开放性表现在对外部系统的辐射性。城市在从外部引入物质、能源、信息、人力、技术的同时，也向外部系统输出人力、资金、技术、信息以及各种废物。因此，城市环境系统是一个开放的系统，它与外界系统存在着大量的物质与能量的输入与输出，并不断地影响着外界系统。

4. 城市环境系统的高“质量”性

城市环境系统的高“质量”性表现在城市中物质、能量、人口等的高度集中，使得城市相对于自然环境系统具有鲜明的高度密集和拥挤的特征，其单位面积上所含有的物质、能量、人口、信息等物质性要素是任何自然环境系统都无法比拟的。城市只占据了地球面积0.3%的地区，却居住着世界全部人口的40%，同时城市又是人类财富、科学文化、信息集中的区域和建筑、能源、生产、消费的中心。

城市环境系统物质和能量的转化率也是所有环境系统中最高的。人类社会从游牧阶段、田园阶段至城市化阶段的发展，也是人类系统效率不断提高的过程，城市的各项活动具有远比其他人类聚居形式高得多的效益。此外，城市环境系统的高“质量”性还表现在城市环境系统的高层次性，即相对于其他环境系统而言，城市环境系统的发展阶段最具现代气息与特征。

5. 城市环境系统的脆弱性

自然环境系统中能量与物质能够满足系统内部生物生存的需要，基本能够自我调节、修复、维持和发展，以维持其自身的动态平衡。而在城市环境系统中，许多环境链锁关系被简化、忽略，甚至被消灭，导致城市环境系统的自然调节机能在一定程度上受到破坏，城市环境系统不再是一个“自给自足”的系统，它需要通过一套完善的开放式的闭合循环输入输出系统维持其正常运行。一旦该闭合循环系统中的任何一个环节发生故障，将会立即影响城市的正常功能。因此，城市环境系统变得越来越脆弱。

二、城市环境问题

人类诞生于环境，又作用于环境。城市生态恶化成为一个大范围的环境问题，并且发展成为一个危害人类生存和经济发展的社会公害，这是在近代工业诞生之后才出现的。在人类社会早期，由于从事规模狭小的农牧业生产，生态环境受损程度很低。大工业的产生和发展，一方面促使了社会的进步和人们生活水平的提高，另一方面也排放出大量有害物质造成环境污染，并且日趋严重。城市发展的历史证明，城市一方面是人类作用于环境最深刻、最集中的区域，另一方面也是人类社会中环境污染最严重的区域。

当代城市环境系统循环被破坏，是与全球城市人口和经济的迅速增长以及政府规划与管理不善紧密联系在一起的。一些学者曾用“过度规模假说”来解释城市环境的退化问题，即由于人口压力以及政府规划与管理不善导致城市增长超过城市自然和生活环境的承载能力，由此引起城市基础设施的严重不足和环境质量的下降。在许多城市，由于政府部门对不断涌现的各种城市问题处理不当，如人口迅速增长、工业活动过度集中、城市基础设施不足以及缺乏发展规划等，导致城市环境出现退化，引发了严重的城市环境问题。

（一）城市环境恶化的原因分析

城市环境系统恶化归因于工业化中全球经济、社会发展与环境的协调关系被破坏，主要是资源的不合理利用和浪费造成的，具体来说，有以下几方面的原因：

第一，人口的增长和经济的发展超出了环境承载能力和环境容量。研究表明，在其他因素不变的条件下，环境污染与人口密度和经济开发强度成正比。这就使污染在大城市比中小城市为甚，工业城市比其他城市为甚，尤其是以重工业和化学工业为主的大城市。

第二，社会生活需求激增而技术防治能力滞后造成城市环境恶化。一方面是工业化国家中过分追求豪华舒适的生活模式和铺张奢侈的消费习惯，另一方面是防治和消除环境污染的技术手段还远远不能适应社会的需要。统计表明，发达国家在创造了高度物质文明的同时，也给世界环境造成了严重损害。例如，用作制冷剂的氟利昂是破坏臭氧层的元凶，无所不包的家用电器使电力消耗剧增，普及化的家用小汽车更是城市空气污染的罪魁祸首。

第三，不尊重生态规律。城市在组织区域经济、社会生活的过程中没有按照生态规律的要求进行规划，不能合理使用土地与空间，建筑布局、工业布局混乱，从而破坏城市的生态系统，减弱城市生态系统的调节机能。

（二）城市环境污染的主要类型

城市环境污染是指城市自然环境要素中，混入对人体有害、破坏自然生态的物质或非物质形式的东西，并达到一定的程度、超出环境自我净化能力的现象。城市环境污染的种类主要有如下几类：

第一，城市大气污染。城市大气污染是指有害物质进入大气，对人类和生物造成危害的现象。如果对它不加以控制防治，将严重地破坏生态系统和人类生存环境。其污染源主要有：(1)点源。指工业和民用集中供热锅炉烟囱和各种工业的集中排气装置。(2)线源。主要指机动车密集的交通干线及两侧，由于车辆行驶排出的废气而形成的污染现象。(3)面源。指城市内居民生活用的散烧炉灶和分散的工业排气装置。空气污染对人体健康的影响是多方面的，同时还会对城市环境中的植物、器物和材料等造成损失。城市工矿区排出的有害气体常使附近的农作物减产，使果树、森林、城市绿化树木受到损害。

第二，城市水污染。城市水污染是指污染物质进入水体的数量达到破坏城市水资源，并使水体的水质和水体沉积物的物理、化学性质或生物群落组成发生变化，从而降低水体的使用价值和使用功能的现象。一般可分为点源和面源两类污染。城市水污染不仅减少城市可供给用水量、加剧水资源短缺，而且造成很多的危害，如水体对人类的致病性、致癌性，造成水体富营养化，破坏水环境生态平衡等。

第三，城市固体废物污染。固体废物是指生产建设、日常生活和其他活动中产生的污染环境的固态、半固态废弃物质。主要可分为生产性废物和生活性废物两类。通常将各类生产活动中产生的固体废物称为废渣，生活活动中产生的固体废物称为垃圾。城市垃圾和工业废渣都会污染水体、土壤和大气，破坏城市环境。

第四，城市噪声污染。城市噪声污染是指所产生的环境噪声超过国家规定的环境噪声排放标准，并干扰他人正常生活、工作和学习的现象。一般可分为交通运输噪声、工业生产噪声、城市建筑施工噪声、社会生活和公共场所噪声。城市噪声污染的危害主要是对听力的影响、对睡眠的干扰、可引起多种疾病、对心理的影响等。

第五，城市电磁波污染。城市电磁波污染是指天然和人为的各种电磁波的干扰及有害的电磁辐射。过量的电磁波辐射造成了电磁波污染（或电磁污染）。电磁波污染分为两大类：一是天然的电磁波污染，如雷电、火山喷发、地震；二是人为的电磁波污染，包括脉冲放电、工频交变电磁场、射频电磁辐射。电磁波污染的传播途径有两种：一种是传导干扰，是电流沿着电源线传播而引起的干扰；另一种是辐射干扰，是电磁波发射源向周围空间发射导致。

第六，城市光污染。城市光污染泛指影响自然环境，对人类正常生活、工作、休息和娱乐带来不利影响，损害人们观察物体的能力，引起人体不舒适感和损害人体健康的各种光。一般将光污染分成三类，即白亮污染、人工白昼和彩光污染。光污染危害严重，过量的反射光会使人头昏眼花、烦躁、失眠、食欲不振、情绪低落；噪光作用于眼睛，可能导致人的角膜、虹膜受到伤害，引发视力下降；噪光还干扰人体“生物钟"，使人体正常生理节奏失调。

第七，城市生物污染。生物污染是指对人和生物有害的微生物、寄生虫等病原体和变应原等污染水、气、土壤和食品，影响生物产量，危害人类健康的污染。生物污染主要有尘螨的污染和宠物的污染。尘螨普遍存在于人类居住环境中，是一种过敏源，可引致哮喘、鼻炎、皮炎等，危害人类的健康。

三、城市环境管理的内涵与特征

（一）城市环境管理的内涵

城市环境管理是指根据国家的环境政策、环境法律、法规和标准，坚持宏观综合决策和微观执法监督相结合，从经济发展与环境保护综合决策入手，应用各种有效环境管理手段，调控人类的相关行为，协调经济和社会发展同环境保护之间的关系，维护城市区域内正常的环境秩序和环境安全，实现城市社会、经济、环境可持续发展的行为总体。

城市生态环境管理是一项复杂又新颖的综合性管理工作，它不仅涉及城市生态环境的相关知识，也涵盖管理领域的应用知识。综合而言，城市生态环境管理包括城市自然因素、城市规划和建设、城市产业布局和经济发展模式、市民生活方式和消费模式等方面的管理。

1. 城市自然因素与其生态环境的管理

城市自然生态环境作为城市生态环境的基础性环境系统，必须对其进行恰当的管理。

第一，城市自然因素管理包括城市植被、城市动物、城市水文、城市土地等城市自然生态因子的管理。正如整个环境系统一样,城市自然因素作为整个城市环境系统的基础,不仅是其不可缺少的一部分,而且如血脉般地联系着城市其他部分,使城市成为一个紧密协调的统一体。对城市自然因素的管理并保持自然因素的多元化,意在提高城市的内循环能力和自我调节能力。

第二,城市自然生态环境的管理着眼于城市自然因素的相互关系,实现城市自然生态环境的整体和谐性。单个自然生态因子的存在并不能产生重大的影响,城市环境作为一个系统性的整体,只有加强各因素的内在生态联系,才能确保整个环境具有重大的生态意义。所以,在整个管理过程中,必须强调和处理好自然生态因子之间的依赖、转化和流动等相互关系。

2. 城市规划和建设的环境管理

城市是在自然基础上建立的人工环境,利用并改造自然以使人类获得更方便、更舒适和更现代化的居住地,而城市在利用和改造自然的过程中必将影响其赖以存在的城市自然环境系统,所以我们必须妥善管理城市规划和城市建设,使其在充分发挥现代化功能的同时充分尊重自然生态的承受能力。它包括硬件规划和软件规划。

硬件规划有以下几个部分:城市基础设施建设,如交通设施、水电设施、管道设施等;建筑规划,如密度、高度、建筑材料等;园林绿地规划,如公园规划、绿化设计、土地利用布局;等等。

软件规划主要是指城市人口的适宜量规划,城市人口的容量必须与城市自身承受能力相一致,否则容易导致相关的城市病。

3. 城市产业结构和经济发展模式的环境管理

城市主要以第二和第三产业为支柱,在特定的经济、技术、社会条件下,在参与全球产业链条切割的过程中,形成特定的生产(产业结构)、生活(消费方式)、代谢(污染排放与治理)等活动对城市生态要素改造的结果,并以此作为三种活动进行的物质条件。首先,城市因其地理条件和自然环境的限制,会出现不同的产业定位;其次,未来城市的发展必将依赖于第三产业的发展;最后,城市必须改变经济发展模式。不管是资源丰富的城市还是资源匮乏的城市,人类总会遇到人类发展无极限和资源有限性之间的矛盾,矛盾的解决有赖于人类整个经济发展模式的调整和改善。

4. 市民生活方式和消费模式的管理

市民作为城市的主人,其生活方式和消费模式直接或间接地影响城市生态环境。在抽象层面上,城市的任何建设、规划和产业布局都源于城市居民的需要,源于居民和城市经济人的世界观和价值观。改变这些人的价值观，如生活观、消费观和幸福观，将间接地改变城市发展方向、产业定位和整个城市的发展模式。

在具体的操作层面上，市民的生活方式和消费模式直接影响整个城市的生态环境。人与自然最直接的关系就是人的所作所为直接影响自然界中的一切生态因子。城市生态环境系统也一样，城市居民的交通方式、消费理念、新陈代谢直接影响城市环境系统中的自然生态环境和社会生态环境。

（二）城市环境管理的特征

城市环境管理属于城市政府管理的重要组成部分。它具有政府行政行为共同的政治性、权威性和强制性特点，同时由于城市生态环境管理的对象特性，决定城市生态环境管理独有的管理特征。

第一，管理的区域性特征。城市不同区域的环境问题，往往因其自然背景、人们的生活方式、经济发展水平、环境质量标准等不同，存在着明显差异，因此城市生态环境管理具有区域性特征。

第二，管理的综合性特征。现代城市环境管理涉及环境科学、管理科学以及城市规划、建设、城市经济等领域，形成了该项工作交叉渗透、高度综合的特色和管理内容、管理方法、学科的综合性。

第三，管理的社会性特征。所有的人都在一定的环境中生存，环境是人类生存的基础。而人们的活动时对环境产生的影响和干扰，决定了城市环境保护仅靠少数人是无法实现的，这项工作需要全社会动员、全民参与。

第二节　城市环境问题根源

一、市场失灵

新古典经济学研究证明，市场机制可以有效率地分配生产出的产品于不同的消费者之间，有效率地配置生产要素于企业与产品之间，从而实现帕累托效率。但是，实现帕累托效率隐含着一系列严格的假定条件，主要有完全竞争的假设、完全信息的假设、完全理性的假设、不存在外部性的假设、不存在交易费用的假设、不存在规模报酬递增的假设等。当市场价格机制的某些障碍造成资源配置缺乏效率，或者说价格体系在保证资源有效配置方面不完全时，就出现“市场失灵”。显然，在环境污染问题上，在环境资源的配置上，有许多条件是不符合的，主要表现在如下五个方面：

（一）环境主体的有限理性

这里所说的环境主体就是环境资源的所有者——人——也就是经济主体。就环境问题而言，环境主体的有限理性主要表现在：第一，人们对环境的认识有一个历史过程。在人们对环境还没有足够的科学认识以前，非理性的人类行为也就难免了。第二，即使人们已经认识到环境问题的严峻性和重要性，由于受经济发展条件的约束，人们还是不得不采取以毁坏环境为代价的经济增长模式。第三，即使上述两个问题都不存在，但由于人的机会主义行为倾向，人们还是会做出有损环境的行为。由于这些原因的存在，只顾经济增长、不顾环境保护，只顾眼前利益、不顾长远利益，只顾局部利益、不顾全局利益的环境损害行为就在所难免了。

（二）环境资源的公共性

环境污染问题产生的一个原因就是环境是一种公共资源。公共资源是指一切能为人类提供生存、发展、享受的自然物质与自然条件，及其相互作用而形成的自然生态环境和人工环境。

区分一种物品是私人物品、公共物品还是公共资源，主要是看它是否具有排他性与竞争性这两个特征。非竞争性可以从两个角度理解。从消费角度而言，它指的是一个消费者对于该物品的任何消费不影响其他消费者以同样方式对该物品的消费。公共物品可以被很多消费者同时使用，除非发生拥挤，其数量和质量并不会因此减少或降低，如路灯，一个人利用路灯照明并不影响另一个人同样的使用。而私人物品却只能被个人而不是共同消费，如我家的空调就不能为你所用。因此私人物品具有消费的竞争性。

从供给角度看，公共物品消费的非竞争性表现为向多个人供应这种物品，其边际成本为零。边际成本指的是每增加一单位消费者，所增加的成本。显然，路灯一旦存在，那么增加一个使用者，既不用多开一盏灯，也不会多耗一度电，即边际成本为零。非排他性是公共物品的另一重要特性，它是指在某一物品的消费过程中，物品的提供者无法选择性地将某些消费者（例如不支付费用的消费者）排除在外；或者将不付费者排除在外的做法虽然在技术上可行，但在经济上明显得不偿失。

私人物品既有排他性又有竞争性，公共物品既没有排他性又没有竞争性，而公共资源则是居于这二者之间，它具有竞争性但不具有排他性。公共资源不具有排他性是因为无法确定它的产权，因此无法向公共资源的使用者（或破坏者）直接收费，从而也就无法排除任何人对公共资源的使用。但是，公共资源却具有竞争性，也就是说，一个人对公共资源的使用会影响他人对公共资源的使用。由于人们不用为使用公共资源而支付费用，因此公共资源通常会被过度使用。而且由于“先下手为强”式的使用而不考虑选择的公正性和整个社会的意愿，一些环境资源如清洁空气、开阔空间甚至阳光正在变得日益稀缺，结局可能是所有人无节制地争夺有限的资源，每个人追求个人利益最大化的最终结果是不可避免地导致所有人的毁灭。

根据公共物品的受益范围不同，公共物品可划分为如下类型：

第一，地方性公共物品。地方性公共物品的消费受地区限制，主要是指当地居民受益，超过一定范围会大大减少效用的公共物品。城市环境管理中涉及的也主要是地方性公共物品。

第二，区域性公共物品。许多公共物品的受益或者受影响范围并不限于地方，而是更大的区域范围，这样的物品称为区域性公共物品。很多环境物品都是区域性的，大气环境不可能按照地方来划分成块，河流也有流域性。大流域通常是跨行政区的。在某些情况下，公共物品的供给存在规模效应，区域间的合作供给可以降低供给成本。

第三，全国性公共物品。全国性公共物品是可以覆盖全国，使全国的公民共同受益的公共物品，比如国防、外交、基本农田保护、粮食和能源安全等。在环境保护领域，多数保护行动在不同意义上兼有地方性、区域性乃至全国性。但某些重大的环保计划更多地应该被视为全国性公共物品。如果再扩大范围，还可以分为国际性公共物品，例如全球气候变暖问题，需要国家间合作治理。

（三）环境污染的负外部性

前面说过，环境污染是指人类活动产生的污染物或污染因素排入环境，超过了环境容量和环境的自净能力，使环境的构成和状态发生了改变，环境质量恶化，影响和破坏了人们正常的生产和生活条件。它具有很强的负外部性，表现为私人成本与社会成本、私人收益与社会收益的不一致。

所谓私人成本，就是生产（或）消费一件物品，生产者（或消费者）自己所必须承担的费用。在没有外部性时，私人成本就是生产或消费一件物品所引起的全部成本。当存在负外部性时，由于某一厂商的环境污染，导致另一厂商为了维持原有产量，必须增加一定的成本支出（如安置治污设备），这就是外部边际成本。

私人边际成本与外部边际成本之和就是社会边际成本。由于负外部性的存在，使完全竞争厂商按利润最大化原则确定的产量与按社会福利最大化原则确定的产量严重偏离。这种偏离就是资源过度利用、污染物过度排放、有污染的产品过度生产的低效率产出。这既不符合效率最优的原则，又不符合社会公平的原则。总之，存在负外部性时，竞争厂商的利润最大化行为并不能自动导致资源的帕累托最适度配置。

（四）环境保护的正外部性

环境保护既包括环境治理，也包括环境服务。前者如河道的疏浚，后者如环境技术的供给。环境保护是一种为社会提供集体利益的公共物品和劳务，它往往被集体加以消费。这种物品和劳务一旦被生产出来，没有任何一个人可以被排除在它带来的利益之外。因此，它是正外部性很强的公共产品。

在进行环境保护这一公益事业时，如要求每一个人自愿支付环保费用，有些人可能为此支出费用，而有些人却不愿意，但后一部分人仍然可以同样从环境保护中得到好处，这样就产生了"搭便车"问题，即经济主体不愿主动为公共物品付费，总想让别人提供公共物品，而自己免费享用。由于"搭便车"问题的存在，使得纯粹个人主义机制不能实现社会资源的帕累托最适度配置，使环境保护这种公共物品的生产严重不足，有时甚至会出现供给为零的局面。

（五）环境信息的稀缺性与不对称性

信息是生态经济系统中的重要组成要素之一。信息是稀缺的，这是因为：第一，生态经济系统就像一只"黑箱"，人类对它的了解还微乎其微。与人类对信息的需求相比，信息的供给是十分少的。第二，由于信息一旦公之于众，那么一部分人的信息消费就不能排除其他人的信息消费；也就是说，信息一旦公开就成了公共物品。因此人们总是进行"信息封锁"，以保证自身的信息优势。

信息的稀缺是一个方面，信息的不对称又是一个方面。信息的公共性和人的机会主义行为倾向，容易导致信息的不对称。比如，污染者往往对其生产过程、生产技术、排污状况、污染物的危害等方面的了解比受污染者要多得多，但受个人经济利益的驱使，其往往会隐瞒这些信息，实施污染行为。相反，受污染者由于所拥有的相关信息少，因此想"讨回公道"需要付出很大的信息成本。这也许正是在一定的限度内人们宁愿"忍声（噪声）吞气（废气）受污染"的原因。

由于上述原因的存在，价格机制在环境问题上不能起作用或不能起有效充分的作用，从而出现"市场失灵"。

二、政府失灵

如果由于制度体系内部的原因，使得管理过程的最终结果造成实际价格偏离社会最优价格，就会发生"政府失灵"。所谓"政府失灵"，是指政府的行动不能增进经济效率或政府把收入再分配给那些不恰当的人们。导致“政府失灵”的原因主要有信息不足与扭曲、政策实施的时滞、公共政策的局限性和寻租活动的危害等。

在环境问题上导致“政府失灵”的原因主要有两方面：

(一)环境政策失灵

环境政策失灵是指那些扭曲了环境资源使用或配置的私人成本，使得这些成本对个人而言是合理的，但对社会而言却是不合理的，甚至会损害社会财产的规章制度、财政、汇率、金融、价格、收入和其他政策等。它集中表现为现行部门政策和宏观经济政策在制定过程中由于没有给予生态和环境以足够重视而导致的价格扭曲。

(二)环境管理失灵

环境管理失灵是指在各级政府组织中存在着一系列管理问题，这些问题的存在导致有关政策无法有效实施。环境管理失灵主要表现在两个方面：一方面，各种政策在部门之间的协调不足，缺乏足够强的手段和措施以达到政策目标，缺乏确保在经济运作过程中实施有关政策的手段或力量等。另一方面，是环境管理中的寻租行为。环境问题加剧，政府就会加强环境管理，政府的介入会导致环境污染者、受污染者和环境保护当局之间的博弈。

污染者为了维护有污染时的既得利益，会加大“院外活动”的力度，以保持或放宽政府制定的环境标准，这是寻租行为的一种表现。另一种情况是，污染者在既定的政策下进行寻租。比如，环保当局执行排污收费制度，假定排污者人数少、受污染者人数多，那么，由于受污染者人数多，某一个受污染者如果通过上访或上诉形式要求环保当局执行收费，这样会产生很大的正外部性，即其他受污染者会选择“搭便车”策略，人人都这么想就会导致人人都放弃“上访”或“上诉”的打算。这时，如果环保当局是清正廉明、秉公办事的话也没问题。如果相反，那么污染者向环保当局的寻租活动就会成功。污染者就可以较小的寻租成本(行贿额)获得较大的收益(免交或少交排污费)，而把污染造成的外部成本转嫁给受污染者。

第三节 城市环境问题治理

一、城市环境管理的基础原理

城市环境管理是指根据国家的环境政策、环境法律、法规和标准，坚持宏观综合决策和微观执法监督相结合，从经济发展与环境保护综合决策入手，应用各种有效的环境管理手段，调控人类的相关行为，协调经济和社会发展同环境保护之间的关系，维护城市区域内正常的环境秩序和环境安全，实现城市社会、经济、环境可持续发展的行为总体。

城市环境管理的基础理论对进行城市环境管理具有重要的指导意义，城市环境管理的基础理论主要包括封闭原理、分解原理、系统理论和反馈原理四种。

(一)封闭原理

城市环境管理系统功能可分为决策机构、执行机构、监督机构和反馈机构。在这个系统中，每一个管理对象都是相对封闭的，其环境管理手段构成了一个连续封闭的回路，这就是城市环境管理的封闭原理。在封闭原理的指导下，城市环境管理的关键是城市环境管理制度的封闭、城市各级环境管理机构的封闭和城市环境各层次管理者的封闭。

(二)分解原理

根据客观事物的要求，将事物由繁到简、化大为小，就是分解原理的思维方式。城市环境管理的分解就是对城市环境管理机构和部门进行分解，同时还要对各级管理机构和部门的职能进行分解，通过职能分解、协作分工，才能提高城市环境管理的工作效率。

(三)系统理论

城市环境管理的系统理论就是应用系统论和系统工程方法进行城市环境管理，具有整体性、相关性、动态性和目的性的基本特征。

(四)反馈原理

城市环境管理的反馈就是从环境管理控制系统的输出端获取信息，并经过处理后通过一定的环节返回环境管理系统的输入端，将返回的信息与输入的信息相比较，根据两者误差对控制信息作适当调整，从而使输出达到最优化，以减少决策的失误，提高城市环境管理效率，稳定实现城市环境管理目标。在城市环境管理过程中，面对不断变化的客观实际，能否进行有效环境管理的关键在于是否有灵活、准确、有力的反馈机制。信息接受、分析处理和调整决策是城市环境管理中反馈过程的三个步骤。

二、城市环境管理的主要方法

无论是城市环境问题的致因分析还是城市可持续发展的能力辨识，其结论都与城市社会经济活动方式及效果息息相关。可以说，这种城市社会经济活动是具有双面性的：一方面，不正确的活动方式或过度的活动规模都将引起严重的生态环境危机，从而产生各种类型的城市问题；另一方面，有秩序的、在一定约束条件下的活动又是形成或保障城市可持续发展能力，并最终完成城市社会经济环境协调发展的主要动力来源。因此，最大限度地优化城市社会经济活动或者说正确管理城市人类活动，是实现城市可持续发展的有效途径，而这些都需要通过有针对性并且有效率的城市环境管理方法来实现。

随着人们对环境问题的认识从技术问题到经济问题再到发展问题的变化，环境管理方法也经历了相应的发展历程，现今已形成了一定的结构体系。根据各种方法的作用方式可具体划分为经济方法、法律方法、行政方法、技术方法、教育方法和信息方法，也可概括为经济方法和非经济方法。

（一）环境管理的经济方法

城市环境管理的经济方法是为达到经济发展和环境保护相协调的目标，利用经济利益关系，对环境经济活动进行调节的政策措施。狭义的城市环境管理经济方法，是指运用税收、价格、成本和利润等经济刺激形式对城市环境经济活动进行调节的政策措施。广义的城市环境管理经济方法，是指在所有有利于城市环境保护的政策和法规中，利用环境经济方法进行调节的措施，也可称为环境经济政策。按照作用机理，城市环境管理的经济方法可分为税费方法、价格方法、交易制度和其他环境经济方法。

OECD（经济合作与发展组织，1996）将环境经济方法定义为从影响成本效益入手，引导经济当事人进行选择，以便最终有利于环境保护与改善的一种方法。这种方法的明显表现是：要么在污染者和群体之间出现财政支付转移，如各种税收和收费、财政补贴、服务使用费和产品税，要么产生一个新的实际市场，如许可证交易。美国的布兰德把环境管理的环境经济方法定义为“为改善环境而向污染者自发的和非强迫的行为提供金钱刺激的方法”。

一般来说，环境管理的经济方法是指管理者依据国家的环境经济政策和环境法规，运用价格、成本、利润、信贷、税收、收费和罚款等经济杠杆来调节各方面的利益关系，规范人们的宏观经济行为，培育环保市场以实现环境和经济协调发展的方法，主要包括庇古方法和科斯方法。其中，庇古方法包括补贴、税费、即押金退还制度等；科斯方法包括资源协商即排污权交易等。

1. 税费方法

收费通常被看作对污染支付的价格，这种支付至少会部分地进入私人的效益——费用计算中，收费会带来刺激作用和增加收入的作用。最先提出对污染者收费的是经济学家庇古。庇古提倡根据边际损害成本和边际削减成本，采用向污染者课税的政府干预形式，达到外部成本内化的目的。但是，由于缺少对损失成本的准确计量信息，由环境监管部门按准确的水平征收环境污染税几乎是不可能的。因此，庇古式的解决办法是一种难以操作的方法。

鲍莫尔等(Baumol & Oates，1988)提出了另外一种解决方案，认为应该为达到特定的排放削减水平而征收排污费。他们认为，收费要至少等于厂商间的边际削减成本，并进而为污染治理的总投资提供最佳的费用——效益刺激因素。城市环境管理收费方法主要包括排污收费和投入收费。排污收费旨在削减污染，是对单位污染物征收的费用。经济效率要求排污企业支付的单位排放污染量税费等于单位排放污染量造成的损失，理想状态下的收费应反映污染造成的边际损失，并以区域的损失变量为依据。

由于排污收费面临的一个重要的现实问题就是很难对众多的污染者进行监测，为解决这个问题，环境监管部门设计了诸如投入收费等其他收费方法。投入收费是比较容易监测的收费方法，很多国家都征收的诸如燃油税、润滑油税等都属于投入收费。而一些国家对含铅和不含铅的汽油实行差别税率，取得了很好的保护城市环境的效果。

作为主要的城市环境管理经济方法之一的排污收费。其优点在于如果收费的标准设计得准确，它可使排污企业花费有效的钱用于削减污染，达到有效的污染水平，并且还能有助于产生有关污染削减成本方面的信息。而其复杂性在于，恰当的收费标准应随污染数量及排污企业的不同而变化，实际应用过程中这样的标准是通过反复的试验和失败而发现的，这会给排污企业增加交易成本。

2. 补贴方法

补贴是另一种重要的环境保护的经济方法。如果向生产者支付削减污染的费用，只要治理污染的成本小于得到的补贴，生产者就会投资进行污染削减。这个效果与排污收费的效果一致。在有些情况下，补贴可能会使污染削减行为发生得比排污收费更加迅速。当然，不管什么情况下，这种补贴都会以产品的较高价格转嫁给消费者。

补贴包括各种形式的财政资助，其目的是鼓励削减污染，或者是为削减所必需的措施提供资助。补贴的形式有赠款、软贷款和面向环境治理项目发放的优惠贷款三种。税收补贴主要指对于污染治理设备实行加速折旧、免税或者免费等措施。

对补贴的最大异议是认为它有悖于污染者付费原则。许多发达国家的政府对本国企业特别是大公司的污染治理提供大量的财政补贴，以使这些公司的产品保持低价从而保持竞争力，结果等于是由广大纳税人替这些大公司出钱治理污染。

从经济学的角度来看，补贴用于污染削减也还存在以下一些问题。

第一，补贴可能产生这样一种期望，即政府可挽救排污企业，这将减少排污企业进行技术设备改造以降低污染水平的积极性。

第二，补贴要求掌握大量关于排污企业的非常充分、真实的信息，以决定补贴的对象。

第三，补贴没有排污收费公正，很可能导致不公平竞争。

3. 排污权交易

排污权交易是城市环境管理的又一环境经济方法。科斯定理在环境问题上最典型的应用是排污权交易，排污权交易是当前受到各国关注的环境经济方法之一。

排污权交易有许多种提法，如可交易的许可证、可交易的排污权、排污许可交易、可交易的许可证与排污权、排污交易等。排污权交易的主要思想是在满足环境要求的条件下，建立合法的污染物排放权力，即通常以排污许可证的形式表现的排污权，并允许排污权像商品那样被买入和卖出，以此来进行污染物的排放控制。排污权交易是在一个有额外排污削减份额的公司和需要从其他公司获得排污削减份额以降低其污染控制成本的公司之间的自愿交易。

排污权交易是在满足环境要求的条件下，首先由政府部门确定出一定区域的环境质量目标，并据此评估该地区的环境容量。然后推算出污染物的最大允许排放量，并将最大允许排放量分割成若干规定的排放量，即若干排污权。政府可以选择不同的方式分配这些权利，如公开竞价拍卖，定价出售或无偿分配等，并通过建立排污权交易市场使这种权利能合法地买卖。在排污权市场上，排污者从其利益出发，自主决定其污染程度，从而买入或卖出排污权。排污权交易其实是通过模拟市场来建立排污权交易市场，它的主体是污染者(与受害者无关)，客体是排放减少信用。

4. 押金—退还制度

押金—退还制度是一种保护环境的简单易行的环境经济方法。OECD 对该制度的解释是对那些有潜在污染的产品征收附加费。用户如果把这些产品或产品的残留物返还到收集系统从而使得污染得以避免时，用户缴纳的附加费将被返还。

押金—退款制度的实质内容在于，对可能造成污染的产品的销售征收附加费。当符合条件时，例如把用过的或废弃的物品送到集中地，从而避免了污染，这笔费用可以退还。此制度一般由制造商自愿执行，在一些国家由政府强制执行。

通过上面分析的可以看出，这几种主要环境经济方法各有优缺点。例如，排污权交易方法可削减污染治理成本，但其交易成本很高，而且还存在着很多环境资源的产权难以确定的现实问题；排污收费应用广泛，正如押金—退还制度执行起来简单易行而广泛采用，但确定其合理的收费标准很困难，使得其适用范围受限，很多环境问题不能依靠这种方式解决，等等。

(二)环境管理的非经济方法

非经济方法相对于经济方法而言，没有利用价值规律的调节作用，而是政府部门以法规条例或行政命令的形式直接或间接限制污染物排放，或通过运用技术和加强宣传教育达到改善环境的目的。

1. 法律方法

环境管理法律方法是指管理者代表国家和政府，依据国家环境法律法规所赋予的权力，并受国家强制力保证实施的对人们的行为进行管理以保护环境的方法。法律方法是环境管理的一种基本方法，是其他方法的保障和支撑。环境法因各个国家的国情不同而各具特色，但就各国环境法的目的、任务和功能来看，却具有相似性，即都兼顾社会、环境、经济效益等多个目标，强调在保护和改善环境资源的基础上保护人体健康和保障社会经济的可持续发展。

2. 行政方法

环境管理行政方法是指在国家法律监督之下，各级环保行政管理机构运用国家和地方政府授予的行政权限开展环境管理的方法。环境管理行政方法主要包括如下几个方面：

第一，环境管理部门定期或不定期地向同级政府机关报告本地区的环保工作情况，对贯彻国家有关环保方针、政策提出具体意见和建议，组织制定国家和地方的环境保护政策、环境规划和工作计划。

第二，运用行政权力对某些区域采取特定措施，如划为自然保护区、重点污染防治区、环境保护特区等；对一些污染严重的企业要求限期治理，甚至勒令其关、停、并、转、迁。

第三，对易产生污染的工程设施和项目采取行政制约，如审批开发、建设项目的环境影响评价报告书，审批新建、扩建、改建项目的“三同时”设计方案，审批有毒化学品的生产、进口和使用,管理珍稀动植物物种及其产品的出口、贸易事宜等。

管制型方法在环境管理中起着重要的保障和支持作用,国内外都很重视其应用。各国通过制定和执行法律法规、部门规章制度、行政命令、环境标准等方法来达到保护环境的目的。

3. 技术方法

环境管理技术方法是指管理者为实现环境保护目标所采取的各种技术措施,主要包括环境预测、环境评价、环境决策分析等宏观管理技术和环境工程、污染预测、环境监测等微观管理技术。制定环境质量标准和环境政策、组织开展环境影响评价、编写环境质量报告书、总结推广防治污染的先进经验、开展国际的交流合作等,都涉及很多科学技术问题。没有先进的科学技术,不仅发现不了环境问题,还可能即使发现了也难以控制环境污染。

4. 宣教方法

环境管理宣传教育方法是指开展各种形式的环境保护宣传教育,以增强人们的自我环境保护意识和环境保护专业知识的方法。通过广播、电视、电影及各种文化形式广泛宣传,使公众了解环境保护的重要意义,激发他们保护环境的热情和积极性。

5. 信息方法

环境管理信息方法主要是以环境信息公开的方式实现的。环境信息公开是指通过社区和公众的舆论,使环境行为主体产生改善其环境行为的压力,从而达到环境保护的目的。环境信息公开能够有效地加强环境管理的公众参与和监督,促进政府重视环境质量的改善,促使污染者加强污染防治、改善其环境行为。

三、城市环境管理方法的比较分析

(一)经济方法的利弊

经济方法的优越性主要表现在以下几个方面:

第一,经济方法可以通过允许污染者自己决定采用最合适的方法来达到规定的标准,或使其保护环境的边际成本等于排污收费水平,从而产生显著的成本节约。

第二,经济方法可以为有关当事人提供持续的刺激作用,使污染减少到所规定的标准之下。同时,通过资助研究与开发活动,经济方法还可以促进新的污染控制技术、低污染的生产工艺以及新的低污染和无污染的产品开发等。

第三，经济方法可以为政府和污染者提供管理上和政策执行上的灵活性。对政府机构来说，修改和调整一种收费总比修改一项法律或规章制度更加容易和快捷；对于污染者来说，可以根据有关的收费情况来进行相应的预算，在此基础上做出相应的行为选择。

第四，经济方法可以为政府提供一定的财政收入。这些收入既可以直接用于环境和资源保护，也可以纳入政府的一般财政预算中。

经济方法的弊端主要表现在以下几个方面：

第一，环境经济方法使用的前提是产权清晰，而很多环境产权的界定比较困难，或者根本无法界定。

第二，环境经济方法是依靠市场机制发挥作用的，没有完善的市场机制，其发挥作用的效果会大打折扣。

第三，当面临一些突发性的重大环境问题时，使用环境经济方法就会缺乏相应的时效性。

（二）非经济方法的利弊

在面临一些棘手的生态问题时，环境管制等非经济方法可以发挥更大的优越性，其表现在如下三方面：

第一，当遇到突发性的公害事件时，政府可以运用行政方法来处理这些由外部性而导致的紧急性环境事件。

第二，在某些特定的时期或者区域，需要政府运用行政权威强制执行某些措施，例如，可以通过制定颁布规则和禁令的方式，把车厢、会议室等公共场所划分为无烟区。

第三，政府利用行政权威实施与外部性相对抗的服务措施，特别是那些环境容量为零的物品的管制。如为保护旅客的人身安全，在列车上严禁携带易燃、易爆、有毒、腐蚀性的物品。

但是在实践中，环境管制方法由于没有一个严格的尺度度量，因此往往不能按理想的方式发挥作用。

第一，无法解决不同企业之间的差别问题。由于环境管制方法的规则对不同性质、不同规模、不同地区的企业采取完全划一的标准，导致这种规则无法在企业与企业之间有效地分配污染排放物的配额，从而限制了那些减少污染的边际成本最低的企业做出更大的努力。

第二，污染标准的划定问题。理论上，政府要通过费用—收益分析来确定污染标准，政府要通过计算所有的社会损害和减少污染的成本后再确定那些使总成本最小化的污染水平。但在实际操作中常常没有做这种分析，有的即使进行费用—收益分析，但社会损害和社会收益的衡量也是困难和不确定的。

第三，存在着“政府失灵”的现象。由于寻租等原因导致的腐败，使得处罚往往由“紧”走向“松”，使得环境管制方法的效果大打折扣。

（三）经济方法与非经济方法的比较

第一，环境经济方法相对灵活，环境管制方法相对僵硬。经济方法允许污染者根据自己的情况来选择最适合自己的达标方式；也就是说，企业在规定的环境标准下，既可以选择添置环保设备，也可以选择缴纳排污费，或者购买排污交易许可证等。而环境管制方法则采用统一的标准和措施，不利于企业发挥主动性。因为对一个经济主体来讲，自主选择会比被动执行容易接受，自主选择的空间越大，社会福利改善的可能性也越大。

第二，环境经济方法主要从经济方面来刺激，而环境管制方法则注重环境效果。环境经济方法通过不断给企业提供经济刺激和经济动力，使污染者以尽可能小的成本将污染减少到所规定的标准之下。而在环境管制方法使用过程中，往往会出现“不惜一切代价”的现象。环境经济方法还可以促进新的污染控制技术、生产工艺和新的无污染产品的开发。

第三，环境经济方法基本不需要政府投入，而环境管制方法的执行成本比较大。环境经济方法运行的前提是需要政府对环境资源产权的界定，在大多数情况下，不需要政府投入什么。而环境管制方法的执行过程主要在政府与各经济主体之间会存在人情关系，从而可能导致各利益集团之间的争斗和管制的低效率。况且严格的管制需要动用公检法等，导致执行成本比较昂贵。

第四，环境经济方法靠市场机制发挥作用，而环境管制方法则需要大量的信息。在使用环境经济方法的条件下，企业通过市场机制获取价格信号，从而使经济发展和环境保护更有效率，政府为此要做的仅仅是一次性的产权界定。环境管制方法发挥作用的前提是大量信息的需求，在信息不对称的情况下，政府不可能获取到各企业生产技术的完全或充分信息，也就导致环境管制方法难以发挥出理想的效果。

参考文献：

[1]陈海秋，《转型期中国城市环境治理模式研究》，南京农业大学学位论文，2011。

[2]陈强、尤建新，《现代城市管理学概论》，上海交通大学出版社，2008。

[3]陈宗团，《城市环境管理经济方法：设计与实施》，化学工业出版社，2004。

[4]范志伟,《城市管理概论》,上海交通大学出版社,2012。

[5]经济合作与发展组织,张世秋、李彬,译,《环境管理中的经济手段(OECD环境经济与政策丛书)》,中国环境科学出版社,1996。

[6]夏龙河,《城市生态化演进中环境管理的经济手段研究》,中国海洋大学学位论文,2006。

[7]姚建,《环境规划与管理》,化学工业出版社,2009。

[8]尹艳华,《现代城市政府与城市管理》,上海大学出版社,2003。

[9]Baumol,W. J. ,Oates,W. E.. *The Theory of Environmental Policy*,New York:Cambridge University Press,1988,155—235.

第十章　城市空间管理

第一节　城市空间管理概述

一、城市空间管理内涵

在地表空间一定范围内，人口集聚而形成城市。城市空间与人口一起构成城市的第一要素，又与人口不同，是限定而有限的资源要素。城市空间是居民居住、生产、交流等各种社会活动的载体，是城市赖以生存和发展的基础。因此，管理好城市空间对城市发展具有重要意义，城市空间管理是城市管理的基础而重要的领域。

在城市发展过程中，随着人口增多和经济社会活动的丰富，不仅居住空间需求变大，而且生产、交流等社会活动空间需求也在变大。而在现实中，城市空间是行政建制确定的，其规模在较长期间内相对稳定，可以视为保持不变。因此，在城市发展过程中，应对各种空间需求，有效提高城市空间的使用或利用的合理性和效率成为非常重要的课题，城市空间管理进而成为城市管理的重要方面之一。

城市空间管理的涉及面非常广泛，内涵丰富。例如，在空间上，微观层面可涉及影响住宅日照的小区内建筑物的布局，宏观层面可涉及城市空间形态布局；在类型上，从交通空间、公共空间、生态空间、产业空间等各种方面的管理；在合理性方面，营造宜居的生活空间，架构便于出行的交通空间，建构可减少局部性集聚所致负效应的空间结构；在效率方面，提高空间利用率，开发利用立体空间，倾向于城市总体能耗低的空间模式。

城市空间管理的基本目的是提供充分、舒适的居住空间，诱导产业活动空间集约化，进而使得城市宜居、高效、节能和可持续。城市的主体是居民，保障居民舒适的居住空间是城市空间管理的首要任务。产业发展是城市得以维持和发展的前提，必须保障充分的产业活动场所；但同时为了抑制企业在空间上的粗放式经营，高效利用城市内有限的空间资源，要强化引导企业经营空间集约化。

城市空间管理的主要问题是针对有限的空间资源如何合理配给居住、经济、社会等各类用途，即城市空间利用结构问题。城市空间利用结构问题可分为两大方面：一是数量上的比例结构问题；二是在形态上的几何结构问题。

城市空间的数量上的比例结构主要指的是土地利用各类型之间的比例关系。按照我国《土地利用现状分类》(GB/T 21010—2017)，用地类型分为耕地、园地、林地、草地、商服用地、工矿仓储用地、住宅用地、公共管理与公共服务用地、特殊用地、交通运输用地、水域及水利设施用地、其他用地等12个一级类、72个二级类。其中，建设相关用地包括零售商业用地、批发商业用地、工业用地、城镇住宅用地、公路用地等39个二级类。作为城市空间管理，需要评估现状用地的类型之间的（规模）比例关系的适宜性，确定今后的调整方向。

城市空间的形态上的几何结构主要指的是土地利用各类型之间的相对位置关系，还包括建筑物允许高度和地下延伸关联关系。即使类同的土地类型构成和相同的比例关系下，几何结构不同也可导致差异很大的空间利用效果。因此，在城市空间管理中，几何结构问题是重中之重。作为城市空间管理，需要处理好各类用地之间的相对位置，包括各类型用地在城市不同区位上的大小及其布局（即空间展布）与其他用地的直接或间接的相依关系、方位关系，垂直延伸允许度等（丁成日、宋彦，2005）。

总之，城市空间管理的实质在于城市空间资源的配置、投放、使用和管理等空间管理，在具体实践中，这种空间管理需要兼顾多方面因素，应对多重问题，处理好空间利用结构问题。

二、城市重大问题与空间管理

城市尤其是大城市是一个庞大、复杂的系统，在其发展过程中可以说面临无数的问题，而其中一些重大问题只有通过空间管理才能有效应对。

发展经济是城市发展的重要问题之一。与经济发展相关的要素有很多，其中唯一不可绕开的要素是城市空间，毕竟城市空间是所有产业活动的载体。有效利用和发挥城市经济发展重要机制——集聚效应、规模效应、增长极效应等离不开适宜的城市空间管理。因此，对于城市经济发展而言，城市空间管理是基础而关键的。通过城市空间管理，提升中央商务区的功能，不仅能够扩大就业机会、为城市制造业等产业提供服务支撑，而且为城市乃至全国参与经济全球化提供支点。通过城市空间管理，寻找或挖掘适宜于开发区、中心城副中心、中心城外新城等的区位，设立或提升其发展，为城市经济发展提供新的增长点。

有效运行城市是城市发展中的又一个重要问题。而随着城市规模的扩大，城市所面临的一个显著的大问题是市内交通拥堵而降低城市总体的运行效率。当交通拥堵时，人们用于上下班的时间增大，消耗大量时间于路上，做无效功，且还堵心。其根源在于城市空间利用不合理，一方面中心城规模扩大、人口增多而总体交通量增加，另一方面商务活动密集于中央商务区（市中心），使得中心城的人口和中心城外的通勤人口在上下班时间形成放射状同向流。对于这种交通拥堵而言，各种交通改善措施基本上难以有效应对，只能从城市空间利用模式上着手解决。也就是说，建构相对于中央商务区的中心城内副中心，分散和截流通向中央商务区的上下班人流；建构相对于中心城的中心城外新城，截流迁往中心城定居的人口。

保护生态环境是城市发展中必须坚持的重要问题。保护生态环境的基础是保持足够的（广义上的）绿地——非人造建筑物空间，保护生态环境的重要内涵是保护生态系统多样性。随着城市发展，城市规模扩大，城市人造建筑物所占空间不断扩大，如果不采取有效的空间管理，将难以保持足够的绿地。况且，尽管在城市人造建筑物之间可保留或开拓绿地，提高城市总体绿地比率，但是这类绿地往往单体规模小，不利于保持生态系统多样性。因此，在城市发展进程中，有必要强化城市空间管理，特意设定连贯的较大绿地，留作为保护生态环境、保持生态多样性的空间，限制在其内进行建设。

城市空间管理的基础性特征使得其举措可同时获得多重效果。例如，实施中心城内副中心的建设管理，可疏散和缓解商务活动过度集聚于中央商务区，减弱中央商务区房地产价格过高等集聚不经济效应；可截流向中央商务区的上下班人流，改善交通拥堵观象，提高城市总体的运行效率；还可作为增长极，激活副中心所在地的经济活力。又如，实施绿带的建设管理，不仅可达到保护生态环境的效果，而且还可达到控制城市无序蔓延的效果。

第二节　城市 CBD 及多中心建设管理

为了有效利用城市空间、集聚优势，创建有利于面对面交流的创新活动空间，乃至保障其他用地、尤其是绿色空间，在城市空间的管理过程中，有必要注重中央商务区这一城市空间模式的建设管理。现代城市的发展过程表明，城市中央商务区成为城市空间结构中的重要组成部分，建设管理好城市中央商务区对于城市发展具有积极的意义。

随着城市规模的扩大，一方面城市中央商务区难以为全市提供充分的商务空间，另一方面集聚带来规模不经济即负效应，如伴随中央商务区就业增多而经济活动人流集中，进而促成上下班时间段以中央商务区为中心形成的放射状交通流过大而拥堵，由于商务活动集中诱致房地产价格上涨而过度增大商务成本。为了疏解中央商务区越来越大的空间需求压力，提供性质上类似于中央商务区的商务集聚空间，同时减弱因中央商务区的发展可能引发的负效应，城市空间管理不能局限于中央商务区，还要扩大到多中心建设管理，即需要建设管理能够分担中央商务区的副中心、次中心，取向多中心建设管理。

一、城市CBD建设管理

（一）城市CBD的内涵与特征

顾名思义，中央商务区（Central Business District，CBD），是指城市经济活动的核心地区，其经济活动主要以商务办公、零售为主，而商务办公是城市生产的基石，并表现出突出的城市集聚经济特点。尽管CBD的定义和空间地理范围的界定比较模糊，但是一般来说，CBD具有以下几个特征：

1. 地理空间特征

CBD在一定意义上成为一个城市空间代名词，它代表着整个城市精华的、超景观的区域。从建筑上看，CBD往往高楼林立，体现出高密度建筑的特点；从地价上看，由于CBD是黄金地段，因此它的楼价在这个城市内部或者一个区域内往往是最高的。

一般来说，CBD的空间位置大都居于城市的地理中心或几何中心。当然，由于自然地理约束（如港口城市和沿海岸、湖岸发展的城市），城市空间发展并非一定以城市CBD为中心向各个方向均衡、对称地发展。无论CBD是否位于城市的地理中心，其交通网络可达性和就业可达性都是最高的。

2. 产业功能特征

CBD以第三产业为主导，但并非传统的第三产业，而是以现代服务业为中心的第三产业。如金融、保险、证券、中介、会计等。CBD具有经济控制的功能。在市场经济条件下，经济的控制能力往往也集中在一些大的金融、贸易、保险等跨国公司总部云集的地域。这一区域对经济的支配能力、主导能力、控制力是比较强的，因此，CBD实际上是市场经济体制下一个经济的枢纽机构空间。

3. 时代性特征

过去 100～150 年来的技术进步在两个方面改变了工业企业的区位选择：一是交通技术（特别是集装箱）的发展大大地降低了交通运输成本，使工业生产组织中的交通成本几乎可以忽略不计，因而工业企业不再需要占据城市中心地区或靠近交通枢纽等来节省运输成本。二是工业生产技术（特别是自动化技术）的发展使工业需要大量的土地来进行平面组装，而不是像从前非自动化时期的垂直组装，因而工业企业纷纷迁往土地价格相对低廉的郊区。由此，城市中心可为 CBD 中的商务企业的集聚提供更多的空间。

相对于整个城市，CBD 尽管所占的面积很小（一般在 1%～5%），但是它对城市经济的作用和贡献是非常巨大的。比如，东京市有 23 个区，占地 621 平方千米，居民 800 多万人，提供了近 700 万个就业机会（有相当多的人从东京市 23 个区以外的地方来上班）。然而，东京市的 CBD（中心 3 个区）占地 42 平方千米，有 243.4 万个就业机会（平均就业密度为 57 952 人/平方千米），CBD 的就业机会占整个东京市的 34.8%。同样，纽约市和旧金山市，在距 CBD4.8 千米以内的就业总数占全部就业总数的 45%～50%（丁成日、谢欣梅，2010）。

（二）城市 CBD 建设管理核心内涵——功能提升

一般而言，城市 CBD 的职能结构由三大板块构成：一是中心商业职能，包括食品、服装、家具、汽车（包括零配件）、百货、杂货等；二是中央商务职能，包括金融、总部办公、普通办公、服务贸易、运输、公寓住宅、停车等；三是非 CBD 职能，包括居住、批发、工业、公共单位和团体组织办公、空置地等（Murphy，et al.，1955）。

从城市总体宏观层面上看，一方面，随着城市商品经济的规模化、专业化不断加强，服务于生产组织、产品经营的各种商务行业成为城市经济运行中不可或缺的要素，且地位日趋重要。商务办公功能从依附性的次要门类跃升为城市经济的主体行业类群。另一方面，随着商务办公职能对经济活动的渗透和控制作用日益增强，城市 CBD 成为商务办公功能集聚的理想场所，结果商务办公在 CBD 中的比重不断增加。

从城市商务区具体层面上看，城市 CBD 由萌芽到成熟，其功能内涵经历了由简单到复杂、由低级到高级的发展变化过程。

城市 CBD 的功能演化进程表明，虽然在不同国家、不同城市中形成不同的发展特点，但大多数城市都经历小商业点（以商业为中心）—传统商业中心（商业、办公业混杂）—现代商业中心（以商务办公为中心）这样一个由初级向高级过渡的过程。

基于城市 CBD 的特征和演化特点来看，城市 CBD 的建设管理包括两方面：一是促进规模发展，形成平面上、高度上（即立体上）的空间规模，提供和保障其发展空间；二是内涵（即功能）提升，遵循 CBD 的演进规律，适应乃至超前于城市和时代发展需求。

城市 CBD 的建设管理的具体操作上，一方面为其规模发展提供必要土地，即提供平面空间，同时创造有利于其高密度开发的建设密度（高容积率）政策，即提供高度空间。但是，土地空间的扩大和建设密度的提高在某种意义上有其“上限”，不能无限展开，所以具有内在局限性。另一方面，随着城市和时代发展，对城市 CBD 的发展不断提出功能提升需求。而 CBD 的存在和发展必要性就是源自其功能，所以符合、充实于城市发展和时代发展需要的功能提升是 CBD 建设管理的核心内涵。所以，城市 CBD 的建设管理核心内涵就是不断提升其功能。

总之，城市 CBD 的建设管理，需要关注其功能的提升，持续提高区内商务办公比重。另外，在提高商务办公比重的同时，着眼于区域一体化、经济全球化发展形势下城市 CBD 的服务范围超越城市本身的需求，不断调整商务办公的内涵和结构，应对相应需求。由此，不仅在与非商务办公功能的比例关系上，而且在商务功能的内涵结构上，城市 CBD 的功能得以全面提升。

二、城市多中心建设管理

（一）多中心城市与城市多中心建设管理

多中心城市，顾名思义就是具有多中心的城市。即，当一个城市不仅具有 CBD，还具有其他次要的中心时，就称为多中心城市。当一个城市规模增大到一定水平以上时，CBD 难以支撑城市商务空间需要，并出现诸多相关问题，就自发形成或有必要引导形成其他次要中心。不论次要中心的形成是自发的还是有意诱导下的，如同 CBD 需要建设管理一样，次要中心也需要建设管理。

城市中的次要中心可分为两种：一种是中心城（主城区）的范围内的，可归为副中心（副核心）；另一种是距离中心城一定距离的，可归为新城（卫星城）。前者即在中心城区内的次中心，例如《上海市城市总体规划（1999—2020）》中提及的徐家汇、花木、江湾—五角场、真如等副中心。后者即距中心城一定距离的新城，例如《上海市城市总体规划（1999—2020）》中提及的宝山、嘉定、松江、金山、闵行、惠南、青浦、南桥、城桥和空港新城和海港新城，或者《上海市城市总体规划（2017—2035）》中提及的嘉定、松江、青浦、奉贤、南汇等新城。

副中心的功能主要是分散CBD的商务活动，缓解CBD的商务集聚压力，创造更为丰富的商务活动环境，并由此减少流向CBD的人流和物流，改善中心城的单中心结构下的交通拥堵。因此，以副中心为内涵的城市多中心建设管理重心在于创建多个次级CBD，改善中心城内的空间结构，改善商务、居住、休闲空间格局，分散交通流。

新城的功能，除了包含类似于副中心的分散CBD功能，即应对CBD的中心功能之外，还包含截流流向中心城的人口和企业，分散中心城的人口和企业的功能，即应对中心城的中心功能。也就是说，新城的功能和规模均比副中心的多且大，其作为次要中心的作用远超副中心。因此，以新城为内涵的城市多中心建设管理在内涵和规模上更具挑战性。

在实践中，以副中心为内涵的多中心城市建设管理和以新城为中心的多中心城市建设管理可并举，亦可单独实施，如仅局限于副中心为内涵的多中心城市建设管理，或仅局限于新城为中心的多中心城市建设管理。

以下阐述的多中心城市是指以新城为背景的多中心城市。

（二）多中心城市中各中心功能

在多中心城市内，各中心拥有的功能主要有如下五类：

第一，商业指挥和控制功能。具有此类功能的中心通常是以商业为基础建立的，主要包括银行等金融行业以及商业公司总部，同时涵盖了会计事务所、管理咨询机构等广泛的商业服务。在过去的几十年中，许多大城市为了适应世界经济的发展趋势，开始建设新的具有商业指挥控制功能的中心。通常情况下，此类中心的发展都由一个大型的商业中心项目推动，而且这些项目在交通基础设施和城市设施方面一般都有非常大的资金投入（覃成林、李红叶，2012）。

第二，科学技术创新功能。过去几十年的科技快速进步，推动了电信、电子工程、新媒体等技术的创新发展。在一些城市，具有高科技服务业的中心主要是通过开发具备现代信息技术和电信设施的办公园区在城市的边缘逐渐扩展起来的。除此之外，还有部分城市的新商业科技、创新中心是在其前工业区的基础上建造的。

第三，文化娱乐和消费功能。每个大城市在多中心模式发展之前，所拥有的单中心都毫无疑问具备长期形成的文化和消费功能。况且，此类功能传统上主要集中在大城市内部的中央和历史文化区，展现形式为剧院、电影院、商店、游乐设施等。虽然目前传统核心地区在高端文化和消费领域仍存在着特殊性与优先性，但文化、娱乐等服务业正逐步从大城市原有中心地区扩散至新的次中心，并得到快速发展。

第四,教育和知识中心功能。历史上,欧洲的大学通常建立在各城市内部尤其是中心区域。但是,随着城市的扩大和发展,以及大学和跨国企业科研项目联系的逐渐频繁,以大学为代表的知识中心与城市中心位置之间的关联逐渐降低。在此背景下,在城市核心外部建造与高等教育和企业科研活动有关的基础设施(这些项目包括将大型教育中心从城市中心迁移到其他新建立的中心地区)的情况越来越多。

第五,物流和运输功能。具有此类功能的次中心由于所处位置较为开阔,并且与主要高速公路建立了直通的联系,同时临近或者覆盖了机场和港口等主要运输基础设施,且没有主城区的拥堵问题,因此是运输、物流和批发活动首选地区(李懿等,2017)。

(三)城市多中心管理路径

第一,以明确的目标导向界定多中心城市的基本形态。在建设多中心城市过程中,首先要确立发展多中心城市建设的基本目标,围绕目标来决定多中心城市的基本形态。新城(卫星城)建设的主要目标是缓解大城市(中心城)的人口压力,以及人口大量集聚带来的交通拥堵、环境污染、住房拥挤、基本公共服务不足等问题。为缓解上述问题,英国、法国、日本政府选择在大城市一定的通勤距离范围内建造新城,疏解人口和产业。

第二,以产业和利益驱动培育新城的相对独立性。在城市多中心建设中构建相对独立的新城,一是要发挥产业集聚的驱动作用,优化产业功能的空间分布。以与中心城功能互补的产业为核心,吸引人才到新城生活就业。二是要提升新城的基础设施建设与基本公共服务水平。在新城为居民提供与中心城基本一致的住房、学校、医院、公交等生活设施。三是通过投资、人才政策向新城倾斜,增强新城独立发展的活力,逐渐在中心城之外形成多个新城,构建城市多中心体系。

第三,以高效的交通网络提升城市多中心间的互动水平。构建城市多中心体系,采取积极措施疏解交通网络的承载压力,增强交通网络的承载能力。发展便捷、优质的公共交通,形成城市各新城之间统一高效的交通网络结构,依托交通网络实现城市多中心体系的优化与布局。在城市多中心建设过程中,中心城与新城之间通过高效的交通网络形成相互依存、互为补充的良性发展态势。

第四,以国家力量为多中心城市建设提供保障。城市多中心建设对政府、市场、社会多个主体之间的协同提出了更高的要求。从整体、长远利益的角度规划国土资源，发挥城市的集聚效益，才能实现人口和功能疏解的目的。而只有国家力量的介入，才能为城市多中心建设提供保障（李懿等，2017）。

第三节 城市开发区建设管理

一、城市空间开发——设立开发区

经济发展是城市发展的原动力，在城市发展过程中，需要持续促进经济发展。促进城市经济发展含义广泛，所需涉及的领域广泛，尽管关联性或重要性方面存在程度上的差异。城市空间是经济活动载体，管理好城市空间在促进经济发展方面具有重要地位。管理好城市空间可扩大经济活动区域、城市经济体量、经济集聚度，培育和发展经济增长极，获得集聚效应、带动效应、扩散效应，增强城市竞争力等。

设立开发区是有效管理进而有效利用城市空间的一个有效途径。设立开发区促进城市乃至国家经济发展已有国内外众多实践和经验积累。据文献资料记载，开发区起源于自由港。世界上第一个自由港有多种认定方式，但是一般认为世界上首次正式命名的自由港为 1547 年意大利的西北里窝那（Livorno）自由港。其后，在世界上出现了大量的开发区，并且它们的发展受到国家或地区及历史时期的影响。随着历史的发展，因为国家、地区、设立目的、地理位置等的不同，开发区具有了多种形式和职能，并被赋予了多样的名称。有一本国际机构的相关名录中所记载的有关开发区的名称多达 58 种。[①]

---

① 具体有如下类型（金钟范，2008）：Airport Free Zone and Industrial Park，Bonded Zone，Border Economic Cooperation Zone，Border Economic Zone，Business Park，Business Park Free Zone，Commercial Trade and Financial Development Zone，Custom Zone，Development Zone，Duty Free Zone，Economic and Technological Development Zone，Economic and Technological Zone，Economic Development zone，Export Processing Zone，Finance and Trade Zone，Foreign Export Zone，Foreign Trade Zone，Free Area，Free Commercial Zone，Free Economic Zone，Free Industrial Zone，Free Port，Free Port & Government Zone，Free Port Zone，Free Processing Zone，Free Trade Zone，Free Zone，Free Zone Area，Hi-Tech Industrial Park，Hi-Tech Park，High-Tech and Neo-Tech Industrial Development Zone，Industrial Mission，Industrial，Industrial and Commercial Free Zone，Industrial Area，Industrial City，Industrial Development Estate，Industrial Development Zone，Industrial Estate，Industrial Free Trade Zone，Industrial Free Zone，Industrial Park，Industrial Park Export，Industrial Zone，International Airport Free Zone，International Free Zone，International Services，Investment Export Processing Zone，Investment Zone，Light Industrial & Science Park，Manufacturing Free Zone，Market Free Zone，Open Development Area，Open Development Base，Park，Science and Technology Zone，Special Economic Zone，Special Export Processing Zone，Technopark，Teleport。

中国自改革开放以来，作为扩大对外开放、促进经济发展的重要举措，积极采用开发区这一空间开发模式。中国的开发区发展显著，一方面数量多，成为普遍的空间开发模式；另一方面类型多、功能多样，成为内涵丰富的空间开发模式。

从国家发展改革委、科技部、国土资源部、住房和城乡建设部、商务部、海关总署会同各地区所修订，经国务院同意颁布的《中国开发区审核公告目录》(2018年版，以下简称《目录》)来看，仅就国家和省市层次(级别)设立的开发区就有2 543个，其中国家级的552个。此外，不够上述等级的地方政府也设立了大量开发区，如今中国的开发区形成了遍地开花之势。

中国开发区的类型亦多，据上述《目录》，仅国家级开发区中就有经济技术开发区、工业园区、开发区、投资区、产业园区、高新技术产业开发区、高新技术产业园区、高新技术产业示范区、保税区、综合保税区、出口加工区、保税物流园区、保税港区、边境经济合作区、互市贸易区、高端装备制造产业园、国家旅游度假区、金融贸易区、科技工业园、投资开发区、经济开发区等众多类型。

中国的开发区类型多，形成了以加工制造为核心、门类齐全、紧跟前沿的产业体系。从《目录》中可见，开发区主导产业定位以产品加工和装备制造为核心产业，同时包含信息技术、生物医药、新材料、新能源、航空航天、环境保护、海洋技术等高新技术产业，环保、金融、物流、展览、国际贸易、文化服务、科技服务等现代服务业，智能制造、精深加工、特种设备、光机电一体化等前沿产业。这些开发区的设立和运营，为所在城市产业发展、经济发展乃至整体发展提供强有力的支撑。

不难看出，国内外都在广泛利用设立开发区这一空间开发模式，谋求城市、地区和国家的经济发展，获得空间发展效果。但是，由于不同开发区的发展随自身特点(即建设管理的差异性)，所获得的效果呈现差异表现。因此，为了有效利用城市空间、充分发挥开发区优势，需要逐步提高开发区的建设管理水平。

二、开发区设置管理

设置开发区已经成为城市空间管理的重要方面之一，搞好开发区设置管理有助于有效利用城市空间，扩大对外开放，促进经济发展，提升新兴城市新增长空间和城市整体发展水平。因此，利用和发展开发区的实践中，需要注重开发区设置管理，以达到预期目标。

开发区的设置管理可分为两个方面：一是空间相关管理；二是经营相关管理。

(一)空间相关管理

第一,需要关注开发区与生态环境的关系问题。从设立开发区的实践来看,多数布局在城市周边,大量占用农地、林地等。开发区建设首要工作是“七通一平”(通电、通路、通给水、通排水、通信、通热力、通燃气、土地平整)等基础设施建设,使得土地性质转变成建成区范畴。结果,一方面潜在助长城市(空间)规模的扩张乃至无序扩张,成为城市“蔓延”或“摊大饼”式扩张的推手;另一方面,伴随城市蔓延或摊大饼式扩张,缩小农地、林地等绿地面积,扰乱生态系统,影响城市总体生态环境。

第二,需要关注开发区空间规模问题。开发区的空间规模问题涉及如下问题:

其一是开发区规模过大,且主要发展制造业,就会涉及是否有必要设立大规模的制造业区域的问题,使其在城市型用地即建成区中占很大比重。在现实中大量开发区确实以制造业基地即工业园区为指向。城市发展需要一定比重制造业用地,但是如果其所占比重过大,城市建成区发展规模确定的情况下,将会挤占其他行业、社会活动空间,并且潜在促使城市整体过低密度发展。

其二,开发区空间规模过大,可能会导致土地资源的低密度、粗放经营,难以提升土地使用效率。在没有充分的招商引资能力和相关条件的情况下,规划设置大规模开发区,往往会导致土地资源迟迟得不到充分、合理利用和粗放利用。虽然一定程度上形成空间集聚,但是集聚密度不足,只能形成低密度型空间集聚。显然,这不适于现代城市土地利用向节约、集约化发展的形势。

其三,开发区设置数量多,总面积过大,而且在这些开发区主要是新开发的情况下,同样涉及前面阐述的生态环境、城市建成区中占比、粗放经营等诸多问题。

第三,需要关注开发区内空间利用集约化问题。

(二)经营相关管理

在开发区内部的经营管理方面,需要关注优惠政策淡化和营商环境建设。

第一,淡化优惠政策,优化营商环境。开发区多以优惠政策为主要“卖点”招商引资。但是,过度依赖政策比拼,一方面会加剧全国性开发区之间的恶性竞争,对于国家整体利益形成减损之势;另一方面会使入驻企业在经营上有意粗放经营,依赖优惠政策取胜,而不是通过提升竞争力取胜;再一方面与所在城市其他企业形成不平等竞争。

为了淡化优惠政策依赖,同时使得企业能够获得相当于或更高于优惠政策之实惠，需要优化营商环境，使得企业在经营环节上的获利总体上超越优惠政策上的获利，例如，经营上的审批手续简化，办理手续时间缩短、手续费用减少，享受公平的竞争环境、稳定的政策环境等。

第二，在营商环境建设方面，尤其需要关注开发区管理体制创新，使得开发区力量集中于经济管理和投资服务领域。

其一，完善投资促进管理体制。开发区以产业发展为方向、以创新发展为动力，因而促进投资在开发区管理体制中处于突出位置。要建立综合的投资服务体制，积极主动开展招商引资活动、创新招商引资方式，实现从政府主导招商向政府招商与市场化招商相结合转变。特别是要改变招商引资任务层层分解、部门分解的做法，建立开发区投资促进中心，可以根据开发区不同园区特点建立和完善投资促进部门，这样既能发挥经济发展统筹功能，也能调动区域发展主动性。

其二，设立集中行政审批机构。开发区要积极提供一站式审批服务平台。在相对集中行政许可权改革试点基础上，建立开发区行政审批部门，将市场准入、投资建设和权证办理等相关事项予以集中，实现建设项目从立项到施工许可的快速办结。要建立统一的网上平台，实现行政审批机构与同级部门和上下级不同部门间的有效衔接，真正实现集中审批。

其三，合理配置综合行政执法机构。开发区要积极建立跨部门、跨行业的综合执法机构，实现大执法格局。根据开发区与行政区的关系，要么建立开发区综合执法部门，实现开发区执法的统一化，要么将综合行政执法机构隶属于行政区政府，使开发区能够将精力放在经济发展之上。要完善开发区综合执法体制，统一行使所在地政府部门的行政执法权，按照开发区区域特点合理配置执法资源，使执法力量向基层下沉，实现网格化管理模式。

其四，打造高效的市场监管机构。开发区市场监管机构要与行政执法机构有机融合，一并监管、一同执法，防止监管和执法脱节。在此基础上，划分监管和执法的权力责任，加强信用监管，形成线上线下相结合的大监管体系。要强化信息共享，完善监管信息分析机制，切实提高监管水平；要构建多元化监管体系，实现信用监管、行业监管、行业自律、社会监督、公众参与的有机结合，做到监管有效果、有监督。

(三)工业园区型开发区设置管理

开发区多数在性质上属于制造业基地，属于工业园区，这类开发区设置管理需要关注如下问题：

第一,大力推进与主城空间结构的融合。工业园区的发展,从根本上说是城市功能提升与空间拓展的一个过程和方式。工业园区从城市母体的功能与空间中诞生,最终必将回归城市整体的功能和空间结构,或融入主城区,或构成组合城市,都将成为城市的一个有机组成部分。

第二,加强物质空间建设。从工业园区创立之初开始,围绕招商引资和土地批租,物质空间建设始终是工业园区形态开发的重点。工业地块经历"七通一平"等基础设施配套建设、标准厂房的成片开发以及周边环境的全面改善等,物质空间建设的水平和质量由低到高。工业园区的物质空间建设需要不断创新,为制造业的集聚和提升创造条件。

第三,高度重视网络空间建构。经济全球化背景下,每个工业园区都是全球生产网络中的一个节点,其发展更多地受制于全球经济网络的整体。同时,以信息网络为媒介,新兴的网络社会也正在突破传统的时空结构,构建和形成全新的城市及其工业园区的基本组织形式。因此,城市工业园区形态开发需要重视网络要素的支撑作用,为努力构建多层次、全方位的网络系统创造物质空间条件(杨新海,2006)。

第四节 城市绿带设置管理

一、城市空间规模过度扩张控制与管理

随着城市化进展的加速城市数量增多,城市规模不断扩大。城市规模扩大,一方面体现在人口增长,另一方面体现在城市性用地(即建成区)的增大。当城市建成区以跳跃式或者外延式不断向外扩张时,就会形成城市"蔓延"或"摊大饼"式的空间发展态势,导致城市空间规模过度扩张。

学界对城市空间规模过度扩张的关注层面(维度)不尽一致。环境保护主义者关注其对生态环境与人类健康造成的影响;经济学者关注其过度郊区化问题;社会学者关注其对社会和谐的损害。城市空间规模过度扩张原因复杂,单从经济学视角来看,城市蔓延的机理可归纳为如下几个方面(范进、赵定涛,2012):

第一,居民收入水平的提高。人们对住宅的消费会随着收入的增加而逐渐增长,因而随着经济发展和居民生活水平的提高,城市居民追求环境品质的需求会变得越来越强烈。而对人均占地面积更大的需求则刺激了人们向地价较低、环境优美的郊区迁移。

第二,城市化进程加快带来的人口转移。在城市化加速发展期,大量的农业人口进入职业和地域的转移过程。然而,大城市核心区的地价和生活成本高昂,农村转移劳动力基本不具备在其生活的能力。因此,大城市外围的新城、新市镇往往成为那些怀有乡土情结的转移人口迁居的重要选择。

第三,交通成本降低与家用轿车的普及。随着城市交通条件的改善,交通成本下降,从而使得更远距离的通勤成为可能。同样,家用轿车的普及也延长了人们活动的半径。

第四,郊区土地利用规制失灵。为了规避土地供求市场化过程中出现的城市土地利用问题,逐步在传统的城市规划之外,外生了一套基于地方土地财政之上的郊区土地利用规划的制度安排。在此背景下,地方政府往往以城市区划调整之名,将郊区土地改变为城市建设用地。

第五,农地征用制度的缺陷。实践表明,当农地征用补偿价格低于实际农业地租时,城区和郊区的边界都会扩大。

显然,城市空间规模过度扩张有其自身的形成背景和机理,是城市化的内在需求,是一种经济现象,有其自发性,即经济、工作、生活的必要性使然。但是,城市空间规模过度扩张潜在或直接破坏环境要素间的自然耦合关系,降低自然资源的生态服务功能,超越生态限制因素等问题。因此,有必要对城市空间规模过度扩张进行管理,即实施城市空间管理。

针对城市空间规模过度扩张问题的城市空间管理的核心内容是确定和设置适宜城市发展的目标边界(线、带)。设立这种城市空间目标边界的作用不仅在于设置一道界限或屏障以防止城市空间的无序蔓延,而且能够划出重要的自然保护区和市民休闲游憩之所,还能为城市未来的潜在发展提供合理的引导。

可适用作这类边界(带)的可分为三种类型,即,绿带(Greenbelt)、城市增长边界(Urban Growth Boundary,UGB)和城市服务边界(Urban Service Boundary,USB)。在此,绿带和城市增长边界主要通过"硬性规划"方式将城市空间扩张控制在有限范围内,即限制城市空间扩张到重要农业用地和生态用地等。城市服务边界则采用"软性服务"方式,把基础设施投入仅限于目标边界之内,"诱导"城市经济、社会、居住等城市生活在目标边界之内展开。

绿带主要是指为了保护而在城市周边划定的农田、森林和其他绿地等开放空间区域,其划定目的是永久性地限制城市建成区的扩张;城市增长边界是指城市区域和农村区域之间所划定的界限,其划定目的是利用区划、开发许可证和其他土地利用调控手段,将合法的城市开发控制在边界之内,避免城市开发跨入农村区域;城市服务边界则通过拒绝将市政服务(例如供水系统、排水系统、道路、学校、公园)延伸到服务边界之外的地区,将依赖于市政服务设施的开发控制在边界之内,其相对城市增长边界来说操作更为灵活(韩昊英等,2009)。

需要指出的是,城市增长边界的设立可以是永久性的边界,也可以是阶段性的边界,前者为刚性底线边界,后者为动态发展性边界,所以具有潜在"多义"性(黄明华等,2017)。与此相比,绿带在实践中作为永久性控制和管理的规划工具,在诸多城市中历经长期实践和考验,绿带在建立城市整体的生态安全格局方面可发挥独到的作用。因此,在控制城市空间规模过度扩张的管理中,设置绿带具有重要的实践意义。

二、城市绿带——开发限制区设置管理

(一)城市化进程中的城市绿带

绿带起源于英国,用于控制城市空间发展的措施,在城市外围设置永久性绿地即开发限制区,供农业生产和整个城市乃至区域的生态保护用地使用,并以此抑制城市规模过度扩张(王晓娜、周训芳,2016)。

具体来说,城市绿带的功能是多元的。第一,快速城市化下城市外延不断扩大,此时阻止城市蔓延是城市绿带的首要作用。第二,在资源节约型、环境友好型社会(即"两型社会")的建设背景下,城市建设从外延扩张走上适度合理的扩张和旧城更新相结合的战略转型之路,城市发展更加强调环境友好,此时协助中心城区更新改造,满足城市发展和居民需要成为城市绿带又一功能所在。第三,生态功能是城市绿带随着时代变迁而日益凸显的另一重要功能。缓解城市热岛效应,建设低碳城市,使居民走进大自然等都是其生态功能的体现。城市绿带在城市林业建设乃至整个城市建设中的作用无可替代。

为了最大限度地发挥城市绿带功能,需要多方协调与配合,而城市绿带法律制度是协调各方利益的最好的调和剂。因此,城市绿带立法的重要性不言而喻。

首先,城市绿带立法促进城市生态文明建设。城市的生态文明程度越高,城市品位越高,能够为聚居于此的群体提供的公共设施与服务水平就越高。城市绿带立法是促进城市生态文明建设、支撑上述设施与服务的有效措施,是城市建设中不可或缺的内容。

其次,城市绿带立法推进城市法治建设。法治建设是现代城市建设的应有之义,无论是实现可持续发展的城市目标,还是实现宜居、安全的城市环境,都需要法制的引导,城市绿带立法是城市法治建设的有力保障。

最后,城市绿带立法提高城市软实力。城市的主体是市民,市民的综合素质是城市的软实力,直接影响城市的建设和发展。城市绿带立法客观上能够提高市民保护环境、建设绿色城市的素质和能力。

(二)绿带设置实践

1. 英国伦敦绿带:城市绿带的全球典范

在英国的规划体系中,绿带被定义为环绕城市建成区的乡村开敞地带,其中包括林地、农田、小村镇和公园等其他开敞用地,为居民提供户外活动和游憩的空间,同时改善居住环境和保护自然环境。

1580 年,为防止瘟疫与传染病的蔓延,伦敦在城市周围设置了 4.8 千米宽的绿化隔离带,这成为伦敦绿带的源头。1927 年,恩温在大伦敦区域规划方案中提出围绕建成区进行绿带建设的思路。1935 年,大伦敦区域规划委员会提出在伦敦郊外建立一个为公众开敞空间和游憩用地提供保护支持的带状开敞地带,从而首次提出在城市周边建立绿带的构想。1938 年通过的《绿带法案》允许伦敦议会购买土地建造绿带。1944 年,艾伯克隆比主持大伦敦规划的编制工作,圈层式结构被采用,由内向外分别为内城环、近郊环、绿带环和农业环 4 个圈层。英国的绿带政策在限制城市无序扩张、缓解环境恶化和提升生活质量等方面的绩效已得到充分肯定,并被许多国家效仿(Kuhn,2003;Cohen,1994;贾俊、高晶,2005;杨小鹏,2010)。

2. 法国巴黎绿带:农业用地的拯救之策

长期以来,巴黎的城市发展呈“摊大饼”式从老市区向外蔓延,农业地区遭到严重破坏,城市建设占用了大量乡村土地,使城市周边的自然环境变得十分脆弱。为了遏制此趋势的蔓延,巴黎议会于 1987 年决定在城市聚集区域周边开辟环城绿带,在市中心周围 10 千米～30 千米范围内展开,涉及森林公园、农业保留地、娱乐设施及需整治的矿场遗址等内容(刘薇,2001)。巴黎环城绿带各部分的宽度不一,最宽处达数十千米,最窄处只有一条步行小道,但整体的环形是不间断的(张怀振、姜卫兵,2005)。

巴黎环城绿带承担三项主要功能:控制城市界线,防止城市蔓延性扩展;保护农业,特别是城市周围地区的农业;开辟大片绿地,保证城市和乡村之间的合理过渡。

3. 韩国首尔绿带:开发压力下的改革之路

自 20 世纪 60 年代工业化兴起,韩国首都首尔的规模膨胀即人口集聚现象十分突出,并逐步呈现向周边扩散而形成首都圈规模膨胀之势。为了防止这种规模扩张的蔓延，韩国政府于1971年在首尔周围设置绿地带——开发限制区域（金钟范，2002）。

20世纪80年代以来，韩国经历了新一轮的经济增长高潮，首尔的城市扩张压力进一步增大，城市住房危机也越来越严重。为了疏散增长压力，1989年政府开始推进绿带外的新城建设。然而，这种城市空间增长的疏导措施仍不能满足需求，1994年韩国规划体系在严格区分的城市地区和非城市地区两种基本用地类型外，又引入了半城市和半农业（林业）地区，绿带外一些非新城地区的土地被划为此类。市民不仅在绿带管制框架内争取各种建设许可，还进一步要求绿带管理政策的彻底改革（Kim，Kim，2008；宋彦、丁成日，2005）。

1998年，韩国建设交通部组织成立了由规划专家、环境组织代表、媒体记者及其他政府官员组成的绿带体系改进委员会，研究解决绿带问题的对策。问题的解决主要集中在两个方面：一是关于绿带内土地所有者的补偿，各方基本达成一致，并于2000年通过《绿带地区法》，赋予绿带内居民因开发权受限而获取补偿的权利，释放部分"满足条件"的土地。释放土地的选择主要基于环境评价的结果，保护价值较低的土地可考虑释放。二是现状建成规模和密度较大的居民点、中央政府选定的公租房建设区、国家级商务区，以及地方政府划定的发展储备地块等也成为主要的释放地区。到2006年，首尔绿带中被释放的土地达到136平方千米，约占绿带总面积的9%。

参考文献：

[1]丁成日、宋彦，《城市规划与空间结构》，中国建筑工业出版社，2005。

[2]丁成日、谢欣梅，《城市中央商务区（CBD）发展的国际比较》，《城市发展研究》，2010，第10期。

[3]范进、赵定涛，《中国城市为何会"蔓延式"发展——地级市的实证分析》，《中国科技论坛》，2012，第11期。

[4]韩昊英、冯科、吴次芳，《容纳式城市发展政策：国际视野和经验》，《浙江大学学报（人文社会科学版）》，2009，第3期。

[5]黄明华、张然、贺琦、王琛，《回归本源——对城市增长边界"永久性"与"阶段性"的探讨》，《城市规划》，2017，第2期。

[6]贾俊、高晶，《英国绿带政策的起源、发展和挑战》，《中国园林》，2005，第3期。

[7]金钟范，《韩国控制首都圈规模膨胀之经验与启示》，《城市规划》，2002，第5期。

[8]金钟范，《中国城市体系外向性网络发展与结构特征——以与韩国城市的联系为中心》，上海财经大学出版社，2008。

[9]李懿、解轶鹏、张盈盈,《国外多中心城市建设实践与经验启示》,《国家治理》,2017,第2期。

[10]刘薇,《浅谈城市外围绿化带的规划与用地管理》,《规划师》,2001,第2期。

[11]宋彦、丁成日,《韩国之绿化带政策及其评估》,《城市发展研究》,2005,第5期。

[12]覃成林、李红叶,《西方多中心城市区域研究进展》,《人文地理》,2012,第1期。

[13]王晓娜、周训芳,《城市化进程中的城市绿带立法经验与启示》,《林业经济问题》,2016,第5期。

[14]杨小鹏,《英国的绿带政策及对我国城市绿带建设的启示》,《国际城市规划》,2010,第1期。

[15]杨新海,《经济全球化背景下城市工业园区的空间开发策略》,《苏州科技学院学报(社会科学)》,2006,第2期。

[16]张怀振、姜卫兵,《环城绿带在欧洲的发展与应用》,《城市发展研究》,2005,第6期。

[17]Cohen,S.,Greenbelts in London and Jerusalem,*Geographical Review*,1994,84(1):75—89.

[18]Kim,J. Kim,T. K.,Issues with green belt reform in the Seoul Metropolitan Area,in Amati,M.,*Urban Green Belts in the Twenty-first Century*,Aldershot,Hampshire:Ashgate Publishing,2008,37—57.

[19]Kuhn,M.,Greenbelt and green heart:separating and integrating landscapes in European city regions,*Landscape and Urban Planning*,2003,64(1—2):19—27.

[20]Murphy,R. E.,Vance,J. E. Epstein,B. J.,Internal structure of the CBD,.*Economic Geography*,1955,31(1):21—46.

第四篇

城市经济管理

第十一章　城市经济制导管理

第一节　城市经济制导管理概述

一、城市经济制导管理思想的产生

“制导”即控制、导引之意，是来自宇航学的一个概念——一个飞行器是否能按照原来设计的特定基准飞行路线飞行，与飞行器本身所具有的和地面遥控的制导系统的作用有很大的关系。

饶会林和丛屹(1997)提出了“制导经济学”的概念，他们认为城市经济的发展和运行使我们感受到它对企业和区域的经济发展都有明显的制导作用。城市经济作为一种公共经济，包括基础设施的建设和提供、城市空间的规划、经济信息的提供和服务、经济的调节与管理等，对每个企业的发展都具有重要的规范作用、推动作用、指导作用和制约作用。如果把城市经济发展的主体视为城市政府的话，那么它的这种“导顺制逆”的功能就会更加明显和突出。这可以说是城市经济的对内的制导作用。

另一方面，城市作为区域的中心，它对城市的外部即整个区域经济的发展具有更明显更重要的制导作用。主要表现在以下几个方面：首先，城市作为生产中心，它对区域经济的发展具有商品、技术、资金的辐射和供应功能，同时对腹地的资源和劳动力具有吸纳作用。其次，城市作为流通中心，在市场机制条件下充分发挥“看不见的手”的作用，对区域经济的运行起着调节、平衡作用。再次，城市作为文化中心，是物质文明和精神文明的载体，它对整个区域都有着潜移默化的示范作用和影响作用。最后，城市作为政治中心，是区域行政首脑所在地，它对区域经济的发展具有更强的经济、文化、思想和政治方面的制导作用。“制导经济学”就是为了适应城市—区域经济的发展应运而生的。

王延辉(2000)认为“制导”就是要“导顺制逆”，保证飞行器沿着预定的正确轨道运行。“制导管理”即“导顺制逆管理”，引导管理对象符合规律地发展前进，防止和纠正一切偏离正确发展轨道的现象产生。城市经济制导管理是城市政府实施的以建立社会主义市场经济为目标、以科学决策为中心、以教育和法制为主要手段、以服务和经营为主要方法的城市经济管制体系。“制导管理”是搞好城市经济管理的基本原则和方法，是促进城市经济发展的必由之路。

所谓“导顺”，就是一切按照客观规律办事。其前提是充分认识、反映和尊重客观规律。所谓“制逆”，就是与违背客观规律的人和事做斗争，它也要以正确认识、反映和尊重客观规律为前提。导顺和制逆是相辅相成的两个方面：没有“导顺”，就不需要“制逆”；没有“制逆”，“导顺”也不会成功。当然，“导顺”应成为城市经济管理的主导形式，因为它是主动的；而“制逆”应成为“导顺”必不可少的辅助形式。无论是“导顺”还是“制逆”，都要求城市政府按城市经济发展的客观规律办事，有坚定而明确的思想，有切实可行的措施，有扎实而奏效的步骤。

陈福军(2003)认为城市介于宏观(国家)和微观(企业)之间的中观特点，决定了城市的管理既不能照搬国家管理的“宏观调控”，也不能像企业那样进行事无巨细的具体控制。它必须建立自己的“引导、规范、治理、服务、经营”的管理体系，进行“导顺制逆”的“制导”管理。即“导其所顺，制其所逆”，引导城市按照自身的客观规律发展，并防止和纠正偏离正确轨道的现象和行为。这是城市治理的基本原则。

因此，对城市经济实行制导管理，就是要发挥人的主观能动性，按照城市经济发展的客观规律办事，“导顺制逆”，把城市像一个飞行器那样加以控制和导引，使城市经济沿着健康、稳定、高效的道路持续发展。

二、城市经济制导管理的内涵

经济生活中的物品可以根据排他性和竞争性进行分类。排他性是指可以阻止一个人使用一种物品时该物品的特性，而竞争性是指一个人使用一种物品减少其他人使用时的该物品的特性。据此，可以将经济生活中的物品分为私人物品、公共物品、共有资源和自然垄断四种类型(曼昆，1999)(表11—1)。

表 11—1　　市场经济中物品的分类

<table>
<tr><td colspan="2" rowspan="2"></td><td colspan="2">竞争性</td></tr>
<tr><td>是</td><td>否</td></tr>
<tr><td rowspan="2">排他性</td><td>是</td><td>私人物品
既有排他性又有竞争性
例如,一个冰激凌蛋卷</td><td>自然垄断
当一种物品有排他性但没有竞争性时,可以说存在这种物品的自然垄断
例如,不拥挤的收费道路</td></tr>
<tr><td>否</td><td>共有资源
有竞争性但没有排他性
例如,拥挤的不收费道路</td><td>公共物品
既无排他性又无竞争性
例如,不拥挤的不收费道路</td></tr>
</table>

市场机制具有配置资源的功能,是组织经济活动的一种好的方法,但市场机制仅仅适用于既有排他性又具有竞争性的私人物品领域。

正如亚当·斯密在《国民财富的性质和原因的研究》中指出的那样,每个个人通常既不打算促进公共的利益,也不知道自己在什么程度上促进那种利益。像许多场合一样,他受到一只“看不见的手”的指导去尽力达到一个并非他本意想要达到的目的。如果给予人们追求私利的权利,市场就会形成自发的调节作用机制。在这种情况下,政府的职能只是为经济运转提供适宜的环境保证。

田国强(2007)认为只要市场能做的,就要让市场去做,当市场失灵时,政府才需要发挥作用。不少人对市场的功能仍然认识不够。市场是最有效的激励机制和传递信息的机制,它能够提供人们需要什么商品,从而生产什么商品的信息。当经济运作不好的时候,政府不需要直接参与经济活动,而是要提供一个环境,让企业能够按照市场规则运行。

但经济生活中并非完全是私人物品,当存在共有资源、自然垄断特别是公共物品时,政府的职能则不仅仅是提供良好的制度环境,政府还具有引导、调控经济的职能,即被喻为“看得见的手”。显然,城市是各种私人物品、公共物品、公共资源及自然垄断高度集中的载体,城市经济管理也应该是“看不见的手”与“看得见的手”的结合过程,即政府与市场相结合的过程。

新公共管理理论认为,城市政府的主要职能是向社会提供公共物品和服务,但并不意味着所有的公共服务都由政府提供,城市政府应根据服务内容和性质的不同,采取差异化的供给方式(金太军,1999)。

如表 11—2 所示,公共服务可以划分为四种典型类型。城市政府应根据它们的特点,采取不同的供给方式。

表 11—2 **公共服务划分类型**

<table>
<tr><td colspan="2" rowspan="2"></td><td colspan="2">市场机制</td></tr>
<tr><td>无竞争</td><td>竞争大</td></tr>
<tr><td rowspan="2">政府职责</td><td>已规定</td><td>由宪法明文规定的属政府职责范围之内,同时也没有其他竞争者。例如,国防应由政府承担</td><td>虽属宪法规定的政府职责,但同时有其他竞争者的存在。例如,医院,政府不一定直接承担,可采取合同出租等形式</td></tr>
<tr><td>未规定</td><td>宪法既没有规定是政府的职责,同时又没有或缺乏从事此项活动的竞争者,这时政府就应积极培育市场,鼓励人们参与此项活动。例如,高等院校</td><td>宪法没有规定是政府的职责,而又存在着市场竞争者,如影视业,政府不应介入,而完全由私营部门承担</td></tr>
</table>

新公共管理理论认为,公共组织分四种类型,即政策组织(如计划委员会)、规制组织(如证券管理委员会)、服务提供组织(如就业服务局)和服从型组织(如警察局)。前两者主要负责“掌舵”,而后两者的职能是“划桨”(王满船,1998)。政府应注重这两种职能的分离,政府应集中精力掌好舵,即做好决策工作,而非划好桨,即做好具体的服务性工作。

由此可以看出,城市经济管理也是“掌舵”和“划桨”的配合过程。因此,在城市经济制导管理中,城市政府的控制引导应以政府与市场结合为原则,将“掌舵”与“划桨”职能高效配合,积极有效对经济活动按照客观规律进行“导顺制逆”管理。

城市经济制导管理的主体是城市政府,客体是城市中的经济活动,当然,城市经济也受到区域政府和中央政府的管理。城市经济的发展有其自身的发展规律,不仅需要市场经济的自身调节,也需要政府的制导管理。制导管理的实现是依靠政府的经济职能,并且只有高效率的政府才能对城市中的经济活动进行有效的制导管理(图 11—1)。

城市经济制导管理的内涵有以下几点:其一,城市政府对经济活动的制导管理与城市经济的发展具有内在关联,城市政府制导管理不仅是政府经济职能的选择,还是城市经济活动的内在发展需要。其二,城市政府的经济职能可以归纳为对经济活动的制导管理,即按照经济发展的客观规律引导和控制经济活动,在市场有效时,发挥“导顺”职能,提供良好的制度环境;在市场失效时,发挥“制逆”职能,保证城市经济正常发展。其三,城市政府对经济活动的制导管理需要相应的政府能力作依撑,政府只有具备了一定的能力,政府的经济职能才能有效地发挥出来。

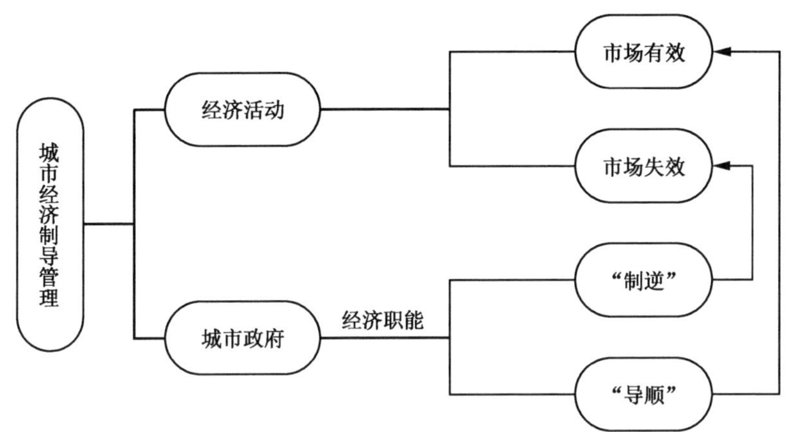

图 11—1　城市经济制导管理原理

三、城市经济制导管理的主要内容

城市经济制导管理主要职能表现为“制导”管理，即控制和引导城市经济活动。城市经济制导管理的对象主要是针对城市经济关系失调时所表现出来的经济状况，如城市市场的失灵、城市产业结构的劣势和城市投资环境的不足等。城市经济制导管理的主要内容体现为市场失灵的整顿与管制、产业结构的调整与升级和投资环境的塑造与优化三个方面。

(一)针对城市的市场的失灵

在市场经济社会，城市处于国家(地区)宏观经济发展和企业微观经济运营的中观层面，城市集中了各方面因“市场配置失灵”而产生的矛盾和问题，即“市场失灵”导致的种种外部不经济现象。这种市场失效下的低生产效率是市场本身所不能克服的，并且这种低效率在城市中集中表现。以政府为主体的城市经济制导管理就是要有效地干预“市场失灵”产生的不经济问题，因为人类普遍具有利他主义、扶弱济贫、社会大同的伦理道德基础，在社会经济发展进入产品过剩时代之后，城市政府公共财政系统的建立为公益性服务提供了稳定的资金保障。随着我国的城市经济、政治体制改革的不断深化，这也是城市政府必须管理的公共经济领域。

(二)针对城市产业结构的劣势

简・雅各布斯在《城市经济》一书中描述城市成长机制时指出：假如它是城市，那个城市就有输出产业。城市产业的输出伴随着城市产业的发展与衰退。

对于依赖于资源型产业的城市，随着不可再生资源日益枯竭、开采成本提高或者新型替代资源出现，城市中的资源型输出产业将趋于衰落。对于那些传统的主导产业，随着技术的变迁和时间的推移，它们逐渐由朝阳产业转变为夕阳产业。而昔日的产业繁荣往往会形成一种保守的惯性，使城市经济过分依赖于这类输出产业。这样也会导致输出产业的萎缩以及新产业的断层。

由此可见，产业衰退的具体原因由于城市的不同而不同。当城市产业出现衰退时，城市产业结构的劣势就会逐渐明晰，此时城市产业结构迫切需要调整和升级。在城市经济发展过程中，城市产业结构总是表现出一种动态演变特征，需要城市政府因地制宜、因时制宜进行调控。

(三)针对城市投资环境的不足

投资是经济增长的一个重要因素，投资环境的好坏直接影响到投资效率的高低。在城市经济增长的过程中，经济增长需要一个良好的投资环境，所以城市投资环境建设一直是城市建设者和管理者关注的重点。市场经济的本质特点就是资本的流动性。无论是国外的还是国内的资金都有一个自由取向，按照自然规律流向最适于投资、最能赚钱的地方。

在社会主义市场经济条件下，城市的投资环境建设是一件利在当代、功在千秋的大事。搞得好，可以给城市带来源源不断的财富；搞得不好，就会贻误发展机遇，影响城市的进步。因此，对城市投资环境的塑造和制导管理是涉及“资本能否自由流通”的第一位的问题，是城市经济制导管理诸项内容的核心。

第二节 城市市场失灵的整顿与管制

一、市场失灵问题

(一)市场失灵的含义

亚当·斯密推崇市场机制的作用，认为市场机制就像一只“看不见的手”，可以对经济活动进行自发和有效的组织，进而使市场有效地配置资源，每个人都在追求自身利益，同时也给整个社会带来共同的利益。但是，在它的后面还隐含着一个重要的假设:完全竞争市场。在现实生活中，完全竞争是一种理想的市场状态，现实中一般很难满足这一条件。市场并不是完美无缺的，单靠市场运行机制并非任何情况下都能实现资源的合理配置(程建华，1996)。因此，“看不见的手”虽然是有力的，但却不是万能的，非完全竞争市场条件下，市场机制就很难实现资源配置的最优状态，即存在着市场失灵的情况。

所谓市场失灵，是指由于市场的外在性、市场的不完全性或不充分性所引起的市场机制在资源配置的某些领域运作失灵，从而造成市场机制不能够完全发挥作用。因此，在市场失灵的情形下，完全自由市场不能实现最优的资源配置以达到社会福利最大的情形，市场失灵也是市场经济中需要政府制导管理的主要原因。

（二）市场失灵的表现

市场失灵主要表现在以下几个方面（吴锦霞，1996；阮班会，1998；陈忠卫，1997）：

1. 公共物品的存在

公共物品的主要特征是不能对它进行排他性消费，即个人即使没有付费也能够享受其好处，国防、社会治安、城市的公共基础设施、无线电视节目等都属于公共物品的范畴。由于公共物品的消费非排他性存在，人们在公共物品的消费中必然存在着严重的“搭便车”现象，即人们总是希望别人提供公共物品而自己坐享其成。因此，难以按照“谁消费谁付费”的原则对公共物品的消费进行公平的收费，单纯地靠市场机制难以实现有效的供给。换句话说，公共物品的供给者无法禁止那些不付费的人消费公共物品。既然公共物品不能像一般商品那样通过市场出售，而且交易费用的存在又使得人们难以通过达成某种契约的方式来解决这一问题，这就意味着公共物品无法通过市场来供给，只能由政府来提供。

2. 垄断的存在

市场机制的调节作用是以竞争为前提的。在自由竞争条件下，市场的少数或个别的供给者和需求者不能影响市场价格，市场价格是随着供给和需求的变化而变化的。但是，在垄断条件下，市场的某个或少数供给者或需求者可以控制市场价格，比如垄断厂商通过控制产量来提高价格，从而成为市场价格单方面的制定者，使得产品价格远远高于其实际的生产成本。此时，市场价格无法反映实际供求的变化，垄断扭曲了价格机制，必然导致市场失灵，影响市场经济的政策运行。

3. 外部效应的存在

外部效应是指某些经济活动所导致的外部其他人（第三方）有利或不利的影响，即正的外部性或负的外部性。在完全竞争市场中，价格机制的调节作用使得资源配置达到帕累托最优，经济系统达到均衡。此时，产品或服务的边际成本与边际收益相等。市场机制保证稀缺资源有效配置的前提是：所有商品的个体成本等于社会成本,个体收益等于社会效益。当外部效应存在时,上述前提则不成立。即经济行为的个体边际成本、个体边际收益与社会边际成本、社会边际收益相背离。

具体而言,(1)当存在正外部性时,个体边际成本大于社会边际成本、个体边际收益小于社会边际收益。如养蜂人在果园附近养蜂,从而促进了附近果树结果,但种果人并没有为此付出成本。(2)当存在负外部性时,个体边际成本小于社会边际成本、个体边际收益大于社会边际收益的外部负效应。如造纸厂在生产过程中污染了河水,给沿河用水的居民和企业造成损害。在外界不干预的情况下,造纸厂的产品价格只反映其生产成本,并没有反映它所造成的污染所带来的社会成本。

4. 信息不完全的存在

信息不充分和信息不对称是信息不完全的两种情形。当市场不能提供足够的信息时,信息不完全为不充分情形。信息不充分既包括绝对意义上的不充分,也包括相对意义上的不充分。绝对意义上的不充分是指由于受认识能力的局限使人们无法获得完全的信息,人们不可能知道在任何时候、任何地方已经发生或将要发生的任何情况。相对意义上的不充分则是指市场本身不能够生产出足够的信息并有效地配置它们,也包括信息供求双方所掌握的信息具有不对称性。无论是何种性质的信息不充分,都会对市场机制配置资源的有效性产生负面影响,使资源不能实现最优配置。

当商品或服务的供给者和消费者对商品所拥有的信息量不一样时,信息不完全为不对称情形。完全竞争的市场是以供求双方都具有完全的信息为假设条件的。但是,在现实生活中,供求双方即卖方和买方的信息通常具有不对称性,例如,产品的生产者和销售者要比购买者更了解产品质量和性能方面的信息;医疗保险的购买者显然要比保险公司更了解自己的健康状况;保险公司也显然要比医疗保险的购买者更了解保险的有关条款;贷款人当然要比金融机构更了解自己的信用情况。进一步说,公司的经营者(即代理人)肯定要比公司资产的所有者(即委托人)更清楚企业自经营状况。

5. 分配不公的存在

由于个人天赋和自身技能的差异,即使每个人被赋予相同的发展机会和权利,其收入水平也可能存在很大的差距。市场机制不仅不能实现公正的收入分配,而且会扩大收入差距,导致贫富悬殊、两极分化。随着富者越来越富、贫者越来越穷,社会割裂现象也会越来越严重。市场不均衡导致不同的生产要素收入存在差距，市场垄断使得经营者获得超额利润，生产要素在不同区域的分布不均衡导致区域性收入不均衡等，都会引起收入分配不公问题。

二、政府管制职能

在市场经济条件下，市场机制作为一只“看不见的手”，其对资源配置的调节作用并不是万能的，也是不充分的，在上述许多场合它都无法对资源进行最为有效的配置，因此也就不能实现帕累托最优状态，从而出现市场失灵。市场失灵问题为政府管制提供了正当性和合法性。

（一）政府管制的界定

亚当·斯密极力推崇发挥市场机制自身的作用，反对国家干预经济生活。市场机制最适于既有排他性又有竞争性的私人物品领域。正如其在《国民财富的性质和原因的研究》中指出的那样，每个个人通常既不打算促进公共的利益，也不知道他自己是在什么程度上促进那种利益。他受着一只“看不见的手”的指导，去尽力达到一个并非他本意想要达到的目的。他追求自己的利益，往往使他能比在真正出于本意的情况下更有效地促进社会的利益。即，如果给予人们以追求私利的自由，就会形成具有自我调节作用的市场机制。在这种情况下，政府职能只是为经济运转提供环境保证。

但是，由于市场机制本身所固有的缺陷，如果任由市场机制发挥自身作用，宏观经济就不能保持均衡状态。在《就业、利息和货币通论》中，约翰·梅纳德·凯恩斯指出，这种不均衡状态要由政府运用各种经济手段与政策来调节。概括而言，凯恩斯理论认为，市场机制缺陷可以由政府来加以弥补，即通过运用财政、货币等政策加以弥补。需要强调的是，凯恩斯理论并不反对自由市场机制，他主张扩大政府的职能也并非要摧毁自由市场经济制度，其目的是通过政府干预弥补“市场失灵”或使陷入困境的经济尽快走出困境，同时又保持市场经济的效率和自由，使市场机制能够继续推动经济的增长（鲍金红、胡璇，2013）。

市场失灵是经济发展受损的一个重要原因，而城市政府是市场失灵、特别是为私人经济无能为力之处的矫正者与补充者，也是城市这一复杂社会分工系统的主要协调、管理与资源配置者。政府这只“看得见的手”往往需要与市场这只“看不见的手”相互配合，通过公共政策的调整、补充、更新并付诸实施等来消除由于市场失灵、市场秩序失控等所造成的效率损失，以保证效率目标的实现。因此，市场失灵需要政府管制加以引导，“导顺制逆”即为城市经济制导管理的本质，在这方面城市经济制导管理还有繁重任务。

(二)政府管制的使命

政府管制的基本使命有如下几个方面:

1. 提供公共产品和公共服务

公共产品和公共服务的消费具有非竞争性和非排他性,个人不论付费与否都可以享受其带来的效用,因此,人们都希望他人去提供公共物品。市场机制在公共物品供给上存在的失灵问题,客观上要求政府管制进行补位。政府的基本职能就是负责组织和供给公共产品和公共服务,包括提供道路、机场、码头等公共产品,提供治安、消防、教育、卫生等公共服务,提供法律法规、公共政策等制度安排。

2. 纠正外部效应的不良影响

在政府缺位的情况下,不论是正外部效应还是负外部效应,都可能产生不利的影响。在正外部效应引发利益外溢的同时,如果没有政府支持和利益补偿机制,就会导致供给不足。例如,见义勇为者付出“血”的代价,其行动外溢为社会收益,但成本由个人独资支付。如果缺少相应的补偿机制,这类行为就会供给不足。为鼓励见义勇为,近年来,很多城市提供了政府奖励。对于具有负外部效应的行为,如环境污染、违法犯罪行为等,通过行政、经济和法律措施等手段进行制裁。

3. 消除市场垄断的不利影响

市场垄断容易造成价格机制被扭曲,市场竞争被抑制,经济效率被拉低。在城市管理中,最容易导致不利影响的垄断现象为行政性垄断和自然性垄断。针对这两类垄断现象,需要继续推进政企分开,引进激励性规制,提高政府规制的透明度,扩大公民参与放松经济性规制,强化社会性规制,建立健全决策权、执行权和监督权相互分离、相互制约的行政管理体制。另外,在鼓励、保护平等竞争的同时,还需要防止过度竞争(林森木等,1995)。

4. 矫正信息不对称的不良影响

信息不对称容易引起逆向选择和道德风险问题,对公平交易和经济效率产生不利的影响。矫正信息不对称的负面影响,可以采取的应对途径有两个:一是利用市场机制加强信息传递;二是通过政府管制打击假冒伪劣现象。

利用市场机制的基本方式有三种:商业广告、产品“三包”、产品信誉。商业广告是信息传递最普遍的一种方式,但虚假广告降低了广告传递优质产品信息的功能;产品的“三包”(包修、退、换)是优质产品向市场传递信息的重要手段,但空头承诺降低了“三包”的服务作用;产品信誉是企业经过长期经营所形成的无形资产，但假冒产品造成信誉传递机制不能正常运行。

市场机制存在上述问题，客观上需要政府加强管制。政府可通过行政规制手段，加强对商业广告和产品质量的管制，整治虚假广告，打击假冒伪劣商品。同时，政府可制定政策，强制生产者提供真实信息。政府还可以通过产品质量检查、商品检验、市场调查等方式收集信息，向市场推荐名牌产品、公布劣质和不合格的产品信息。

5. 维护社会公平正义

公平正义是政府管制的基本诉求，也是衡量社会进步的基本标尺。公共管理既不能以政府利益最大化为诉求，也不能一味偏袒强势集团，它需要兼顾不同社会群体多元化的利益诉求。在多元利益博弈中，弱势群体由于缺少组织和资源优势，其利益更容易受到损害。为了保障弱势群体也能共享经济社会发展的成果，公共管理有必要设置基础性的公共服务标准，对最少受惠的社会群体给予特殊补贴，保障社会成员均等享受最基本的服务。

第三节　城市产业结构的调整与升级

一、产业结构的概念与分类

（一）基本含义

1. 产业

产业（industry）一词，在不同的场合和不同的语言环境下存在多种不同的解释。在历史学和政治经济学的理论中，它主要指“工业”，例如，我们在通常意义上使用的“产业革命”“产业工人”等。在法学的角度，它主要指“不动产”，如我们经常所说的“私有产业”“私人产业”等，一般指个人所拥有的土地、房产、工厂等具有明确私人产权界定的财产。在传统社会主义经济学理论中，产业主要指经济社会的物质生产部门。一般而言，每个部门都专门生产和制造某种独立的产品，因次，某种意义上每个部门也就成为一个相对独立的产业部门，如“农业”“工业”“交通运输业”等。

2. 产业结构

产业结构是指各产业的构成及各产业之间的联系和比例关系。在经济发展过程中，由于分工越来越细，因而产生了越来越多的生产部门。这些不同的生产部门，受到各种因素的影响和制约，会在增长速度、就业人数、在经济总量中的比重、对经济增长的推动作用等方面表现出很大的差异。因此,在一个经济实体当中(国家、地区、城市等区域为单位),在每个具体的经济发展阶段、发展节点上,组成国民经济的产业部门是不一样的。各产业部门的构成及相互之间的联系、比例关系不尽相同,对经济增长的贡献大小也不同。因此,我们把包括产业的构成、各产业之间的相互关系在内的结构特征概括为产业结构。

3. 城市产业结构

城市产业结构是指一定质量、一定数量和一定序列的产业部门组合,反映了城市经济的增长高度。因为城市生产力的发展,是随着城市的社会分工越来越细、新的行业和生产部门不断涌现、各部门行业之间形成互相依存、互为条件和相互制约的经济联系而进行的。城市产业结构包括多种产业分类,除了基础产业与非基础产业的构成外,还有三次产业构成、要素投入构成和主次产业构成。

城市产业结构一方面要受城市自身和城市依存的区域条件的限制,比如具备什么样的条件、有可能发展哪些产业部门、能够发展到多大规模等,都与城市自身条件以及城市依存的区域条件有密切关系。另一方面,它又要以国民经济范围内城市体系的分工为前提。任何一个城市在城市经济发展中建立产业时强求一律,或者追求“门类齐全”,都是不切实际的。

城市产业结构是城市生产力结构中的首要组成部分。城市产业的形成过程与社会生产力的发展和社会分工的细化过程密切相连。社会分工是社会生产力发展的重要表现,随着社会分工的进一步扩大,城市的优势产业部门自然凸显、中心产业逐渐形成。社会分工的细化带来城市市场的繁荣,城市市场的扩大为形成新的城市产业提供了条件。城市产业就是在社会分工的深化中不断发展的。

(二)城市产业结构的分类

1. 城市产业的分类标准

城市经济的形成和发展,就其中心产业门类而言,一般不是为满足城市自身消费的需要,而是以在大分工环境中的产品输出为目标。构成城市之间交换的基础是分工,由分工而引起和扩大的城市之间的商品交换以及各方面的经济交往,必然增进经济效益,带来城市经济的繁荣。因此,以分工理论为指导、以产品输出为目标、以产业对城市经济的带动力为标准,可以把城市产业划分为城市中心产业、城市配套产业和城市一般产业。这样的分类,反映了城市经济发展中心产业和其他产业门类之间的相互关系,为研究、布局、调整城市产业结构指引方向,具有重要意义。同时,这种划分也有利于城市的目标定位,有利于形成城市自身的特色。

2. 城市产业的构成

按照上述标准，城市产业可划分为城市中心产业、配套产业与一般产业。

城市中心产业又称为城市主导产业或支柱产业，是城市形成和发展的动力因素。所谓中心产业，是一个城市在经济发展中具有一定优势的产业门类，其产品以输出为主。对不同的城市来说，中心产业可能是一个产业门类，也可能是若干产业门类。城市中心产业在城市经济中具有决定城市经济性质和发展的方向、速度等作用。中心产业部门这种决定性地位的获得是由于其在数量上占有重大的比重，其在吸收城市就业人口、创造城市国内生产总值和国民收入等方面的贡献远远大于其他产业部门。因此，城市经济的发展要着力于建立与培育中心产业，努力提高产品的竞争能力，否则就不可能增强城市的经济实力。

不同城市的中心产业应该是不同的，同时，从发展的角度看，同一城市不同时间的中心产业也应是不断调整的。纵观英美等发达国家的城市化过程，其中心产业经历了从轻纺业到机械、钢铁、化工业再发展到汽车制造、飞机制造、原子能利用、电脑和航天业的过程。随着社会分工的进一步细化，城市中心产业的内容将不断更新，海洋产业、生物产业、宇航产业等高新技术产业必将成为未来一批先进城市的中心产业。

城市配套产业也称辅助产业，是围绕中心产业的兴起而发展起来的一些产业门类，如城市交通运输业、邮电通信业、仓储保管业等，其产品或劳务主要是为满足中心产业发展的需要。没有这些相应的产业服务，中心产业也不可能顺利地发展。

城市一般产业则是以满足城市自身居民生活需要而发展起来的产业门类，如农副产品加工业、饮食服务业、商品零售业等，其产品或劳务大多就地消费，这类产业在城市经济生活中是不可缺少的。

二、城市产业政策主要内容

城市产业政策的实质是本着“导顺制逆”的原则，通过调节城市产业间的资源配置、产业组织的优化组合、产业技术的更新换代，推动城市产业结构高度化、产业组织高效化、产业技术高级化。产业结构的调整与升级是一项系统工程，需要城市产业政策(包括城市产业合理化政策与产业高度化政策)综合运用才能达到最佳效果。

城市产业政策的目标是实现产业结构的合理化和高度化。产业结构的合理化是指依据产业发展规律，产业部门的建立与发展适合于城市生产要素的配置状况，充分发挥出资源配置效率的过程。城市产业结构高度化是依据技术发展的要求，城市产业结构由一种均衡状态上升到具有更高产值的均衡状态的演进过程。

（一）产业调整（合理化）政策

1. 城市产业更新布局

城市自其产生之日起就处于一个不断更新、改造的过程中。但是，城市产业布局大规模变化则始于20世纪50年代欧美的一些发达国家，最初是源于城市规模扩大所带来的一系列城市问题。

城市产业布局需要解决该城市在其所在地区、国家乃至全球经济中的地位。例如，青岛市被定为山东半岛蓝色经济区的龙头城市，进而决定了其城市基本功能、城市规模和要素集聚水平等。

2. 城市内部产业结构

城市内部产业结构即为城市生产和生活功能，包括居住功能，经济发展功能，交通运输功能，科技、教育、文化、卫生等社会事业发展功能，生态环境调节功能等结构。随着城市发展速度大大加快，原有城市发展空间和产业布局结构远不能满足现代城市发展的需求，主要表现在：一是城区人口密度高，二是基础设施落后，三是老城的发展空间有限。因此，城市产业政策要放弃城市产业“大而全”的思想，要树立积极参与区域分工的观念。对我国大城市的空间结构与产业布局结构也应该进行相应的调整，主要是通过规划布局来实现。

（二）产业升级（高度化）政策

1. 政策目标

面对激烈的国际市场竞争，城市产业将面临不进则退的考验。在这种形势下，城市政府推动产业高度化是明智的选择。同时，随着知识经济时代的到来，高新技术产业的崛起也是大势所趋。

产业高度化有以下三个方面的内容：

第一，在整个产业结构中，由第一产业占优势比重逐级向第二、第三产业占优势比重演进，即产业重点依次转移。

第二，在产业结构中，由劳动密集型产业占优势逐级向资本密集型产业、技术密集型产业转移，即向各种生产要素密集度依次转移。

第三，在产业结构中，由制造业初级产品的产业占优势比重逐级向制造中间产品、最终产品的产业占优势比重演进，即产品形态依次转移。

从产业结构高度化的程度来看，高度化有以下四个方面的内容：

第一，产业高附加值化，即产品价值中所含剩余价值比例较大，具有较高的绝对剩余价值率和超额利润。

第二，产业高技术化，即在产业中普遍应用高技术。

第三，产业高度集约化，即产业组织合理化，有较高的规模经济效益。

第四，产业高度加工化，即加工深度化，有较高的劳动生产率。

2. 政策内容

第一，结合城市产业结构调整中重点产业、重点区域的建设和发展需要，制定产业扶持政策，对重点发展产业领域中的规模企业、限制淘汰产品改造搬迁企业，并予以资金、技术、政策等方面的扶持。

第二，积极发展非公有制企业，扩大市场开放度，拓宽产业投资发展空间，加快教育、文化、卫生、体育和市政基础设施建设等领域的投资管理体制改革，开放城市社会事业和市政基础设施领域，推进社会公众服务类产业投资主体多元化。

第三，完善城市创新服务体系，提高产业创新能力。加强政府的引导作用，通过市场机制运作，建立和完善科技评估、技术成果交易、创业投资等区域创新服务机构。制定产业创新政策，鼓励多元投资主体创办各种形式的孵化器，建立服务功能社会化、网络化的创新服务体系，为科技成果产业化、新产品开发、中小企业技术创新提供服务。鼓励企业与科研院所加强合作，开发新技术、新产品，增强企业技术和产品的创新能力。同时，政府要确定城市各个产业的技术标准，通过淘汰旧技术和不适应新形势的企业来保持城市产业的活力和竞争力。

城市政府还可以通过税收优惠或补贴等方式促使传统产业进行技术更新和改造。这实质上是产业技术结构的调整与优化。此外，城市政府还要根据当地的比较优势和竞争优势，确定技术和知识密集型产业的发展方向，通过硬环境与软环境的改善，鼓励城市内部、区域或国际的企业家投资创业。比如，目前不少城市兴建了高新技术园区或者海外留学生创业园区等，这便是吸引资金、技术、人才、发展当地高新技术产业的有效途径。

三、制定和实施城市产业政策应注意的几个问题

第一，城市产业政策应建立在市场机制充分发挥作用的基础上。产业结构的转换、产业组织的重组和产业技术的升级实际上是生产要素在市场机制的作用下进行的自组织过程，政府制定产业治理政策只是为了弥补市场机制在调节城市产业演进时的不足。因此，城市产业治理政策应顺应市场机制的要求和规

律,不能用强制手段来实现产业结构调整、产业组织重组和产业技术升级,否则就会扼杀市场机制的作用,也实现不了最初的目标。

第二,正确制定和实施城市产业政策要注意各项相关产业政策的默契配合。在确定了城市产业结构转变的总体方针之后,需要相关的产业政策如产业组织政策、产业投资政策、产业技术政策、进出口政策等来进行配合。实际上,后者也从不同角度间接地调整产业结构。比如,城市产业组织政策有助于调整城市产业组织的所有制结构和规模结构,城市产业技术政策有助于调整城市产业的技术结构等。因此,只有综合运用各项政策,才能保证城市产业结构治理政策得到有效实施

第三,在制定和实施城市产业政策时,要注意微观的和中观的、经济的和行政的多种机制和手段的综合运用。比如,城市产业结构的转型主要有两种:产业更替和技术更替。不管采取哪种方式,都要有完备的要素市场、科学的微观治理机制、有效的中观调控政策以及必要的行政手段等因素的相互配合,这样才能保证产业结构的顺利转换。

第四,城市产业政策必须充分反映城市产业发展的内在运行规律。城市产业是一个有机的统一体,其各个组成部分应相互协调、密切配合,任何一个环节出现问题,都会影响到整个产业体系的发展。因此,在制定城市产业治理政策时,要统筹规划、全局考虑,不能顾此失彼。

第四节 城市投资环境的塑造与优化

一、城市投资环境影响因素

20 世纪 60 年代以来,投资环境逐渐成为区域科学研究的新兴领域,投资环境是一个内涵丰富的综合性概念(白重恩等,2004;李俊杰,2004)。厉以宁(1993)认为投资环境指投资者进行投资活动所具备的外部条件,包括投资硬环境和投资软环境。环境是相对于主体而言的,厂商对投资环境的趋向性,起因于对经济利益的追逐。所以程连生(1995)将投资环境概括为:能够促使产业资本增值的一系列要素和生产条件的有机集合,是企业存在和发展的自然和社会经济“土壤”,并指出投资环境由主体系统、相关系统、传输系统、服务系统四部分构成(见图 11—2)。冯德显和张震宇(1993)指出,投资环境是指地区吸引和消化资本的能力,并对资本增值产生影响的所有因素的综合体。李重力(1991)则认

为，投资环境是指投资者进行投资所期待的安全及利益保证，资本流入国影响国际资本投放动机和行为的因素总和。邓宏兵(2000)指出，投资环境是指在一定时间内，特定区域或行业所拥有的影响和决定投资运行系统健康成长并取得最优预期效益的各种主客观因素的有机复合体(见图 11—3)。

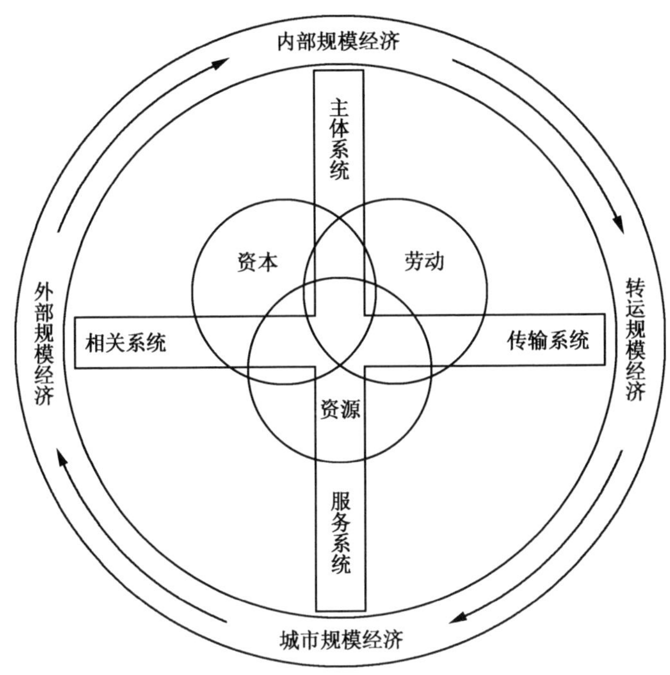

图 11—2　投资环境结构图

总的来说，城市投资环境是投资者进行投资、资金得以顺利运转的外部条件。它包含很多因素。

第一，地理区位和资源禀赋。投资场所的地理区位是无法改变的，地理区位直接决定了城市的交通网络的便利性，也决定了该区域投资下经济联系的密切度，是构成城市投资环境的重要方面。初始资源禀赋是产业发展的基础，尤其是某些城市具有多品种的资源禀赋，为当地的产业发展提供了多样的发展机会，比如物产资源、自然景观和人文古迹构成的旅游资源，港湾条件构成的港口资源，都属于投资环境的一个重要方面。

第二，政策环境。城市宽松的政策环境是吸引企业的一个重要条件，也是世界各国在吸收外来投资方面十分重视的问题。例如，税收减免优惠政策。良好的政策环境能够保证外商获得较高的投资回报，并且能够把利润拿回去。

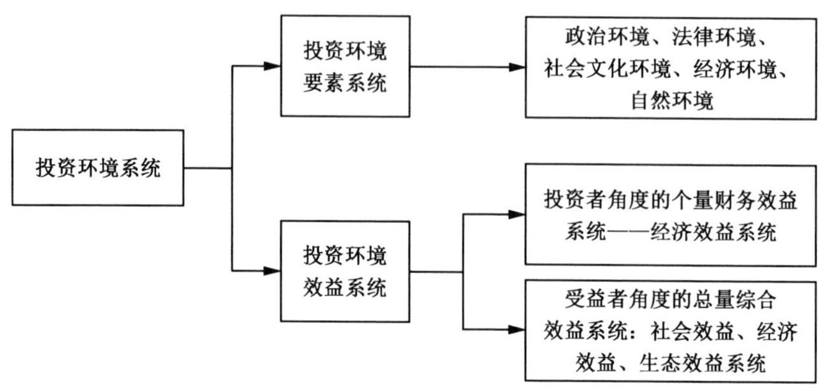

图 11—3 投资环境的内涵

第三，基础设施环境。对一个城市来说，基础设施是城市的骨架和血脉，也是企业进行社会生产和经济活动所必不可缺的生产经营活动的基础条件。它包括当地交通运输设施条件、邮递及航空邮路等发展状况、电话等设施状况以及接通率高低、能源供应状况、水资源贮量和开发量及供应状况、信息服务设施和生活服务设施状况等。

第四，经济、社会、市场等宏观环境。城市的宏观环境主要是指稳定的政治环境和稳定的经济政策，这是国外投资者选择投资场所要考虑的重要条件之一。

另外，劳动力成本高低、金融市场的发达性、生产性服务业的发展程度等都是影响城市投资环境的重要组成要素。

二、城市投资环境的制导管理

城市投资环境的塑造是一个系统工程，它由硬环境和软环境的塑造组成。概括来说，硬环境主要是指城市的基础设施建设；软环境主要是指城市的行政管理效率、政策、法令、劳动生产率、资金市场、技术水平、外汇管理制度、原料、零件及元件市场等。硬环境是吸引企业投资的必要条件，而软环境则是吸引企业投资的充分条件，两者缺一不可，只有同时具备必要条件和充分条件才具有吸引投资的较大能力。

（一）制定明确的改善投资环境的战略

塑造良好的投资环境要以充分认识城市自身独特的优势和劣势为前提，以明确制定出的发挥优势克服劣势所需要采取的战略措施为先导。

塑造良好的投资环境要扬长避短，积极主动地塑造出有自身城市特色的投资环境，而不是千篇一律地走同样的路。对于具有历史名胜古迹的城市，应该首先通过整修完备本地的旅游观光设施，发展与旅游观光相关的产业等手段来吸引外来游客；对于具备煤炭等自然资源的城市，应制定出能够高效率地利用这些资源的投资环境战略，以吸引企业发展优势产业；对于有较好的传统技术或在培养高原蔬菜、水果等方面有专长的城市地区，应注重普及传统技术和农业技术等新成果。

在明确的战略指导下，才有可能尽力改善那些与自己特征相关联的基础设施和投资环境，发挥出自身在发展战略中所强调的特长和优势。如果一个城市在塑造自身投资环境方面目标不明确、战略方向不清楚，就会使人对该市的发展远景持怀疑态度，企业对该市的投资就会保持慎重态度。

（二）多渠道筹集资金改善硬环境

硬环境是看得见摸得着的，它对企业具有心理上的影响作用，企业对一个城市硬环境的评估客观性较高，较好的条件有利于企业对整个投资环境的评估。因此，改善硬环境应该作为城市政府塑造投资环境的一个基础性工作。当然，“巧妇难为无米之炊”，硬环境的改善需要大量投入，钱从哪里来？这是令城市的管理者非常头疼的一个问题。多渠道筹集资金是必由之路。

“筑巢引凤”和“引凤筑巢”是我国对外开放以来获得较好成效的举措。“筑巢引凤”是沿海开放城市普遍采用的一种方法，即先由当地政府进行有关的基础建设，创造外商投资的“外部经济”。“引凤筑巢”，即让外商来承担成片土地的开发，或参与基础设施建设，也是改善硬环境的一个较好措施。

挖掘民间的投资能力，提倡万众参与基础设施建设投资，也是改善投资硬环境的有效渠道。可以通过发行股票、债券，吸引老百姓的投资；也可以学习发达国家的成功经验，使公共经济民营化，让有实力的非国有公司建设经营诸如道路、电厂、供热、供水等项目。

当然，在这方面可以充分考虑利用一些国际组织和外国政府的优惠贷款，靠间接利用外资改善城市的投资环境。

（三）软环境建设要常抓不懈

如果仅有城市基础设施建设较好的硬环境，而无与之相配套的良好软环境，从企业的眼光来看，这个城市的总体投资环境仍旧不够理想。只有同时具备了较好的软环境，才具有吸引企业的较大能力，在某种意义上软环境的好坏比硬环境还重要。因此，对城市投资软环境的建设应给予高度的重视。

评估一个城市软环境的好坏，一般是看这个城市的稳定性、灵活性、经济性、公平性、安全性如何。

稳定性主要是指城市政府稳定，政策与法令稳定，经济与社发展稳定，劳动力、资金、技术等生产因素及资源供应稳定。

灵活性主要是指灵活的价格机制能迅速反映市场供需状况，企业根据市场需求作适应性调整时，行政管理障碍少，内外销比例也应根据国内外经济情况作灵活处理等。

经济性主要是指当地的劳动工资与劳动生产率应有合理的关系，土地使用权费用合理，政府不乱摊派、乱收费、乱罚款，随意增加外商投资成本等。

公平性主要是指不论对国内投资企业还是外商投资企业都要给予国民待遇，创造公平的竞争环境，从基于优惠的政策转向基于规则的政策。

安全性主要是指企业合法的经济活动和利益必须受到国家和当地法律法规的保护。当他们与当地政府或合作伙伴发生争执时，应得到公平的对待，司法制度要公平，政府各行政部门依法办事等。

除了以上“五性”之外，行政简单化、法律清晰化、执法透明化对吸引企业投资也很重要。牵涉到投资事务的当地行政部门应尽量简化，避免多头管理，实行“一个窗口”对外、“一站式”服务，这是最受企业欢迎的。法规避免笼统、过简或短期性，使企业有清晰可用的法规加以遵循。当政府政策、措施发生变动时，应事先给出安民告示，使企业明确政府行为的法律依据，所有执行有关投资企业的法规都应有较高的透明度。

软环境的改善与当地行政管理体制改革、法制建设等有很大关系。需要全面的配套改革与之相适应。枝枝节节或局部的改革方式效果较小。因此，软环境建设不可能一步到位、一蹴而就，需要一个艰苦的过程。其中人的观念转变十分重要。首先是城市的管理者——市长及市政府工作人员对软环境应有一个共识，要按照国际惯例营造城市自身的投资环境，逐渐做到与国际接轨。同时，要提高企业经营者、工程技术人员和工人的素质，他们本身就是投资环境的一部分或者是核心因素。说一个地区贫穷落后，除了有形资源稀少、硬件环境差所形成的之外，恐怕更大的贫穷落后来自知识与道德上的贫穷。因此，要加大对人的培养力度，重在宣传、重在教育。只有把人的因素搞好了，其他因素才会相应地跟上来。

参考文献：

[1]白重恩、路江涌、陶志刚，《投资环境对外资企业效益的影响——来自企业层面的证

据》,《经济研究》,2004,第9期。

[2]鲍金红、胡璇,《我国现阶段的市场失灵及其与政府干预的关系研究》,《学术界》,2013,第7期。

[3]陈福军,《城市治理研究》,东北财经大学学位论文,2003。

[4]陈忠卫,《市场失灵与政府调控行为》,《河北经贸大学学报》,1997,第1期。

[5]程建华,《"市场失灵"与政府调控》,《河南师范大学学报(自然科学版)》,1996,第3期。

[6]程连生,《中国城市投资环境分析》,《地理学报》,1995,第3期。

[7]邓宏兵,《投资环境评价原理与方法》,中国地质大学出版社,2000。

[8]冯德显、张震宇,《河南投资环境》,地震出版社,1993。

[9]简·雅各布斯,《城市经济》,中信出版社,2007。

[10]金太军,《新公共管理:当代西方公共行政的新趋势》,《国外社会科学》,1997,第5期。

[11]李俊杰,《投资环境研究述评》,《人文地理》,2004,第5期。

[12]李重力,《香港对大陆直接投资的现状、问题及九十年代战略构想》,载于《大学毕业同学会奖学金基金学术研究报告(1990—1991)》,香港大学毕业同学会,1991。

[13]厉以宁,《市场经济大辞典》,新华出版社,1993。

[14]林森木、黄志凌、张承惠、刘慧敏,《我国市场体系培育的对策研究》,《中国工业经济》,1995,第3期。

[15]曼昆,梁小民译,《经济学原理》,北京大学出版社,1999。

[16]饶会林、丛屹,《制导经济学与首位城市牵动战略——内地发展的基本指针建议》,《城市》,1997,第2期。

[17]阮班会,《市场失灵的几种形式》,《理论与现代化》,1998,第3期。

[18]田国强,《和谐社会构建与现代市场体系完善》,《经济研究》,2007,第3期。

[19]王满船,《西方行政改革的新公共管理模式评析》,《中国行政管理》,1998,第5期。

[20]王延辉,《城市经济制导管理》,社会科学文献出版社,2000。

[21]吴锦霞,《市场失灵与政府调控行为》,《财贸研究》,1996,第4期。

[22]亚当·斯密,《国民财富的性质和原因的研究》,商务印书馆,1974。

[23]余启军,《新公共管理理论的市场取向及其理论评析》,《山东财政学院学报》,2001,第6期。

[24]约翰·梅纳德·凯恩斯,《就业、利息和货币通论》,华夏出版社,2005。

第十二章　城市公共经济管理

第一节　城市公共经济管理概述

一、公共经济的概念、领域

（一）公共物品（public goods）

什么是公共物品？斯蒂格利茨认为，“公共物品是这样一种物品，在增加一个人对它分享时，并不导致成本的增长（它们的消费是非竞争性的），而排除任何个人对它的分享都要花费巨大成本（它们是非排他性的）”。世界银行《1997 年世界发展报告》指出：“公共物品是指非竞争性的和非排他性的货物。非竞争性是指一个使用者对该物品的消费并不减少它对其他使用者的供应，非排他性是指使用者不能被排除在对该物品的消费之外。这些特征使得对公共物品的消费进行收费是不可能的，因而私人提供者就没有提供这些物品的积极性。”因此，公共物品是指物品和劳务的利益由社会成员共同享有，而不能为一个人单独享有。公共物品具有两个重要特征，即非排他性和非竞争性。

公共物品又可分为如下两种不同类型：

其一，纯公共物品。

具有完全的非竞争性和非排他性，如国防和灯塔等，通常采用免费提供的方式。在现实生活中并不多见。

其二，准公共物品。

具有有限的非竞争性和局部的排他性。即超过一定的临界点，非竞争性和非排他性就会消失，拥挤就会出现。

准公共物品可以分为两类：（1）公益物品。如义务教育、公共图书馆、博物馆、公园等。（2）公共事业物品。也称自然垄断产品，如电信、电力、自来水、管道、煤气等。

关于公共产品的供给方式,以萨缪尔森为代表的福利经济学家们认为,由于公共物品非排他性和非竞争性的特征,因此通过市场方式提供公共物品,实现排他是不可能的或者成本是高昂的,并且在规模经济上缺乏效率。因此,福利经济学家们认为政府提供公共物品比市场方式即通过私人提供具有更高的效率。

(二)公共部门(public sector)

公共部门是指被国家授予公共权力,并以社会的公共利益为组织目标,管理各项社会公共事务,向全体社会成员提供法定服务的政府组织。公共部门是公共事务的管理者和公共服务的提供者,广义的公共部门包括政府机构、公用事业、公共事业、非政府公共机构等部门以及各种不同组织的公共层面;狭义的公共部门仅包括政府机构以及政府决策产生的机构和部门,是最纯粹的公共部门。

公共部门可分为如下几种类型:

第一,政府。政府是以财政拨款为经费来源,免费或部分免费地向社会提供公共品和服务的单位的总称。

第二,公共企业。公共企业一般是指政府拥有的以提供公共服务为宗旨的企业,但也包括以提供公共服务为宗旨的部分非国有企业。

第三,非营利性组织。非营利组织是不以营利为目的的组织,指营利组织和政府组织之外的公益组织,是以执行公共事务为目的而成立的组织。

第四,国际组织。联合国、世界银行、国际货币基金组织等跨国界的组织,它们所从事的许多活动都有公共性,但它们的活动不属于政府活动。

(三)公共经济(public economics)

公共经济学也被称为政府经济学或公共部门经济学(public sector economics)。公共经济是提供公共产品的个人和企业以及部门的经济活动的总称。

公共经济是相对于私人经济而言。私人经济(private economy)是指以营利为目的的私人和各种所有制企事业的全部市场化生产经营、销售与服务活动。公共经济(public economy)是以政府等公共机构为主体,以非营利的公共服务为宗旨,面向全社会无偿或部分有偿提供"公共物品",以满足全社会的公共消费需求的全部生产和服务活动。

市场经济中有许多公共经济问题,一般来说,所涉及的公共经济领域包括:自然资源、文化教育、体育、社会保障、环境保护、城市基础建设、公共信息、铁路建设、社区物业、住房等。

比较突出的公共经济问题主要有:一是稀缺资源的自然垄断;二是交易费用的问题;三是教育问题;四是国民健康问题。

二、城市公共经济的含义、特征

(一)城市公共经济的含义

城市公共经济是一种产生于竞争性分散经济基础之上的,又反过来对分散经济起扶助、制衡、服务和推动作用的经济系列。一般来说,城市公共经济主要是在城市地域范围内,包括公共基础设施(有形的、硬件)和公共服务部门(无形的、软件)(高雪莲,2012)。城市经济是聚集经济和聚集不经济两种力量相互均衡的结果,城市聚集经济即众多人口和产业为降低交通成本、加快信息和知识传播等聚集到城市所带来的正效应;聚集不经济是经济活动过度集中于城市而产生的外部不经济,如污染、高昂的劳动力和土地成本(Henderson,1974)。因而,聚集经济是城市经济的本质特征。地方政府可通过提供公共物品和公共服务发展城市公共经济,以增强正向聚集效应,减少聚集不经济。

(二)城市公共经济的特征

第一,公共性。公共经济涉及公众的基本利益和社会的共同需求,具有公共物品或准公共物品的特性,即公共物品性和效益的外在性。这种商品和服务具有非排他性和非竞争性,公共经济一般是私人经济所不能(如投资额大)、不愿(微利甚至是无利)或不宜介入的领域(国防、治安、司法)。

第二,财政投入的无偿性。姜涛(2011)认为城市公共经济的基础是城市有雄厚的财政经济基础,而城市的财政来源最主要是税收。因此,公共财政与公共经济具有紧密的联系。公共财政通常要保障公共经济发展所需的资金,但公共经济的发展又可以带动城市经济的发展,增加公共财政收入。

第三,经营管理的垄断性。国家对这种经济的发展具有直接的监督和控制职能,通常从产品的产量、定价、销售到服务都受到国家的严格控制。城市公共经济部门存在"市场失灵"的问题,但是这些部门是城市各类企事业单位经济社会活动的共同外部条件,是城市聚集经济效益的基础。为了维持城市经济社会的正常运行,必须由国家或城市政府出面经营管理这些部门。

第四,收益的间接性和长期性。公共设施和公共服务的价值实现是不完全的,在很多情况下无法进入市场进行直接的交换,也就是不直接进入流通领域。因此,其市场价值是通过间接的方式实现的,但是其建设和维护又确实增加了社会的经济价值。不过其投资者却没有直接得到这部分价值,这也是公共经济具有外部性的表现,尽管公共经济的经济效益具有间接性的特点,但其社会效益是直接的。此外,一些经营性和准经营性的公共建设项目初始成本大,但长期平均成本递减且有一定的垄断性，所以其收益是长期且稳定的。

三、公共经济管理的概念、特征

（一）公共经济管理的概念

公共经济管理是一个多学科交叉的综合研究领域，它既以经济学、管理学的基本原理为理论基础，又有社会学、组织行为学、伦理学、哲学、法学等学科背景。从不同的学科视角考察公共经济管理行为，便会形成不同的理论框架和论点（熊景维，2011）。

约瑟夫・E. 斯蒂格利茨（2005）在其《公共部门经济学》一书中关于政府经济活动类型的论述实际上界定了公共经济管理的内容与范围，他认为政府活动分为两类：第一类提供法律制度；第二类为直接经营生产，并把政府的经济职能归纳为生产公共产品和服务、管制和补贴私人生产、购买产品和服务、收入再分配四种职能，为公共部门确认“合理的”经济干预对象提供了依据。此外，斯蒂格利茨还阐述了公共经济管理的策略：一方面，公共部门生产某些公共物品，直接参与经济活动；另一方面，公共部门还通过管制、税收、补贴等手段，对微观经济行为进行引导和调节。

汤尼森的研究曾使用过“国民经济管理”一词，他把英国政府 20 世纪 30 年代至 70 年代的经济管理描述为一种向民众宣传经济理解（propaganda understanding of the economy）和对他们的经济行为进行引导的活动。他侧重从国家管理经济的手段和方式上阐述公共经济管理对微观经济主体观念和行为的影响，强调了公共经济管理“价值塑造”的工具属性（Tomlinson，2005）。

杨戈（2005）提出了公共管理的非集中化战略和三种改革官僚主义模式的策略，即放松规制、政府重构、最低国家纲领。他把公共经济管理内涵阐释为政府提供公共产品和劳务的活动以及如何使之进行更有效率的管理模式创新。

陈振明（2006）认为公共经济管理是以公共经济学为管理客体的一类活动，从微观经济角度分析，公共经济管理是对垄断、外部性、公共产品、收入不公平等市场失灵现象进行剖析；从宏观经济角度分析，公共经济管理则分别是“在封闭的环境中制定货币政策、财政政策、收入政策和价格政策，保证经济的平稳运行”和“在开放的经济中政府通过对货币及汇率制度进行国际标准化的管理实现国际收支平衡”。

陈芸（2008）在《城市公共经济管理导引与案例》一书中详细阐述了公共经济管理的含义及与其他管理的区别，她认为公共经济管理是一个新的领域，还没有公认的定义。简要地说，公共经济管理是指社会公共组织和社会其他组织在一定的环境和条件下，为满足社会全体或部分成员的需要和协调发展，采取各种形式，合理有效配置公共资源，提供公共物品，对社会的公共经济进行调节和控制的过程。其包含五层含义：(1)公共经济管理的主体是社会公共组织和社会其他组织；(2)公共经济管理的客体是公共经济三大关系，一是公共部门与私人部门之间关系的管理，二是公共部门经济活动要素和过程的管理，三是公共部门与市场关系模式选择的管理，其受益对象是社会公众；(3)公共经济管理的内容集中概括为提高生活质量，保证社会利益；(4)公共经济管理的职能是通过对公共经济一系列活动的调节控制，使公共经济表现出有序、有效、可控制的特点，以满足社会公众需要；(5)公共经济管理负有社会的责任和义务。

胡玲(2015)把公共经济管理的概念分为狭义和广义两类。狭义的公共经济管理是指一种学科，广义公共经济管理不仅包括经济学、管理学、行政学，还包括社会人文学及金融学。广义的公共经济管理涉及的层面是非常广泛的，它拥有的知识理论也应该是广阔的，否则，就不能满足人类对它的需求。

综上，公共经济管理应是一个多重理论、价值、工具和方法的总和，也是一个多学科交叉重叠、相互渗透的综合研究领域。

(二)公共经济管理的特征

第一，公共经济管理是以政府为核心、包括非营利组织、公共企业等主体在内的公共部门对自身的经济活动管理或干预经济活动的管理。这种管理体现了对公私部门互动方式和范围合理性的考量，公共部门对职能范围内的经济活动经由计划、决策、组织、领导、协调、评估等环节达到“资源与人力的有效结合”，这便是公共经济管理的具体过程。

第二，公共经济管理是对公共部门自身经济活动的内部管理以及对市场经济调节和规制的外部管理的统一。公共部门直接生产或购买公共产品和服务以满足社会需求，对这类经济活动的管理形成了公共部门的内部经济管理。另外，政府对宏微观经济行为的调节和规制构成政府的外部经济管理。

第三，公共经济管理的“可行域”是市场与公共领域的合理边界。公共经济管理的功能定位不应以全面操控整个经济运作为目的，而应以寻求公共部门与市场的合理分工、协调配合、优势互补，从而最大限度地克服市场失灵和政府失灵两方面的局限为要义。

第四，公共经济管理是从管理学的角度考察公共部门的经济活动，管理主义是公共经济管理理念的关键。公共经济管理用“管理”取代“行政”，政府经济行为模式得以变革，公共管理活动流程得以再造，遵循经济性、公平性、效益和效能的原则，强调服务意识和绩效责任。因此，公共经济管理旨在提升公共部门总体能力和执政水平，以有效回应不断变化的公众需求和宏观经济环境。

第二节　城市公共财政管理

一、城市公共财政的特征

城市公共财政(public finance)是指城市政府为实现公共管理职能而参与社会产品的分配和再分配活动。武彦民和魏凤春(2005)认为，公共财政是国家和政府为市场提供公共服务的财政模式，而公共性是界定财政职能的基本规范。由于市场机制不能有效地提供公共产品和服务，城市政府应当责无旁贷地承担起这项职能。张馨(2000)将公共财政的基本职责描述为弥补市场失效，其主要表现为公共物品的存在、自然垄断的存在、外溢性的存在、风险与不确定性的存在，解决社会分配不公、宏观经济总量失衡等。在市场经济中，公共财政的活动边界为配置资源，调节收入分配，促进经济增长。城市公共财政具有以下三大职能：

(一)资源配置职能

在市场经济体制下，市场机制在资源配置中具有其内生的缺陷而仅仅发挥了基础性作用，并未发挥主导性作用。当市场配置资源低效或失败时，就需要公共财政发挥作用。城市公共财政的资源配置职能具体表现为：提供公共产品和服务、提供基础设施、提供公益性服务、引导城市产业发展等。

(二)调节收入分配职能

市场机制按照“效率”原则进行收入分配，它有利于促进经济发展，但对社会公平却可能造成不利影响。随着社会分配差距的不断扩大，人们在相互比较的情况下会对社会充满各种不满情绪甚至怨恨，这样容易加大社会矛盾而对社会稳定产生不利影响。城市政府可通过转移支付、税收杠杆、社会保障等财政手段，对市场机制形成的初次分配格局进行“校正”，保障弱势群体和落后地区也能享受到经济发展和社会进步的收益。

(三)稳定经济与增长职能

市场机制的自发调节作用，不能实现社会总供求平衡和城市经济的稳定发展。当社会总供给大于社会总需求时，会造成经济停滞、社会失业和资源浪费；当社会总需求大于社会总供给时，会造成经济过热、通货膨胀、资源过度利用。

城市政府可通过财政手段，保持社会总供求关系的大体平衡。

作为市场经济下的财政，城市公共财政还应遵循以下几个原则：

第一，公共性。它要求政府的财政行为必须以公共利益为出发点，而最能体现公共利益的地方就是市场失效领域，因此政府财政行为应以市场失效为边界，以是否满足社会公共利益需要为判断标尺。

第二，民主性。在民主制度下，政府税收取之于民，其公共支出也理应用之于民，以体现广大民众的意愿。

第三，法治性。这是与市场经济的法治性要求相匹配的财政原则，政府的税收行为要以法律为准绳，政府的公共支出行为不应超出法律授权的范围（蔡成兵，2006）。

二、城市政府财政收入和财政支出

（一）城市财政收入来源和收入原则

1. 城市财政收入的来源

城市财政收入亦称城市政府收入，是城市政府为履行其职能，保证公共支出需要而依法取得的收入。城市财政收入表现为城市政府部门在一定时期内（一般为一个财政年度）所取得的货币收入。

（1）城市财政收入的特征。

第一，公共性。这是财政收入区别于私人收入的最主要特征。

第二，强制性。城市财政收入的主体是税收，税收是城市政府凭借公共权力，强制无偿地从社会获取的收入。

第三，规范性。城市财政收入的获取要有章可循，遵守法律法规的规定，不能随意收取。

第四，稳定性。城市财政具有稳定的收入来源和数量保证。为了维护公共利益和满足社会共同需求，提供公共产品和服务，矫正市场失灵和外部效应，城市政府需要依法筹集一定的公共收入。

（2）城市财政收入主要来源。

第一，税收收入。税收是政府依法行使权力所进行的一种强制性征收。税收收入是城市财政最基本、最稳定的来源。在发达国家，税收通常占城市财政收入的90％以上。税收征收具有强制性、无偿性和固定性。根据课税对象[①]，可分

---

① 由于课税对象不仅决定着税种的性质，而且在很大程度上也决定了税种的名称，因此，按课税对象进行分类是最常见的一种税收分类方法。

为流转税、所得税、财产税、行为税和资源税；根据计税依据，可分为从价税和从量税；根据税负是否转嫁，可分为直接税和间接税；按照税收的管理和使用权限，可分为中央税、地方税和共享税。

第二，国有资产收入。国有资产收入是指城市政府经营国有资产获取的财产收入，以及依据法律规定支配所拥有的自然资源所形成的财产收入。国有资产的产权属于国家，其中，市属国有资产的收入由城市政府支配。

国有资产收入主要包括：税后利润收入，即市属国有企业的生产经营活动，在依法纳税和合理留成以后，上缴城市政府的利润收入；股息红利收入，即在股份公司中，城市政府作为出资者按出资比例应分得的股息或红利收入；租赁收入，即国有企业的承租人按照合同规定缴纳的租金收入，它相当于国有资产的使用费；国有企业破产清算及拍卖所得收入；转让国有资源使用权的收入，出卖国有资源产权的收入。

第三，公共收费收入。城市政府在进行行政管理以及提供公共产品和服务时，为体现“谁受益谁付费”原则，而向个人和社会组织收取的一定费用，一般称为公共收费。

城市公共收费可分为如下三种：行政性收费，是指行政机关及其授权的组织依法行使职能过程中收取的管理费用，如工商执照登记费、结婚登记费、财产转让登记费、户籍登记费等。行政性收费还有一种特殊形式，即惩罚性收费，如超标排污治理费、交通违章罚款、违反计划生育罚款等。事业性收费，是指事业单位向社会提供服务所收取的费用。经营性收费，是指城市政府按照一定标准，向公共资源、公共设施和公共服务的使用者收取的费用，如高速公路费、土地使用费、水电煤气费等。

第四，债务收入。债务收入是城市政府凭借自身信用，按照一定的法律程序，通过向企业或者个人有偿借债而形成的收入。公债的产生，使得政府能够在不减少私人实际财富的同时为公共服务提供资金（詹姆斯·M. 布坎南，1991）。与税收相比，政府公债对债权人具有自愿性、灵活性和有偿性的特征。公债必须限期归还，同时支付一定的利息。西方国家的城市政府普遍可以发行公债，通过公债筹集城市建设资金，弥补政府财力的不足。政府公债的经济效应主要表现在两个方面，即对私人部门的“挤出效应”和对经济发展的投资扩张效应。

2. 城市财政收入原则

城市政府筹集财政收入应当遵循公平分配、合理负担的总原则。由于税收收入是财政收入的主体部分，因此，探讨财政收入原则就不得不讨论税收的基本原则。当然，公共收费和举借债务也要遵循一定的原则。城市公共收费应遵循“谁受益谁付费”“谁使用谁付费”原则。政府举借债务应坚持自愿有偿原则，到期还本付息。

第一，公平原则。税收公平首先要求保持税收中性，即对所有从事经营的纳税人要同等对待，为经营者创造平等的纳税环境，促进经营者公平竞争。对于客观存在的不公平因素，如资源禀赋差异、先天禀赋差异、个人能力差异、发展机遇差异等，可通过差别征税和累进征税进行调节。

第二，效率原则。税收效率分为税收的经济效率和行政效率。行政效率是指税收征收和缴纳的手续简便，征纳双方耗费的成本较少。经济效率是指征税应当有利于促进经济效率的提高，有利于资源配置的优化，经济效率是税收效率的更高层次要求。

第三，适度原则。适度原则就是按照单位和个人的支付能力纳税，政府课税应当无损于公民基本福利，不对产业造成压迫。中国古代经济思想倡导“培基固本”“休养生息”，反对“涸泽而渔”“杀鸡取卵”，今天这些思想仍具有借鉴意义。税收应考虑不同行业和个人的负担能力，实行区别对待，以缩小贫富差距。

第四，法治原则。税收征收管理是依法行政的过程，税务机关应依法进行税款征收、税务检查和违章处理。依法纳税也是每个纳税人应尽的义务，纳税人依法申报纳税制度，既是增强纳税自觉性的要求，也是有效进行税收征收管理的重要环节。税务部门要加强税收征收的制度建设，依法打击偷税漏税、抗税骗税行为。

（二）城市财政支出分类和支出原则

1. 城市财政支出分类

城市财政支出又称城市政府支出，是以城市政府为主体，以政府承担的事权为依据进行的一种货币资金的支出活动。财政支出是政府政策选择的反映，是政府履行职能的具体体现，它反映了政府的政策选择，代表了政府活动的方向和范围。城市政府为执行公共政策，提供公共产品和服务，需要支付一定的成本。财政支出可以说是政府行为的成本。需要说明的是，并不是所有的政府行为都需要相应的财政支出，有些政府行为的成本有可能由第三部门和公民个人承担。因此，财政支出只是政府行为的部分成本。按照不同的标准，可以对城市财政支出进行不同的分类。

第一,根据政府职能的不同,财政支出可分为维持性支出、经济性支出和社会性支出。其中,维持性支出以行政管理支出为主,包括城市政权机关、政府机关和准政府组织的行政管理费用。经济性支出以政府投资支出为主。城市基础设施、公用设施和一些自然垄断产业的建设费用,需要由政府进行投资。政府投资要兼顾经济效益和社会效益,进行成本—收益分析。社会性支出以教育、文化、卫生、社会保障、环境保护等公共服务支出为主。公共服务属于公共产品的范畴,城市政府有责任提供基础性的公共服务保障。

第二,根据财政支出的性质不同,可分为购买性支出和转移性支出。其中,购买性支出是政府按照等价交换原则购买商品和劳务的支出。这类支出包括两个方面:一是购买政府进行行政管理和提供公共服务所需要的商品和劳务的经费支出;二是政府用于各种公共投资的支出。转移性支出是指政府单方面把一部分收入无偿地转移出去的支出,包括财政补贴支出和社会保障支出等。转移性支出是政府为了实现收入分配相对公平而进行的支出活动,它不是对商品和劳务的直接购买,不会得到等价补偿,受益者也不必予以归还。

在政府财政支出总额中,如果购买性支出所占比重较大,说明政府直接配置的资源较多,政府对生产和就业的影响较大;如果转移性支出所占比重较大,则说明政府收入分配的职能较强。虽然转移性支出也可能用于购买商品和劳务,但它可能不被用于当期购买,因此它对生产和就业的影响是间接的。

一般来讲,西方国家的城市政府较少直接参与生产活动,所以购买性支出所占的比重较小,而转移性支出所占的比重较大、社会福利水平较高;而在大多数发展中国家,城市政府直接参与生产活动较多,财政支出中相当一部分用于政府投资和基础设施建设,因此,购买性支出在财政支出中所占份额较大。

2. 城市财政支出原则

随着公共支出规模的不断扩大,人们越来越认识到有必要加强公共支出研究。概括而言,城市财政支出应当奉行以下原则:

第一,弥补市场失灵原则。市场机制是一种富有效率和活力的经济运行机制和资源配置方式。但市场并不是万能的,它在运行中经常会出现失灵的现象。仅靠市场机制难以实现资源配置的最优状态。为了克服市场失灵问题,必须通过非市场化的政府机制。基于政府与市场的角色分工,财政支出主要作用于市场无法解决的领域,城市政府不能越俎代庖,不能以政府管制代替市场规律。

第二,社会利益最大化原则。城市财政支出应追求最大多数人的最大利益,不能被特殊利益集团和少数人的特殊利益所左右。城市财政支出不以营利为直接目的,不能在追求经济利益的动机下安排支出项目,政府只能以公共利益的维护者身份出现,不能与民争利。在市场经济体制下,凡是具有竞争性和营利性的经济领域,原则上讲,政府财政支出都不应该直接进入。

第三,公平、公开、透明原则。公平原则是指城市财政支出产生的社会利益应当切合各个阶层居民的实际需要。对社会经济发展中的最少受惠者给予补偿是社会公平的基本要求。城市社会保障资金应当立足于"雪中送炭",而不是"锦上添花"。一般来说,社会成员的收入水平越低,财政补助产生的效用也就越大。公开和透明原则,是指财政支出应当及时公布,纳税人有权了解公共支出的使用状况。

第四,厉行节约、量入为出原则。厉行节约原则就是要少花钱多办事,防止人力、物力和财力的铺张浪费。公共支出和项目投资要进行成本—收益分析。同时,财政支出也要加强对资金使用情况的监督管理。坚持量入为出原则,就是有多少钱办多少事。城市政府应根据财力状况合理安排公共支出,坚持收支平衡,尽量不搞财政赤字。

第五,统筹兼顾、保证重点原则。统筹兼顾是指合理确定财政支出项目以及各项支出的规模;保证重点是指合理安排财政支出的比例关系,分清轻重缓急和主次先后。贯彻统筹兼顾、保证重点原则,要求城市政府正确处理购买性支出与转移性支出的比例关系,正确处理公共产品和服务的不同领域之间的比例关系。

三、城市公共财政管理的制度创新

城市公共财政体系建设只有通过不断地进行制度创新才能克服城市财政种种问题。

(一)改革公共财政框架,完善城市政府公共管理职能

城市公共财政体系要求在收入上依法治税,建立公平税收环境,与国际税收制度接轨;在支出上统一编制政府预算,通过部门预算管理来调度政府资金,推行政府采购制度,以单一国库账户统一支付政府预算资金。

要使城市政府的财政支出范围与城市政府职能范围趋向一致,做到政府的财权与事权相统一。首先,在政府机构中引入竞争机制,准公共物品的提供要打破政府垄断的局面,用市场的力量来改进和提高公共物品供给效率。基础设施、公共服务,政府不必是唯一的提供者;在政府行政机构中引入竞争机制。其次,加强财政监督和社会监督,监督主体由政府职能部门扩大到社会监督机构,逐步

形成财政监督、审计监督和社会监督三者并存的局面。最后，依法治税，从严治政。依法治国就要依法治税，而依法治税不仅包括纳税人依法交税，征税人依法征税，也包括用税人依法治政（李鹏，2012）。

（二）加强费改税进程，规范预算外资金的管理

税费改革要根据城市政府职能和建立公共财政的要求，在全面清理整顿现行收费，坚决取消不合理和不合法的收费项目。经营性收费项目不再纳入行政收费范围，而是依法征税；对具有税收特征的收费改为税收，仅保留少数符合国际惯例和国际条约的收费。对于那些不宜改成税收的收费项目，政府一定要强化管理，促进预算外资金的制度化、规范化和法制化，使预算外资金管理实现“国家所有、财政管理、政府调控”的“三权归位”，增强政府调控能力。

（三）加强税收征管，提高征税效率

依法纳税是税收法制化的本质要求。这要求在以下两方面强化改革：一是税收稽核，特别是一些主体税种如增值税、关税的稽核工作；二是要协调国税局和地税局的关系。

（四）开拓新的融资渠道，弥补城建资金不足

城市政府首先要积极利用信贷资金推动城市建设和发展。利用信贷资金的方式包括两种：一是利用政府信用担保的商业银行贷款和外汇贷款，二是发行市政建设债券。还可以通过创建产业投资基金的方式来推动城市建设和发展。其他融资方式，比如 BOT、ABS、TOT 等，也是城市政府可以用于弥补建设资金不足的有效途径。然而，无论采用何种方式，都要求城市政府按照市场经济运行规律的要求，推动城市公用事业走社会化服务、产业化发展、市场化运作、企业化经营的路子，把财政投融资与市场投融资活动有机地结合起来。

（五）创新公共财政支出的绩效管理

第一，明确公共财政支出效益评价的目标。正确的目标是行动的方向。开展公共财政支出效益评价工作，明确评价的具体目标很重要，也就是要研究公共财政支出评价做什么，解决哪些问题，达到什么目的，在财政支出监督方面发挥什么作用，这样才能有效地拟定科学规范的评价制度和办法。

第二，掌握公共财政支出的基本去向。财政支出评价是围绕财政资金的分配、使用和产生的经济效果展开的，了解掌握财政资金的分配方向、运用领域、使用特点，是研究财政支出评价工作的基础和前提。

第三，科学划分公共财政支出效益评价的类型。财政支出效益评价的方法设计应始终贯穿一条主线，以政府财政预算管理的基本分类为主导，合理划分公

共财政支出效益评价类型，适应建立财政支出评价体系和进行实际操作的需要。

第四，建立公共财政支出效益评价体系。为了科学评价公共财政支出效益状况，客观准确地反映公共财政支出的经济性、效率性、效益性，需要建立公共财政支出效益评价的方法体系。财政支出效益评价体系包括评价指标、评价标准和评价方法等多项要素（陆庆平，2003）。

第三节 城市政府采购管理

一、城市政府采购的特点

（一）城市政府采购的概念

城市政府采购（government procurement），是指城市政府及其他受政府控制的企事业单位，为实现政府职能和公共利益，在财政监督下使用公共资金，从国内外市场购买所需商品、工程和服务的行为。城市政府采购在整个财政体制中具有重要地位和作用。政府采购属于财政支出的范畴，它在财政支出中占有很大份额。在美国各级政府的总支出中，约 2/3 用于购买、1/3 用于再分配（斯蒂格利茨，1998）。为了加强公共支出管理，现代国家普遍建立了政府采购制度。

（二）城市政府采购的特点

政府采购是相对于私人部门采购而言的。私人部门采购包括个人采购、企业采购和社会团体采购。政府采购的理论基础是公共物品理论和外部效应理论，其采购消费主要服务于公共利益和公共需要。与私人部门采购相比较，城市政府采购具有以下特点：

第一，采购资金的公共性。城市政府采购的主体是行政部门及公营企事业单位，政府采购所支出的资金是公共资金，即财政拨款和需要财政偿还的公共借款。这些资金最终来源于税收收入、国有资产收入和公共服务收费。而私人采购资金主要来源于私有资金。

第二，采购对象的广泛性。城市政府采购的对象包罗万象，几乎涉及所有社会产品。国际上通常按性质将政府采购对象分为三大类，即货物、工程和服务。

第三，政府采购的非营利性。城市政府采购是为了实现政府职能和公共利益，它不具有商业采购的特点。政府采购不以营利为目标，不是为了卖而买，没有私人采购的营利动机。

第四，政府采购的公开性。城市政府采购具有较大的透明度，所有信息都要尽可能地公开。政府采购的法律和程序是公开的,采购过程也应公开。一切采购活动都要公开招标,并且保留记录,备案待查。

第五,政府采购的政策性。政府采购是政府支出政策的重要组成部分。灵活的政府采购计划,对于保护税源经济和地方产业,促进城市产业结构调整和优化,促进社会公平分配,具有重要的政策意义。

第六,政府采购规模庞大。城市政府一般是区域性市场的最大消费者,其采购规模在地区生产总值和财政支出中占有相当大的比重。

(三)城市政府采购的意义

实行政府采购的意义有如下几方面:

第一,有利于加强财政支出管理和监督。政府采购一般采用公开招标的方式,它具有明确的程序规定性,并按照合同支付货款,能够有效规范采购行为,防止项目决算超过项目预算。

第二,有利于提高财政支出效率。政府采购把各个行政事业单位需要采购的物品集中起来,由专业执行机构组织实施,可以形成规模经济优势。通过公开招标和批量采购,能够节约财政资金,提高采购物品的质量。

第三,有利于加强经济调控能力。合宜的政府采购政策能够调节市场需求状况,调整产业结构,有效配置经济资源,保护地方产业,扶持中小企业,促进区域经济发展。

第四,有利于保护生产经营者的利益。政府采购的规范化运作,给生产企业和供应商提供了公平的竞争机会,可以减少暗箱操作和不正当竞争行为,保护生产经营者的合法权益。那些获得政府采购订单的企业,不仅可以批量销售产品和服务,而且可以提高产品信誉和塑造企业形象。

第五,有利于促进政府廉政建设。政府采购的公开透明机制,被称为“金鱼缸中的交易”,可以有效地防止分散采购的暗箱操作和幕后交易行为,防止供应商与采购主体之间的暗中串通,遏制权钱交易等腐败行为。

二、城市政府采购的目标

政府采购制度起源于18世纪,发端于西方国家,迄今已有200多年的历史。20世纪30年代以来,随着政府干预经济的逐渐加强,政府采购的范围迅速扩大。今天,政府采购已经成为公共支出管理的有效手段。我国政府采购工作起步较晚,但有关规范的建立速度较快。自2003年1月1日《政府采购法》正式颁布实施以来,中国政府采购制度逐步走上了稳步发展的轨道(肖燕,2015)。政府采购的基本目标如下：

第一，经济性和有效性。这是城市政府采购所追求的最基本和首要的政策目标。其中，经济性是指采购资金的节约和合理使用；有效性是指采购的物品、工程和服务的质量要保证满足使用部门的要求，同时应注意采购的效率，要在合同规定的时间内完成招标采购任务。

第二，保障廉洁采购。城市政府采购的对象广泛、规模庞大、金额巨大，容易提供"寻租"机会，引起利益诱惑。健全政府采购的监督和约束机制，保障廉洁采购，能够提高社会公众对政府采购的信任程度。

第三，调控经济发展。由于政府采购对区域经济具有重要影响，城市政府可以通过采购品种的选择，保护和加快本地相关产业的发展，促进产业结构的优化升级。政府采购对于扶持中小企业发展、促进技术转让和推广等，也具有积极作用。

第四，促进社会目标的实现。城市政府可根据社会发展的需要，利用政府采购促进具体社会目标的实现。例如，政府对所采购产品或拟建工程，提出有利于环境保护的指标和要求，不采购造成环境污染的企业的产品，有利于实现环境保护的目标。

三、城市政府采购的原则

城市政府采购的原则主要如下：

第一，公开性原则。又称透明原则，是指政府采购的政策、程序和采购活动要对社会公开。政府采购被称为"阳光下的交易"，阳光是最好的消毒剂，它可以使各种"设租""寻租"和腐败现象无处藏身。贯彻公开性原则，要求公开发布采购项目和合同条件，投标人资格预审和评价投标的标准也应公布于众。

第二，公平性原则。参加竞争的所有投标商都拥有平等的竞争机会，并享有同等待遇。它允许所有参加投标的供应商、承包商和服务提供者平等地参加竞争，采购机构向投标人提供信息时应一视同仁，不得采取歧视性策略。

第三，公正性原则。公正性原则建立在公开性原则和公平性原则的基础之上。它要求政府采购管理机关应当站在公允、超然的立场上，保证采购规则在执行中不偏不倚，对每个当事人一视同仁。

第四，有效竞争原则。通过有效竞争，各个投标人争相提供更好的商品、工程和服务，有助于促进政府采购形成买方市场，提高政府采购的经济性和有效性。有效竞争要求及时发布竞争采购公告，邀请多家供应商参与招投标活动。

四、城市政府采购的制度

(一)城市政府采购方式

根据不同的分类标准,可以划分出不同的政府采购方式。根据采购物资的集中程度,可分为集中采购和分散采购;根据采购对象的不同,可分为货物采购、工程采购和服务采购;根据供应商所在的地域,可分为国际采购和国内采购;根据采购公开程度的不同,可分为公开招标采购、邀请招标采购、竞争性谈判采购、询价采购和单一来源采购等。

第一,集中采购。集中采购是指城市政府机关及其附属单位的一切物资、工程或服务,都由专门设立的采购执行机构统一采购的管理形式。集中采购可以降低采购价格,减少采购成本。

第二,分散采购。分散采购是指由城市政府各消费或使用单位以货币形式直接采购所需货物、工程或服务的采购形式。分散采购的优点是采购灵活、自主、手续简便,有利于缩短采购时间,迅速解决具体问题。其弊端在于监督管理不力,容易出现重复采购、管理不规范等问题。

第三,公开招标采购。公开招标采购是指政府有关采购方以招标公告的形式邀请不确定的供应商投标的采购方式。它要求招标程序公开,即公开发布投标邀请,公开开标,公开中标结果。公开招标采购具有竞争性,是最能促进竞争和提高采购效益的方法,它可使招标者以合理价格获得所需物资,防止徇私舞弊行为。缺点是程序和手续复杂,对采购急需物资难以适用。

第四,邀请招标采购。又称选择性招标,是指政府采购方以投标邀请书的形式直接邀请有限数目的供应商参加投标的采购方式。只有收到了采购机构投标邀请的供应商、承包商才可以参加投标。邀请招标采购主要适用于技术复杂或专门性的货物、工程或服务,研究和评审标书需要时间和费用,采购实体只能通过限制投标人数来达到经济和效益目标。

第五,询价采购。又称货比三家,是指城市政府向几个供应商发出询价单,让其报价,然后对其报价进行比较,进而确定合格的供应商的采购方式。它主要适用于以下几种情况:招标后没有供应商投标或者没有合格标的;出现了不可预见的急需采购;投标文件的准备需要较长时间才能完成;对高新技术含量有特别要求。

第六,单一来源采购。单一来源采购是指政府采购中心向单一供应商征求建议或报价而进行的采购,这是一种没有竞争的采购方式。单一来源采购致使采购方处于不利的地位，会增加采购成本，容易滋生腐败现象。但在特殊情况下，如涉及国家安全等，它又是不得已的选择。

第七，征求建议采购。征求建议采购是指城市采购实体与少数的供应商接洽，让他们提出建议书，与之谈判有无可能对建议书的实质内容做出更改，再从中要求提出“最佳和最后建议”。对供应商的建议进行评价和比较，有可能选出最能满足采购实体需求的供应商。

第八，谈判采购。谈判采购是指采购和销售双方就交易的条件达成一项双方都满意的协议的过程。谈判采购是私营领域常用的采购方法。在公共领域中，谈判采购主要用于国防和服务性采购。

（二）城市政府采购的程序

1. 规范的政府采购程序

第一，确定采购需求，采购需求由各个采购单位分别提出，经财政部门审核后，将符合条件的采购需求列入年度采购计划。

第二，选择采购方式。

第三，审核供应商资格。政府采购机构对潜在的供应商或参加投标的卖方企业进行技术、资金、信誉、管理等方面的评估审核。

第四，执行采购方式。

第五，签订采购合同。

第六，履行采购合同，任何一方都不得单方面修改合同条款，违约一方要按合同规定承担违约责任。

第七，验收，由专业人员组成的验收小组对合同执行结果进行检验和评估。

第八，结算，合同执行完毕后，由财政部门根据验收证明书和结算验收证明书与供应商进行资金结算。

第九，效益评估，有关监督部门在采购项目执行完毕后，要对其效益进行评估，以资借鉴。

2. 公开招标采购程序

在各种政府采购方式中，公开招标采购被认为最能促进竞争和提高采购效益。完整的公开招标采购过程包括以下六个阶段：

第一，招标。即采购方根据已确定的采购需求，提出招标采购项目的条件，向潜在的供应商招标。

第二，投标。投标是指投标人接到招标通知后，根据招标通知的要求填写招标文件，并将其送交给采购机构的行为。投标人的询价和定价是投标过程中最关键的环节。

第三，开标。开标是采购机构在预先规定的时间和地点将投标人的投标文件正式启封揭晓的行为。开标由采购机构组织进行，但须邀请投标商代表参加。

第四，评标。评标是采购机构根据招标文件的要求，对所有的标书进行审查和评比的行为。评标是采购方的单独行为。

第五，决标。决标即授予合同。决标是采购机构的单独行为，是采购机构决定中标人的行为。采购机构在决定中标人后，要通知中标人并向其发出授标意向书。

第六，签订合同。即采购方与中标人对标书中的内容进行确认，并依据标书签订正式合同。

第四节　城市自然垄断行业管理

一、垄断与自然垄断

自然垄断是一种比较特殊的城市经济现象。探讨自然垄断问题，首先要从垄断现象讲起。

（一）垄断的含义

垄断是指排他性控制和独占某种经济资源、产品、技术或市场。这种排他性的控制，既可能对经济增长和经济效率产生负面影响，也可能是经济秩序的基本支撑点。譬如，产权就具有排他性，A 拥有一套房子的产权，就排斥了 B 的占有权；城市行政权也是由政府所独占。失却了产权和行政权，社会就会失序，经济增长和社会秩序就无从谈起。

（二）垄断的类型

从形成原因看，垄断现象大体包括以下五种类型：

第一，资源性垄断。由于资源的独特禀赋和属性所形成的垄断。比如，浙江的龙井茶、山东莱阳的梨、新疆吐鲁番的葡萄等。

第二，技术性垄断。由于发明和创新，掌握了某种专利技术、特殊工艺、产品秘方而形成的垄断。例如，可口可乐的饮料配方，由于无法仿制，因此可口可乐能够长期保持世界饮料业销量第一的地位。政府如果不保护专利和商业秘密，发明和创新的供给就不足。新技术一旦发明出来，整个社会都会受益。

第三，经营性垄断。企业凭借实力和策略进行市场扩张，或多家企业通过结成经营联盟，可在竞争中占据市场主要份额，将竞争对手挤出市场。

第四，强制性垄断。依靠政府或其他强制性力量，通过非经济性手段清除竞争对手，形成了对市场的排他性独占。这种强制可以是高度非制度化的，如欺行霸市、强买强卖；也可以是高度制度化的，如行政性垄断、政府授权独家经营。

第五，自然垄断。一些产业具有规模经济效应，在一定的区域内只能由一家企业经营。若两家企业进入的话，就可能导致两败俱伤。城市基础设施和公用事业领域中，凡是要进行大规模管道或网络建设的，如供电、供气、供热、铁路等，都属于自然垄断行业。自然垄断是最常见的垄断形式。

（三）垄断的影响

不同性质的垄断现象，对经济和社会发展具有不同的影响。为探讨垄断的经济影响，可将垄断分为产权排他性垄断和强制禁止性垄断两类。前者是从产权的“排他”属性中派生出来的垄断，后者是基于强制性禁止而产生的垄断。资源性垄断、技术性垄断、经营性垄断和自然垄断，都属于产权排他性垄断。产权是市场机制有效发挥作用的前提，保护产权就是保护产权主体对于自身拥有资源的排他性支配权利。

传统经济理论认为，垄断现象使厂商可以通过控制产量来提高价格，获取垄断利润。由于独家控制市场，厂商缺少提高产品和服务质量的动机。但在市场经济条件下，产权排他性垄断并不必然对经济效率产生不利影响。只有当强制性垄断限制甚至禁止市场准入，从而消除了潜在竞争对手时，才会妨碍技术进步，对经济效率产生不利影响。

第一，在存在可替代性产品的情况下，资源性垄断并不能够持续控制价格和获取高额利润。资源性垄断尽管有其独特的资源禀赋，但在发达的市场环境下，大多数资源性垄断产品都存在可替代品。比如，“龙井”的替代品有“毛尖”“乌龙”“毛峰”等；“可口可乐”的替代品有“百事可乐”“北冰洋”等。物以稀为贵很正常，但独特的资源如果价格太高，就等于帮助其替代品获取市场份额。

第二，在市场竞争中，技术性垄断通常也不能一劳永逸。商场如战场，既然有了“周瑜”，就可能出个“诸葛亮”。政府保护创新专利，也是在鼓励各路豪杰加快发明创新。

第三，经营性垄断也难以持久保持。胜利者赢得市场优势之后有可能减量提价，但此举等于是在补贴潜在的竞争对手。

第四，强制性垄断消除了潜在竞争对手，必然会妨碍技术进步和经济效率。反垄断首先要反强制性垄断，尤其是行政性垄断。政府如果不分青红皂白，笼统地反对一切垄断现象，就容易演变成反对产权、反对竞争、反对专利。为了保护产权、保护技术创新，政府应尽可能地撤除妨碍市场竞争的行政性壁垒。政府不能为了保护“龙井茶”而禁售“乌龙茶”，不能为了保护“北冰洋”而禁售“可口可乐”和“百事可乐”。

第五，自然垄断突破规模经济的“瓶颈”以后，同样可以引入市场竞争机制。正是由于多家运营商相互竞争，移动电话套餐价格才会不断下降。

二、自然垄断行业的特点

（一）自然垄断行业的经济特征

城市供水、供电、供气、供暖等产业都属于自然垄断行业，自然垄断行业的经济特征如下：

第一，规模经济效应明显。自然垄断行业最显著的特征是“成本弱增”，其产品平均成本随着产量的增加而降低。企业生产规模越大，产品的平均生产成本就越小。因此，为了实现规模经济和避免重复浪费，需要对自然垄断行业实行进入管制。

第二，投资成本具有沉淀性。自然垄断产业的投资规模巨大、回报周期长、沉淀成本大，资金一旦投入就难以改做其他用途。如果多个企业展开竞争，可能导致资源浪费。通常的做法是，政府赋予特定企业以垄断经营权，从制度上确保垄断供应，并对其价格和服务进行规制。

第三，企业经营具有公益性。自然垄断产业提供日常生活所需的基本服务，其服务具有公益性，需要保证服务稳定性和质量可靠性。

第四，垄断企业处于支配地位。自然垄断企业往往处于独家经营地位，对于消费者而言，自然垄断产品的选择余地很小。

（二）自然垄断行业的业务边界

自然垄断行业的业务边界，可以从静态和动态两个方面进行界定。

从静态角度看，凡是需要进行大规模网络和管道建设的经济领域，都属于自然垄断行业。由于进行网络和管道建设需要大量固定资产投资，其中有相当部分是沉淀成本，如果两家或多家企业进入，重复建设不仅会浪费资源，而且每个管网都不能得到充分利用。需要说明的是，进行管网建设的行业，并非其所有业务都具有自然垄断性，自然垄断的静态边界可以进一步细分。例如，电力产业的电力输送业务（包括高压输电和低压配电）是自然垄断业务，须由公营企业承担，而电力生产（发电）就是非垄断性业务，可以由多家企业参与竞争（王俊豪，

2001)。

从动态角度看,自然垄断行业的业务范围具有相当大的可变性。首先,技术进步可以改变自然垄断行业的边界。以电信产业为例,科技进步使其自然垄断边界发生了戏剧性的变化。随着光纤技术、卫星通信、无线电话、移动电话、互联网络的发展,用以传输声音、图像、数据的途径越来越多,这些技术进步为新企业进入电信产业创造了条件。在这种情况下,多元的通信网络逐步代替了单一的通信网络。电信产业的自然垄断业务范围逐步缩小。目前,电信产业的自然垄断业务大多仅限于固定电话的范围之内。

其次,市场容量的扩大也会改变自然垄断行业的边界。例如,中小城市由于消费者数量有限,自来水、供热、供气等自然垄断产业,只能由政府授权一家公司垄断经营。随着城市人口规模的扩大,当市场需求量超过"成本弱增"的范围以后,这些产业就不具有自然垄断性,应该允许多家企业进入。既然自然垄断产业并非所有业务都具有自然垄断性质,政府应区分其自然垄断性业务和非自然垄断性业务,分别制定不同的管制政策。对于非自然垄断业务,政府应打破壁垒,允许多家企业进入,充分发挥市场机制的作用。

三、自然垄断行业的政府规制

自然垄断企业不能实现充分竞争,只能由一家或极少数几家企业垄断经营。同时,自然垄断行业经营的收益稳定。这就要求城市政府进行规制。如何同时兼顾规模经济与竞争活力呢?可以将有效竞争作为自然垄断行业的规制目标。有效竞争是在满足规模经济前提下的适度竞争。具体地讲,有效竞争规制应遵循以下基本原则:

第一,适度竞争。自然垄断行业既要防止竞争过度,也要防止竞争不足。

第二,公开透明。政府规制信息应对社会公开,保障公众知情权,方便社会获取信息。

第三,公众参与。政府规制是对利益关系和利益格局的调整。利益相关方都有表达和参与的权利。

第四,非歧视。同等对待所有的企业主体,市场准入规制、价格规制、质量规制对所有企业一视同仁。

参考文献:

[1]安秀梅,《中国公共财政管理框架的整合和重建》,《山东经济》,2004,第1期。

[2]蔡成兵,《公共财政制度下地方财政管理体制的创新》,《东南大学学报(哲学社会科学版)》,2006,第2期。

[3]陈芸,《城市公共经济管理导引与案例》,企业管理出版社,2008。

[4]陈振明,《公共经济管理的理论基础——何谓公共部门经济学》,《中国工商管理研究》,2006,第8期。

[5]高培勇,《从“放权让利”到“公共财政”——中国财税改革30年的历史进程》,《广东商学院学报》,2008,第5期。

[6]高雪莲,《城市公共经济研究回顾及其进展》,《城市》,2012,第5期。

[7]胡玲,《公共经济管理对民生关系的意义》,《山西财经大学学报》,2015,第1期。

[8]姜涛,《论我国城市公共经济趋势与对策》,《知识经济》,2011,第13期。

[9]李鹏,《公共财政体制与政府公共管理职能》,《中共中央党校学报》,2012,第3期。

[10]陆庆平,《公共财政支出的绩效管理》,《财政研究》,2003,第4期。

[11]世界银行,《1997年世界发展报告:变革世界中的政府》,中国财政经济出版社,1997。

[12]王俊豪,《政府管制经济学导论》,商务印书馆,2001。

[13]武彦民、魏凤春,《财政管理公共化,公共财政的本质》,《现代财经(天津财经学院学报)》,2005,第7期。

[14]肖燕,《地方政府采购管理研究》,西北农林科技大学学位论文,2015。

[15]熊景维,《公共经济管理理论研究述评》,《天津行政学院学报》,2011,第4期。

[16]杨戈,《公共经济管理理论研究进展》,《经济学动态》,2005,第2期。

[17]约瑟夫·斯蒂格利茨,《公共部门经济学(第3版)》,中国人民大学出版社,2005。

[18]约瑟夫·斯蒂格里茨,《政府为什么干预经济》,中国物资出版社,1998。

[19]约瑟夫·斯蒂格利茨,《经济学》,中国人民大学出版社,1997。

[20]詹姆斯·M·布坎南,《公共财政》,中国财政经济出版社,1991。

[21]张馨,《公共财政论纲》,经济科学出版社,2000。

[22]周小林,《公共财政管理中的制度管理》,《山东经济》,2009,第3期。

[23]朱大兴,《论公共财政管理机制的创新》,《财政研究》,2008,第8期。

[24]Henderson J. V.. The sizes and types of cities, *American Economic Review*, 1974, 64(4):640-56.

[25]Tomlinson J.. Managing the economy, managing the people: Britain c. 1931-70, *Economic History Review*, 2005, 58(3):555-585.

第十三章　城市循环经济管理

第一节　循环经济管理概述

一、循环经济的概念与新观念

（一）基本概念

循环经济思想起源于鲍尔丁在1965年提出的“宇宙飞船经济”（spaceship economy）理论。“循环经济”一词始用于皮尔斯等在1990年发表的《自然资源和环境经济学》一书中，实践性概念出现在1994年德国制定的《循环经济和废物管理法》，其后“循环经济”一词在世界各国广泛传开。但是，由于循环经济理论本身仍处于探索和发展阶段，学术界乃至政府部门对循环经济的理解不尽相同，所以对循环经济的定义也有所不同。

1. 学术界争鸣

在我国，“循环经济”一词由刘庆山于1994年首次使用（刘庆山，1994）。进入21世纪以后，我国学者对循环经济的研究非常活跃，发表了大量有关循环经济的论文，出版了不少专著。有学者认为，循环经济是一个地地道道的中国概念，是中国学者基于自己的国情，对发展经济理论和经济发展模式的一个创新（周宏春、刘燕华，2005）；孙佑海（2007）认为“循环经济”这个词绝对不是从国外引进的，它是我们中国人自己的发明，而且我们既有理论的基础，又有实践的基础。李秀娟和温亚利（2007）指出：在国外，循环经济概念并不常用，他们经常使用的是“生态经济”。以下考察国内学者对循环经济的探讨性定义。

在我国，对循环经济研究非常活跃的同时，还存在着一定的认识差异，并没有形成为大家普遍接受的循环经济概念。许多专家学者基于各自的研究背景和研究领域界定循环经济的内涵，给出了各自的定义，形成百花齐放、百家争鸣式的格局。

第一，循环经济是对物质闭环流动型(closing materials cycle)经济的简称。方莉华和张才国(2005)认为，循环经济是以资源的反复利用为核心，其依据是可持续发展的理论体系。所以，资源循环利用是循环经济的核心内涵，其中心要义是围绕“循环”两字展开的。“循环”的直义不是指经济循环，而是指经济赖以存在的物质基础——资源在国民经济再生产体系中各个环节的不断循环利用。循环经济倡导的是一种建立在物质不断循环利用基础上的经济发展模式，它要求把经济活动按照自然生态系统的模式，组织成为一个“资源—产品—再生资源”的物质反复循环流动的过程，使得整个经济系统以及生产和消费的过程基本上不产生或者只产生很少的废弃物。

第二，循环经济本质上是一种生态经济。曲格平(2001)认为，循环经济要求运用生态学规律而不是机械论规律来指导人类社会的经济活动。与传统经济不同，循环经济倡导一种与环境和谐的经济发展模式。它要求把经济活动组织成一个“资源—产品—再生资源”的反馈式流程，其特征是低开采、高利用、低排放。所有的物质和能源要能在这个不断进行的经济循环中得到合理和持久的利用，以把经济活动对自然环境的影响降低到尽可能小的程度。王明远(2005)认为，循环经济是参照自然生态物质循环方式进行的经济模式，是建立在生态学规律而不是机械论规律之上的人类社会的经济活动，是一种试图有效平衡经济、社会与环境资源之间关系的新型发展模式。冯之浚(2007)认为，生态经济倡导一种与环境和谐的经济发展模式。遵循“减量化、再利用、资源化”原则，采用全过程处理模式，以达到减少进入生产流程的物质量，以不同方式、多次反复使用某种物品和废弃物的资源化目的，是一个“资源—产品—再生资源”的闭环反馈式循环过程，实现从“排除废物”到“净化废物”再到“利用废物”的过程，达到“最佳生产、最适消费、最少废弃”。

2. 政府法律性界定

为了统一概念以便于指导和推进有关事业，政府部门往往在有关法律中以法律条文形式界定有关概念。因此，可以从循环经济相关法律中考察一个国家政府对循环经济的理解。

德国于1994年制定循环经济法律体系之核心的《循环经济和废弃物管理法》，1996年开始生效。该法把循环经济定义为物质闭环流动型经济。该法律所体现的循环经济重要思想和原则主要包括七个方面：一是尽量避免和减少废物的产生，通过源头防控使废物产生最小化；二是以闭合的方式进行垃圾管理；三是对垃圾进行最大限度的再利用，在确定无法再利用的时候才考虑进行销毁等清除处理；四是在处理垃圾的过程中，不得威胁人类健康、动植物、水源、土壤等；五是重复利用的主要目的应当是节约自然资源和保护气候；六是使生产者通过分类收集体系或现有公共体系承担回收责任，即排污者承担避免或消除环境受损的义务和费用；七是建立工业社会生态变化的新模式（周国梅、任勇，2007）。

日本在陆续制定《废弃物处理法》《容器和包装物的分类收集与循环法》等法律的基础上，2000 年作为这些及其后相关法律的基本法，制定了《促进建立循环型社会基本法》。该法定义循环型社会是指尽可能地抑制自然资源的消耗和使环境负荷最小化的社会；通过抑制产品等转变成废物，当产品等变成为可再生资源时促进其适当的循环利用，当可再生资源不能再利用时采用安全处置等手段来实现循环型社会。从所阐述的内容可见，循环型社会的内核属于循环经济范畴（马鸿昌等，2003）。

我国在制定《清洁生产促进法》等循环经济相关专门性法律的基础上，2008 年制定循环经济基本法《中华人民共和国循环经济促进法》（以下简称《循环经济促进法》）。该法定义循环经济是指在生产、流通和消费等过程中进行的减量化、再利用、资源化活动的总称。其中，减量化是指在生产、流通和消费等过程中减少资源消耗和废物产生；再利用是指将废物直接作为产品或者经修复、翻新、再制造后继续作为产品使用，或者将废物的全部或者部分作为其他产品的部件予以使用；资源化是指将废物直接作为原料进行利用或者对废物进行再生利用。发展循环经济应当在技术可行、经济合理和有利于节约资源、保护环境的前提下，按照减量化优先的原则实施。在废物再利用和资源化过程中，应当保障生产安全，保证产品质量符合国家规定的标准，并防止产生再次污染。

综上所述，循环经济是以物质循环反复利用为特征的经济运行模式。循环经济是集经济、社会和环境于一体的系统工程，遵循减量化、再利用、资源化原则，以清洁生产作为生产活动模式，把经济活动组织成为一个“自然资源—产品—再生资源”的闭环反馈式循环过程，使得整个经济系统处于以低消耗、低排放、高效率状态，追求经济、资源和环境三个方面和谐可持续发展的目标。

（二）新观念

1. 新的发展观

循环经济的发展观是可持续的发展观，不仅要关心当前经济的发展，而且要关心子孙后代的经济发展。循环经济的发展观认为，生态环境的承载力和自然资源是有限的，经济和社会的发展不可能长期超越自然环境的承载力，只有建立在生态环境平衡稳定基础上的经济发展才具有可持续性，因此，强调经济发展不仅要考虑经济总量的提高，还要考虑生态承载能力，使得两者发展协调起来。

基于这种认识，循环经济的发展观把经济效益、社会效益和环境效益统一起来，把局部利益与全局利用统一起来，把当前利益与长远利益统一起来。即摆脱以 GDP 为中心的发展观，对增长和发展作理性的限制，为了全局利益而放弃部分局部利益，为了长远利益而放弃部分眼前利益，为了生态经济社会综合效益而放弃部分急功近利的经济效益。

2. 新的资源观

循环经济的资源观认为自然资源并非“取之不尽，用之不竭”，即不是无限可取用的，而是有限的。鉴于这种自然资源的有限性，循环经济在资源的挖掘和利用上，强调尽可能有限、节约利用自然资源，不断提高自然资源的利用率，同时特别强化两个方面：一是强化风能、水能、太阳能等可再生能源的开发利用，以及林木等植物类可再生资源的可持续前提下的有效利用；二是强化废弃物的再利用和资源化利用。循环经济认为垃圾不再是废物，而是放错了地方的资源，通过废弃物的再利用和资源化，可扩充资源的来源，扩大资源量。

3. 新的生产观

循环经济的生产观是清洁生产观，强调生产不仅要获取利润，而且还要兼顾生产过程的减量化和制造的产品的环境友好性。

通过重新设计制造工艺和加强管理，在生产中节约和循环使用资源、提高自然资源的利用效率，以最少的物质投入换取最大的生产效率，进而延长自然资源的可利用年代；最大限度地减少废弃物排放，力争做到排放的无害化，在源头上防止对环境的污染。

通过重新设计制造工艺和加强管理，尽可能延长制造的产品的使用周期；减少制造的产品在使用过程中对人、对环境可能产生的有害性；容易拆解、分拣以有利于再利用和资源化；降低制造产品所含有害物成分以防止在资源化或最终处理过程中可能出现的污染。另外，在生产要素的投入上尽可能地以知识投入来替代物质投入。

4. 新的消费观

循环经济的消费观提倡适度消费、可持续消费，走出“拼命生产、拼命消费”的误区。消费是经济的需求方，从宏观层面上看，其决定着经济的供给方的特点，即生产的规模和模式，尤其是对自然生态环境的态度等，所以消费观的特点对循环经济的发展可产生至关重要的影响。

循环经济消费观强调消费者选择消费产品时，偏向环境友好型产品，一方面，多选择和利用高环境标准产品、少包装物的产品、可多次利用的容器盛装的产品尤其是利用再生资源生产的产品；另一方面，政府要组织好垃圾回收系统，个人要做好垃圾分类工作，以便推动再生资源产业（静脉产业）的发展；再一方面，消费者要提倡节约生活，从根本上减少资源消耗。

5. 新的价值观

循环经济价值观体现为多重价值的均衡共存，而非单一价值。例如，在重视经济发展价值的同时，强调环境保护价值的重要性；在重视眼前经济发展价值的同时，强调可持续经济发展的价值；重视自然的可利用资源的价值的同时，强调自然作为人类赖以生存的基础的价值；重视科学技术对自然的开发能力的价值的同时，强调科学技术对生态系统的修复能力的价值；重视人对自然的征服能力的价值的同时，强调人与自然的和谐相处的能力的价值。总之，循环经济价值观强调把经济价值、社会价值和环境价值统一起来，正确评价、处理好这些价值之间的关系，而非只重视经济价值。

二、循环经济的3R原则与兼顾原则

（一）3R原则

为了充分考虑自然生态环境的承载能力，尽可能地节约自然资源，循环使用资源，不断提高自然环境的利用效益，实现可持续经济增长。循环经济应遵循减量化（reduce）、再利用（reuse）、资源化（recycle）原则，即3R原则。其每一原则对循环经济的成功实施都是必不可少的。

1. 减量化原则

该原则针对的是输入端，要求在生产、流通和消费等过程中，尽可能减少资源消耗和废物、污染物的产生，控制使用危害环境的资源投入，旨在用较少的原料和能源投入来达到既定的生产或消费目的，进而达到从经济活动的源头就节约资源或减少污染。换句话说，对废弃物的产生，是通过预防的方式而不是末端治理的方式来加以避免。具体操作上，在生产经营阶段，要求企业通过技术创新，不断改革旧的生产工艺，减少产品的原料使用量；在消费阶段，要求产品包装追求简单朴实而不是豪华浪费，从而达到减少废弃物排放的目的。

2. 再利用原则

该原则针对的是过程，要求将产品能够以初始或经修复、翻新的状态下多次反复使用，而不是用过一次就废弃，或者废弃物的全部或部分作为其他产品的部件予以使用，其目的是延长产品使用寿命和周期以及多种场合利用，提高资源利用率，避免过早地转化为废弃物，以减低资源消耗。再利用原则方面的重要举措包括：推广标准化生产，以便能使计算机、电视机等的电路和零件非常容易和便捷的更换、互换，而不需要更换整个产品；鼓励再制造业的发展，以便拆解、修理和组装用过的物品。

3. 资源化原则

该原则针对的是输出端，要求将完成使用功能后的产品即废弃物直接作为原料进行利用或进行再生利用，也就是通常所说的废品的回收利用和废物的综合利用。当然，资源化不仅包括对流通、消费后的废弃物进行回收和再生利用，还包括在矿产资源开采过程中对共生、伴生等矿产进行综合开发与合理利用，以及对生产过程中产生的产业废物进行回收和合理利用，即所谓的综合利用。资源化的目的在于最大限度地减少最终废弃物排放，力争做到排放无害化，实现资源再循环，即旨在通过把废弃物再次变成资源以减少最终处理量。

需要强调的是，3R 原则在企业生产中的重要性并不是并列的。也就是说，减量化是首位的，因为这是针对输入端的，如果这个关口把守不严，将会引起资源投入更多，进而造成自然生态资源的过度消耗，同时会引起有害物质的进入更多，进而造成整个经济系统中的有害物质处理费用的增多。然后是再利用，因为与资源化相比，一是再利用费用更少，二是产生的废弃物更少，所以消耗的财物和能量会更少，对环境的影响更少（方莉华、张才国，2005；赖章盛、史运伟，2009；韩庆利、王军，2006）。

（二）兼顾原则

3R 基本原则主要强调（资源）物质的循环相关基本原则。但是，循环经济所涉及的并非仅仅限于物质系统，同时又涉及经济系统等其他领域。因此，循环经济的实践还需要兼顾与这些领域有关的有必要遵循的原则。需要兼顾的这些原则有如下几方面（刘铁芳，2008）：

1. 经济成本原则

从宏观上看，发展循环经济首先要遵循经济规律、提高经济效率，这包括三个层次：一是调整结构，优化布局，减少低水平的重复建设；二是以服务代替产品的消耗，这就要求发展功能性经济；三是废物交换应以成本为原则。也就是说，循环经济不能仅聚焦于物质的循环，还要考虑成本和效益，否则就不能称为经济模式了。

2. 生态效率原则

1992 年，世界可持续发展工商理事会（WBCSD）提出了生态效率的概念，指出既要提供价格上有竞争优势的产品或服务，以满足人类的基本需求，提高生活质量；又要逐步降低对生态的影响和资源消耗强度，使之与地球的承受能力相一致。生态效率原则有以下两层含义：一是在资源投入不增加甚至减少的条件下实现经济增长；二是在经济产出不变甚至增加的条件下，向环境排放的废弃物大大减少。也就是说，循环经济尽管强调物质的循环，但这不能是以依靠生活质量的下降为前提的物质的循环，否则就谈不上经济性了。

3. 环境友好原则

环境友好原则要求在社会经济活动中，采用预防为主的做法，尽可能减少对生态环境的不利影响，如在各种产品生产过程中尽可能减少有毒有害物质的使用等实施减毒化（detoxification），针对白色污染实施可降解化（degradable）；另一方面，循环经济不仅不排斥“末端治理”，还包括“末端治理”的内容。与此类同的原则还可列举低碳化和低能量化为基础的保护地球原则。

另外，循环经济还强调在生产中尽可能地利用可循环再生的资源替代不可再生的资源，如利用太阳能、风能和农家肥等，使生产合理地依托在自然生态循环之上。尽可能地利用高科技，尽可能地以知识投入来替代物质投入，以达到经济、社会与生态的和谐统一，使人类在良好的环境中生产、生活，真正全面地提高人民生活质量（杨永华，2008）。同时，针对产业链的全过程，通过对产业结构的重组与转型达到系统的整体最优，即坚持重组化原则（recognizing），以环境友好的方式利用自然资源和提升环境容量，实现经济体系向提供高质量产品和功能性服务的方向转型。

三、循环经济的实践层次

发展循环经济需要企业、产业园区、城市和区域等不同主体或层次的共同实践，分别通过运用减量化、再利用、资源化 3R 原则实现这三个层次的物质闭环流动。企业、产业园区、城市和区域的循环构成微观层次、中观层次、宏观层次循环，依次形成小循环、中循环、大循环，前者成为后者的基础，后者成为前者的平台。

（一）企业层次

在企业层次，企业实施清洁生产，通过在企业内部交换物流和能流，建立生态产业链，使得在企业内部实现资源利用最大化、环境污染最小化，获得集约性经营和内涵性增长效益。1992 年，世界工商企业可持续发展理事会在《变革的历程》中提出经济效益的新观点，他们要求企业在生产过程中进行物料和能源的循环，进而使污染排放达到最小。作为微观层次上的物料循环，工商企业可持续发展理事会提出企业内部循环的几种情况：第一，在生产过程中流失的物料仍能作原料的将其返回原来的工序中；第二，将生产过程中的废料进行适当的处理之后作原料或原料替代物使用；第三，将某一生产流程中的废料进行适当处理于另一生产流程使用。

美国杜邦公司就是进行企业循环经济的一个典型例子。杜邦公司将循环经济原则与化学工业相结合，提高产品的耐用性，减少废弃物和有毒物质的排放，废弃物排放得到缓解。同时他们在一次性塑料容器中和废塑料中回收化学原料、开发耐用乙烯材料等新产品，在企业内部循环利用资源、减少废弃物污染，局部做到了零污染。在产业园区层次，模拟自然生态系统来设计园区内的物流和能流。园区内采用废物交换等手段把一个企业产生的副产品或废物作为另一个企业的投入或原材料，实现物质闭路循环和能量多级利用，形成相互依存、类似自然生态系统食物链的生态系统，达到物质能量利用最大化和废物排放最小化的目的。产业园区层次循环通过企业间的物质集成、能量集成和信息集成形成企业间的代谢共生关系，能够弥补单一企业内的循环局限。

（二）产业园区层次

产业园区层次循环的典型代表是丹麦卡伦堡工业园区。这个工业园区的主体企业是电厂、炼油厂、制药厂和石膏板生产厂，以这 4 个企业为核心，通过贸易方式利用对方生产过程中产生的废弃物或副产品，作为自己生产中的原料，不仅减少了废物产生量和处理的费用，而且产生了很好的经济效益，形成经济发展和环境保护的良性循环。

在区域层次上，除建立工业生态系统（industrial ecology）外，还有农业生态园和生态园区（生活小区）等。在城市和区域层次，在全社会建立一个物质循环系统，以物质循环流动为手段，以社会、经济、环境可持续发展为最终目标，从整个社会循环角度进行物质的循环利用和资源回收，这样在整个社会形成“自然资源—产品—再生资源”的循环经济环路，进而最大限度地高效利用资源和能源，减少污染物排放。

（三）国家层次

循环型城市和循环型区域乃至循环型国家有四大要素：产业体系、城市基础设施、人文生态和社会消费。因此，在这个层次，循环经济建设可围绕这四大要素展开。首先，构建以产业共生和物质循环为特征的循环经济产业体系。其次，建设包括水循环利用保护体系、清洁能源体系、清洁公共交通运营体系等在内的基础设施。再次,致力于规划绿色化、景观绿色化和建筑绿色化的人文生态建设。最后,努力倡导和实施绿色销售、绿色消费。

国家层次循环的典型模式是德国的双轨制回收系统,国家在社会层面上将生活垃圾处理逐步地由无害化转向减量化和资源化,在消费过程中和过程后,广义上实施物质和能源的循环。以德国的专门组织回收和处理包装废弃物的非营利社会中介组织——包装物双元回收体系(DSD)为例,它通过一个非政府的中介组织接受企业的委托将消费后排放的废物进行回收和分类,然后送到相应的资源回收再利用厂家或者返回到原厂家进行循环使用,从而实现了包装废物的社会层面的回收利用(冯之浚,2007;于洋,2010)。

第二节 企业层面循环经济管理

企业是生产活动乃至服务活动的主体,是经济活动的主导力量。因此,在促进循环经济的发展过程中,非常重要的一点是引导和促使企业实践循环经济。而作为引导和促使企业实践循环经济的重要内容,除了进一步强化企业实施清洁生产以外,还需要强化企业延伸责任。

企业实施清洁生产,对生产过程和产品进行全过程控制。即尽可能不用或少用含有毒害成分的原料和中间产品,使得产品的生产、使用和废弃中少发生环境污染;不断改进设计,采取零部件和产品的标准化,使得产品好用、耐用、利于再利用;改善管理、综合利用,对原材料和中间废弃物进行回收利用,采用先进的工艺技术与设备以节能和减排,进而提高资源利用效率,实现减量化(金钟范,2011)。

一、企业延伸生产者责任的由来

企业的清洁生产为落实循环经济的首要原则之减量化提供有效的途径,为产品延长使用、循环经济的次要原则之再利用给予有力支持,为生产与消费过程中可能导致的对环境影响最小化奠定基础。然而,企业在循环经济中的作用不应仅仅体现在实施清洁生产之上,还应体现在生产者责任的延伸之上,即责任延伸到废弃物的回收上。

延伸生产者责任(extended producer responsibility,EPR)概念是1988年由瑞典隆德大学(Lund University)环境经济学家托马斯·林赫斯特(Thomas Lindhquist)教授首次提出。1991年,德国率先将延伸生产者责任(以下简称延伸责任)的理念运用于《包装物法令》(*The German Packaging Ordinance*)的制定,并通过《包装物法令》相应的法律规范确立了包装物生产者所应承担的延伸责任,建立了适用于包装物的延伸责任制度。此后,延伸责任及其制度逐渐进入人们的视野,引起了世界各国的广泛关注与探讨(唐绍均,2009)。

对于延伸责任,欧盟定义为生产者必须负责产品使用完毕后的回收、再生和处理的责任,其策略是将产品废弃阶段的责任完全归于生产者。美国在延长生产者责任的定义方面,主要认为产品对环境影响不应由生产者负完全责任,而主张责任分担,即产品链各阶段所产生的环境影响由政府、消费者和生产者共同分担。因此,美国特别将欧盟延伸责任中的 P 由 producer(生产者)改成 product(产品),其着眼点在于强调产品对环境的影响在每个阶段皆应顾及,而不应只着重于废弃处理阶段(普智晓、李霞,2004)。

随着理论和实践的深化,对于责任延伸的认识不断演进。例如,1990 年经济合作与发展组织(OECD)的一份报告做出如下定义:延伸责任是一项环境保护战略,它的主要目的是通过规定生产者对产品整个生命周期负责,特别是产品消费后阶段回收、再循环和最终的处理处置,实现减少产品对环境的影响。1998 年经济合作与发展组织在其《延伸责任框架报告》中对延伸责任做出了较为完整的阐释:延伸责任是指产品的生产商和进口商必须对产品整个生命周期的环境影响负大部分责任,包括原材料选取和产品设计的上游影响,生产过程的中游影响以及产品消费后回收处理处置的下游影响。2001 年在研究报告《延伸责任:政府工作导则》中,经济合作与发展组织对延伸生产者责任制度理论做了进一步修正,认为延伸责任是一项环境政策,在该项政策中生产者对产品的有形责任或经济责任的影响在每个阶段皆应顾及,而不应只着重于废弃处理阶段(李艳萍等,2007)。

从上述延伸责任的定义讨论来看,延伸责任已经由一项单纯解决产品消费后阶段固体废物污染环境问题的环保措施逐步完善为一项对产品整个生命周期全过程控制的清洁生产政策。或者说,延伸责任从狭义的单纯解决产品消费后阶段固体废物污染环境问题的环保措施,拓展为广义的一项对产品整个生命周期全过程控制的清洁生产政策。之所以生产者需要延伸责任,负责其产品的回收处理,主要是因为生产者在产品设计、产品原材料和包装材料的选择和使用等方面负决定权最大,有控制权,最了解其废弃物的性能,并能够有效再利用或资源化利用,所以产品生产者对废弃物的减量化或回收利用,向消费者提供产品的有关环境影响信息具有不可推卸的责任。

从经济合作与发展组织国家的实施经验来看,较为成功使用责任延伸原则的产品类型，即相对适宜于延伸责任的产品类型包括：包装废弃物、废弃电子电器设备、报废汽车、电池、轮胎、废油、油漆、地毯等。通常而言，确定某产品是否适合实施延伸责任时需要考虑的因素为产品的寿命、构成、市场、分布状态、二级材料市场等，尤其需要考虑的主要因素为产品回收价值和废弃物的环境影响（张晓华等，2005）。

二、推进企业责任延伸的举措

从各国的政策经验来看，全面推进企业的责任延伸，须综合应对，采取多种举措。

（一）自愿与强制相结合

推进延伸责任，需要根据企业情况和企业产品相关废弃物的特点，或者采取企业自愿的形式，或采取强制企业的形式。对于一些大公司或回收利用价值非常高的产品适合采用自愿延伸责任模式。例如，美国的施乐公司和戴尔公司通过租赁战略确保稳定数量的产品回收并用于再生产和再销售，施乐公司通过产品再生产和零部件再利用，平均每年节约成本近 2 亿美元。此外，该战略还避免了对 6 400 万吨固体废物进行填埋处理，为公司减少了大量的处理费用。显然，对这些公司来说，可采用自愿延伸责任模式，这也是最为理想的延伸责任模式。

但是，自愿延伸责任存在如下一些问题：一是企业应该很好地解决逆向物流的问题；二是消费者对再利用产品具有偏见；三是生产者需要负担相当于重新设计产品和工艺那一部分的成本；四是生产者对不公平竞争的恐惧（王岩，2008）。因此，很难期待所有企业都自愿延伸责任，换句话说，还需要实施强制性的延伸责任措施。

强制性延伸责任是指制定法规，要求企业按规定回收其产品所致废弃物。强制性延伸责任的最为典型的措施之一是押金制度，或者称为垃圾预置金制度。垃圾预置金制度是通过对制造或进口使用量大而且易于回收、再利用的容器等产品的工厂或公司，预先收取其成为垃圾时所需处理的费用，然后按其回收、处理实绩再返还该项资金的方式，促进垃圾再利用，减少生活垃圾的一种制度。

（二）结合回收再生产业发展与延伸责任

从西方国家实践效果看，延伸责任的实施与健全的回收体系是相辅相成的。健全的回收网络和再生产业有助于减少延伸责任的实施成本，而延伸责任的实施又能促进回收网络的完善和再生产业的发展。通过回收再生产业发展与延伸责任相结合，促进生产者与回收者的联系合作；通过规模化经营，改善工艺水平，提高管理水平，促成包括回收网络、再生处理、再生资源市场在内的一条完整的社会静脉产业链。在引入延伸责任的同时，通过选定重点行业或废弃物，建立一套有针对性的市场化回收体系，为企业延伸责任提供有益的借鉴乃至与回收体系系列企业的合作的机会(张晓华、刘滨，2005)。

(三)发展第三方机构——生产者责任组织机构

在具体实施延伸责任的过程中，作为第三方机构的生产者责任组织(producer responsibility organization，PRO)对延伸责任的成功实施起着非常关键的作用。特别是对中小企业来说，通过参加该种组织，可以大大降低履行职责的难度和成本。同时，该种组织在生产者与其他利益群体及监管者之间可以起到良好的联系纽带作用，并减少政府相关部门的监管成本(李亮、李桂林，2008)。

在欧洲，至少已经有 9 个成员国不同程度地采用延伸责任执行机构，即生产者责任组织形式。这种组织形式最广泛地应用于废旧汽车、包装纸、电池等行业。生产者责任组织执行机构是一个以生产者为核心的联合体，政府在其中起了指导作用。运输公司、回收公司、处理公司及社区回收站点是联合体的合同承包商。合同承包商通过适当的竞争机制在联合体中开展服务工作。地方政府应当视其开展工作的情况，通过生产者责任组织机构给予适当的补贴(设立专项资金)。

生产者责任组织机构对延伸责任的成功实施所起的显著作用可以从瑞典 EL-Kretsen 机构事例考察。自 2001 年 6 月 1 日开始运营的这个机构是瑞典电子电气行业的生产者责任组织，由 20 家商业协会联合建立起来的非营利社团组织，按虚拟企业的模式运作，设有董事会，下面有加盟企业 500 多家。其每年召回后处理的电子废弃物达到 8 万吨，相当于投放瑞典市场上 90%的电子产品。2004 年营业额 3 亿克朗，专职管理人员仅 13 人。当时的 EL-Kretsen 系统中有 1 000 个收集点，其中 650 个用于收集家庭产生的电子废物，350 个用于收集商业网点的电子废物(王岩，2008)。

(四)采取亲环境设计与限制包装用材措施

产品的回收、资源再生技术是实施延伸责任的难点，如何减轻产品在回收、资源再生阶段所带来的技术压力是一关键问题。亲环境设计可在源头上解决这一问题，可为回收、资源再生提供便利，减轻其技术、经济上的负担，保障延伸责任的实施。因此，作为实施延伸责任之举措，有必要提倡亲环境设计理念，并付诸实践(李亮、李桂林，2008)。

与亲环境设计类似的需要实施的延伸责任的措施包括包装材质及规格管

制。亲环境设计和包装材质及规格管制都是预防为主的延伸责任举措，如果说前者是延伸责任的源头举措，那么后者可称得上是延伸责任的半源头举措。

包装材质及规格管制的需要采取的主要举措包括：管制过大包装（包装空间比率、包装次数），限制使用聚氯乙烯等包装材料，提倡生产上利用可再灌装容器等制度。对认为过大包装的产品要求通过专门机关的检查，其费用要求按制造者、受益者负担原则自负；引进“包装标志劝告制”，要求在产品的包装表面标示包装的空间比率、材质、次数等。

（五）从多个层面开发实施工具

作为广义上的延伸责任措施，有必要从多个层面开发实施工具，促进企业延伸责任。例如，在法规性层面，强制回收，要求使用再生原料的最低含量，二次物料利用率要求，能源效率达标标准，禁止及限制弃置，禁止及限制使用特定物料，禁止及限制特定产品等。在经济性层面，加收处理费，征收原生物料税，鼓励购买亲环境产品，取消对原生物料配给以免造成原生物料滥用等。在信息性层面，使用具有环保意义的标示或环保标章，使用环境信息标语，记录并建立整个物料生命周期的资料档案以供日后参考，产品标示使用期限，产品标示含有害（毒）物质的警语等（任文举、李忠，2006）。

需要指出的是，在实施延伸责任的过程中，为了有效促进延伸责任，需要设立目标，按计划扎实推进，如强制回收率的水平，达到强制回收率的时间要求，以免只喊口号，不加落实。

第三节　社会层面循环经济管理

一、消费环节在循环经济中的重要性

对于循环经济的发展而言，不仅企业层面的生产环节重要，而且社会层面的消费环节同样重要。之所以消费环节重要，是因为消费特点影响循环经济系统的多个环节（金钟范，2011）。

（一）消费特点影响生产环节

从宏观角度来看，消费特点决定生产特点。在经济系统中，消费特点决定需求特点，需求特点决定供给特点，供给特点决定生产特点，所以消费对生产具有重要的反馈性影响。例如，如果整个社会的消费倾向于绿色化，将最终促使生产产品绿色化，生产活动向环境友好方向发展；如果消费倾向于节俭，将最终相对

减少对同一种产品的生产规模,可产生相对减缓整个经济系统物质流的效果。

(二)消费特点影响消费环节的物质流特点

当一个城市或区域社会的消费呈现奢侈浪费的特点时,物质的利用率下降,经过消费环节的物质流流量增大,促成整个经济系统的物质消耗加快。这加速了石油等非再生资源的枯竭速度,即使是可再生资源而言,如果其流量超过其再生能力的极限,则同样会导致这些资源的枯竭,结果会使整个经济系统不可持续。由于消费环节的再利用过程往往是直接转手利用,或经过简单的物理修补利用,而非再生(化工作业)后利用,所以与再循环利用相比,可节省加工所需能源,减少加工过程中的物质消耗,因此消费环节的再利用对于整个经济系统的可持续而言显得更加重要。

(三)消费特点影响循环经济的闭合环节

循环经济系统与传统经济系统的最大区别在于,前者以闭合环节建构经济系统的闭环结构,使得经济系统从传统的直线式系统提升为闭合式系统,使得物质的闭合循环成为可能。而在经济闭合式系统中处于关键地位的闭合环节的闭合程度取决于消费的特点,换句话说,消费特点直接影响闭合环节的质量,进而影响循环经济系统的循环性水平。

综上可见,建设循环经济的促进体系,必须重视消费环节,使得在商品选择、消耗及废弃全过程中考虑物质的循环和对环境影响。为建设循环经济的促进体系,要建构适宜于促进循环经济发展的消费系统。而构建适宜于促进循环经济发展的消费系统的内在实质在此可以概称为循环消费的建设。

二、循环消费的建设举措

循环消费的建设内容可概括为如下几个方面:

(一)循环消费的范围扩展至社会层面

在生产领域,由于生产物品不仅需要初级原料和其他厂家生产的加工物品即零部件,这些都是通过购买环节获得,所以对生产企业而言,生产和消费是同时发生的,而且消费的物品数量规模超过生产的产品数量规模。在服务领域,尽管主要"生产"非物质的产品,但是在非物质生产过程中,还要消耗物质资料,如办公用品、水电等,而且其消耗规模是相当可观的。

因此,从循环经济角度而言,消费环节不仅应包括生活消费,即一般大众的日常消费,而且还应包括生产消费和服务消费,只有把循环消费的范围扩展至社会层面,才能实现真正的循环消费,才能使循环消费的作用提高到促进循环经济所需要的高度,否则循环经济意义将大打折扣。

(二)推行亲环境购物与采购

生活消费的起点是购物,而购买物品的特点、质量状况直接影响物品消费持续性、再利用乃至再循环程度。非耐久物品使用寿命短,一次性物品更是仅能够使用一次,因此大量购买使用这类物品,将会导致进入消费领域的物质量的增加,而且还会导致废弃物品排放量的增加。如果购买使用含有环境污染成分的物品,不仅会影响人们的身心健康,还会随着这类物品的排放,导致环境污染。由于这种原因,这类非亲环境物品不宜再利用、再循环。因此,在生活消费领域应推行耐久、不含环境污染成分的亲环境产品的购买,抵制一次性用品。

对于生产企业来说,亲环境采购有利于自身的清洁生产,也有利于促进上游企业的亲环境方向转化和发展。对服务性企业来说,也同样需要推广亲环境采购,这有利于促进消费品企业乃至行业的亲环境化,而且有利于提高企业本身的亲环境化,提高企业自身的声誉。餐馆、澡堂、旅店以及百货店、购物中心、批发中心等服务性行业消耗一次性用品的量大,在采购阶段就应该抵制一次性杯、碟、容器、木制筷子、牙签、饭勺、叉子、刀以及塑料袋和商品袋等一次性用品的采购。

(三)促进再利用

促进再利用是循环消费的中心内容,因此再利用可称为狭义循环消费。

可进入再利用的物品,至少包含五个部分:一是消费者购买后未使用过但闲置的物品;二是购买者使用过,而由于某些因素不能或不愿再使用、但尚可供他人使用的物品;三是可利用的废弃物;四是尚可使用的一次性物品;五是还未充分利用的中间产品或副产品。具体地,它可以分为家庭废旧品和工业废旧品。

家庭废旧品的再利用除了本人再次、多次利用或转让给他人利用等实施方式以外,还可通过二手市场交易平台转售给他人利用方式实施。为了推进二手市场交易,应积极推进各种类型的二手市场交易平台的建立,尤其是网络二手市场,规范网络交易。在国外规范的二手市场里,二手商品必须与一级市场中的商品一样,提供明码标价、售后服务以及退换保证(易明、杨树旺,2005)。

对于工业旧品,即未进入消费领域却已过时待削价的产品,也要对其进行循环消费,实现其应有的价值。科技的高速发展缩短了产品的寿命周期,这使得许多被城市居民淘汰的商品堆积在仓库中,形成了资源的浪费。然而,由于城乡之间、地区之间的差距,一些城市或地区居民认为无用的物品却能对乡村的农民或其他地区的人们产生极大的效用。因此,可利用这种客观情况,充分发挥这些物品的作用，进行再利用。

(四)推进垃圾分类排放

垃圾分类排放是循环消费的又一个关键环节，尤其是直接关系到循环经济物质流能否形成闭环的关键环节。产品消费后的丢弃物，如果按类排放，将易于回收，这样一方面可减少不可资源化垃圾，即只能焚烧乃至填埋的垃圾，增加可资源化废弃物的资源量；另一方面可大大减轻分拣回收的作业量，提高废弃物资源化成本，进而有利于物质的闭环循流和循环经济的发展。显然，推进垃圾分类意义重大。

推进垃圾分类特别要注意的有两个方面：一是建构垃圾分类排放系统，二是建立包装物品的用途标示制度，即排放分类标示制度。

建构垃圾排放分类系统，一方面要规划好适宜的垃圾分类排放设施系统，设立回收垃圾的物流系统乃至垃圾资源化产业系统；另一方面，规划推行不可资源化垃圾的排放收费制度，如垃圾处理费、排污费等。仅对不可资源化垃圾的排放进行适宜的收费，可以促使人们为了减少因不可资源化垃圾的排放而需要交付的费用而尽可能在废弃物中分拣可资源化垃圾。因此，不可资源化垃圾的排放收费制度可提高垃圾的资源化水平，对循环经济的发展具有重要意义。

建立排放分类标示制度，对垃圾分类处理具有特殊意义。在日常生活中，废弃物大部分为容器、包装纸等广义的包装物。而这些包装物的类型繁多，对于一般人来说很难判断其中有些包装物是否可资源化，所以分类排放时不知所措。而对这些最为了解的应该是生产或利用的厂家，因此有必要建立包装物品的用途标示制度，促使使用特殊包装材料的厂家在其上标示有关信息，以便消费者在使用有用物品后丢弃包装容器时，便于识别、分类排放。

(五)树立循环消费之社会新理念

通过教育和社会宣传等，在全社会树立循环消费之新理念，积极倡导一种新的消费方式，创造良好的社会环境，对于实践循环消费乃至发展循环经济具有基础性意义。树立循环消费的新理念主要包括如下几方面(王云霞、王国弘，2007)：

第一，适度消费。适度消费就是在满足人类生存发展需要的基础上，人们的消费不超出自然的承载能力，在不降低消费水平的前提下排除多余消费；消费水平要适应生产力发展水平、收入水平，杜绝过度消费和避免超前消费。

第二，亲环境消费。亲环境消费是当代人类消费道德的一种新境界，要求消费者在消费过程中自觉抵制对环境有影响的物质产品和消费行为，购买在生产和使用中对环境友好以及对健康无害的产品。

第三,和谐消费。和谐消费就是在消费过程中保持一种“人—自然—社会”相互协调的关系。消费主体在其消费活动过程中从保护人类共同的消费环境出发,合理消费、科学消费,达到资源的永续利用。

第四,节俭消费。节俭在今天并非一种过时的美德,提倡节俭、反对奢侈和浪费是循环经济的内在要求。

第五,追求精神消费。对精神需要的追求,不仅能调节人的精神生活与物质生活的平衡,而且能防止人们一味地沉溺于物质享乐。

第四节　政府层面循环经济管理

促进循环经济发展,需要生产与消费上的理念和方式的转换,企业、个人、社会的全面参与,而这不可能自动成就,所以需要政府的引导和协调。政府在促进循环经济方面的引导和协调作用,可通过规范、亲环境采购、规划和宣传教育来体现和落实(金钟范,2011,2012)。

一、规范

规范是引导企业乃至全社会实践循环经济的重要保障。无论是企业的延伸责任、全社会的循环消费,还是政府的亲环境产品优先采购、循环经济实践规划的制定和实施等,都需要一定的规范来支撑。规范是对自觉性和市场机制失灵的补充,是发展循环经济的不可或缺的手段和举措。循环经济规范涉及经济、社会的广泛领域。从发展循环经济的需要来看,循环经济规范有必要率先和强化如下几方面:

第一,有关循环经济发展的综括性规范,如中国的《循环经济促进法》、日本的《建立循环型社会基本法》等就是其典型规范,为全社会参与和实践循环经济,坚持减量化、再利用、资源化原则提供必要的基本规范。

第二,有关企业生产活动的清洁生产和延伸责任规范,促进企业在产品设计、生产原料采购、生产流程和工艺、包装等整个生产环节注重对环境的影响,以及促使企业延伸责任,担负起回收其所生产的产品废弃物的义务。

第三,有关排放垃圾和回收利用垃圾规范,为实施不可资源化垃圾的排放收费制度建立提供法规依据,为促进垃圾分类排放设施系统、回收垃圾的物流系统乃至垃圾资源化产业系统的规划和建设赋予责任和义务,为系统的持续运行提供必要的支持。

第四,有关循环经济评价与核算规范,为衡量企业乃至经济系统的循环经济发展状况提供判断根据。其涉及资源效率、环境影响的评价,企业、区域循环经济指标体系,循环经济会计核算与信息披露等广泛内容。

第五,有关亲环境产品认证和政府优先采购规范,通过前者为消费者提供可分辨亲环境产品类型的信息,为消费者亲环境购物、政府亲环境产品优先采购打下基础;通过后者,迫使政府走亲环境产品优先采购之路。

第六,有关各行各业实践循环经济方面的具体规范,实际上是一个产业运行规范。这对于不了解有关信息的企业来说是一本学习指导书,对于不遵守有关规则的企业来说是一个核查、监督乃至惩戒的标准,对于正在执行相关规则的企业来说是一个参考规范。

第七,有关政府循环经济各种规划、税收优惠等的具体规范。这是具体落实政府促进循环经济政策的依据乃至执行要求。

二、亲环境采购

如果说政府规范作用的出发点是限制不合理经济活动的话,政府亲环境购买的出发点是激励合理经济活动。对于企业来说,最终决定其胜负的关键在于其产品的市场性如何,即对其产品的需求状况左右其生存与否。事实上,即使对企业给予再多的税收减免等优惠政策,如果其产品没有市场,该企业终究还是不能维持下去的。因此,从某种意义上说,为企业解决产品的市场需求问题是对企业的最好激励。

按清洁生产等循环经济规范要求生产的产品相对于通过一般生产工艺生产出来的产品而言投入成本较高,其市场竞争性至少在产品生产初期往往相对弱。尤其是再利用、资源化资源加工所成产品相对于原生资源加工所成产品来说,往往投入成本高。而解决按循环经济规范要求生产的产品,尤其是再利用、资源化资源加工产品(以下对这些产品简称为亲环境产品)的市场(即需求)问题,又是能否成功建立循环经济系统,尤其是建构循环经济闭环回路的关键所在。因此,有必要实施政府亲环境产品优先采购,利用政府庞大的采购需求,专门解决、扩大亲环境产品市场(即需求)问题,这可成为非常有效的循环经济的激励政策。

由于政府采购规模庞大,政府实施亲环境产品优先采购,将会对众多供应厂商产生积极影响。为了能够纳入政府优先采购的亲环境产品之列,供应厂商将积极采取措施,如节约资源和能源,采用再利用、资源化的资源,综合利用资源,减少污染物排放，降低对环境和人体的负面影响，最终增强其产品的亲环境水平。由此，可以促进亲环境产业和技术的发展，有利于循环经济系统的形成和发展。同时，政府亲环境产品优先采购还可能对普通消费者的消费行为产生较强的引导和示范作用。

政府实施亲环境产品优先采购是一项利用市场机制来对全社会的生产和消费行为进行引导的循环经济政策。为了有力推进这一政策，需要强化如下几方面(卢妍妍，2007)：

第一，完善法律法规，提供制度保障。通过专门立法或政府令的形式强制推行或鼓励亲环境产品采购是国际上的通行做法。美国于1991年发布了总统令，规定政府采购绿色产品清单；加拿大的环境责任采购法案要求政府使用环境标志产品；日本于2001年开始实施绿色采购法；韩国于2004年底颁布了鼓励采购环境友好产品法；丹麦、荷兰、德国等国家都在相关的法律中对政府亲环境采购有明确的要求和规定。

第二，建立亲环境产品优先采购标准，发布采购清单。亲环境产品采购标准的制定是实施政府亲环境优先采购的核心。为了便于实施，选择政府采购所涉及的优先领域，分行业、分产品制定亲环境优先采购标准和清单。为了提高政府亲环境产品优先采购标准和清单的制定工作的质量，可以在一些地方或围绕重大项目，开展政府绿色采购的试验示范。

第三，公开政府亲环境产品优先采购信息，完善监督机制。公开政府亲环境产品优先采购目录和程序等相关信息，有利于更多厂商了解有关政策动向，确定产品开发和生产方向，因此有助于扩大厂商参与产品亲环境化事业，提高产品的亲环境化竞争和水平。尤其是，公开政府亲环境产品优先采购实际执行情况，可扩大公众对其了解，对其进行监督，有效防止官商不适宜交易。显然，这有利于政府亲环境产品优先采购的有力推进。

总之，在政府采购中着意选择那些符合国家环境认证标准的产品和服务，是一项利用市场机制来对全社会的生产和消费行为进行引导的有力政策。政府亲环境产品优先采购对循环消费乃至循环经济都可以起到引导作用，是推行循环经济的重要切入点。

三、规划

规划意为对某一发展事业的总体设计和安排，反映一定时期内某一事业发展的总体方向、指导思想、发展目标、重要战略、主要任务和政策措施等。由于通过制定规划，可使得发展目标更加明确、政策措施更加具体化等，所以通过规划的制定和落实可有效推进其所规划的事业的发展。适宜合理的规划既可起到引导作用，又可起到调节各方利益的作用。因此，在发展循环经济过程中，有必要充分利用规划的功能。循环经济的实践层次及其模式大体上可概括为三类：一是企业内部层次的循环经济模式——清洁生产；二是企业之间层次的循环经济模式——生态园区；三是区域层次的循环经济模式——循环型社会（诸大建，2000）。上述实践循环经济三个层次均需要循环经济规划，按规划促进循环经济的发展。尤其是后两个层次，特别需要政府参与乃至作为主体制定和实施循环经济规划。

企业之间层次的循环经济规划，即生态园区规划，需要聚焦于园区系统的循环结构规划。首先，在生产规划上，企业内部应注重清洁生产，达到物质和能量的循环利用，在企业之间注重物质、能量和信息的交换，构成生态链，形成共生关系。其次，在废物处理规划上，应注重废弃物的收集、预处理、回收可重用零件、回收再生材料、废弃物管理等，回收过程的大部分环节重新进入生产系统，形成逆向物流网络，实现更加充分的资源利用。再次，在基础设施规划上，应注重一体化，最大限度地节能减排。最后，在与园区外关系的规划上，应充分利用企业与企业间的物质需求信息，构建虚拟生态区，使园区在整个社会经济循环中充分发挥链接作用，拓展循环经济空间，形成物质、能量、信息流的大循环（郁晶等，2009）。

区域层次循环经济规划可因地制宜，形式可不拘一格，但还需要保障一些基本内涵。我国《循环经济促进法》第 12 条规定，循环经济发展规划应当包括规划目标、适用范围、主要内容、重点任务和保障措施等，并规定资源产出率、废物再利用和资源化率等指标。

2009 年 12 月 24 日国务院正式批复的《甘肃省循环经济总体规划》（以下简称《总体规划》），为确定区域层次循环经济规划具体内容提供了有益的参考。国家发展改革委会同甘肃省人民政府组织编制的以 2009—2015 年为规划期的《总体规划》包括如下内容：一是经济社会发展的基本状况；二是发展循环经济的必要性和工作基础；三是发展循环经济的指导思想、原则和目标；四是发展循环经济的主要任务；五是重点项目和支撑技术；六是资源支撑与环境影响分析；七是保障措施。规划的核心是转变发展方式，调整经济结构，解决资源、环境的矛盾，实现绿色发展、高效发展、跨越发展，《总体规划》实施期为 2009—2015 年。

需要强调的是，循环经济发展规划，不仅要从战略层面提出具有指导意义的发展循环经济的战略思路和策略，而且要从宏观和中观的角度统筹考虑，系统部署，有效推进，以实现区域经济、社会和环境全面、协调和可持续发展。在编制规划中要注重六个着力点：一是注重把握循环经济内涵和贯彻这种发展理念与模式的全面性；二是注重规划的创新性；三是注重规划实施的可操作性；四是注重强调政府在制度创新、引导推动和率先垂范方面的重要作用；五是注重突出企业的主体作用；六是注重发挥市场机制的作用（高红，2008）。

四、宣传教育

促进循环经济发展需要不断引进和扩大循环型生产方式和消费方式。例如，逐步扩大清洁生产，延伸企业责任，倡导适度消费、亲环境消费、和谐消费、节俭消费、追求精神消费等。其中，清洁生产、延伸企业责任等可通过法规等手段辅以宣传教育等加以落实和扩大；但是消费方式的转变很难用法规有效促进，更多地需要采取教育手段，通过转变消费观念来达到。因此，宣传教育对促进循环经济的发展具有特别重要的意义。

鉴于宣传教育的重要性，国内外都开始重视运用各种手段，如舆论教育工具，加强对循环经济的社会宣传，开展亲环境教育，倡导循环消费。例如，在英国，大多数学校都认为，如果培养出来的学生对环境问题没有责任感和危机感，把环境置之度外，那么就是教育的失败。在瑞典，环境问题也成为大学教育中不可缺少的内容，著名的伦德大学要求所有大学教育都要将环境问题纳入相关的学科和研究课程中（吴琨等，2009）。日本大阪市结合城市美化进行宣传活动，每年 9 月份发动市民开展公共垃圾收集活动，并向家庭发放垃圾处理和再生利用的宣传册，鼓励市民积极参与垃圾减量和废旧物资回收工作（刘解龙等，2007）。

在我国，1997 年由教育部、世界自然基金会与 BP（英国石油）集团合作启动了“中小学绿色教育行动”（EEI）。据统计，我国已有近 3 000 名教师和研究人员参加了相关培训，受益学生达 150 万人次。“中小学绿色教育行动”第三阶段已正式启动，近 50 万所中小学的学生将通过参与校园建设、野外环境考察等项目，了解环境对人类生存发展的重要性，树立环境忧患意识和可持续发展观。2005 年我国为纪念“六五”世界环境主题，提出了“人人参与，创建绿色家园”的主题。配合这一主题，由国家环保总局主办、中华环境保护基金会承办的“2005 全国绿色消费知识竞赛”活动以竞赛这种群众喜闻乐见的形式，带动环保知识的学习，达到树立绿色消费观念的目的（吴琨、郑垂勇，2009）。

综上可见，为促进循环经济发展，政府有必要总结国内外有关经验与教训，积极开展有关循环经济的宣传教育。尤其是，鉴于消费观念直接影响消费特点，消费特点又对生产经营具有直接而积极的导向作用，所以循环消费观念的确立对循环经济的发展起着至关重要的作用，为了在全社会确立循环消费观，有必要强化循环消费观的宣传教育(邓安球，2005)。

第一，各级教育行政部门要把循环消费相关知识纳入基础教育内容。循环消费观念要从中小学做起，中小学就开始的循环经济教育会改变社会的消费观念。因此，要特别加强对儿童和青少年的循环消费意识教育，在幼儿园、小学、中学开设节约资源、废弃物再生利用、减少一次性消费物品使用、保护环境等有关的循环消费课程。组织学生参加有关循环消费的课外活动和公益劳动，使青少年从小就注意节约资源、保护环境。对广大中小学生全面开展循环消费教育，以学生影响家庭，以家庭影响社会，在全社会积极倡导节约、健康、文明的生活方式，把节约资源、回收利用废弃物、保护环境变成全民的自觉行为。

第二，将循环经济理论教育作为大学教育的重要组成部分。把高校建设成具有全方位循环经济教育的主阵地，把循环经济范式渗透到自然科学、技术科学、人文科学以及综合性学科的教学与实践环节中，并贯穿于大学教育的始终。在高等教育体系中设立有关循环经济必修课程，为学生提供参与循环经济实践所必需的知识、技能；养成学生循环消费伦理观、价值观，以及相应的工作习惯；培养学生的循环消费的责任心。同时为政府机关、企业人员进行专门培训，为促进循环经济发展提供具有较强适应能力的高素质新型人才。

第三，加强对不同层次公众的宣传教育。政府除了教育体系的构建之外，面对不同层次公众开展宣传教育活动，对提高全民资源意识，在全社会树立循环经济观念也至关重要。政府要加强舆论宣传和教育培训，强化循环消费意识，提高人们的自然资源有限的责任意识、循环利用的节约意识和生态环保的紧迫意识，培养个人和集体的责任感，树立和形成以人为本，以文明消费、合理消费、科学消费为准则，包含物质、精神、生态消费的观念。广泛开展群众性的“循环消费运动”，鼓励民间相关组织或社团发展，逐步扩大循环消费的社会影响。

第四，在宣传层次上，采取逐步深入、逐步提升的方法，即从消费者最为关心的健康、安全教育入手，逐步深入生活质量、生活品位、消费文化，最后提升循环消费行为的高度。也就是从激发消费动机、维护消费权力到追求消费境界、规范消费行为。通过这样不断深化、系统配套的教育，催动循环消费意识的成熟。

第五，充分利用各新闻媒体的宣传作用。在报纸、电视、互联网上开展科学知识、清洁技术、消费知识、消费文化、消费法规、维权知识、消费信息、环保信等循环消费知识的宣传和讲座，提高个人、企业乃至政府对循环消费的认识，让循环消费思想深入人心。有意识地设立“循环消费者网站”，通过网站，将有志于循环经济发展的网民集聚一体，互相交流，促进消费者的自我教育，随着循环消费群体网的不断扩展，逐步扩大循环消费的社会影响。

总之，要引导人们改变原来的生产生活方式，推动循环消费尽快走进消费者的生活，形成发展循环消费方式、建设环境友好型社会的浓厚舆论氛围，树立崇尚循环、环境友好的伦理价值观念。

参考文献：

[1]邓安球，《循环经济与消费》，《消费经济》，2005，第5期。

[2]方莉华、张才国，《循环经济概念的科学界定及其实质》，《华东经济管理》，2005，第3期。

[3]冯之浚，《明确循环经济概念加快循环立法研究》，《高科技与产业化》，2007，第7期。

[4]高红，《循环经济规划的理论与方法探讨》，《特区实践与理论》，2008，第5期。

[5]国家发展和改革委员会资源节约和环境保护司，《国务院批复第一个区域循环经济规划》，2009－12－31，http//hzs. ndrc. gov. cn/newfzxhj/dtxx/t20091231_322728. htm.

[6]韩庆利、王军，《关于循环经济3R原则优先顺序的理论探讨》，《环境保护科学》，2006，第2期。

[7]金钟范，《循环经济论》，上海财经大学出版社，2011。

[8]金钟范，《韩国亲环境产业发展政筹》，上海财经大学出版社，2012。

[9]赖章盛、史运伟，《循环经济的历史必然性探讨》，《新乡学院学报（社会科学版）》，2009，第5期。

[10]李亮、李桂林，《论我国生产者责任延伸制度的实施》，《华东经济管理》，2008，第9期。

[11]李秀娟、温亚利，《关于循环经济与生态经济关系的探讨》，《生态经济（学术版）》，2007，第1期。

[12]李艳萍、孙启宏、乔琦、毛玉如、沈鹏，《延伸生产者责任制度的本质和特征》，《环境与可持续发展》，2007，第4期。

[13]刘解龙、杨海余、尹璐瑶，《循环经济发展中的生态消费推动对策》，《湖南社会科学》，2007，第6期。

[14]刘庆山，《开发利用再生资源缓解自然资源短缺》，《再生资源研究》，1994，第10期。

[15]刘轶芳，《循环经济投入产出模型研究》，中国科学院研究生院学位论文，2008。

[16]卢妍妍，《论循环经济与消费模式的转换》，内蒙古财经学院学报，2007，第6期。

[17]马鸿昌，李宁，李治琨，《日本促进建立循环型社会的法规体系及中国推动循环经济

的发展》,《有色金属再生与利用》,2003,第 12 期。

[18]普智晓、李霞,《国外执行延长生产者责任制度现状》,《中山大学学报(自然科学版)》,2004,第 1 期。

[19]曲格平,《发展循环经济是 21 世纪的大趋势》,《中国环保产业》,2001,第 1 期。

[20]任文举、李忠,《生产者责任延伸制度理论及其实践》,《经济师》,2006,第 4 期。

[21]孙佑海,《"循环经济"来自中国,绝非"舶来品"》,人民网环保频道,2007－09－12,http://env.people.com.cn/GB/6251619.HTML。

[22]唐绍均,《论生产者责任延伸制度概念的淆乱与矫正》,《重庆大学学报(社会科学版)》,2009,第 4 期。

[23]王明远,《"循环经济"概念辨析》,《中国人口·资源与环境》,2005,第 6 期。

[24]王岩,《中国特色生产者责任延伸制度建设模式初探》,《再生资源与循环经济》,2008,第 2 期。

[25]王云霞、王国弘,《循环经济下的消费伦理转向》,《中共天津市委党校学报》,2007,第 2 期。

[26]吴琨、郑垂勇,《论循环经济中绿色消费观的培养》,《生态经济(学术版)》,2009,第 1 期。

[27]杨永华,《对构建我国循环经济法律体系的思考》,《内蒙古财经学院学报》,2008,第 3 期。

[28]易明、杨树旺,《循环消费模式及其发展对策研究》,《资源·产业》,2005,第 5 期。

[29]于洋,《实现人类可持续发展的经济模式——循环经济》,《商业文化》,2010,第 4 期。

[30]郁晶、黄娟、王惠中、吴云波、崔小爱,《循环经济在江苏省化工园区规划发展中的应用》,《中国资源综合利用》,2009,第 5 期。

[31]张晓华、刘滨,《"扩大生产者责任"原则及其在循环经济发展中的作用》,《中国人口资源与环境》,2005,第 2 期。

[32]《中华人民共和国循环经济促进法》,2008－8－29。

[33]周国梅、任勇,《德国的循环经济:从垃圾经济到可持续生产与消费体系》,《世界环境》,2007,第 1 期。

[34]周宏春、刘燕华,《循环经济学》,中国发展出版社,2005。

[35]诸大建,《从可持续发展到循环型经济》,《世界环境》,2000,第 3 期。

第五篇

城市社会管理

第十四章　城市人口管理

第一节　城市人口管理概述

一、城市人口

(一)城市人口的定义

随着人口的不断聚集,城市开始出现并不断发展,在城市中生活和工作的人就构成了城市人口。

现代城市管理理论中对城市人口的定义可分为狭义和广义两种。狭义上,城市人口指城市常住人口,包括城市户籍人口和在该城市中实际居住满一定年限的人口,其中户籍人口一般意义上指在人口登记制度下,登记居住地在城市的人口。以中国为例,户籍人口是指公民依照《中华人民共和国户口登记条例》已在其经常居住地的公安户籍管理机关登记了常住户口的人(北京市统计局,2018)。这一类人无论其是否外出及外出时间长短,只要在某地注册为常住户口,则为该地区的户籍人口。广义上,城市人口是指居住在城市的人口,包括城市常住人口和暂住人口,其中暂住人口是指来自其他地区在该城市居住不满一定年限的人口。

与农村人口相比,城市人口是生活在城市空间范围内,在城市中从事生产、经营及其他工作,与城市有着密不可分关系的人口。综合而言,城市人口是一座城市建设的主体,是城市发展进步的动力源泉。城市人口在建设城市的同时也享受着城市本身提供的各类服务,与城市的其他组成部分共同塑造一座城市独有的特色与魅力。

(二)城市人口的构成(结构)

人口是生活在特定空间下,具有一定数量、一定结构的个人所组成的社会群体。人口因其不同的生物和社会属性产生了不同的特征,所以在一定特征下可以将人口进行分类(即人口的结构)。这就意味着,人口结构的存在伴随两个重要条件:一是人口结构是在一定空间内和一定时间下产生的,缺少时空界限的人口结构是无意义的;二是在总人口中必须存在两个或两个以上的组成部分。人口结构是对特定空间内一定时间下人口组成状态的真实反映。

根据人口结构的定义,城市人口构成可定义为"在城市范围内特定时间下城市总人口中不同特征的人口的比例关系"。一般来说,可以通过一些指标直观地描述一个城市的人口构成,常见的指标有性别、年龄、婚姻、职业、文化程度、身体健康状态、社会阶层等。

1. 城市人口的性别构成

人口的性别构成即总人口中男女间的比例关系。从生物学的角度而言,人口的性别比例是基本平衡的。合理的人口性别结构是社会平稳发展的重要一环,预防出生人口性别比失调、维持合理的城市人口性别结构是一个城市良好发展的基础。

图 14—1 是 1960—2018 年中国和世界女性人口占总人口的比重。由此可见,中国总人口中的女性人口占比相对稳定,基本维持在 48%～49%之间,且低于世界平均水平。

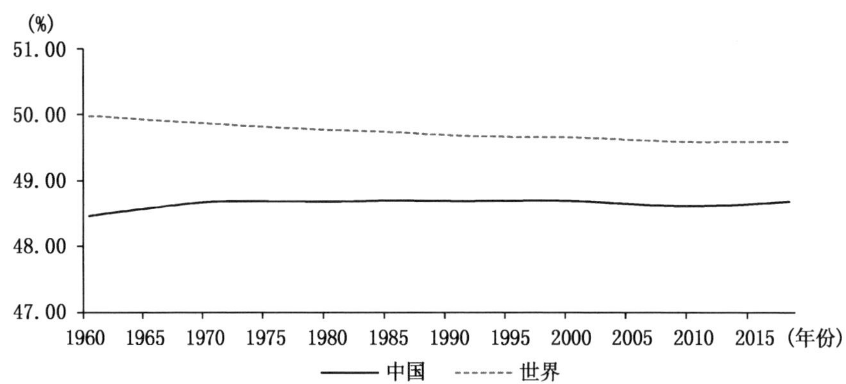

资料来源:根据世界银行数据库整理。

图 14—1 1960—2018 年中国女性人口占总人口比例

决定人口性别构成的主要因素是出生人口性别比,通常以同时期 100 个活产女婴相对应的活产男婴的数字来表示。这个数值在一定范围内波动,并决定地区人口的性别结构。联合国于 1955 年 10 月出版了《用于总体估计的基本数据质量鉴定方法(手册Ⅱ)》(*Methods of Appraisal of Quality of Basic Data for Population Estimates*，*Manual* Ⅱ），手册中认为，出生性别比偏向于男性。一般来说，每出生 100 名女婴，男婴出生数在 102～107 之间。此分析明确认定了出生性别比的值通常在 102～107 之间，该区间也被国际社会公认为正常值，其他值域则被视为异常值。

从国际维度上看，不同国家的出生人口性别比不尽相同，即使在同一国家维度上，出生人口性别比也随着时间的推移而不断发生变化。以中国为例，与国际社会公认的正常值相比，在 20 世纪 80 年代以前，中国出生人口性别比基本处于正常值范围内。80 年代开始，我国出生人口性别比不断升高，逐步偏离了正常值范围。1982 年第三次人口普查结果显示，我国 1981 年出生人口性别比为 108.47。1990 年第四次人口普查结果显示，我国出生人口性别比为 111.42。2000 年第五次人口普查结果显示，我国出生人口性别比已经达到 116.86。到 2004 年，中国出生人口性别比达到峰值（121.18），远远超出了国际社会公认的正常值。

从现实情况分析，中国的人口出生性别比逐年上升的原因主要有两个方面。首先是文化和观念层面一直存在的性别偏好。自古以来的重男轻女思想以及传宗接代思维，不断强化了追求男婴的生育观念，这种文化传统对中国人生育观念的影响根深蒂固。其次是科学技术的发展为婴儿性别的选择提供了可能性。现代科学技术的发展，尤其是 B 超技术的成熟，使得对胎儿的性别鉴定愈发准确，同时由于计划生育政策的实施和人们生育男孩的固有偏好，导致引产性别偏重现象增大。

随着中国教育水平的不断提高以及生育政策的调整，近几年中国出生人口性别比又呈现了下降趋势，根据国家统计局发布的《中国儿童发展纲要（2011—2020 年）》统计监测报告，2017 年中国出生人口性别比为 111.9，相较于 2004 年已有较大幅度的下降（国家统计局，2018）。

2. 城市人口的年龄构成

人口年龄结构是人口结构的重要部分，合理的城市人口年龄结构是一个城市健康发展的基础。人口年龄结构由总人口数、历年出生人口数、不同年龄历年死亡人口数三者的动态变化所决定。城市人口的年龄构成即指城市人口中不同年龄组的人数在城市总人口中所占的比例。

根据世界银行的年龄分组，人口年龄结构一般划分为三组。第一组为 0～14 岁，即少年儿童阶段，在这个年龄段的人口属于幼年时期，主要处于被抚养和接受教育的阶段。第二组为 15～64 岁，即劳动年龄阶段，在这个年龄阶段的人口属于青壮年时期，是参加社会生产活动的主要阶段。第三组为65岁及65岁以上，即老年阶段，在这个年龄阶段的人口属于老年时期，处于退出社会生产活动、重新被抚养的阶段。年龄处在15～64岁间的人口也被称为劳动年龄人口，而年龄处于0～14岁和65岁及65岁以上的人口被称为非劳动年龄人口。

3. 城市人口抚养比

第一，总抚养比。人口总体中非劳动年龄人口数与劳动年龄人口数之比称为总抚养比，通常以百分比的形式表示。计算公式（国家统计局，2018）为：

$$GDR=\frac{P_{0\sim 14}+P_{\geqslant 65}}{P_{15\sim 64}}\times 100\%$$

其中，GDR 为总抚养比；$P_{0\sim 14}$ 为0～14岁少年儿童人口数；$P_{15\sim 64}$ 为15～64岁劳动年龄人口数；$P_{\geqslant 65}$ 为65岁及65岁以上的老年人口数。总抚养比数值可以表明每100名劳动年龄人口要负担多少非劳动年龄人口，一般用于反映地区劳动年龄人口承担的养老人养儿童的程度，也从人口角度反映了人口与经济发展的基本关系。

第二，老年人口抚养比。又称老年人口抚养系数，指某一城市（区域）人口中老年人口数与劳动年龄人口数之比，通常用百分比表示。其用以表明每100名劳动年龄人口要负担多少名老年人。老年人口抚养比是从经济角度反映人口老化社会后果的指标之一。计算公式为：

$$ODR=\frac{P_{\geqslant 65}}{P_{15\sim 64}}\times 100\%$$

其中：ODR 为老年人口抚养比。

第三，少年儿童抚养比。又称少年儿童抚养系数，与老年人口抚养比类似，指某一城市（区域）人口中少年儿童人口数与劳动年龄人口数之比，通常用百分比表示。其用以反映每100名劳动年龄人口要负担多少名少年儿童。计算公式为：

$$CDR=\frac{P_{0\sim 14}}{P_{15\sim 64}}\times 100\%$$

其中：CDR 为少年儿童抚养比。

随着经济社会的不断发展、医疗水平的不断提高，现代社会人口老龄化趋势越来越明显。根据1956年联合国《人口老龄化及其社会经济后果》确定的划分标准，当一个国家或地区65岁及以上老年人口数量占总人口比例超过7%时，则意味着这个国家或地区进入老龄化。城市人口的老龄化问题日益凸显，给城市人口管理提出了新的挑战。

二、城市人口管理的目标

城市人口管理是指城市政府对城市常住人口和暂住人口的行政管理，以及对城市人口的数量和质量的管理。城市人口管理涉及城市日常管理的方方面面，所以也存在多种多样的目标。

第一，人口总量与城市发展的需求相匹配。合理的城市人口规模，有助于改善城市经济条件和综合环境。而不合理的城市人口规模，尤其是当城市人口总量超出适宜城市发展的人口规模区间时，城市就会出现一系列无法承载的问题，例如，城市环境质量降低，噪声污染、固体废弃物污染、水污染、大气污染不断增加；部分人口工作不稳定、收入低；住房条件紧张，交通拥堵等问题。这在一定程度上加大了城市管理的难度。因此，城市人口总量与城市发展需求相匹配是城市人口管理的重要目标。

第二，人口总量与城市资源环境相匹配。城市人口的增长有助于城市的经济发展，但与此同时也会给城市资源环境造成巨大的压力，如水资源的供给、土地的开发利用、教育医疗福利的保障等问题，都会在一定程度上成为限制城市可续发展的重大问题。将城市人口总量控制在城市资源环境承载力的范围内，可以调节城市化速度，调整城市资源结构，提高城市资源的利用率，促进城市的可持续发展。

第三，人口结构与城市公共服务相匹配。城市公共服务包括为企事业和居民提供的警务、救助等服务，既包括工商、税务、政务、就业等综合服务，也包括法律、教育、医疗、体育等服务。由于公共服务资源的公共品和稀缺性属性，城市社会的公共服务很难则各种维度上做到均等化。因此，城市人口结构必须与所在城市的人口规模、经济发展、财政水平等相匹配，最大化地满足城市人口享有同等水平的基本公共服务的条件。

第四，人口质量与城市竞争力相匹配。城市的竞争力由综合实力竞争、产业竞争、财政金融竞争、商业贸易竞争、基础设施竞争、社会体制竞争、环境资源区位竞争、人力资本教育竞争、科技竞争和文化形象竞争等指标构成。而其中的人力资本教育竞争是关键，直接影响着城市的发展机遇。城市人口管理在提高城市人口综合素质的同时，也要提高城市在教育领域的投入，并引导城市在城市间的协同合作中形成自己独特的核心竞争能力。

三、城市人口管理的意义

城市人口是城市社会与经济发展的主体，加强城市人口管理具有重要意义。

第一,城市人口是城市经济发展的主体。一方面,城市人口是城市经济发展的基本人力资源,人力资源的供给决定和影响着城市发展水平;另一方面,城市人口是城市消费市场的主体,决定和影响着城市消费市场的范围和水平。

第二,城市人口管理是城市政府重要职能之一。城市人口有序管理,维护城市正常生产生活秩序,有利于构建和谐社会,促进城市经济社会发展,充分发挥城市功能,提高居民生活质量。

第三,城市人口管理是实现城市可持续发展的必要条件。城市人口规模受城市发展状况的制约。城市人口必须与城市经济发展状况相适宜,与城市基础设施的承受能力相匹配,与土地资源、水资源的承受能力相和谐。

第二节 城市人口基础管理

一、城市人口管理机构

城市人口管理机构的设立是城市人口管理的基础。国内外城市人口管理的机构不尽相同,国外大多数国家对人口的管理主要是通过税务机构与社会保障机构实现的。例如,美国并未设立联邦性的户口管理机构,人口信息登记由多个机构共同管理,包括州人口记录办公室、县政府办公室、机动车辆管理局、社保局等。

在 2013 年之前,人口和计划生育委员会是中国人口管理的主要机构。2013 年根据国务院机构改革和职能转变方案,组建国家卫生和计划生育委员会。由此,将国家人口和计划生育委员会的研究拟定人口发展战略、规划及人口政策职责划入国家发展和改革委员会。2018 年 3 月,根据第十三届全国人民代表大会第一次会议批准的国务院机构改革方案,将国家卫生和计划生育委员会的职责整合,组建中华人民共和国国家卫生健康委员会。

机构改革之后的国家卫生健康委员会负责开展人口监测预警工作,拟订生育政策,研究提出与生育相关的人口数量、素质、结构、分布方面的政策建议,促进生育政策和相关经济社会政策配套衔接,参与制定人口发展规划和政策,落实国家人口发展规划中的有关任务。而国家发展和改革委员会则负责组织监测和评估人口变动情况及趋势影响,建立人口预测预报制度,开展重大决策人口影响评估,完善重大人口政策咨询机制,研究提出国家人口发展战略,拟订人口发展规划和人口政策,研究提出人口与经济、社会、资源、环境协调可持续发展,以及统筹促进人口长期均衡发展的政策建议。

除了以上人口管理机构之外，还有其他政府职能部门参与到日常城市人口管理的工作中，如城市公安局、民政局、人力资源和社会保障局、教育委员会等相关部门。这些部门在城市人口的日常管理工作中各有分工，一起为城市人口管理承担自己的职责。

二、城市人口管理方式

根据国家有关法律法规，通过不同的城市人口管理方式，制定和完善适合城市发展需求的人口管理相关规定，健全人口管理法规体系，构建人口管理的法律保障平台，将人口管理纳入法制化、规范化轨道是城市人口管理的重要一环。世界各国在城市人口管理上主要是通过出生与死亡登记、社会保障管理与人口迁移管理等方式来进行的。

第一，城市人口出生登记管理。人口出生登记是人口统计的源头工作。人口计生和卫生行政管理等部门在管理中强化责任分工，建立健全出生人口信息共享平台，加强业务培训，做好信息录入、检查、核实、上报各环节的工作，并严格责任追究，加强流动人口管理和出生医学证明管理，不断提高实名登记工作管理，是城市人口管理综合决策的重要信息基础。

第二，城市人口现籍管理。实行登记在册的现籍管理有利于完善暂住人口管理，加强劳动力市场建设，充分发挥市场机制对居民就业的调节和导向作用。此外，通过创新城市暂住人口管理机制，推行劳动保障卡制度，完善暂住人口录用备案、就业登记和劳动合同管理，可以强化用工单位对暂住人口就业的责任和义务，规范劳动用工行为。

第三，城市人口迁移管理。人口迁移是指跨越一定的区域并发生户籍变动，或虽尚未发生户籍变动，但在迁入地已居住较长时间的人口移动现象。城市人口管理过程中，必须对不准确的人口信息进行更正，以保护迁移人口的正当权益，同时也有助于城市治安。城市人口管理机构充分了解城市人口的最新变动，有助于城市政府统筹管理，提升城市竞争力。

第四，城市人口死亡销户管理。公民死亡后需要进行销户管理。以中国为例，公民死亡后一个月内，必须由户主、亲属、抚养人或邻居持居（村）委证明、死亡医学证明书、死亡人的居民身份证和家庭户口簿等到派出所办理注销户口手续，逾期办理或不缴销居民证，将按有关规定处理。不在医院死亡的公民，由家属持居（村）委证明、家庭户口簿、死亡居民身份证到相关医院办理死亡医学证明。城市人口死亡销户可以准确统计属地人口结构，同时避免诸如冒领已故者养老金等社会福利侵犯事件的发生。

第五，城市人口普查统计管理。人口普查是科学决策的重要基础工作。通过人口普查，可以掌握城市各种文化程度人口的比重，制定相应的教育政策；了解就业人口的行业分布，制定相应的就业政策，有助于制定合理的产业政策。此外，社会保障和福利政策、民族政策、老年人口政策等，都需要根据人口统计资料进行研究。对人口普查统计工作进行管理，也是制定社会、经济、科教等各项发展政策所必需的科学依据和前提。

第六，城市人口数量管理。对城市人口总量进行控制，是实施可持续发展战略的重要组成部分。控制城市人口总量，有助于减缓环境资源的压力、解决居民就业问题、提高居民受教育水平。同时，合理的城市人口规模可以满足城市居民在住房、饮食、水资源、公共服务等方面的需求，保障民生利益。

第七，城市人口质量管理。城市人口质量是关系城市产业结构调整和发展方式转变的全局性问题。从经济发展的角度来看，城市人口质量的优化管理，通过素质教育和教育投资提高人口质量，提高劳动者的科学技术水平和劳动技能水平。提升人口质量、不仅有利于解决各类社会矛盾，而且有利于增强人口与经济协调和持续发展能力，有利于促进民生改善，提高人民的生活水平和生活质量。

三、城市人口管理模式

从古至今，人口管理的模式主要有管控和非管控两种。城市人口模式的形成和演变存在着交错的流变状态，原因在于城市人口规模要适应城市化发展的需求、满足城市居民的生活需求和劳动需求。

美国在进行城市人口管理的过程中实行非管控模式，即通过“生命登记制度＋社会保障号制度”的人口信息登记系统进行城市人口管理。其中，生命登记制度侧重于记录居民出生、死亡、婚姻、父母基本情况、父母及子女的社会关系等人口基本信息。社会保障号制度侧重于记录居民居住地、纳税情况、教育背景等人口动态信息。此外，美国还定期进行全国性的人口普查，并建立了大都市统计区(SMA)，及时掌握城市人口信息。

日本城市人口管理主要是通过《户籍法》实现，并采用“户籍簿＋住民票”的人口登记管理体制。户籍簿登记以家庭为单位，反映个人与家庭的关系，在公民出生、死亡、结婚、继承遗产时使用。住民票登记以个人为单位，反映个人的迁移、纳税等情况，主要用于公民的日常生活与流动迁移。日本通过这种人口登记体制，实现了“户随人走”的人口管理模式。

中国目前的城市人口管理模式主要有两种：

第一，城市户籍管理。城市户籍管理是指城市有关部门依法对市民的基本情况进行收集、确认和登记的行政管理工作。户籍管理有两个作用：一是人口登记，二是人口管制。在城市户籍管理中，通过对城市人口构成的分析，即分析年龄、性别、家庭、寿命、婚姻、劳动、职业、文化程度、健康状况等，可制定和实施应对性人口发展对策。例如，性别构成反映城市中男女人口之间的平衡关系，这会直接影响城市居民的结婚率、育龄妇女的生育率等，所以基于城市户籍管理，或直接管制人口，或制定必要的相应措施，调节人口增长态势。此外，户籍制度还可以管控常住人口、流动人员等的就业情况等。

中国自1958年开始实行城乡户籍壁垒制度，此后的较长时期内，城市人口几乎等同于市区户籍人口。改革开放以来，随着劳动力市场的逐步放开，大量农村富余劳动力涌入城市，外来流动人口占城市人口总量的比重不断上升。城乡二元结构使得城市户籍含金量非常高，户籍开始转化为城市福利制度安排的基础和城市社会保障的条件，涉及就业、医疗、教育、福利等方面的利益调整和分配。因此，户籍制度改革不仅仅是就现有户籍管理制度作出的单方面调整，而且是包含整个社会经济发展政策的根本性变革，其核心是打破城乡分割的社会保障与服务体系。

第二，居民身份管理。中国自1984年起开始试行身份证制度。2004年6月28日，第十届全国人大常委会第三次议正式通过了《中华人民共和国居民身份证法》(以下简称《身份证法》)。居民身份证制度关系到每一个公民的切身利益，改进和完善我们国家的居民身份证法律制度，是推进社会管理现代化和信息化的一项重要内容，也是城市人口管理的重要一环。

制定《身份证法》是为了证明居住在中华人民共和国境内的公民的身份，在实践中获得社会普遍认可的效果。同时，制定《身份证法》还有助于保障公民合法权益。身份证为公民参加各类社会活动提供了方便，在公民参加经济和政治等有关社会活动，办理金融、证券、保险、医疗、教育等事务以及接受其他方面的社会服务时，其有助于相关部门准确识别公民身份。居民身份证制度是建立在国家户籍管理制度基础之上的居民管理制度，有利于维护社会秩序，对我国流动人口的管理以及居民正常的工作、生产、生活秩序的维护方面发挥着重要作用，同时在防范违法犯罪活动、追查犯罪分子、维护社会治安方面也起着不容忽视的作用。

第三节 城市人口规模管理

一、城市人口规模的定义

城市人口规模即一定时期内生活在城市的常住人口的总量，一般用市辖区的非农业人口数表示。由于受城市空间结构和发展水平的限制，城市的人口规模大相径庭，有几万人的小城市，也有千万人的超级城市。

城市的人口规模不能超过城市的人口容量，后者是指一个城市的生态系统和社会经济系统能够支撑的最大人口数量。根据城市人口的数量，可以把城市划分为不同的规模。世界上不同国家和地区的分级标准不尽相同。联合国的标准是 2 万人以上为中小城市，10 万人以上为大城市，100 万人以上为特大城市。

在美国，大都市统计区（United States Metropolitan Statistical Areas，MSA）是一种联邦统计标准，一般概念是一个大的人口核心区以及与这个核心区的社会经济一体化的邻接社区的组合，一般以县作为基本单元。美国的大都市统计区是核心都市人口密度相对较高，地区全体经济具有密切关系的地理区域。这些地区并没有法律地位，由美国人口普查局和其他联邦政府机构出于统计目的使用。核心都市区域人口超过 5 万人的，可被定为大都市统计区。有些相邻的大都市统计区被合称为联合统计区（Combined Statistical Area，CSA）。人口多于 1 万但少于 5 万的，则是小城市统计区（United States Micropolitan Statistical Areas，MSA）。

日本官方的城市等级中有一种称为政令指定都市，为基于《地方自治法》由行政命令指定的城市自治制度中的最高等，其基本条件为全市人口 50 万以上。

相对于世界其他国家而言，中国的城市人口规模分类较为详细和具体。中国最新的城市规模划分标准以城区常住人口为统计口径，将城市划分为五类七档：城区常住人口 50 万以下的城市为小城市，其中 20 万以上 50 万以下的城市为Ⅰ型小城市，20 万以下的城市为Ⅱ型小城市；城区常住人口 50 万以上 100 万以下的城市为中等城市；城区常住人口 100 万以上 500 万以下的城市为大城市，其中 300 万以上 500 万以下的城市为Ⅰ型大城市，100 万以上 300 万以下的城市为Ⅱ型大城市；城区常住人口 500 万以上 1 000 万以下的城市为特大城市；城区常住人口 1 000 万以上的城市为超大城市。

二、城市最优人口数量

城市人口规模的合理程度，是决定一座城市能否稳定健康发展的关键所在。如果城市的人口规模超过了城市人口容量，不仅会影响城市经济的发展，而且会给城市带来大量的社会和环境问题，影响城市的可持续化发展。

城市最优的人口规模一直是国内外学界关注和研究的热点。卡利诺构建了具有规模收益递增特点的城市生产函数，采用1957—1977年间的美国城市数据测算出美国的最优城市规模大约为388万人(Carlino，1982)。卡佩洛和卡马尼采用意大利58个城市1991年的数据，分别从城市效益最大化和城市负担最小化的视角测算了最优城市规模的不同数值，分别是36万人和55万人(Capello & Camagni，2000)。奥和亨德森指出，城市聚集经济效应存在最大值，其峰值对应的最优城市规模在250万～380万人之间(Au & Henderson，2006)。

王小鲁和夏小林(1999)构建了城市规模收益函数和成本函数，基于规模净收益最大化的视角，采用我国600多个城市的六年数据，测算出我国城市最优规模应该在100万～400万人之间。俞勇军和陆玉牒(2005)基于城市规模的成本—收益模型，采用江苏省地级市2000年和2001年的数据，得出江苏省地级城市的最优规模为280万人。郑亚平(2006)采用我国2004年121个地级及以上城市数据，测算出我国最优城市规模的合理区间应该在150万～270万人之间。张应武(2009)基于经济增长的视角，采用2002—2006年间我国285个城市的面板数据测算出我国最优城市规模为500万人左右。

当然，随着人类社会的发展，经济水平和科技水平的不断提升，最优城市人口数量的标准也会发生不断的变化。如何根据不同时期的经济社会现状确定最优的城市人口规模，是城市人口管理工作中不可忽视的一部分。

三、城市流动人口管理

(一)流动人口的概念

在国际上，对流动人口与迁移人口不加区分是比较通行的观点。国际上一般只有“人口迁移”“迁移人口”概念，而没有“人口流动”和“流动人口”概念。人口流动是我国独特的现象，流动人口也是我国独特的人口群体。

国际上一般把人口迁移定义为人口在空间上的位置变动。根据国际人口科学联盟主持编写的《多种语言人口学辞典》，人口迁移就是“居民在一个地区同另一个地区之间进行空间移动的一种形式，通常包括了从迁出地迁到迁入地的永久性居住地的变动”。发生人口迁移活动的人是迁移人口，这个概念强调了两个方面的因素：一是时间因素，定义里的永久性并非指一次人口迁移发生以后就不能有第二次人口迁移，而是指人口迁移活动应该有足够长的时间；二是空间因素，即人们要在两个相距足够远的空间位置之间发生位置移动。

中国由于户籍制度的存在，通常把居民的地区移动或者空间移动区分为人口迁移和人口流动两种，发生迁移和流动行为的人则分别称为迁移人口和流动人口。人口迁移和迁移人口伴随有户口的相应变动；人口流动和流动人口则没有户口的相应变动。迄今为止，中国对流动人口的概念尚无统一的表述。流动人口有关的概念至少包括以下 10 余种：流动人口、外来人口、流入人口、外来流动人口、外来务工经商人员、自发迁移人口、自流人口、暂住人口、短期迁移人口、暂时性迁移人口、流迁人口、民工、农民工、民工潮、盲流、人户分离人口、超生游击队等。

（二）城市流动人口的概念

城市流动人口是指在不改变其户口登记常住地的条件下，离开常住地半年以上（以第五次人口普查的时间为据），为谋取经济社会利益而到该常住地所在的乡、镇、街道范围以外的城市（系指建制城市的市区，不包括城市下辖的县和县级市）的现住地居住的人口。该界定明确了城市流动人口的概念和范围，既具有必要的科学性，又具有较大的适应性和可操作性。

第一，不改变当事人户口登记常住地，但却改变其现住地的流动人口，即常说的“人户分离”的流动。每日往返于其住所与工作或学习所在地的流动（每日往返流动）人口由于当事人未改变户口登记常住地，从而这种行为不是对应发生在流出地（户口登记常住地）与流入地（现住地）之间的，因此它不是通常意义上的流动人口。

第二，对其流入地和流出地的人口、社会和经济状况不产生影响的流动人口。短暂的出差、探亲、访友、旅游等人口由于其影响的微弱，也不涉及户籍、住房、就业、福利、保障等制度性安排的变化，因此在讨论流动人口问题时，通常不包括这部分人口。

（三）城市流动人口管理

1. 国外发达国家城市流动人口管理特点

经济合作与发展组织（Organization for Economic Cooperation and Development，OECD）的成员国英国、西班牙、美国、澳大利亚和日本等国家，对国内人口流动没有限制。20 世纪 70 年代，欧洲移民政策的基本措施是限制新移民迁入和促进现有移民的社会融合。发达国家流动人口管理制度具有以下一些共同特点：

第一，对国内的人口流动和迁移没有任何明文政策规定和限制，但都有不同形式的登记制度。例如，日本要求凡是跨越市区町村界限的人口，应该在迁动14天之内向迁入地政府有关部门登记。美国、日本等国具有高度发达和完备的人口信息网络系统、完善的登记制度，这有利于政府把握流动人口的现状和趋势，制定比较合理的流动人口管理和服务计划。

第二，公共福利和社会服务能够覆盖现住居民。基本的公共服务向所有现居住地的居民提供，流动人口能够享受与常住人口相同的基本待遇。例如，儿童的义务教育、对贫困家庭的食物补贴以及国家提供的医疗服务等。

第三，较为完备的人口信息登记和管理系统。这些国家的人口信息登记项目非常详细，如新生儿的父母情况，许多国家除了记录父母的基本信息、姓名、年龄等，更要记录其简历（工作经历、经济状况、健康详情、纳税明细情况等）。另外，一些国家在进行生命登记的同时还颁发证书，以确认其效。这种详细的登记不仅便于国家对人口整体情况的了解，更能够保护公民的合法权益，公民可以将这些信息用以证明与身份有关的事宜。

第四，重视移民与迁入地的社会和文化融合，组织移民学习迁入地的法律、语言、文化、历史等。在移民的社会融合和培训方面，社区和非政府组织发挥了主要作用。

第五，各国对国际迁入移民都有准入条件和配额限制，根据国内劳动市场需求调整移民政策的标准和配额。例如，20世纪80年代澳大利亚根据其他国家的经验，引入了“分数考核”方法，要求申请移民者的技术水平和语言能力达到一定的标准；每年公布移民配额和分数标准。

第六，通过与劳工输出国签订双边协议，解决移民劳工在劳动力短缺时无组织地大量流入，在就业市场饱和后不能自动返回而引起的非法滞留问题。目前，经合组织国家与世界各地订有173份双边协议。以西班牙为例，2001年以来，西班牙实施了规范和协调移民输入问题的“全面计划”，包括五项措施：一是批准接纳移民的标准；二是估计国内对短期和长期工人的需求；三是确定谈判协议的国家；四是全面管理移民问题；五是建立遴选机制，必要时借助社会机构和非政府组织在移民输出国培训外国工人。

2. 中国城市流动人口管理特点

第一，1949—1957年人口自由迁移阶段。这一阶段政府实行自主迁移政策,发生了大规模的农村向城市人口迁移。这一时期是中国工业化和城市化的起步阶段,由于国民经济的恢复,人民生活稳定,城市发展迅速。国家在这一时期加强了交通运输建设和能源及原材料工业的建设,城市吸收劳动力的能力有了很大提高,伴随经济恢复和发展的有组织的计划迁移和自由迁移,新中国形成了第一个比较稳定的人口迁移活跃期,带来了第一次大规模的农村向城市人口迁移。

第二,1958—1965 年人口迁移大起大落时期。这一阶段国家对人口迁移实行限制,由于国家发展战略的改变,导致我国这一时期的人口迁移严重失控。随着经济活动的不确定性变化,人口迁移也经历了潮起潮落式的变化,大量农村人口由农村涌入城市又被“挤出”城市。1961 年开始,随着工业调整,大力精简城市人口,充实农业第一线,从而导致了第一次逆城市化,这一时期是中国城市化的停滞时期,给人口流动带来了负面影响。这一时期,国家开始严格限制城市人口,并将人口流动纳入国家计划。

第三,1966—1977 年限制人口迁移政策实施期。这一时期中国社会经济发展经历了严重的冲击,大批城市官员、职工和知识分子上山下乡。加之国际局势日益恶化,更多的人力和物力撤离城市,转向了偏远山区。出现了以知识青年下乡和干部下放为特征的第二次逆城市化运动,自由迁移政策终止,限制人口迁移政策开始推行。城市工业发展缓慢,城市人口迁出大于迁入,城市化水平停滞。

第四,1978 年之后中国人口迁移新变化期。这一时期国家陆续出台了一系列政策,逐步放开了对人口迁移的控制。随着改革开放的推进和市场经济体制的逐步建立,总的趋势是以户籍制度为核心的二元社会体制明显弱化,产业变动、城市化进程以及国民经济的空前增长促使人口迁移空前活跃,由乡至城的人口迁移成为迁移的主体部分。市场经济的发展使得过去与户口相联系而导致城乡分隔的各种制度,如就业制度、住房分配制度等,都在逐步弱化乃至取消,户籍制度的功能也逐步趋向于人口登记。

第四节 城市人力资源管理

人力资源管理通常是指对劳动力资源调配的管理。宏观的人力资源管理,涉及一定时期全社会经济活动人口供给与需求的调配、劳动制度和劳动政策的制定与完善以及人力资源的再生产。微观的人力资源管理,通常是指用人单位通过劳动计划、劳动定员、劳动定额、劳动组织等对单位人力资源进行全过程管理。20 世纪后半叶以来,人力资源管理在理论拓展和实践应用方面都取得了进展。人力资源作为一种特殊的资源,逐步成为现代社会经济发展的重要一环。城市人力资源管理是指在城市范围内的人力资源管理。

一、人力资源的概念及特点

(一)人力资源的概念

人力资源又称劳动力资源,是一个国家或地区具有劳动能力人口的总和,以人口为存在的自然基础。经济学理论中将生产过程中的投入的生产资料统称为"资源",人力资源作为一种资源虽然暗含了生产资料的性质,但与自然资源相比,人力资源作为劳动者,既是生产的承担者,又是生产的实现者。人力资源涵盖范围较广,包括劳动力资源和人才资源这两个范畴。

近年来,人力资源中的人力资本问题引起了社会公众的重视。人力资本是指劳动者以某种代价获得并能在劳动力市场上具有一种价格的能力或技能。这种对人力资源进行开发性投资所形成的,可以带来财富增值的资本形式,称为人力资本。虽然人力资本与人力资源是从不同角度分析问题的两个概念,但研究对象基本一致,即都是将劳动者作为研究对象,研究劳动者作为生产要素在经济发展中的作用。所不同的是,人力资本侧重于人力投资所产生的资本投入的增值效应。

在现代社会,劳动者从出生到进入生产活动的过程中,在体质、智力、知识以及技能等各方面都含有日积月累的资本性投入,没有资本性投入的原生劳动力已几乎不再存在。因此,一个国家和地区的人力资源可以视作这个国家和地区的人力资本。

(二)人力资源的特点

第一,人力资源是具有生物性和社会性双重属性的特殊资源。一方面,人力资源以人为天然载体,是一种"活"的资源,其产生、成熟和衰败过程与人的生命周期密切相连,这是其生物属性;另一方面,人力资源还具有社会属性,作为劳动者,在生产过程中处于一定的社会分工体系中,依赖社会形成,也通过社会配置。

第二,人力资源再生性较强。人力资源的再生性基于人口的再生产和劳动力的再生产,通过人口总量中各个体的不断替换更新和"劳动力耗费—劳动力体力智力恢复—劳动力再次耗费—劳动力再次恢复"的过程得以实现。人力资源的再生性是由人的生物特性所决定的,能够实现自我补偿、更新和发展。

第三,人力资源具有较强的时效性。人力资源的时效性表现在两方面:一方面，储存于人体内的劳动力，其未能充分使用的部分会随时间流逝消失；另一方面，作为人力资源的劳动者，能够从事劳动的时间只是生命周期的一段，且能够从事劳动的不同时期（青年、壮年、老年），其劳动能力也有所不同，这种生命时间的限制构成人力资源的时效性。

第四，人力资源是经济资源中的主导性资源。国民经济正常发展需要三种基本资源：自然资源、资本资源和人力资源。这三者是任何生产过程都不可缺少的最基本的要素，其中人力资源是激活自然资源和资本资源的主导性要素资源。一切社会的生产过程如果没有劳动力的推动、引发、调整和控制，任何自然资源和资本资源都无法发挥作用。马克思在《资本论》中曾指出被资本化的自然资源，只有在人的力量驱动下，才能被赋予活力，才能在生产过程中发挥自己的职能和作用。

二、城市人力资源管理的原则

第一，充分就业。充分就业一般是指人力资源供给基本能够被需求所吸收，既有劳动能力又有就业需求的劳动者基本上都能获得劳动岗位。充分就业只是一个相对概念。充分就业作为一个目标值，应当是一个区间数值。充分就业不等于经济活动人口全部就业，因为人们选择职业要花费一定时间，将人们的职业选择周期累加起来，则一部分人会处于无业状态，这样即使在充分就业条件下，就业率（就业人口/经济活动人口）也不会等于100%。充分就业作为决策的目标值的主要意义是理论意义。

在现实中，就业率通常在一定程度上偏离充分就业的数值区间，但应基本围绕该数值区间波动，按照国际通行标准，一般失业率在4%以内即可视为达到充分就业。充分就业是人力资源宏观配置和管理的基本原则，如果不能达到或基本达到充分就业，人力资源的开发、形成就失去其意义和目的。充分就业是世界各种经济体制、不同经济水平国家共同追求的目标。

第二，与城市经济协调发展。城市人力资源的管理必须考虑各部门经济发展的需求状况，考虑到不同部门对不同年龄、性别、文化与技能等不同层次劳动力的需求。某一新兴产业的经济活动必须及时配置相应的劳动力，同样，某一产业的经济发展饱和也应及时调整剩余劳动力，才能合理利用人力资源。

第三，可持续发展。人力资源自身也有可持续发展问题。人力资源的形成、使用与开发应根据城市总体经济发展战略，形成相应的人力资源中长期发展战略。其要根据城市产业结构和技术结构未来发展方向，做好未来10年乃至20

年人力资源开发重点的预测和人力培训准备。

第四,提高效率。人力资源使用高效率是指人力资源投入的最高产出率。改善人力资源的利用率是提高国民经济效益的重要途径。人力资源的利用率分为有效劳动、无效劳动、高效劳动和低效劳动。城市人力资源的管理要减少低效劳动、无效劳动,最大限度提高人力资源的利用率和劳动效率。提高人力资源生产率直接关系到企业的投入产出效率和营利能力。因此各微观单位都需要节约使用人力,合理配置人力资源,以求用最小的投入获取最大效益。

三、城市人力资源管理的保障

城市人力资源管理离不开城市人口综合素质的提升和城市人口生活的保障。城市人口综合素质包括居民的身体素质、科学文化素质以及思想素质。提高人口素质是城市人口管理的重要内容,它包括提高出生人口的素质、发展教育、医疗保险制度等方面。

(一)提高人口身体素质

第一,提高出生人口素质。城市出生人口素质的提高,主要依靠城市良好的医疗条件,加强婚前体检和优生优育教育;减少空气污染,防止有毒有害药物对孕妇、幼儿的侵害;严禁精神病患者、弱智者的生育,禁止近亲结婚生育;加强新生儿早期健康检查,早发现早治疗;等等。

第二,医疗保险制度。医疗保险制度是居民医疗保健事业的有效筹资机制,是构成社会保险制度的一种比较进步的制度,也是目前世界上普遍应用的一种医疗费用管理模式。西方国家社会保险制度的建立,大多是从医疗保险起步的。

医疗保险始于1883年德国颁布的《劳工疾病保险法》,其中规定某些行业中工资少于限额的工人应强制加入医疗保险基金会,基金会强制性征收工人和雇主应缴纳的基金。这一法令标志着医疗保险作为一种强制性社会保险制度的诞生。特别是1929—1933年世界性经济危机后,医疗保险立法进入全面发展时期,这个时期的立法不仅规定了医疗保险的对象、范围和待遇项目,而且对与医疗保险相关的医疗服务也进行了立法规范。目前,所有发达国家和许多发展中国家都建立了医疗保险制度。

1998年,中国政府颁布了《关于建立城镇职工基本医疗保险制度的决定》,开始在全国建立城镇职工基本医疗保险制度。中国的基本医疗保险制度实行社会统筹与个人账户相结合的模式。基本医疗保险基金原则上实行地市级统筹。基本医疗保险覆盖城镇所有用人单位及其职工;所有企业、国家行政机关、事业单位和其他单位及其职工必须履行缴纳基本医疗保险费的义务。目前,用人单位的缴费比例为工资总额的6%左右,个人缴费比例为本人工资的2%。单位缴纳的基本医疗保险费一部分用于建立统筹基金,一部分划入个人账户;个人缴纳的基本医疗保险费计入个人账户。统筹基金和个人账户分别承担不同的医疗费用支付责任。统筹基金主要用于支付住院和部分慢性病门诊治疗的费用,统筹基金设有起付标准、最高支付限额;个人账户主要用于支付一般门诊费用。

(二)提升人口文化素质

教育担负着为国家提供各类人才和提高全体市民文化素质的重任。城市人口文化素质的提升离不开学校教育水平的优化和提高。城市管理部门着力发展基础教育,创新公办、民办共同办学机制,扩大学前教育供给,提高学前教育质量是保障城市居民文化素质的重要一环。

(三)救助弱势群体

贫困问题是社会不稳定因素,着手制定城市居民最低生活保障线制度、最低生活保障线制度是政府作出的经济"保底"的承诺,同时使社会上的弱势群体能分享经济、社会发展的成果,对实现社会公平有着积极作用。

(四)关注养老问题

我国城市由于各种原因,将逐渐步入老龄化社会。解决老龄化问题,可以采取多种养老方式共同发展。城市人口管理应关注老龄化社会的特殊性,创造性地安排老年人的养老方式。关注老年人的消费需求,让老年人享受天伦之乐,满足老年人心理需求,进一步完善养老保险制度。

参考文献:

[1]北京市统计局、国家统计局背景调查总队,《北京统计年鉴2018》,中国统计出版社,2018。

[2]国家统计局,《2017年〈中国儿童发展纲要(2011—2020年)〉统计监测报告》,2018-11-09,http://www.stats.gov.cn/tjsj/zxfb/201811/t20181109_1632517.html。

[3]国家统计局,《中国统计年鉴2018》,中国统计出版社,2018。

[4]世界银行数据库,https://data.worldbank.org。

[5]王小鲁、夏小林,《优化城市规模推动经济增长》,《经济研究》,1999,第9期。

[6]俞勇军、陆玉麟,《城市适度空间规模的成本——收益分析模型探讨》,《地理研究》,2005,第5期。

[7]张应武,《基于经济增长视角的中国最优城市规模实证研究》,《上海经济研究》,2009,第5期。

[8]郑亚平,《基于我国城市合理规模的理论与实证研究》,《求索》,2006,第 9 期。

[9]Au,C. ,Henderson,V. ,Are Chinese ciities too small? *Review of Economic Studies*, 2006,73(3):549—576.

[10]Capello,R. ,Camagni,R. ,Beyond optimal city size:an evaluation of alternative urban growth patterns,*Urban Studies*,2000,37(9):1479—1496.

[11]Carlino,G. ,From centralization to deconcentration:economic activity spreads out, *Business Review*,1982,May/June:15—25.

第十五章 城市社会保障管理

第一节 城市社会保障概述

作为经济发展和社会治理的支撑条件，社会保障既是城市基本公共服务均等化建设的重要内容，也是完善城市公共治理体系的重要环节。社会保障之所以能在全球产生与发展，主要是因为其具有稳定社会、风险分散以及实现社会公平等功能。

一、城市社会保障的界定

（一）城市社会保障的定义

社会保障（social security）概念源于1935年美国颁布的《社会保障法案》。该法案的出台标志着社会保障的概念被正式提出。1944年第26届国际劳工大会发表的《费城宣言》开始正式采用社会保障这一表述。自此，社会保障开始被世界各国接受并广泛应用（章晓懿，2010）。1952年，国际劳工组织通过了《社会保障（最低标准）公约》（第102号），将社会保障定义为：社会通过采取一系列公共措施，以保护其成员免受由于疾病、生育、工伤、失业、伤残、年老和死亡造成的停薪或收入大幅度减少的经济损失及社会贫困，并对其社会成员提供医疗照顾和对有子女的家庭提供津贴（金维刚，2014）。

通常，社会保障主要是指为因年老、疾病、失业、伤残、生育等社会风险和遭遇突发性灾难而生活困难的社会个人或家庭，提供物质补贴和服务帮助等一系列公共措施的各项制度安排的总称。这一体制安排主要以国家立法为依据，以国家和社会为主体，借助组织国民收入分配和再分配等方式为社会成员的基本生活权利提供保障，以便实现维护社会公平、促进社会进步的目标。

对于社会保障的理解可包含广义和狭义两种。广义的社会保障通常将符合上述共性的社会制度或措施均纳入社会保障范围内。将社会保障作为国家依法强制建立的社会支撑网络和经济调节系统，并依托各种普遍与特殊、基本与更高层次保障措施的实施来达到提高社会整体福利水平的目的。狭义的社会保障的界定主要基于收入性保障层面，主要涉及社会保险，由社会保障、国民卫生服务、住房、教育和个人社会服务五部分组成的英国福利保障体系就是一个典型的例子。

（二）城市社会保障的内涵

城市社会保障以提供物质帮助和服务帮助为主要措施手段，旨在通过现金、实物、心理咨询、技能培训等方式来为相关社会成员解决基本生活问题，从而使得城市最终可以经由社会保障制度满足社会成员基本生活需求，进而实现社会稳定和社会进步的“双赢”局面。具体地，城市社会保障主要涵盖了保障依据、责任主体、依托原则、覆盖范围和保障目标等方面的内容。

第一，就保障依据而言，城市社会保障主要依据国家立法。作为治国的基本原则，法治要求法律成为社会主体的普遍原则，其在要求公民依法办事的同时，也对政治权利进行制约和规范。因此，国家立法可为社会保障制度的建立提供法律依据，在明确社会保障制度的强制性的同时，也可以为社会保障的制度化、规范化运作打下基础。此外，在社会保障制度运行过程中，以国家法律为基础的社会保障制度也可以更加深刻地明晰国家、社会、企业、家庭和个人在社会保障体系中的权利和义务，从而使得相关制度安排有的放矢。

第二，就责任主体而言，作为一项覆盖全体社会成员的保障制度，社会保障需要由国家和社会共同承担主体责任。国家在制定社会保障整体规划方面具有关键作用。政府作为主要实施主体，在设计和实施具体社会保障项目方面具有重要作用。除此之外，企业、社会团体作为社会保障的责任主体，相关个体在为社会建设发展提供支持的同时，也在不同程度、不同范围内参与了社会保障的项目实施。

第三，就依托原则而言，城市社会保障主要依托分配和再分配原则对国民收入进行支配。通常对于国民收入的使用包括初次分配和再分配。其中，初次分配直接关联物质生产，并将相关收入直接在各阶段、各阶层成员之间进行分配。而再分配则是在初次分配的基础上再次进行的分配，主要是通过国家预算、服务行业和价格体系等来实现的（顾明远，1998）。

需要警惕的是，以按劳分配为主的分配体制下，初次分配过程中所形成的优胜劣汰发展模式可能会让一部分社会成员落入社会底层，扩大收入差距，从而可能激化社会矛盾，对社会稳定产生不利影响。对此，通过再分配手段调节现有收入分配格局的可能弊端,对于实现社会良好运转具有重要作用。城市社会保障正是在初次分配的基础上,适当利用再分配手段,将社会筹资变成社会保障基金,以便为遭遇风险的社会成员提供基本生活保障,从而实现缩小贫富差距,维护社会稳定的目的。

第四,就覆盖范围而言,城市社会保障指向全体社会成员。早期社会保障制度更多指向社会困难群体,但伴随着社会的不断进步,以及相关制度的进一步完善,社会保障的覆盖范围也得以扩张,目前已指向全体社会成员。保障对象的不断扩大也充分体现在当前的社会保障已经具有普惠性特征。

(三)城市社会保障的特点

1. 社会性

作为全社会范围内实施的一项普遍性的社会制度安排,社会保障是一项涉及全体社会成员的普适性保障制度,具有明显的社会性。

第一,社会保障主要是为了应对普遍的社会风险。年老、疾病、伤残、失业、生育、死亡等各种社会事故已成为普遍的社会问题。社会保障在规避社会风险、维持社会稳定方面的作用恰恰体现了它的社会性。

第二,社会保障的主要对象是全体社会成员。这一制度充分体现了公民从国家和社会获得保障的权利,全体社会成员这一服务对象也体现了社会保障的社会性。

第三,社会保障运行过程中,国家财政,个人和企业缴费等社会成员劳动在基金筹措、管理和运营方面发挥了重要作用。社会成员的劳动创造具有天然社会化属性,该特征也天然存在于社会保障制度之中。

第四,当前社会保障服务管理及监督已经开始逐渐面向全体社会。政府购买社会服务,社会组织作为第三方承接公共服务项目已成为趋势,各类社会机构融入社会保障全过程正是社会保障社会化的重要体现。

2. 互助性

社会保障制度根据成员共同承担风险的原则,将社会保障资金在不同群体之间进行转移,从而实现不同群体之间的互助共济。互助性的特征在社会保障制度的过程中得到了很好的体现。

3. 强制性

社会保障的对象、内容、形式等均以法律法规的形式加以明确。国家通过立法以及强制执行,使得部分因特殊困难而难以达到基本生活水平的群体获得保障。不难发现,社会保障制度实现国民收入再分配是具有国家法律保障的,因而具有一定的强制性。

4. 福利性

与企业自负盈亏不同，社会保障是由国家和社会共同承担的，且不以赢利为目的的社会性事业，福利性是社会保障制度建立的初衷。不仅如此，社会保障为被保障群体资金支持和实物帮助、医疗救助、伤残康复、再就业服务等各类社会服务的资金、实物、人力等均来源于国家和地方的财政项目预算，主要由非营利性政府机构和社会组织提供。由此可见，福利性始终贯穿于社会保障制度运行过程中。

二、城市社会保障的模式

根据不同的标准，城市社会保障可以划分为不同的模式。具体而言，根据资金筹措方式可以将社会保障划分为现收现付模式、完全累计模式和部分累计模式；根据制度安排方式可将社会保障划分为国家统筹保险模式、社会投保资助模式、国家福利型模式以及强制储蓄型模式；根据社会政策的差异可以将社会保障划分为剩余型模式和制度再分配型模式。

（一）根据资金筹措方式划分

第一，现收现付模式。现收现付模式主要是根据横向平衡的原则来实现劳动收入的代际传递和转移，从而实现国民收入的再分配。具体而言，主要由生产性劳动群体负担老年群体的退休及养老费用。例如，现有的生产性群体的养老及退休费用由下一代生产性劳动群体负担（章晓懿，2010）。值得注意的是，为了确保劳动收入可以持续实现再分配，切实保证城市长期相对稳定的人口结构以及稳定的退休人员与生产劳动者比例是现收现付模式社会保障得以实现的关键条件。

第二，完全累计模式。完全累计模式又称为完全基金模式，该模式主要依据纵向平衡原则，在强调权利与义务对等的基础上，要求所有社会成员均须提存老年退休准备金，从而采用平摊社会保障成本的方式来兼顾社会保障的储备功能和“自保”属性。相比于现收现付模式，该种模式的社会保障受到人口结构的制约较小，一定程度上更有利于实现收入的再分配，从而达成为社会个体提供基本生活保障的目标。

第三，部分累计模式。部分累计模式是介于完全累计模式和现收现付模式之间的另外一种社会保障模式。该模式兼顾了横向平衡原则和纵向平衡原则。针对社会当期筹集的全部资金，该模式将其中的一部分资金用于支付社会现有的困难、退休等个体的社会保障费用，另外一部分资金则为现在的社会劳动者预留，以便日后满足该群体的养老及保险需求。该模式社会保障制度既可以满足一定时期的社会支出需求，也可为社会保障留有一定的积累资金。正因为如此，该模式的社会保障制度具有一定的灵活性和低风险性。

（二）按照制度安排方式划分

第一，国家统筹型社会保障模式。该模式主要是将“老有所养是公民应享有的权利”作为主要内容，并将与其相关的各项社会保障制度列入宪法，以生产资料公有制为保证，由国家和单位负担社会保障费用，而不需要个人承担任何费用。在此社会保障模式下，国家是社会保障的主体，从上至下由政府社会保险部门直接管理和操作。曾实行过国家统筹型社会保障模式的国家主要为苏联和东欧的原计划经济体制国家。

第二，社会投保资助型社会保障模式。社会投保资助型社会保障又称自保公助型社会保障。该模式社会保障制度对相应地区的经济发展水平要求较高。通常，该类社会保障制度主要是在经济基础较为雄厚、企业和个人均具有一定经济承受能力的情况下实行。能够使城市居民在面临失业、年老、伤残以及死亡等情况时及时获得经济补偿和保障。

第三，国家福利型社会保障模式。国家福利型社会保障又称全民福利型社会保障，该模式主要坚持普适性原则，强调所有公民都有权利获得基本的社会保障。相关保障的资金主要依托福利国家的福利政策，保障基金主要由国家税收提供，并由国家设立的统一机构对其进行管理。一般而言，该模式的社会保障费用需要按统一标准缴纳、按统一标准给付，居民享受社会保障的期限则根据具体需要确定。

（三）按照社会政策划分

第一，剩余模式。剩余模式的社会保障具有一定的甄别性，它首先对需要提供帮助的群体进行区分，在此基础上为相应人群提供物质帮助和服务。该种社会保障模式承认社会不公平的存在，并认为无法与人公平竞争的群体必须得到额外的帮助。采用剩余模式的社会保障可以在有限资源的现实环境下，有的放矢地为弱势群体提供帮助。

第二，制度性再分配模式。该模式是将社会保障看作一种常规性的社会制度，并认为社会保障应按照普遍性原则存在于市场制度之外。该类社会保障模式社会弱势群体不能因为弱势地位而失去基本生活条件和就业发展机会。为了切实履行公平原则，国家应不分贫富，一视同仁地为有需要的特定人群提供社会保障。

三、城市社会保障的基本原则

社会保障作为一项基础性、普遍性的公共福利制度，在制定和实行中需要遵循一些原则，才能保证这一制度的有效运转。社会保障制度的建立和运行主要遵循以下几项原则：

（一）公平与效率结合的原则

社会保障制度建立的目的就是为了缩小贫富差距、维护社会公平，这是社会保障制度的基本出发点和政策实践归宿。现代社会保障是公共事务，它关系到全体社会成员的切身利益，而支撑社会保障制度运行的财政基础是社会公共基金，它实质上为全体社会成员所共有的。因此，社会保障制度的运行应当是透明的、高效的，社会保障管理也必然要遵循公开、公正与效率的原则。

就公平而言，其中应该包括机会公平、过程公平和结果公平。这就要求在制度运行过程中，保障机构既是责任者也是执行者，其应向所有社会个体提供获得保障的机会，严格依法保护社会成员的合法权益，并对社会保障纠纷采取不偏不倚的态度。与此同时，保障机构也应提升社会保障政策信息的透明度，以便使被保障个体在知悉社会保障权益及相关申请程序与机构的同时，也能够对相关机构进行有效监督。

就效率而言，主要包括社会保障的管理运行效率与社会保障的经济社会效率。这主要是从社会保障部门职责明确、管理成本、资源配置方面提出更高要求。两者相结合不仅可以从社会保障责任主体层面加速相关制度的落实，还可以从制度的受众群体层面推进各项制度更好地惠及于民。

（二）权利与义务对等原则

权利与义务对等原则是指社会成员在享受社会保障权利的同时，也要承担相应的义务。马克思曾指出：没有无义务的权利，也没有无权利的义务。社会成员可以充分享受社会保障权利，但是同时也要履行相应的义务。社会成员个体既是权利主体，也是义务主体。在现代社会保障制度中，只有坚持权利和义务对等的原则，才能保证这项制度的持续健康发展。如果个人只享受权利而不履行义务，保障责任完全由国家承担，由于刚性特征，势必造成国家负担越来越重。而如果完全由企业和个人承担保障责任，社会保障也就与个人储蓄和商业保险没有差别，违背了制度设置的初衷。因此，在社会保障制度的制定和运行过程中，权利与义务对等原则必须贯穿始终。

（三）保障水平适度原则

保障水平适度原则是指社会保障应与经济发展水平相适应。从社会保障的发展进程来看，经济社会的发展程度决定着社会保障发展程度。从社会保障的制度运转来看，因为社会保障是用经济手段来解决社会问题的，所以需要相应的财力支撑。适度性的原则就是社会保障的项目设置、保障水平、缴费标准要与经济承受能力相适应，与社会发展程度相匹配，维持制度平衡，避免出现财务危机，实现社会保障制度的良性运转。该原则的引入既可以避免社会保障水平过高所带来的“养懒汉”问题，又可以很好地降低社会保障水平过低时保障功能欠缺对劳动者的积极性挫伤，以及对劳动力再生产的不利影响。

（四）健康保障原则

健康保障原则要求社会保障制度应向社会保障对象及其家属提供适当的医疗和护理方面的照顾，且提供的一系列帮助的标准应与整个社会的水平相一致。任何限制被保障个体获得健康照顾的障碍都应在一定程度上得到解决。当然，在确保健康的前提下，社会保障制度所采取的保障措施也应有助于鼓励有工作能力的社会保障对象进入劳动力市场，从而有利于推进社会可持续发展。

（五）费用最小及分担原则

费用最小及分担原则主要是指社会保障所需的费用应由雇主、雇员和政府共同承担，个人承担的费用应以累进方式计入，各主体均需明晰社会保障制度中各方的责任与义务，从而更好地实现社会保障在保障社会成员基本生活需求方面的积极用。

四、城市社会保障的主要功能

（一）调节功能

通常来说，社会保障在稳定经济和平滑经济周期方面具有明显的调节作用。一方面，社会保障可以在经济低迷时期，通过增加救济等福利支出来稳定居民收入，减少经济危机对社会总需求的冲击，从而达到稳定居民消费和地区经济发展的目的；另一方面，经济膨胀时期，社会保障缴纳水平的提升在增加社会保障基金的同时，还可以抑制当期居民消费支出，减缓需求冲击，抑制可能存在的经济波动，从而避免经济周期波动对社会发展造成不利影响。

（二）社会服务功能

一般而言，收入保障是社会保障最基本、最低层面的功能。伴随经济社会的不断发展，服务保障问题已经逐步纳入了社会保障的范围，社会保障的社会服务功能日益突出，这也使得收入保障与服务保障相结合成为现代社会保障的重要特征之一。

社会保障的服务功能主要通过三个方面表现出来：其一，社会保障机构承担了包括为职工提供医疗服务、为退休老人排忧解难等具有社会服务性质且企业不愿承担也无力承担的社会事务工作；其二，对于社会弱势群体，社会保障机构在提供收入支持的同时，还给予教育、培训、日常护理、家庭照顾等多种形式的福利服务；其三，社会保障机构还在传染病防治、基础性医疗等公共卫生保健服务方面发挥了日益重要的作用，以期从多维度来为社会个体提供全面的服务保障。

(三)劳动保护功能

通常来说，社会保障是以那些因年老、疾病、伤残、失业、生育、死亡等自然或社会风险而丧失劳动能力或生活难以维持的社会成员为主要对象的。在为相应群体提供基本生活保障的同时，伴随社会服务功能的完善，社会保障不仅能够为弱势劳动力提供必要的补偿，保证其可以进行再生产，还会通过提供教育、培训等社会服务来不断提高劳动力素质，满足经济发展对高素质劳动力的需求，从而达到对劳动力进行保护的作用。

(四)促进发展功能

社会保障制度的建立是为了给社会群体提供基本生活保障，更是为了促进经济社会更好发展。一方面，储蓄对于现代社会经济发展至关重要，而社会保障基金的缴纳可以改变社会个体的消费模式与行为，从而改变人们的储蓄行为。进一步地，社会保障基金的不断累积也会引起社会强制储蓄部分的增加，从而有助于提高国民储蓄水平。另一方面，社会保障所具有的长期性、稳定性和规模性等特点使得社会保障基金具有了长期稳定的机构投资者

此外，社会保障基金所固有的保障属性，以及由此表现出来的长期性、稳定性和规模性等特点，决定了社会保障基金理应而且必然具有一个长期投资的属性，从而对资本市场有着极其重要的影响。首先，社会保障基金的特殊性决定了它必然注重资本长远的、稳定的利益，力求长期稳定的投资回报。此时，社会保障基金融入资本市场便有利于资本市场的稳定。其次，社会保障基金对于安全性或风险性规避的高度需求能够有效推动不附息债券、附属抵押债务以及担保投资契约等金融工具方面的创新。最后，追求长期稳定性投资回报的特点使得社会保障基金管理者一般会把资金投向较具发展潜力的证券，使该证券的需求大幅上升，由此导致证券价格的上升，从而引导社会资金流向高效产业部门，能够优化地区金融资源配置，从而有利于促进地区发展。

(五)稳定器功能

天灾人祸、疾病、失业等社会事件不仅会给社会个体带来生存危机,也会对社会安全及稳定产生一定影响。社会保障则从法律上、经济上、制度上为社会成员的基本生活权利提供保障,使受到创伤的个人和社会机体得以恢复并重新投入运行,从而避免了社会成员因不幸事件的发生导致生活陷入绝境而铤而走险。同时,社会保障的实施,有助于全体社会成员特别是劳动者的心理上产生安全感,消除了他们的后顾之忧,这在一定程度上对社会的安定起到了重要的作用。社会保障被称为社会的"安全网""减震器",正是社会保障具有稳定社会秩序、保障社会成员安居乐业功能的最好体现。

第二节 城市社会保障组成体系

一、城市社会保障体系的含义

社会保障在不同的国家有着不同的内涵和外延的界定,因此,在各国的社会保障实践中形成了不同的社会保障体系。社会保障体系是相互独立且相互联系的各项社会保障实施内容的集合形式。社会保障体系是开放的、发展的,不同国家在不同的历史时期,都会依据具体的社会经济条件的不同对社会保障的实施内容进行重新划分和组合,构筑起新的社会保障体系。社会保障体系的组成因国家与时间的不同而具多样性,不过从实质来看,其内含目标即目标体系基本包括以下三个层次:

第一,社会救助层次。该目标层次的社会保障制度主要通过社会救助或收入支持的方式,为社会上的困难群体提供最低生活保障。其中,以社会救助为保障目标的社会保障制度也被称为安全网制度。例如,澳大利亚和新西兰的社会保障制度就是以社会救助为目标,社会保障机构提供福利待遇均依据家计调查的方法认定受益对象。

第二,收入安全层次。这是一种最普遍、接受范围最广的社会保障目标层次。工业化和市场经济环境下,这一层次的社会保障以保障收入安全为目标,主要为多数靠工资生活且遭遇疾病、老年、生育、工伤、残疾、失业、丧偶或失怙等可能导致收入减少和中断风险的群体提供收入保障,并且在此过程中还会对困难群众提供更多的社会救助。

第三,社会公正层次。建立在该层次目标下的社会保障制度突破社会救助与收入安全的目标层次，以促进社会公正、平等和为所有人实现发展的潜能，最终推动社会进步与发展为终极目标。在西方国家中，普遍认为社会保障仅指收入安全层次的制度内容，而社会福利才是其社会保障制度所要达到的理想状态。不难发现，以西方国家福利型社会保障制度为代表的社会公正层次的社会保障不仅包括社会安全网、收入安全制度，还包括进一步的收入再分配措施。

二、城市社会保障体系构成

综观现代的社会保障体系，它早已冲破了现金保障的狭隘范围，而是将收入保障、服务保障、权益保障、组织保障（各种不同性质的协会等）乃至精神保障和文化保障等均纳入其中的综合保障体系，它是一个以社会保障制度目标为核心的各种保障项目的集合体。国际劳工组织认为社会保障体系的各种要素主要包括社会保险、社会救助、国家财政资助的福利、家属津贴、储蓄性基金、雇主规定的种种补充性条款，以及一系列围绕社会保障而开展的种种补充性项目。因此，社会保障体系从广义上讲，是现代国家以社会救助、社会保险与社会福利为主要内涵而构建起来的保障国民有生活安全感和社会有稳定感的社会安全网络。

（一）社会保险

作为实现收入安全的具体保障形式，社会保险一直是各国社会保障制度建立和发展过程中必不可少的部分。通常而言，社会保险主要是依托国家立法强制征集社会保险税（费）形式所形成的社会保险基金，以降低劳动者在遭遇年老、死亡、伤残、疾病、生育、失业等主要风险所带来的经济损失，保障相关群体基本生活需求为目标。

目前在世界上建有社会保障制度的国家中，绝大多数都是将社会保险作为其社会保障制度的主干部分，但不同风险所对应的不同保险项目并不是在各国同时推行的。各国通常会针对本国社会经济发展影响最大的风险，而优先设立化解这种风险的社会保险项目，大多遵循工伤保险→养老保险→医疗保险→失业保险这样一种循序渐进的推进脉络。

（二）社会救助

社会救助主要针对贫困问题，旨在为少数弱势成员提供最低限度的生活保障。作为国家最早提供的保障形式，社会救助主要体现为国家和社会对需要救助的社会成员的单向责任和义务。它主要由国家和各种社会团体运用资金和实物的手段，以及提供一定服务的手段，向无收入、无生活来源、无家庭依靠、失去工作能力者，以及向生活在贫困线或最低生活标准以下的个人及其家庭和一时遭受严重自然灾害和不幸事故遇难者，实行社会保障措施，使社会成员的基本生活权利受到保护。

它主要由国家和各种社会团体来对资金、实物加以运用，并提供一定的服务手段，以便向无收入、无生活来源、无家庭依靠、失去工作能力者，以及向生活在贫困线或最低生活标准以下的个人及其家庭和一时遭受严重自然灾害和不幸事故遇难者，实行的社会保障措施，使社会成员的基本生活权利受到保护。

其中涉及的军人保障也成为中国社会保障的重要组成部分。该项保障制度主要是由国家按照规定对军人（现役军人、退役军人）及其家属提供一整套的社会保障。发展至今，军人保障体系已经较为完善，并形成了包括抚恤优待、安置保障、军人保险以及军人福利在内的更为完善的社会保障体系。

（三）社会福利

社会福利主要表征一种社会状态，是为达到社会福利状态而形成的一种制度。其具有普遍性，着眼于提高社会成员的生活质量，旨在实现社会公平。具体而言，社会福利主要是指当社会问题得到控制、人类需要得到满足以及社会机会最大化时，人类正常存在的一种情况或状态（Midgley，1997）。就西方国家而言，政府部门往往会大规模承担起社会福利责任，此时的社会福利便成为制度化的政府责任（尚晓援，2001）。由于政府责任通常关注收入保障服务、医疗服务、教育、住房、社会工作服务以及对个人的社会服务等方面，所以对应的社会福利也便具有了这些层面的保障作用。这也使得社会福利处于社会保障体系的最高层次。

三、部分国家社会保障体系构成

由于各国社会保障的保护对象、范围和程度有所不同，因而各国社会保障体系存在一定差异（见表 15—1）。同时，尽管对社会保障制度的理解存在差异使其概念呈现多样性，并由此引起社会保障体系具体内容上的不尽相同，但是各国的社会保障体系在发展过程中也呈现一些共同的、相对稳定的内容。值得一提的是，国际劳工组织在推动社会保障制度在世界范围内的扩展起了重要作用，为各国社会保障体系具有共同、相对稳定的构成提供了引导性提示。

表 15—1　　部分国家社会保障体系组成

国家	社会保障体系组成部分
美国	1. 社会保险(养老、残疾、遗嘱保险、失业保险等) 2. 医疗保险(医疗照顾、医疗补助等) 3. 收入补助(抚养未成年子女家庭补助、食品券、低收入家庭能源补助等) 4. 失业保险(工人补偿、暂时伤残保险、退伍军人补贴等) 5. 矽肺病保险及补助等
英国	1. 社会保险(退休津贴、病假和丧失能力津贴、失业津贴、产假津贴等) 2. 社会补助(住房、儿童、食品以及高龄老人补助等) 3. 社会救助(低收入户、贫困老人以及失业者救助等) 4. 国民保健服务、个人生活和社会照顾等
德国	1. 社会保险(养老保险、医疗保险、生育保障、护理保险、工伤保险等) 2. 社会救助(特殊生活阶段救济、生活费救济等) 3. 社会补贴(家庭负担补贴、休假补贴和住院补贴等)
法国	1. 社会保险(养老保险、疾病和工伤保险、失业保险等) 2. 社会补贴(住房补贴、家庭补贴、失业补贴和、特别补贴等) 3. 公务员福利待遇(退休金待遇、休假待遇、产假哺乳假等)
瑞典	1. 社会保险(老年保险、医疗保险和失业保险等) 2. 社会救助(自愿失业保险、补充失业保险等) 3. 基本生活保障(生于福利津贴、低收入家庭津贴、住房津贴和儿童津贴等) 4. 社会服务(老年人服务、残疾人服务、儿童服务等)
日本	1. 社会保险(年金制度、医疗保险、工伤保险和雇用保险等) 2. 社会福利(儿童福利、残疾人福利和老人福利等) 3. 国家救济和公共卫生等 4. 义务教育等
韩国	1. 社会保险(年金保险、健康保险、产灾保险、失业保险等) 2. 公共扶助(基本生活保障、医疗保障、灾害保障等) 3. 社会福利服务(老人福利、妇女福利、儿童福利、残疾人福利等)

续表

国家	社会保障体系组成部分
中国	1. 社会保险(养老保险、医疗保险、工伤保险、护理保险、生育保险等) 2. 社会救助(生活救助、专项救治、特殊救助等) 3. 社会福利(特殊福利、国民福利等) 4. 社会保障服务(养老服务、医疗服务、就业服务等)

资料来源:根据章晓懿(2010),丁建定(2013),姚玲珍(2011),栗芳、魏陆(2009),金钟范(2010),白澎等(2012)有关论文整理。

第三节　城市社会保障管理体制

一项制度的发展和完善需要适当的渠道和力量来推动,而社会保障管理恰好能够作为社会保障制度的推动力。因此,加强对社会保障的管理,对于完善社会保障制度、实现社会保障制度的目标模式意义重大。

一、城市社会保障管理体制概述

(一)城市社会保障管理体制的含义

1. 城市社会保障管理

社会保障管理是指为了保证社会保障事业的发展和各项社会保障政策的实施,建立一定的组织机构,配备具有一定素质的工作人员,对社会保障事业进行决策、计划、指挥、监督、调节,以及对社会保障基金进行筹集、管理、运营和保障相关的待遇给付等活动(赵曼、柯国年,1997)。概括起来主要包括社会保障的行政管理过程、社会保障资金的事业化管理过程和社会保障对象的管理过程三个方面的内容。

作为一种社会政策的管理机制,社会保障管理虽然有别于生产管理和经营管理,但追求高效率依旧是相关活动的最终目标。而高效率的社会保障管理除了要求有健全高效的社会保障管理体制外,更需要严格监控和适时纠察社会保障的具体实践、设计和制定合理的社会保障计划来指导社会保障制度的长期发展,在管理中不断完善社会保障制度。

2. 城市社会保障管理体制

社会保障管理体制是指国家为实施适合本国国情的社会保障制度,所确立的从中央到各级地方的保障机构,管理原则、管理机制以及主管机构、分管部门、隶属关系等一系列制度的总和。社会保障是社会化事业,它要求有社会化、专业化的社会保障管理。要求从政府的角度出发,依法建立起符合社会保障运行规律的社会保障管理机构。由此成立的管理机构的权威由相应的法律赋予,同时也需获得政府的授权。

这一体制下,对于各类社会保障事务的管理究竟是由一个部门主管,还是多部门共同管理,或是政府管理与民间管理相结合,不同的国家往往有着不同的选择。但值得肯定的是,伴随着社会的不断发展进步,各级政府在社会保障管理方面正不断趋于专业化、集中化和社会化。

3. 城市社会保障管理体制的国际比较

从世界各国的发展趋势来看,社会保障管理体制逐渐由分散管理向政府集中统一管理体制演进,业务管理虽趋于分散,但实施过程却更贴近群众。社会保障的制定要统一集中于一个部门,在由该部门负责全面统筹规划、协调各方利益的前提下,下设分支机构,以此保障社会保障工作的正常运转。对于社保机构和服务提供一般要求同受保人保持紧密联系,以便更好地提高服务质量,从而方便广大群众。

第一,美国社会保障管理体制。美国自1935年颁布实施《社会保障法》以来,社会保障署成为最重要的社会保障管理机构。1994年美国国会通过社会保障机构独立议案,从此社会保障署开始独立管理主要社会保障事务。社会保障资金方面则由联邦残疾保险信托基金操作。其中社会保险信托基金的初始基金主要来自雇主和工人基于个人工资的社会保险缴费。相对而言,美国社会保障管理体制由行政管理机构独立操作,社会保障基金运营与行政管理分离,同时还会充分利用市场融资手段提高社会保障基金的支付能力。

第二,英国社会保障管理体制。20世纪初,英国颁布了一系列社会保障法令,将全民津贴、国民保健、住房补贴以及教育补贴等纳入保障范畴。早期的英国社会保障制度完全由政府一个部门集中管理。随着时间的推移,社会保障管理权限开始下放给若干部门管理。社会保障部作为社会保障事务的主管部门,内设法律事务局、财务管理局和政策规划局三个部门。同时,政府积极介入社会保障事务,并承担主要的管理职责。自此,社会保障立法内容更为全面,执法及司法制度不断健全。

第三,新加坡社会保障管理体制。新加坡主要以中央公积金制度取代了社会保障制度。社会保障主要从老年人的生活入手,以期实现居者有其屋和疾病有治疗。政府中央公积金局直接全面管理由雇主和雇员强制缴费的社会保障基金，中央公积金局为每个被保障人设立个人账户，提供养老、医疗、住房和家庭意外事件保障。公积金利率由政府决定。55岁以前个人账户分为普通账户、保健账户和特别账户。55岁以后分为退休账户和保健账户。55岁以下的会员可以动用普通账户存款进行中央公积金局指定的投资，中央公积金局为其指定相应的基金托管人。

（二）城市社会保障管理的主要内容

1. 城市社会保障的行政管理

社会保障新的行政管理是指行政部门依法行使对社会保障事务的管理和监督（张仁玺，2018）。社会保障管理的第一个环节是制定社会保障法律、法规和政策。这些法律、法规和政策对社会保障的实施范围、对象、享受保障的基本条件、资金来源、待遇支付标准与方式、管理办法、社会保障中有关方面（国家、单位、个人）的责任、权利、义务等均做出了肯定的、明确的、普遍的规定。

通常来说，社会保障法律、法规和政策是由政府制定的，所以将这一过程称为行政管理过程。其中，基本法律是由政府直接颁布的；具体的法规和政策是由政府主管部门颁布的。在立法过程中，通常由中央政府统一立法，考虑到各地经济发展不平衡问题，为了更好地统筹社会保障立法，中央政府的立法权逐渐集中于一些基本法律、法规的制定，具体实施细则和办法则更多地趋向于由地方政府制定。

2. 城市社会保障基金的管理

社会保障基金一般由专门的社会保障管理机构进行管理，主要包括筹集社会保障资金、支付社会保障待遇、管理和运营社会保障资金。社会保障基金的管理机构，需要国家、单位和保障对象的代表组成。就国家而言，社会保障资金一般由国家、单位、个人三方承担，作为资金所有权的自然延伸，三方均具有当然的管理权。就单位而言，社会保障作为一项社会政策，政府具有无可推卸的管理责任和义务。而保障对象所在单位是社会保障管理过程中的重要环节，把各单位的积极性调动起来，有利于细致地甄别保障对象的条件、控制社会保障基金的发放。就保障对象而言，劳动者不仅拥有享受社会保障的权利，还具有缴纳社会保障基金的义务和管理基金的责任。社会保障资金越贴近保障对象，越有利于培养公民的社会保障意识，也有利于社会保障基金的管理。因此，社会保障基金的管理机构，需要有别于政府的行政机构和以营利为目的的企业或商业组织，应将其建成为有三方代表参加的事业性的公共机构。

3. 社会保障对象的管理

城市社会保障对象的管理是指对包括离退休职工、老人、失业者、贫困者等在内的社会保障服务对象进行一系列的物质服务和精神帮扶。在职的社会保障对象,一般由所在单位提供一系列必要服务,所以对他们的管理多由各单位进行。对特殊的社会保障对象,需要进行社会化管理。这些特殊对象包括退休、退职的老年人以及丧失劳动能力者、失业者、残疾人等社会救济对象。伴随社会保障制度的不断发展,对社会保障对象的管理也是动态调整的。

(三)城市社会保障管理体制的类型

1. 政府直接管理模式

在这种体制下,政府首先要负责制定社会保障的政策和法令,对社会保障实施的范围与对象、享受保障的基本条件、资金来源、待遇支付标准与支付方式、管理办法、社会保障有关方面(主要是国家、用人单位、个人)的责任、义务、权利等做出规定。其次,政府还要负责检查和监督这些政策和法令的正确实施,受理有关社会保障的申诉,并积极调解和裁决可能发生的纠纷。最后,政府还要负责社会保障的业务管理,包括受保人的登记和审查;社会保障基金的征集、计算和支付;保障基金的使用、调剂和运营;在工伤保险中,组织对劳动者丧失劳动能力程度的鉴定;组织协调对保障对象进行一系列必要的服务。

政府直接管理模式包括两种管理模式:一是集中统一管理,即中央政府授权一个部或一个委员会进行管理,下面设立多层分支机构,实行统一政策、统一制度、统一标准和统一表格,经费统收统支。其主要以英国为典型代表。二是分类管理或分权管理。这种模式又可以细分为上下分权模式和横向分权(或称左右分权)模式。上下分权模式是指中央政府制定基本法律和法规,地方政府可根据自己的具体情况制定具体的法规细则,有较大的立法权。如美国各地方州政府具有较大的权限。横向分权模式是指实行分部门管理,如劳动部门管劳工保险,卫生部门管医疗保障,农业部门管“农保”(农工或农民的保险)等。

2. 政府和公法机构共同管理模式

这种类型的特征主要是由政府成立统一的协调机构,负责协调全国社会保障事务,并指定一个或者若干个中央政府部门实施统一监督。社会保障方面的具体工作则有半官方、半独立的行业或者地区社会保障管理机构来实施。该模式下政府负责社会保障的立法和监督,公法组织负责社会保障的业务管理,也就是说,立法监督与具体业务分开管理。以原联邦德国为例,联邦议会制定和颁布有关社会保障的法律、法规,联邦政府的社会事务部进行日常行政管理。

值得强调的是,公法机构是区别于政府机构和私人企业的、具有自治性质的公共团体。一般由劳资双方代表组成各种社会保障委员会或基金会,有时政府也派代表参加。下设办事机构,在国家法律规定的范围内,开展多项业务活动。政府主管部门虽无权干涉其正常业务,但是有权对它进行检查和监督。

3. 民营化的市场管理模式

该类型社会保障管理主要是政府有关部门对社会保障的政策、规划和监督实行统一管理,而社会保障各个项目的具体事务则交给民营性社会保障机构,并按照市场管理方式进行管理。常见的做法主要是,在各级工会下面设立保险管理委员会,吸收工人代表参加,在国家立法范围内,制定各种规章制度,开展多项社会保障活动,并对社会保障基金进行具体管理。比如苏联,工会权利相对较大。社会保障政策和法律就由苏联工会中央理事会和政府共同制定。

总体上,各国社会保障管理体制均存在显著差异,即使同一个国家也并不一定只采用一种社会保障管理办法。虽然各国或者不同地区间社会保障管理模式不尽相同,但还是可以发现一些规律和发展趋势。

第一,政府积极介入社会保障事务并承担主要管理职责。尽管现阶段有些国家将一些社会保障事务交由自治或半自治机构管理,但各国政府并未推脱其主要的管理责任。

第二,管理体制无定式,包括管理机构设置的名称、数量及所属管理职责,乃至政府与社会机构、中央政府与地方政府之间的管理职责划分,在不同的国家或地区之间均存在着差异。因此,社会保障管理体制并无统一范式,往往需要充分考虑各国的具体情况。

第三,依法行事,即管理机构的设置及其职责均由相关法律规范,并根据法律赋予的职权行使管理职责。

第四,高效率成为几乎所有国家的社会保障管理体制追求的目标。一些国家为了实现效率目标,往往会对原有社会保障管理体制进行改革或直接重组管理机构。

二、城市社会保障管理体制的实施

(一)城市社会保障管理体制的实施原则

社会保障管理除了要遵循管理的一般规律外,还要考虑社会保障制度的特殊性而遵循某些特定的原则。这些原则主要包括依法管理原则,公开、公正与效率原则,集中管理与分类管理相结合原则,属地管理原则,相关系统协调一致的原则等。它们是建立合理的社会保障管理体制的基本依据,也是社会保障管理系统正常、有效地运行的准则与保证。

1. 依法管理原则

依法管理作为对社会保障管理的一项基本要求，既是为了避免因管理职责紊乱致使社会保障制度在运行中出现非正常状态，也是为了确保社会保障管理的权威性。社会保障所具有的强制性和法制化，决定了社会保障制度在各个环节均须严格按照现行法律、法规与政策运行，并接受社会公开监督。

社会保障管理作为整个社会保障运行机制中的一个重要环节，实行依法管理包括两方面的内容：一是管理机构及管理岗位的设置需要有相应的法律、法规作为依据，而相关法律、法规需要对其进行明确而具体的规范。二是管理系统必须依法运行，即管理机构只能在既定的职责范围内行使权力，而不能越权行事；也就是说，社会保障管理要有法可依、依法办事。

2. 集中管理与分类管理相结合原则

社会保障管理除了采取集中管理的模式外，分类管理的原则同样受到很多国家的青睐，即不同的社会保障项目是可以按照其属性分别归入相应的社会保障类别，并由相应的部门来统一管理的。集中管理是因为社会保障既是社会化事业，又是一种政府行为。政府是社会保障制度的最终责任承担者。因此，由政府机构对社会保障事务实行统一集中管理既是理论界公认的一项原则，也是许多国家社会保障发展实践所证实的必由之路。在集中管理原则下，嵌入分类管理更有利于明晰责任，提高管理效率，从而更好地推动地区社会保障管理工作。

3. 属地管理原则

社会保障管理应当奉行属地管理原则，即同一地区的社会保障事务适宜由该地区的管理机构统一管理。这是维护社会保障制度的公平性、互济性和社会性的内在要求。社会保障制度追求的社会目标是社会稳定与社会公平，在运行中呈现的是一个开放的社会化系统。它通过一定区域内设置的经办机构来完成项目实施任务，达到一定区域范围内社会成员之间的互济互助。因此，除新加坡等少数国家外，各国的社会保障事务通常都是在国家法律、法规的统一规范下，由各地区组织实施，并由各地区的社会保障管理机构负责管理与监督的。

4. 协调一致原则

虽然社会保障是一个独立运行的系统，但它与其他社会系统和经济系统却存在着不可分割的联系，从而在运行中需要与其他系统保持协调一致。例如，社会保障管理系统与国家财政系统就需要在社会保障基金管理方面协调一致。如果社会保障基金进行商业运营，管理系统还应当与金融证券系统等保持协调一致。

在社会保障系统内部，管理系统需要与社会保障法制系统、实施系统及监督系统保持协调一致。即使在社会保障管理系统内部，不同的管理机构亦需要在明确职责、分工负责的基础上保持某种程度的默契。强调管理系统与其他系统的协调以及管理系统内部的协调，主要目的在于减少摩擦、提高效率并促使管理目标的顺利实现。因此，社会保障管理工作在一定程度上即是协调性工作。

（二）城市社会保障管理体制的运行

社会保障制度的运行是指一个政府如何通过一定的机制发挥社会保障的效能。一般来说，首先，确保实现社会保障制度的各个要素同时具备，主要包括社会保障目标体系的确立、保障对象的确认、项目体系的设计、筹资模式的选择和社会服务的提供。在此基础上，建立有效管理社会保障制度、选择和确立合理的社会保障目标模式以及社会保障制度中政府与市场的作用定位，并以法律的形式对相关内容予以确认，从而使得社会保障运行机制的权威性和稳定性得到保证。

1. 目标体系的确定

目标体系是一个国家或地区社会保障制度的总体框架和宏观构想，反映了政府对自己责任的承诺和界定，是一种制度化的政府责任。之所以称为目标体系，是因为它是多种社会目标的集合，是一个多层次的范畴。正如前述“社会保障组成体系”部分中所述，一般说来，社会保障的目标体系包括以下三个层次：社会救助层次、收入安全层次、社会公正层次。在确定目标体系时，需要把握这三个层次的内涵，以利取向适宜的目标组构。

第一层次，如果把对最困难的弱势群体的救助和提供服务即“社会救助”作为目标，可通过建立社会安全网，保障所有的社会成员都能生存和免于绝对贫困。这是为实现最低层次的社会福利状态所做的制度安排，是社会保障目标体系中最基本的一个层次，也是体现政府责任最充分的一个层次。

第二层次，社会保障制度不仅为有困难和有问题的群体提供帮助，同时也为大多数人提供收入保障，就得提升社会保障考虑的层次，以“收入安全”作为重要目标。在工业化和市场经济的条件下，对大多数依靠工资生活的人来说，收入安全是最重要的。现代社会中收入风险主要包括疾病、老年、妊娠、工伤、残疾、失业或失收、丧偶和失怙。现代社会保障制度的主要组成部分——社会保险制度，主要就是针对这些收入风险而设计的。

第三层次，如果国家把目标定在更高的社会福利层次上，就可以把促进“社会公正”和为所有的人实现发展的潜能作为目标，建立和实施社会福利措施。这是社会保障目标体系中最高的一个层次。在这个层次上，社会保障制度不仅包括社会安全网、收入保障，还包括更进一步的收入再分配的制度措施。

2. 保障对象的确认

保障对象的确认对于社会保障制度的实施而言是至关重要的一环，它关系到政府的责任和帮扶将落实到何处。社会在确立自己的社会保障目标体系时，就已在宏观上锁定了相应的保障对象。但往往不同的项目对保障对象的确认有不同的方法和要求。一是申请者提出救济申请；二是由实施机构或其委托的机构进行申请资格审查和家计调查；三是根据相关政策，核定申请者是否符合救济条件；四是发放救济金或实物；五是接受主管部门的检查与有关各方的监督。在上述诸环节中，贫困救济标准的确定和家计调查最为关键，也最为烦琐，它们关系到整个社会救济制度的效率和公平性。

一般说来，由于救济对象明确且易于确认，社会救济制度被认为是目标效率最高的一个项目。与之相比，社会保险对象的确认则有很多附加条件，如劳动者的年龄、身体状况、婚姻及家庭状况、收入状况，劳动者及其所在单位的参保年限与缴费情况，有的甚至要考察劳动者的工作绩效，最后由社会保障经办机构根据劳动者及其家属提出的申请，依据规定的条件和确定的标准，确认最终的保障对象和给付额度，并支付相应的社会保险待遇。这也使得社会保险类保障工作具体实施中更为烦琐，效率相对较低。

3. 项目体系的设计

相较于社会保障目标体系这类宏观架构，项目体系更偏向于一系列具体的制度安排。其主要通过社会保障项目的实施，来保证社会保障目标得以实现。因此，社会保障项目体系是目标体系的载体和实现途径。每一层次的社会保障目标都可以细化为若干个社会保障项目。当然，社会保障项目的设计不是随意的，它基于一定的经济基础，政治背景和文化渊源。因此，就世界范围而言，尽管宏观的目标体系大同小异，但相对微观的社会保障项目体系却千差万别。以社会救济为例，不仅发展中国家与发达国家有差异，就连发展中国家之间、发达国家之间也不尽相同。

以发达国家为例，美国的社会救济项目非常多，如对有受抚养子女的家庭的援助（Aid to Families with Dependent Children，AFDC）、补充保障收入（Supplemental Security Income，SSI）、医疗补助、低收入家庭能源补助，特困人员收入补助、强制性儿童救助、就业与劳动技能援助等，此外还有实物救济计划，如食品券补助等。英国作为世界上最早通过立法建立社会救助制度的国家，早在 1601 年英国女王伊丽莎白一世就颁布了世界上第一部《济贫法》。经过 400 多年的发展和完善，英国形成了比较健全的社会救助制度，主要包括低收入家庭救助、老龄救助、儿童救助、失业救助及疾病救助等项目。日本的社会救济项目则包括生活救助、医疗救助、教育救助、住宅救助、分娩救助、谋生救助和安葬救助 7 项。

在发展中国家中，秘鲁采用的是大众食堂式的贫困救助方式，而同为南美发展中国家的阿根廷则比较注重通过发展生产来摆脱贫困。政府制定了专项计划帮助城市边缘地区(那里是贫困人口的集中居住地)的贫困人口进入劳动领域，通过生产自救来摆脱贫困。我国在实行社会救济制度改革以前只有少量的社会救济项目。

不难发现，发达国家的项目设计各不相同，但他们之间还是有一些共同的特点。发达国家的社会救济项目倾向于多样化，并且覆盖面较广。与之相比，发展中国家的社会救济项目则相对较少，救济面偏窄。就中国而言，20 世纪 90 年代后期，随着社会经济形势的发展，政府将各种社会救济项目统一起来，推出了最低生活保障制度。这是一个有中国特色的社会救济项目，对于解决新贫困起到了重要作用。

社会保障项目体系的建立并不是一蹴而就的事情。各国社会保障发展的历史告诉我们，社会保障项目是因时代需求逐步建立起来的。社会保障项目划分的基础是所谓的生活事件，即人们在什么情况下需要得到保障。生活事件的划分对应着不同的社会保障项目。生活事件的变化需要新建社会保障项目或改革已有的社会保障项目。因而，社会保障项目体系能够反映一个国家社会保障发展的程度。从国际比较的观点来看，项目结构的差异反映了不同国家社会保障成熟程度上的差距(林义，1993)。

4. 筹资模式的选择

从社会保障制度运行过程来看，社会保障资金的筹集和社会保障资金的分配构成了整个社会保障制度运行的主线。任何社会保障项目都是先通过必要的(强制性的)手段筹集资金，然后再通过一定的方式将所筹集的资金分配给保障对象。可见，经济手段是社会保障制度解决社会问题的基本手段，而资金的筹集与管理既是社会保障制度实现其收入再分配功能的基础，也是社会保障制度运行过程中的中心环节。因此，努力开辟筹资渠道、讲究融资策略、强化基金管理，是建立和实施社会保障制度的关键。

社会保障资金的筹集模式包括资金来源的负担对象、负担比例、缴纳方式、储存方式、基金有无积累及其积累程度、基金的产权归宿和调剂范围以及管理方法等多个要素的结构性、功能性组合。不同的组合方式构成不同的筹资模式。其中,就社会保障资金的来源而言,其主要来源于国家资助、企业负担、个人缴费三个方面。此外,还可以有一部分通过各项社会保障事业的收益和社会各方的捐赠得到。国家、企业、个人三方负担的具体形式和数量比例,对于不同的国家和不同的保障项目而言有所不同,表现为负担对象的具体组合。例如,在多数国家养老保险由三方共同负担,以企业和个人负担为主;工伤保险,因工伤属于劳动过程中的意外伤害,企业承担责任,个人无须负担,同时其负担的数量比例又随国家而异。

5. 社会服务的提供

社会保障所提供的措施除了现金和实物形式外,社会服务也是一种重要形式。当工业化国家社会福利制度集中于教育、卫生、收入维持、住房和就业等五大领域时,社会服务作为第六大领域悄然兴起,而且地位越来越重要。其独特的社会作用已非现金、医疗照顾、住房或教育所能替代。社会服务的领域非常宽泛,包括家庭和儿童福利、老弱病残的社会服务和社会照顾、信息和就业服务,以及各种各样的社区服务中心。并不只针对穷人提供服务是社会服务的重要特征,只要个体有生活需要,就应有相应的社会服务。而且,社会服务的发展无须考虑民族意识和政治态度。提供社会服务的目的就是为了使全体社会成员生活更加便利,这种相对独立和确定的社会价值已为政府和社会所接受,它也是现代社会保障制度的目标之一。

三、城市社会保障管理体制的完善

第一,建立统一的管理体系。建立统一的、一体化的社会保障管理体系主要包括统一社保对象、统一基金管理、统一服务,建立统一的管理机构、经办机构,进行相对统一的运行方式,兼顾城乡、实行相对统一的政策。

第二,加强社会保障法制化建设。尽快建立起一套较完备的社会保障法律体系是社会保障管理体制的基础。社会保障有自身特有的规律和业务特征,需要有相应的主干法乃至独立的社会保障程序法。

第三,完善社会保障监督体系及其运行机制。监督实际上也是一种管理,是民主管理的体现。真正完善的监督应该有一整套体系严密的、健全的社会保障监督体系及其运行机制,包括法律监督、行政监督和社会监督。法律监督是对社会保障的管理过程和管理结果进行评审、鉴定,以使社会保障的管理符合国家的法规(丁康,2004)。行政监督包括财政监督、税务监督和审计监督。社会监督是指由社会中介机构,对社会保障经办机构的年度会计报告进行审计,确保报告所提供的财务信息质量,并向社会公布。

第四,发挥其他组织和机构的管理职能。重视建构自己的三方协商机制,将工会组织纳入社会保障管理体系中来。工会组织在社会保障制度的建设中可起到四个方面作用;一是监督企业按时足额地缴纳社会保险费;二是参与社会保险基金监督工作;三是推动有条件的企业建立企业年金和企业补充医疗保险;四是进一步推动送温暖活动等社会服务的深入发展(沈琴琴,2003)。

第五,政府承担责任与社会承担责任相结合,以社会承担为主。对社会保障来说,政府过多地集中权利和责任就是集中风险,由全社会合理地享受权利和承担责任则是分散风险。完全意义上的社会保障则应由政府、单位、个人三方来分担。政府主要负责建立法律法规,组织社会统筹,化解全局性风险,增强社会安全感;制定具体政策及实施办法的权力下放到各地方政府;逐渐把一些适合由社会管理的业务管理权交由社会办理,实现行政管理与业务管理两权分立(隋杭,2008)。在明晰各方责任的同时,更好更快地推进城市社会保障管理体制的完善。

参考文献:

[1]白澎、叶正欣、王硕,《法国社会保障制度》,上海人民出版社,2012。

[2]丁建定,《中国社会保障制度体系完善研究》,人民出版社,2013。

[3]丁康,《加入 WTO 后的中国社会保障制度:挑战与对策》,《武汉大学学报(哲学社会科学版)》,2004,第 2 期。

[4]冯瑞兰,《层层分解紧迫者先出台——对中国社会保障法制化的意见和建议》,《社会保障制度》,2002,第 4 期。

[5]顾明远,《教育大辞典》,上海教育出版社,1998。

[6]金维刚,《建立更加公平可持续的社会保障制度》,中国人大网,2014-07-09,http://www.npc.gov.cn/zgrdw/npc/xinwen/2014-07/09/content_1870502.htm。

[7]金钟范,《韩国社会保障体制》,上海人民出版社,2010。

[8]李海鸣,《当前我国社会保障制度的难点及其对策分析》,《求实》,2004,第 1 期。

[9]栗芳、魏陆,《瑞典社会保障制度》,上海人民出版社,2009。

[10]林义,《社会保障制度的国际比较》,《经济学动态》,1993,第 3 期。

[11]罗志先,《社会保障管理体制探析》,《时代潮》,2004,第 8 期。

[12]尚晓援,《"社会福利"与"社会保障"再认识》,《中国社会科学》,2001,第 5 期。

[13]沈琴琴,《改革发展中的劳动就业与工会的维权工作》,《中国劳动关系学院学报》,

2003，第 2 期。

[14]隋杭，《对我国社会保障管理体制的几点思考》，《法制与社会》，2008，第 5 期。

[15]姚玲珍，《德国社会保障制度》，上海人民出版社，2011。

[16]张仁玺，《社会保障概论》，山东人民出版社，2018。

[17]章晓懿，《社会保障概论》，上海交通大学出版社，2010。

[18]赵曼、柯国年，《医疗保险费用约束机制与医患双方道德风险规避》，《中南财经大学学报》，1997，第 1 期。

[19]朱德云，《我国现行社会保障管理体制的缺陷与完善对策》，《现代财经》，2001，第 6 期。

[20]Midgley, J., *Social Welfare in Global Context*, London: Sage, 1997.

第十六章　城市社区管理

第一节　城市社区管理概述

一、社区

"社区"一词来源于拉丁语，本意是指社会群体中关系密切的伙伴和共同体。1871年，英国学者H.S.梅因在《东西方村落社区》一书中首次使用了社区(community)一词(袁秉达、孟临，2005)。1881年，德国社会学家斐迪南·滕尼斯将gemeinschaft(一般译为社区、集体、团体、共同体、公社等)一词引入社会学研究(唐忠新，2000)。

1887年，斐迪南·滕尼斯在《社区与社会》(*Gemeinschaft und Gesellschaft*)一书中对社区这一概念进行了详尽的解释。他将gemeinschaft解释为一种由同质人口组成的具有一致的价值观念、关系密切、出入相友、守望相助的富有人情味的社会群体。进一步地，滕尼斯将gemeinschaft与gesellschaft开展对比分析，用以解释社会变迁的趋势和两种不同的社会团体(斐迪南·滕尼斯，1999)。此后，美国学者查尔斯·罗密斯将斐迪南·滕尼斯的这一著作译名为《社会学的基础概念》(*Fundamental Concept of Society*)，罗尔斯则将该书修订为《社区和社会》(*Community and Society*)。

20世纪30年代，费孝通等一些燕京大学学生在系统介绍和引入西方社会学经典著作时，把"community"译成"社区"，中文社区由此而来。费孝通在其论文《二十年来之中国社区研究》中说："当初community这个字介绍到中国来的时候，那时的译法是'地方社会'，而不是'社区'。当我们翻译滕尼斯的community和society两个不同概念时，感到community不是society，成了互相矛盾的不解之辞，因此我们感到"地方社会"一词的不恰当。那时，我还在燕京大学读书，大家谈到如何找一个确切的概念。偶然间，我就想到了"社区"这么两个字

样，最后大家援用了，慢慢流行。”（于燕燕，2001）

目前，社区已成为社会学中的一个通用范畴。由于历史文化背景不同，研究目的与对象各异，导致各国学者在界定这一概念的时候观点也不尽相同。据不完全统计，有关社区的定义有140多种（娄成武、孙萍，2013）。

R.E.帕克指出，社区是占据在一块被或多或少明确地限定了的地域上的人群汇集，一个社区不仅仅是人的汇集，也是组织制度的汇集。F.M.罗吉斯和L.G.伯德格认为，社区是一个群体，它由彼此联系、具有共同利益或纽带、具有共同地域的一群人所组成，社区是一种简单群体，其成员之间的关系是建立在地域的基础上的。B.菲利浦斯指出，社区是居住在某一特定区域的、共同实现多元目标的人所构成的群体，在社区中，每个成员可以过着完整的社会生活（方明、王颖，1991）。戴维·波普诺（2007）认为，社区是指在一个地理区域内围绕着日常交往组织起来的一群人。横山宁夫（1983）指出，社区具有一定的空间地区，它是一种综合性的生活共同体。

龙冠海认为，社区是有地理界限的社会团体，即人们在特定的地域内共同生活的组织体系，通称为地域团体（奚从清、沈赓方，2001）。费孝通对社区的表述为，社区是若干个社会群体或社会组织聚集在某一地域里形成的一个在生活上相互关联的大集体。袁方指出，社区是由聚集在某一地域内按一定社会制度和社会关系组织起来的具有共同人口特征的地域生活共同体（于燕燕，2001）。郑杭生（2001）认为，社区是进行一定的社会活动、具有某种互动关系和共同文化维系力的人类群体及其活动区域。

夏学銮（2005）将社区概念的历史演变总结为如下三个阶段：

第一阶段，“组织”论阶段。从1887年德国社会学家滕尼斯的《社区和社会》一书问世，至1917年英国社会学家麦基文的《社区》一书出版，其间30年是社区界定的“组织”论时代，即把自然社区（即农村）看作与理性社会（即城市）相对立的组织形态，它们之间的差别是以人际关系的远近亲疏为特征的。在自然社区这种原始的组织中，人际关系具有熟悉、同情、信任、相互依赖和社会粘着等典型特征；而在理性社会这种人造的组织中，人际关系则具有陌生、反感、不信任、相互独立和社会联结等典型特征。这种关于“社区”和“社会”的绝对划分与交互界定为现代社会学的分析奠定了基础。

第二阶段，“区域”论阶段。从1917年麦基文《社区》一书的出版到1975年桑德斯《社区论》的出版，这半个多世纪为社区界定的“区域”论时代。即把社区看作人们在其中共同生活的区域，“社区”不再是与“社会”截然对立的绝对体，而变成与人们的生活区域范围有关的相对物，村庄、城镇、街道是社区，区、城市也是社区，更大的地区、国家甚至整个地球都可以看作一个社区，一个社区可以看作另一个更大社区的有机组成部分。这种关于社区的“区域”论界定为在区、城市、地区、国家甚至全球层面引入社区规划和社区发展概念奠定了理论基础。

第三阶段，“综合”论阶段。从1975年桑德斯的《社区论》出版至今，这40来年是社区界定的“综合”论时代，即把社区既看作一个互动的体系，又看作一个冲突的场所，还看作一个行动的场域。这种关于社区的“综合”界定为社区发展的方案论、过程论、运动论和方法论模式，提供了理论支持。

综合以上观点可以得出，社区实质上是一个区域性社会，是一定地域范围内人们社会生活的共同体。社区包含以下四层基本含义（娄成武、孙萍，2013）：

第一，社区都有一个相对稳定、相对独立的地理空间。任何一种社区都存在于一定的地理空间中，而不管其规模大小。

第二，社区都有以特定社会关系为纽带而形成的一定数量的人口。社区的存在离不开一定的人群。一定数量的人口是社区各种活动展开的主体。

第三，生活于该地域的人们具有一种地缘上的归属感和心理文化上的认同感。在社区的共同生活中，人们基于某些共同的利益、共同的问题、共同的需要而产生了某些共同的行为规范、生活方式及社区意识，这些形成了社区人群的文化维系力。

第四，社区的核心内容是社区中人们的各种社会活动及其互动关系。人们在经济、政治、文化等各项活动和日常生活中产生互动，形成了各种关系，并由此聚居在一起，形成了不同类型的社区。

二、城市社区结构与功能

城市社区是城市内的社区，与农村社区相比较，城市社区人员主要由从事非农经济的二、三产业人口组成的社会，人口密集且社会结构更为复杂。

（一）城市社区基本结构

城市社区是人们生活的共同体，是一个有复杂结构的社会生活体系，构成城市社区的时间、地域、人口、设施、文化、归属感、经济七大类要素中，各类要素本身都内涵丰富，自成体系；同时，不同种类要素之间存在着复杂的互动和组合关系，从而使社区生活体现出丰富的结构特征（吴开松，2006）。

1. 时间结构

城市社区的时间结构即其整体及其各方面在时间坐标上的投影。观察时间坐标,存在三种视角:微观、中观、宏观。从微观的角度看,城市社区生活表现出明显的日周期和星期周期的运转特征,这可以从居民的起居、上下班等行为活动反映出来。从中观的角度看,城市社区发展表现出明显的阶段性特征。一个新建城市社区往往都会经历从人口较少到形成一定规模,从制度初建到制度相对健全,从不成熟到相对成熟的发展过程;老社区发展则通常表现为设施的改造和更新。从宏观的角度看,人类社区发展经历了古代社区、近代社区、现代社区发展历程的转化。

2. 地域结构

社区地域概念本身内涵丰富,包括地形、地貌、资源、生态等自然状况、客观位置和经济人文区位等社会内涵。这就使得城市社区地域结构分析包含了两重内容。一是城市社区地域诸要素本身的结构特征,如地形结构、生态结构、地质结构、区位结构、资源结构等。二是以空间位置为平台展开的各种社区要素的分布状况。通常我们所讲的城市社区地域结构就是指后一种含义,即社区生活各方面在社区地域的空间投影。

地域是城市社区生活展开的基本依托,因而各种社区要素、社区生活都具有一定的地域分布特征,从而形成丰富多彩的城市社区地域结构。例如,地形、地质、生态、资源、区位等地域类要素影响下形成空间分布特征,包括地形空间分布、生态空间分布,地质地域结构、区位空间分布、资源空间分布等。又如,文化、人口、设施、时间、归属感等各类要素影响下形成空间分布特征,包括人口地域分布、社区文化空间结构、社区设施地域分布、社区归属感的分布。

不同发展阶段城市社区的地域分布是城市社区时间结构的地域表现。例如,在地域上依次展开的农村社区、城乡接合部社区和城市社区,便是城市化进程中城市社区时间结构演变的地域结构。

3. 文化结构

文化是一个宽泛的概念,包括教育素质、心理状况、历史传统风俗习惯、价值取向等多个方面。人群是城市社区生活的主体,也是城市社区文化作用的主体,因而所谓城市社区文化结构,就是指上述诸多文化要素在城市社区人群中的分布状况,即城市社区人群文化结构。

通常可以从城市社区居民职业结构、文化素质结构、心理结构、社区居民祖籍构成、社区居民政治面貌结构等方面考察社区文化结构。其中,职业结构在一定程度上可以体现出社区居民的专业特长,因而它也是把握城市社区居民生活方式、文化素质、价值取向等内容的重要依据。祖籍结构可以反映出城市社区居民传统观念、生活习惯等方面的情况。不同的社区居民文化结构可以形成不同的城市社区类型,不同类型城市社区的文化风景不同,包括社区交往、生活方式、社区归属感及其表现等均有很大差异。

4. 人口结构

城市社区的人口结构是指城市社区人群的特征分异状况。人具有生理、经济、文化、政治等多重属性,这就使得城市社区人口结构存在生理结构、经济结构、文化结构、政治结构等多种类型。城市社区人口生理结构包括年龄结构、性别结构等内容;城市社区人口经济结构可以用收入结构来反映。而以文化、政治特征为依据进行的人群结构分解,属于城市社区文化结构与政治结构的范畴。

人是城市社区的主体,城市社区人口结构分析是社区研究的主要内容,是把握城市社区特征、分析城市社区问题、制定城市社区发展政策的关键依据。比如,为老年人服务和保持环境舒适是老年人社区工作的首要任务;高级商品房社区的居民倾向于追求个人空间以及高质量、个性化的城市社区服务;而在低收入人群聚集的城市社区,救助帮困、社区互助工作就显得十分重要。

总体来说,城市各个社区的人口特征,既受制于整个城市人口的结构,又有本社区的自身特点。前者体现了城市型社区人口要素的一般特征,具有共性与普遍性的意义,后者则表现为城市型社区的个别特征,具有个性、特殊性的意义。

5. 设施结构

城市社区的设施结构即满足城市居民社区生活和交往的设施组合状况。通常我们生活的城市社区中有菜场、幼儿园、医院、学校、餐馆、咖啡厅、商场、公共草坪、宣传栏、运动场、市民休闲广场以及社区管理机构等生活、医疗、文化、体育、卫生、管理设施,满足居民生活、交往、就医、学习、休闲、文化、体育等活动需要。城市社区的设施利用程度和居民需求的满足程度是反映其完善程度的两大衡量指标,当存在设施明显闲置和居民需求得不到充分满足的现象时,即表明城市社区设施结构需要调整完善。设施完善程度是城市社区成熟与否的重要标志,决定了城市社区的生活舒适状况。城市社区设施的完善程度取决于城市社区的经济实力和居民的特殊偏好。

6. 归属感结构

城市社区的归属感结构是指城市社区居民对居民认同的情况分布。一般来说,居民社区归属感与居住时间、其与城市社区的文化联系和其与社区的经济利益联系程度呈正相关关系。即通常在城市社区中居住时间较久、与社区有较强的文化与经济联系的居民其社区归属感较强,更能自觉维护社区荣誉;而在社区生活时间较短或参加社区生活较少、与社区文化经济联系较弱的居民其社区认同意识较差。在农村社区，农民生于斯、长于斯、耕作经营于斯，因而社区认同意识强，有强烈的家乡观念。在城乡接合部社区，外来人口的社区归属意识往往较差，并且往往成为社区安全的隐患，加强外来人口的社区认同是这类社区工作的一项重要任务。

7. 经济结构

与农村社区相比，城市社区的经济属性主要表现为：城市居民以第二、第三产业为主要职业和谋生方式。按照马克思主义的观点，任何一个社区的居民为了生存都必须采取一定的方式获取自身所需要的物质资料。在农村社区，广大农民主要是通过农业生产谋生的。但在城市社区，广大居民的主要谋生方式是从事第二、第三产业。从历史上看，城市的产生就是以手工业者和商人的集聚为基础的。工业革命时期，西方城市人口的增长几乎等同于工业人口的增长。在现代发达国家的城市社区，由于技术的进步和社会生活的日益丰富，第二产业就业人员的比例大大增加。但这并没有改变城市居民以第二、第三产业为主要职业和主要谋生方式的特点。

（二）城市社区主要功能

社区功能就是指社区运行过程中所体现出来的对社会或居民产生的影响和作用。作为社会整体的有机组成部分，城市社区理所当然地要承担起社会整体赋予它的使命；而作为相对独立的地域性社会共同体，城市社区又会对居民的经济生活施加独特的影响。城市社区的功能既是多样化的，也是多层次的。一般来说，城市社区具有的主要功能有整合功能（文化融合）、分化功能、辐射功能、教化功能、服务功能、社会救济功能、综合治理功能、心理认同和情感归属功能（吴开松，2006）。

1. 整合功能

城市社区整合是指各种功能不同、性质相异的社区构成要素和单位在不同纽带的连接下形成一个整体，各部分在整体中根据社区共同生活的需要发挥自己的功能，从而维持社区的存在和发展。对于任何一个社区来说，都有这种整合功能。整合功能能把异质文化同质化，从而起到一个文化聚合作用。所谓城市社区的凝聚力，就是社区整合功能的外化。

2. 分化功能

城市社区无论是作为整体还是作为其中的一些要素，从来不是一成不变的，而是不断发生变化的。美国社会学家斯梅尔瑟认为，社区分化是一个过程，借助于这个过程从一个社会角色或组织分化为两个或两个以上在新的条件下能充分有效发挥功能的角色和组织。一般来说，在一个社区内部，由于各种因素的相互作用的加强，分化是不可避免的事情。社区内部会出现一些相对独立的部门来承担一定的功能。实际上分化意味着改变和发展。

3. 辐射功能

辐射功能是指城市经济影响周边集镇、农村，形成一个经济圈，同步发展。辐射功能主要体现在社区经济对其他社区经济所产生的影响和作用。一个社区的经济类型、产业结构、管理方式、市场营销、分配方式、产品定位、目标市场等，都会影响到其他社区。这种影响有时会成为其他社区仿效的依据。

4. 教化功能

社区教化一般来说具有两方面的内容：一是标准培训，二是社会教化。标准培训是指按照一定的章程和教学目标进行的培训，根据不同的标准可分为正规培训与非正规培训，长期培训与短期培训，基础理论培训与技术技能培训等。对社区更为重要的一种教化方式是社会教化，社会教化通过各种方式对各个年龄段的人进行社会化。

所谓社会化，是社会文化和社会规范的内化，是人的个性形成的发展过程，而这个过程最终要使人完成由一个生物人成为一个社会人的转变，从而使人具有社会性，为获得社会角色奠定基础。社会化的完成要通过许多渠道和方式才能完成，如家庭、学校、同龄群等。这些是人生的基础教育，也只有在社区内才能更加有效地进行。社区要通过一种无形的文化，塑造一种文化氛围来感染和熏陶社区成员。

5. 服务功能

社区服务最早起源于西方，发端于工业化国家。社区服务作为资本主义早期社会福利的一种形式，作为解决社会问题的一种方式，最早诞生于英国。今天的社区服务是城市社区的一个重要功能，是为满足社区居民的多种需求，依靠社区居民所进行的自助互助活动，是一种具有社会福利性和社会公益性的社会服务。

现代社会随着市场经济的不断发展和人们生活水平的进一步提高，人们的工作和生活节奏越来越快，社会分工越来越细，专业化协作越来越强，加上家庭规模的小型化，单身人口的不断增多，人口老龄化程度越来越严重等诸多因素的作用，使人们对社区服务的需求日益增强。因此，社区服务功能也是社会发展的必然。

社区服务包括福利性服务、行政性服务和商业性服务。福利服务是针对社区中有特殊困难和对社会有特殊贡献的人所提供的一种无偿服务。行政性服务是以社区全体居民为对象，旨在为居民排忧解难、提供非营利性的服。商业性服务是旨在追求经济效益的营利性服务，通过营利性服务可以弥补社区经费的不足。社区服务有许多形式，如人际间的服务、邻里互助服务、家庭劳务服务、民俗改革服务、社区文化生活服务、社区医疗卫生服务、治安调节服务等。

6. 社会救助功能

城市社区的救助功能是由城市社区的特性所决定的。城市社区主要是依据地域进行划分的，人们的心理归属感和认同感强，所以城市社区的一切事物和工作都具有强烈的群众性。社区内部的群众性的互助互利的服务行为，可以充分体现出社区的救助功能，因为在这里人们具有双重角色，既是救助的参与者，又随时可能是受益者。对于特殊和突发事件，在社区内部可以得到迅速解决。

7. 综合治理功能

随着社会的发展和城市管理难度的加大，以及大量的“单位人”向“社会人”的转变，城市矛盾开始向社区集中。社区的综合治理主要表现在对社区的社会控制，包括强制性控制和非强制性控制。当然，最为有效、最为广泛的是非强制性控制。所谓非强制性控制，主要是对社区的各类人群，通过社会规范的宣传和教育，使社区居民能够自觉地用社会规范来指导和约束自己的行为。这当然是一个复杂的工程，牵扯到文化、教育、卫生、法制、民俗等诸多方面的工作，但这是一个覆盖面广、具有“广普”作用的举措。而强制性控制则是对少数“害群之马”的惩罚，对违法乱纪者则要通过法律程序将其绳之以法(李森，2001)。

三、城市社区管理内容与模式

城市社区管理由城市社区管理的基本要素组成，包括城市社区管理主体、城市社区管理客体、城市社区管理环境和城市社区管理方式方法。具体而言，城市社区管理是指城市社区管理主体在一定的城市社区环境下，借助于一定的管理方式方法，作用于管理客体的过程。

(一)城市社区管理主要内容

城市社区管理的主要内容可划分为如下五个部分。

1. 社区社会治安综合治理

这是指由社区内司法、公安、消防等部门组成的社区治安综合治理委员会及由社区居民组成的从事治安保卫工作的自治性组织，对社区内的社会公共秩序、户口、特殊行业、道路交通、消防及法制和安全教育进行的管理。

2. 社区环境卫生管理

这是由街道环卫所及各区的房管所、园林所及社区内各单位组成的市政管理委员会以及群众自治性组织和全体社区成员，为谋求适合居民身心健康的和谐环境，对生活垃圾、污水、粪便处理工作，道路清扫工作，植树种草等绿化工作进行的管理。

3. 社区服务

社区服务是指在政府的倡导和组织下，为满足社区居民的多种需求，依靠社区居民所进行的自助互助活动，这是一种具有社会福利性和社会公益性的社区活动。

4. 社区卫生保健

社区卫生保健主要是指由街道卫生科、地段医院和社区内企事业单位的卫生保健部门为保证社区居民的身心健康，组织发动社区成员对卫生防疫、计划生育、老年人保健、妇幼保健和少年儿童保健以及心理咨询、社区康复等工作进行的管理。

5. 社区精神文明建设

社区精神文明建设是指由社区自治性组织和各专业性团体以及精神文明建设办公室发动全体社区成员，积极开展创建文明小区、文明里弄、文明楼和文明家庭等活动，进一步完善调解、帮困、服务网络。同时，做好教育、科学、文化、艺术、体育及传媒的发展规划，加强理想、道德、法制教育，提倡科学的生活方式。

(二)城市社区管理基本模式

城市社区管理涉及的基本关系是政府行为与社区行为的相互关系，从这一角度看，可将城市社区管理模式概括为三种类型：政府主导模式、社区自治模式和混合管理模式(冷熙亮，2001)。

1. 政府主导模式

政府主导模式的特点是政府行为与社区行为的紧密结合，政府对社区的干预较为直接和具体，并在社区设有各种形式的派出机构，社区发展特别是管理方面的行政性较强、官方色彩较浓。

以新加坡为例，政府中设有国家住宅发展局，负责对社区工作进行指导和管理，其主要职能包括：其一，对住宅小区、邻里中心和社区中心及其公共服务设施的规划；其二，社区领袖和居民顾问委员会、社区中心管理委员会及居民委员会等社区组织领导人进行培训；其三，为居民委员会提供办公场所和设施，搭建政府与社区的联系渠道；其四，发起某些社区活动，倡导特定的社会价值观；其五，对社区建设予以财政上的支持。

2. 社区自治模式

社区自治模式的特点是政府行为与社区行为相对分离。政府对社区的干预主要以间接的方式进行，其主要职能是通过制定各种法律法规去规范社区内不同集团、组织、家庭和个人的行为，协调社区内各种利益关系并为社区成员的民主参与提供制度保障。而社区内的具体事务则完全实行自主自治，与政府部门并没有直接的联系。在这种模式下，社区发展规划仍由政府部门负责编制并拨专款加以实施，但在规划过程中却充分体现了自上而下与自下而上相结合的原则。

以美国为例，由于最高法院根据宪法修正案裁定，只要不影响区域或国家的整体发展，每个社区都有权决定自己的特色。因此，涉及社区建设的规划编制和修改、土地利用法规和开发计划的审批等，都要举行听证会征询社区成员的意见。

3. 混合管理模式

在混合管理模式中，政府对社区发展的干预较为宽松，政府的主要职能是规划、指导并提供经费支持，官方色彩与民间自治特点在社区发展的许多方面交织在一起。

以日本为例，在政府系统中，由自治省负责社区工作，地方政府也设立“社区建设委员会”和“自治活动课”等相应机构。在城市基层社区层面，日本设有“町会联合会”和“町会”这两个层次的带有行政色彩的自治组织，它们在许多方面分别发挥着类似我国街道和居民委员会的作用。町会联合会的职能主要包括垃圾的收集和清运、青少年教育以及与警察机构及地方政府组成联合防范协会改善社区治安状况。町会则承担大量与社区成员相关的日常事务，主要包括环卫管理、青少年教育、社区治安、办理国民健康保险、办理社会福利、代收税款以及对保释人员的教育跟踪和刑释人员的就业安置等。

第二节　城市社区管理体制

城市社区管理体制是指社区管理机构为实现一定的社区发展目标和社区工作规划，根据一定历史阶段的国家意志和管理原则实施管理的组织体系及运转模式。它是正常发挥社区功能的重要保证，也是有效进行社区管理的重要保证

(陶铁胜,2000;徐永祥,2002)。

一、城市社区管理体系构成

城市社区管理体系由四个部分构成:社区管理的组织体系、社区管理的权责体系、社区管理的法律制度体系和社区管理的工作体系(娄成武、孙萍,2013)。

(一)社区管理的组织体系

社区管理的组织体系是指参与社区管理的各类组织,包括政府组织和非政府组织,是一种网络化结构形式,体现为多层次、多系统的特点。多层次是指在纵向上形成城市—街道—居民委员会多级管理体系;多系统是指在横向上构成政府行政管理系统—社区自治管理系统—社区生活服务系统多种关系体系。

(二)社区管理的权责体系

社区管理要依法规定政府组织、社区自治组织、社区服务组织的具体职权和责任。尤其是在"小政府、大社会"的管理理念下,更要加强政府职能转变,加强社会协同和公民参与,促进政事、政社、政企分开。就城市社区管理而言,就是要处理好街道与社区的权责关系。还要加强社区制度建设,适时出台《社区自治章程》,规范和确认社区成员大会、社区议事委员会、社区委员会等组织的职能及评价制度。

(三)社区管理的法规体系

"良法之治"是社区管理的前提和保障。社区管理法律制度体系包括以下内容:一是以法律的形式确立新建立的社区居民委员会等组织的法人地位,赋予其相应的权利和义务,依法划定其与政府行为的边界;二是通过法规和规章,赋予社区各类工作委员会或执行机构一定的权力。如在社区的治安、卫生、公共设施保护等方面,必须赋予相应的职能机构管理、检查、监督、处罚等权力,使社区组织能有效地发挥应有的作用;三是通过各项制度,确立社区内各类组织的职权范围及其相互关系,建立对各组织机构工作的内外监督制度。

(四)社区管理的运行体系

社区管理是一项复杂的系统工程,需要良好有序的运行体系。社会管理的运行体系基于社区管理的内容和方式进行构建。社区管理的内容主要包括社区卫生管理、社区文化管理、社区体育管理、社区环境管理、社区治安管理和社区社会保障等。当然,各地需要根据社区具体情况,因地制宜地确定社会管理的内容,逐步充实社区管理工作。社区管理的方式主要是建立健全制度规范,进行标准化管理,政府组织宏观调控,综合运用法律、行政、经济、教育手段加以调节,形成良好的社区共治运行机制。

二、城市社区管理运行机制

城市社区管理体制的运行机制是指社区管理权力的运行和制约方式，社区管理机构在管理方式上进行制度规范、标准化管理，运用行政、经济、法律、思想教育手段进行政策调节和财力支持，社区自治组织运用组织、发动等具体管理方法进行自治管理的有效的综合机制(娄成武、孙萍，2003；张艳国、聂平平，2013)。

(一)资金供给与运作机制

社区管理的正常开展，有赖于服务资源的供给与利用。一般来说，社区管理的资源构成主要分为物质资源和人力资源两个部分。而物质资源又可分为有形资源和无形资源两类。在社区管理事业发展的进程中，一直存在着管理需求的扩展和管理资金的短缺这对矛盾。

实际上，社区管理的无形资源——资金是保证社区管理事业持续运转的物质基础，也是衡量一个地方社区服务事业发展水平的重要标志。因此，如何形成一个有效的服务资金的筹集或供给机制，就显得十分重要。社区管理资金的供给渠道及状况，主要体现在以下四个来源。

1. 政府对社区服务的资金投入

社区管理作为社会保障体系的一部分，有相当一部分属于政府的责任范围，因此，政府的投入始终是社区管理的重要资金来源。在发达国家，政府投资一般占 50%以上，中国占 30%左右。政府投资主要分为直接投资和间接投资两种形式，直接投资来源于财政的专项拨款，间接投资则通过无偿提供场地和设施或减免税收等形式来实现。

2. 各种社会捐助形成的资金投入

社会各界对社区服务的资金援助是多方面的，包括机关、企业、社会团体或个人的捐助等。随着社会管理的发展和公民参与意识的提高，社会捐助的资金将不断增长。

3. 有奖募捐基金投入

有奖募捐基金成为中国社会福利资金的主要形式，各大城市纷纷从有奖募捐基金中提取一定的资金用于发展社区管理事业。例如，广州自 1997 年以后每年有 100 万元的有奖募捐基金用于社区管理事业。上海仅 1998 年就通过发行福利彩票筹集社会福利基金 7 500 万元，其中近 3 000 万元用于区、县一级的社会福利设施的建设。可以说，有奖募捐资金正成为社区服务资金的重要来源。

4. 社区服务自身产出的再投入

在社区服务的各种项目中，除了为无经济来源的特殊对象提供基本生活需要的服务是无偿的以外，其余超出基本生活需要的服务都可以是收费的。尽管在理论上，社区服务应不应该收费是一个有争议的问题，但在实践中，各社区对居民有支付能力的服务项目实行收费已是普遍现象，并且通过有偿服务和营利服务来补偿其他福利性服务的成本和为社区服务筹集资金。

以上几种资金的来源中，前三项资金为外筹资金，是社区服务管理机构向政府或社会争取、募集的资金；后一项资金为内筹资金，是社区服务管理机构依靠自己的力量自行筹集的资金。中国大部分城市的社区管理往往以自筹资金为主、外筹资金为辅，而社区管理资金来源的不稳定又造成中国社区服务独特的筹资模式呈现为以有偿服务弥补无偿服务。这种模式的优点是社区服务具有自我生存和自我发展的能力，其不足是容易使社区组织重视经济效益而忽视社区服务的社会效益，容易产生用有偿服务代替社区服务中的无偿福利服务和公益服务的组织行为

(二)政府领导与社会参与

城市社区管理运行中关键机制在于充分发挥行为主体的作用，即政府领导到位、社会参与充分，使其能够发挥应有的作用。

第一，政府领导。政府对社区管理的介入主要涉及社区管理政策的研究、制定和推行，社区管理规划的制定和实施，社区服务标准的制定和实行，社区管理机构的审批，行政立法和监督等。具体来说：其一，政府通过各项政策推动和扶持社区服务的发展；其二，政府在组织上具体落实社区管理工作；其三，政府是城市管理工作的规划指导者，政府的行政动员、政策指导、组织参与是社区服务发展的主导力量特别是在我国社区组织还缺乏自下而上的运行机制时，政府对社区管理的推动更显得不可缺少。

第二，社会参与。社会参与首要的是社区居民的参与，社区居民的参与既是社区管理发展的动力，也是社区管理追求的目标。此外，居民自觉地参与社区管理意味着他们社区意识和社区责任感的提升。社会参与还包括社区内外机构团体的参与，社区内外机构全方位参与社区服务可以充分调动更多社会资源，推动社区服务的发展。

三、城市社区管理体制取向

城市管理体制需要持续完善，逐步具备如下特点(娄成武、孙萍，2003)：

第一,管理组织框架体系完备,具有配套性和系统性。所有参与社区管理的各级组织及其职能部门、社区成员大会、社区委员会、社区协商议事委员会等,其组织机构是配套的、系统的,形成一个完整的管理框架体系。

第二,管理组织间的关系明确,具有整体性和联动性。各管理主体的职责职能既是相对独立的,又是相互制约的。既能有效发挥各自的管理作用,又能有效配合,发挥整体功能,共同趋向一个管理目标。

第三,管理组织的职能定位准确,具有全面性和立体性。在管理范围上,突破传统的隶属关系,打破条块分割,形成区域自治管理,具有完整的区域性;在管理内容上,涵盖所有的管理事项,管理内容具有综合性;在管理对象上,有直接隶属的,有间接管理和双重管理的,实现管理对象的全员性。

第四,管理队伍多元高效,具有职业性和社会性。管理队伍素质高,群众自我管理意识强,志愿者人数增加,管理队伍实现社会化、职业化、专业化。

第五,管理机制有效,具有能动性和规范性。运行机制上的政府推动作用、社区主体组织的自治作用、社区单位的参与作用,形成社区管理的整体合力。运作手段上实行制度化、标准化管理。

第三节　城市社区自治管理

一、城市社区自治管理概述

城市社区自治管理是指社区组织根据社区居民意愿形成集体选择依法管理社区事务,包括涉外事务和内部事务。涉外事务主要有国家和地方政策法规与标准的贯彻落实、社区管理与城市管理的对接、社区代表的履职监督等;内部事务包括社区内部管理、服务和教育。

城市社区自治是以城市社区为自治区域,由社区成员通过社区自治组织对本区域公共事务进行管理的一种制度。社区自治的基础是社区居民形成集体选择,而集体选择符合国家和地方政策法规与标准,社区自治的手段是征集民意、集体选择、管理和监督,社区自治的出发点是社区居民的意愿,其目的是维持社区民主生活、社区环境卫生与容貌、社区积极参与社会管理的风气、向社区居民提供广泛、公正和优质的服务。

社区自治具有以下特点:第一,自治区域是城市社区居委会的辖区;第二,自治组织的成员主要是城市社区居民,社区范围内的单位成员也通过一定方式参与社区自治活动;第三,自治事务主要是与本社区成员利益密切相关的社区公共事务;第四,自治组织不是政权机关,只行使单一的自治职能,但承担着协助政府工作和向政府反映本社区成员意见的责任;第五,社区自治组织的领导人不属于国家公职人员,而是由本社区成员直接选举产生;第六,按法律程序产生的社区自治组织是国家法定的地域权威性自治组织,具有唯一性,它与其他自治性的社会团体有所不同(汪大海等,2012)。

二、城市社区自治管理主客体和内容

(一)城市社区自治管理主体和客体

社区自治组织是指社区居民通过社区民主政治参与自主管理本社区公共事务的组织形式。社区民主自治建设的实质是把权力下放给基层和人民群众,让社区居民有效行使管理基层行政和社会事务的权力。

1. 城市社区自治管理主体

城市社区的自治管理主体有以下几种形式:

第一,城市居民委员会。城市居民委员会是居民自我管理、自我教育、自我服务的基层群众性自治组织。居民委员会在法律和政策许可的范围内,对本居住区的公共事务和公益事业拥有自治权。居民通过居委会这一组织形式,对关系自己切身利益的公共事务和公益事业,行使当家做主的自主权利,并参与本居住区各项事务的建设和管理。

第二,业主管理委员会。业主管理委员会是住宅商品化以后的产物。业主管理委员会是在物业管理区域内代表全体业主(即物业的所有权人)对物业实施自治管理的组织,其成员由业主大会或业主代表大会选举产生。业主管理委员会有权选聘或解聘物业管理企业,并负责物业维修基金的筹集、使用与管理等。

第三,志愿者协会。志愿者协会是活跃在各种社区内以志愿精神为动力的群众性自治组织,主要任务是发动和组织志愿者提供定期的、无偿的公益性服务(如助老助残助困的慈善性服务),协助维护社区治安的服务,维护社区生态环境的服务,在社区公共文化机构的义务工作等。无偿性、定期性、自治性是该组织的三大特征。

第四,文化体育类社团。文化体育类社团是活跃在社区内以文化休闲与健身锻炼为主的兴趣性自治组织,其种类及数量相当多,难以精确统计。在形式上又有正式组织和非正式组织之分。相对而言,非正式组织的种类、数量及人数要远远大于正式的社团组织。

2. 城市社区自治管理客体

城市社区自治的客体是社区公共事务，而社区公共事务是多种公共产品的组合。社区需求不是抽象的，而是社区成员可以感受的某种公共产品，诸如稳定的社区秩序、洁净的街道、清新的空气、便捷的交通、和谐的人际关系、民主的社区氛围、完善的社会保障、良好的医疗保健、便利的公共活动空间等。

从某种意义上讲，所谓社区需求，是指社区各种利益相关者面对某种公共产品的短缺状态而出现的强烈偏好与选择倾向。所谓公共事务，是指为满足社区需求，由政府组织、社区组织、社会中介组织、居民合作提供的公共产品的组合。所谓社区公共问题，是指社区公共产品的供给与需求处于不均衡状态，即公共产品的供给处于短缺状态，不能满足社区需求。

（二）城市社区自治管理基本内容

城市社区自治机构是居民自我管理、自我教育、自我服务的基层群众性组织，根据其职能与责任，社区自治包括以下五项内容：

1. 人事选免

社区居民委员会的组成人员由本居住地有选举权的社区成员大会或代表大会依法选举产生。同时，社区成员大会或社区成员代表大会还具有依法随时补选因故出缺的社区居民委员会组成人员，具有随时罢免、撤换不称职的社区居民委员会的组成人员的权力。任何组织、任何个人都无权干涉社区居民委员会的选举。

2. 财务管理

社区的财产受国家法律保护，任何单位和个人不得侵犯。社区有权拒绝不合理的财力和人力的摊派。社区兴办的公益事业，可以通过民主自愿的方式，向受益的社区成员筹集资金。政府拨付社区的办公经费，社区居民委员会有权按照规定自主使用。社区居民委员会兴办的社区服务产业所得的税后利润，社区委员居民会有权按照政府的有关规定，将其用于社区活动经费、社区工作者的补贴和社区服务事业扩大再生产的投入。

社区的财务和财产按照国家有关规定建账和管理，并接受社区成员的自治监督。政府或社会有关单位需要社区协助完成其自治职能之外的工作，必须按照“费随事转”的原则，给予社区一定的劳务费用，社区方可协助完成；否则，社区有权拒绝。

3. 社区教育

社区运用社区成员喜闻乐见的形式，对社区成员开展遵纪守法、依法履行公民应尽义务的教育。组织社区成员开展社区精神文明建设，倡导邻里互助、尊老爱幼、破除迷信等社区文明新风。

4. 社区服务

社区可以根据社区成员的需要，通过兴办便民利民服务事业、建立志愿者协会组织、开展社区志愿者活动等形式，为社区成员提供各种生活服务。

5. 社区事务管理

社区的重大问题必须经过社区成员大会讨论决定，社区居民委员会对全体社区成员负责，定期向社区成员大会报告工作，在社区议事协商委员会的监督协调下，完成社区成员代表大会的决定和决议。社区成员代表大会有权依法实行自我管理。

三、城市社区自治管理职能及规范

（一）城市社区自治管理职能

城市社区自治管理包括如下职能：

1. 民主自治

第一，民主选举。即按照法律法规，由具备选举资格的社区居民，在公开、公正、公平的前提下，按照一人一票、秘密、无记名、差额等原则选举社区自治组织成员的一种行为。

第二，民主决策。社区的重大事项由社区相关机构根据一定的程序进行民主讨论或协商，并形成一定的决议交付执行的决策过程。社区民主决策的主要机构是社区居民代表大会。

第三，民主管理。社区自治管理机构负责执行社区成员代表大会的决议，对社区的公共事务进行具体管理；社区的办公经费和社区服务收入由自治机构依据有关规定管理和支配。

第四，民主监督。社区成员（包括社区居民、驻社区单位）对社区居民委员会的工作实行民主监督，对不称职的社区居民委员会成员，可以向社区成员代表大会提出撤换、罢免建议。

2. 协助职能

社区居民委员会除履行属于自治范畴的职责外，要协助人民政府或其派出机构做好与居民利益有关的工作。

3. 监督职能

社区居民委员会代表社区成员对政府的工作依法进行评议，对居住在社区内的党员干部的社会表现进行监督和评议，对物业公司的工作进行监督，组织业主对物业公司进行评议。

(二)城市社区自治管理规范

城市社区自治管理遵循如下规范：

1. 依法自治

法治是人类社会进入现代文明的重要标志，是人类政治文明的重要成果，是现代社会的一个基本框架。大到国家的政体，小到个人的言行，都需要在法治的框架中运行。社区作为国家基层社会的群众自治组织，依法自治是必然的选择，而且是社区自治的首要前提。只有依法自治，社区才具有法律地位和法律保障。

实行依法自治的规范包括以下两个方面的内容：一是社区必须严格遵守国家法律法规，必须在国家法律法规允许的范围内开展社区自治活动；二是社区根据国家的有关法规，通过社区成员大会或社区成员代表大会，采取制定社区自治章程、社区管理制度、社区公约等形式，体现国家的法律意志，实现依法自治。

2. 集体选择

社区自治的基础是社区居民形成集体选择。集体选择代表社区多数居民的利益，并照顾到弱势居民的利益。只有在社区居民意愿成为社区意愿的集体选择，而政府尊重社区集体选择时，集体选择才能得以实施。如果缺少集体选择这一民主程序，将会产生少数精英绑架社区意愿的现象。

3. 有效监督

确保社区自治事务公开、公平、公正实施，必须建立有效的监督机制。社区自治事务是公共事务，极易成为人人享受却极少人关心的事务，出现“搭便车”和“不合作”现象，如缺乏有效监督机制，很难从一而终。为了实现有效监督，建立分级制裁机制，明晰管理、作业、监督等责任主体，分工协作，分级制裁，确保社区自治事务逐级落实。

4. 冲突协调

社区居民组成复杂，矛盾甚至冲突在所难免。矛盾与冲突不仅需要被有效平息，而且要做到低成本，人海战术成本太大，强制解决的后续负面影响大，因此还得建立一个集体选择的冲突协调机制。

参考文献：

[1]戴维·波普诺，《社会学(第十一版)》，中国人民大学出版社，2007。

[2]方明、王颖，《观察社会的视角——社区新论》，知识出版社，1991。

[3]斐迪南·滕尼斯,《共同体与社会》,商务印书馆,1999。
[4]横山宁夫,《社会学概论》,上海译文出版社,1983。
[5]冷熙亮,《城市社区管理体制的国际比较与启示》,《社会》,2001,第3期。
[6]李森,《城市社区建设概论》,山东大学出版社,2001。
[7]娄成武、孙萍,《社会管理学(第三版)》,高等教育出版社,2013。
[8]唐忠新,《中国城市社区建设概论》,天津人民出版社,2000。
[9]陶铁胜,《社区管理概论》,上海三联书店,2000。
[10]汪大海、魏娜、郇建立,《社区管理(第三版)》,中国人民大学出版社,2012。
[11]吴开松,《城市社区管理》,科学出版社,2006。
[12]奚从清、沈赓方,《社会学原理》,中国劳动社会保障出版社,2001。
[13]夏学銮,《社区管理概论》,中共中央党校出版社,2005。
[14]徐永祥,《社区发展论》,华东理工大学出版社,2002。
[15]于燕燕,《社区建设基础知识》,中国劳动社会保障出版社,2001。
[16]袁秉达、孟临,《社区论》,中国纺织大学出版社,2000。
[17]张艳国、聂平平,《社区管理》,武汉大学出版社,2013。
[18]郑杭生,《社会学概论新修》,中国人民大学出版社,2001。

第十七章　城市应急管理

第一节　城市突发事件与应急管理概述

突发事件应急管理是当前世界各国政府密切关注的一个重要问题。在城市集聚大量人口、进行经济社会活动，突发事件应急管理显得格外重要。

一、突发事件概述

(一)突发事件的含义与特征

根据《中华人民共和国突发事件应对法》(以下简称《突发事件应对法》)，突发事件是指“突然发生，造成或者可能造成严重社会危害，需要采取应急处置措施予以应对的自然灾害、事故灾难、公共卫生事件和社会安全事件”。

一般而言，突发事件具有以下几个特征：

第一，突发性和紧迫性。突发事件往往是突然发生的，要求管理者迅速作出反应，调动和配置一切可得的资源进行应对，尽快控制事态，消除不利后果。如2020年新冠疫情暴发之际，武汉市政府在听取建议后于2020年1月23日开始“封城”，武汉人民转入“战疫”状态，防止疫情的进一步扩散，为国内“抗疫”胜利奠定了基础。同时，突发事件也是一种从量变到质变的体现，平时积累的问题、矛盾和冲突长期无法得到有效解决，到达一定的临界点后突然迸发。

第二，不确定性。从纵向上看，突发事件的发展态势和后果很难确定，可能会不断升级或延伸扩展，从人员伤亡、财产损失到对社会系统的基本价值和行为准则产生严重威胁等。从横向上看，由于风险的系统性和突发事件的“涟漪效应”，一种类型的突发事件可能相继引发多种类型的次生、衍生突发事件，或成为各类突发事件的耦合，造成复合性灾难。如果处置不及时或不当，会产生严重后果。例如，2008年的“南方雪灾”就是一场复合式巨灾，低温雨雪冰冻引发停电和运输中断，造成大量旅客滞留，对正常的社会秩序造成威胁。

第三，严重性。突发事件造成的损害有直接损害和间接损害。这种损害不仅体现在社会公众的健康、生命和财产等方面，也体现在对社会心理和个人心理所造成的破坏性冲击，会干扰、破坏社会政策运行的秩序。

第四，社会性。由于突发事件在时间、地点、危害程度、危害对象方面的不确定性，并受到人的社会性及其与经济、文化、宗教等方面联系的影响，再加上新兴媒体的作用，突发事件所威胁和影响的不仅仅是特定的人群，更会产生广泛的社会影响。一般而言，突发事件是指“公共突发事件”，而不是“突发个体事件”。

（二）突发事件的分类

《突发事件应对法》将突发事件分为四类：自然灾害、事故灾难、公共卫生事件和社会安全事件。

第一，自然灾害。主要包括干旱、洪涝、台风、冰雹、沙尘暴等气象灾害；地震、山体滑坡、泥石流等地震地质灾害；风暴潮、海啸、赤潮等海洋灾害；森林草原火灾；农作物病虫害等生物灾害。

第二，事故灾难。主要包括铁路、公路、民航、水运等交通运输事故，工矿商贸等企业的安全生产事故，城市水、电、气、热等公共设施、设备事故，核与辐射事故，环境污染与生态破坏事件等。

第三，公共卫生事件。主要包括传染病疫情，群体性不明原因疾病，食物与职业中毒，动物疫情及其他严重影响公众健康和生命安全的事件。

第四，社会安全事件。主要包括恐怖袭击事件、经济安全事件、民族宗教事件、涉外突发事件、重大刑事案件、群体性事件等。

对于突发事件进行分类的主要意义在于，明确责任主体，更为便捷地处置专业性、技术性强的突发事件。尽管对于突发事件的分类是静态的，但应对突发事件却需要各个部门积极协作，采取合适、专业的应急措施。

（三）突发事件的分级

在《突发事件应对法》中，对突发事件的分级与突发事件预警的分级是分别规定的。根据《突发事件应对法》第三条第二款：“按照社会危害程度、影响范围等因素，自然灾害、事故灾难、公共卫生事件分为特别重大、重大、较大和一般四级。法律、行政法规或者国务院另有规定的，从其规定。”（见表 17—1）

根据《突发事件应对法》第四十二条第二、三款，突发事件预警制度中，“可以预警的自然灾害、事故灾难和公共卫生事件的预警级别，按照突发事件发生的紧急程度、发展态势和可能造成的危害程度分为一级、二级、三级和四级，分别用红色、橙色、黄色和蓝色标示，一级为最高级别。预警级别的划分标准由国务院或者国务院确定的部门制定”。

表 17—1 中国突发事件、预警分级及响应主体

突发事件等级	威胁程度	预警颜色	响应主体
特别重大(Ⅰ级)	特别严重(一级)	红	国务院、省(直辖市、自治区)政府、地级市政府、县(县级市)政府
重大(Ⅱ级)	严重(二级)	橙	省(直辖市、自治区)政府、地级市政府、县(县级市)政府
较大(Ⅲ级)	较重(三级)	黄	地级市政府、县(县级市政府)
一般(Ⅳ级)	一般(四级)	蓝	县(县级市)政府

资料来源:根据《中华人民共和国突发事件应对法(2007)》整理。

二、应急管理概述

“应急管理”(emergency management)一词最早是由核电行业引入我国的。1989年5月27日,《人民日报》发表文章《我核安全工作进入法制化轨道——已发布6个核安全法规24个安全导则》,其中提到了“核事故应急管理”。自2003年严重急性呼吸综合征(SARS)疫情暴发以来,我国对突发事件应急管理给予了前所未有的高度重视(田华,2010)。

(一)应急管理的概念

关于应急管理的概念,联合国国际减灾战略在《术语:灾害风险消减的基本词汇》(UN/ISDR,March 31,2004)中认为,应急管理是“组织与管理应对紧急事务的资源与责任,特别是准备、响应与恢复。应急管理包括各种计划、组织与安排,它们确立的目的是将政府、志愿者与私人机构的正常工作以综合协调的方式整合起来,满足各种各样的紧急需求,包括预防、响应与恢复”。

美国联邦紧急事态管理局(Federal Emergency Management Agency,FEMA,1995)定义应急管理为:有组织地分析、规划决策和分配可利用的资源以针对所有的风险灾难完成缓解(包括减少负面影响或防止)、准备、响应和恢复等功能。

2007年10月23日,美国国土安全部出版的《术语》(Lexicon)指出,应急管理是协调、整合对于建立、维持与提高一系列能力来说很有必要的所有活动,它们包括针对潜在或现实灾害或紧急事务而进行的准备、响应、恢复、减缓,不论导致灾害或紧急事件的原因是什么。

美国的米切尔·K. 林德尔等(2011)认为,应急管理就是应用科学、技术、规

划与管理,应对能造成大量人员伤亡、带来严重财产损失、扰乱社会生活秩序的极端事件。

王宏伟(2009)认为,应急管理的对象是各种突发事件,不管是自然、人为或者技术因素导致的突发事件;应急管理包括对突发事件的准备、响应、恢复与减缓行为;应急管理的本质是协调和整合。

综上可见,应急管理可定义为:为了预防与应对自然灾害、事故灾难、公共卫生事件和社会安全事件,将政府、企业和第三部门的力量有效组合起来而进行的减缓、准备、响应与恢复活动。

(二)应急管理的基本特征

应急管理突出整合性与协调性,不仅强调事后的响应与恢复,更强调事前的预防;不仅强调单灾种应对,也强调多灾种的综合应对;不仅要求凸显政府的力量,也要体现政府、企业与第三部门力量的组合。

在应急管理的过程中,需要贯彻整合思想。首先,在应对对象方面,应急管理要调整、覆盖各类突发事件,体现协调应急、合作应急的思想,避免横向的碎片化;其次,在应对层次方面,要建立不同层级政府之间的合作机制,避免纵向的碎片化。

在我国,突发事件应急管理体现的一个原则就是分类管理、分级负责,以明确不同类别、级别突发事件应对的责任主体。

所谓分类管理,就是要根据突发事件的类别确认主责部门,如自然灾害对应的是民政、地震、防汛抗旱等部门,事故灾难对应的是安监部门,公共卫生突发事件对应的是卫生、防疫等部门,社会安全事件对应的是公安、外事等部门。但是,现代社会的系统性风险日益增多,一类突发事件可能引发其他类别的突发事件。即使是同一类突发事件的处置,也需要多个部门的协调与配合。例如,生化恐怖袭击事件发生后,需要公安部门负主责,医疗卫生、安全生产等部门的应急救援队伍要协同处置。

所谓分级负责,主要意义在于规定各级政府对突发事件的管辖范围。一般和较大的突发事件分别由县和地级市政府领导,重大突发事件由省级人民政府领导,特别重大的突发事件由国务院统一领导。这是因为在应急资源的配置上,政府的行政级别越高,所掌控的应急资源越丰沛,处置突发事件的能力也就越强。

突发事件往往不会被局限于特定的行政区域,且突发事件所造成的影响和损失评估结果也被不断更新,从而响应级别不断扩大升级。不论是哪一级别的突发事件，所对应层次行政主体的下级政府都必须参与。我国在突发事件的应对过程中贯彻“以属地为主”的原则，这就涉及上下级政府之间的协调。

综合性应急管理（Comprehensive Emergency Management，CEM）是美国政府在应急管理过程中摸索出来的一套系统性风险应对模式，体现出整合性与协调性的特征。2007 年，维恩·布兰查德编写的《应急管理与相关术语、定义、概念、缩略语、组织、项目、指导、执行命令与法律指南》收录了对于综合性应急管理的多种解释。其中的两个解释如下：其一，综合性应急管理是一种管理应急计划与活动的整合性方法，包括所有的四个应急阶段（减缓、准备、响应与恢复），包括各种类型的紧急事件与灾害，包括各个层次的政府与私有部门；其二，综合性应急管理意味着在所有的应急活动阶段中，整合所有的行动者，应对所有类型的灾害。

可见，应急管理的综合性有三重含义，是一个“工”字形结构：其一，就应急管理的主体来说，包括政府、军队、非政府组织、企业和个人等，体现全社会共同参与的原则；其二，就应急管理的客体来说，包括自然风险、技术风险与人为风险，涵盖自然灾害、事故灾难、公共卫生事件和社会安全事件四大类，体现“全风险”的原则；其三，就应急管理的过程来说，它包括预防、准备、响应和恢复等阶段，体现“全阶段”的原则。简言之，综合性应急管理的特点就是全参与、全风险、全过程。

在政府再造的过程中，随着政府由“统治”向“治理”的转变，应急管理逐渐改变自上而下的“指挥—控制”模式，权力分散化、组织扁平化的特征更加突出。在美国，尽管联邦紧急事务管理署（FEMA）位居美国应急管理体系的核心，但其主要职责是为国家的风险减缓或响应行动进行协调、动员和指导。在 20 世纪 90 年代，FEMA 改革最重要的举措就是打破各级政府和公私部门的界限，密切与小企业局、运输部等联邦部门的合作关系，建立许多由政府与企业组成的公私伙伴关系。

应急管理的对象不是单一风险，而是多种风险。应急管理所管理的对象包括自然灾害、事故灾难、公共卫生事件和社会安全事件四类事件。应急管理要建立以政府为核心和主导的应急管理网络，将政府、市场与第三部门的力量协调起来，形成一股强大的合力，应对不同类型的风险。

应急管理是一种“全阶段”管理。也就是说，无论应对任何一种风险，政府都要调动全社会的力量，经过减缓、准备、响应与恢复等阶段，完成突发事件的应对与管理。这四个阶段涵盖了应急管理者在事前、事中、事后的行为。其中，减缓是四个阶段的核心，因为应急管理的最高境界就是使风险消弭于无形之际。

（三）应急管理的阶段

应急管理包括四个阶段，即减缓（mitigation）、准备（preparedness）、响应（response）、恢复（recovery），分别代表应急管理中的四种活动。

所谓减缓，是指减少影响人类生命、财产的自然或人为致灾因子，如实施建筑标准、推行灾害保险、管理土地的使用、颁布安全法规等。其目的主要是减少突发事件发生的可能性或限制突发事件的影响。例如，政府采取严格的法律措施，禁止在灾害易发地带构建房屋。可以说，减缓包括两个方面的含义：预防灾害及减少损失。

所谓准备，是指发展应对各种突发事件的能力，如制定应急预案、建立预警系统、成立应急指挥中心、进行灾害救援培训与演练等，提高备灾水平。充分的应急准备有利于我们在突发事件发生后保护公众的生命和财产，有利于社会快速地恢复到正常状态。准备活动的核心是事先必须制定周密、详尽、具体的应急预案，确定具有可操作性的程序，建立应急救援队伍，储备充足的应急资源，发展应急保障系统。

所谓响应，是指采取行动以挽救生命、减少损失，如激活应急预案、启动应急系统、提供应急医疗援助、组织疏散与搜救等。其活动主要包括：确保受突发事件影响区域的安全；对受突发事件威胁地区的人员进行疏散；对突发事件现场进行搜索；对伤者提供应急医疗救助；为被疏散者及其他社会公众提供应急避难场所。在应急响应阶段，必须同时兼顾三个目标：其一，最大限度地保障社会公众的生命、健康安全；其二，最大限度地减轻突发事件所造成的财产经济损失；其三，严防次生灾害的发生。需要指出的是，应急响应活动未必发生于事后，事前的疏散也属于“响应”的范畴。

所谓恢复，既指按照最低运行标准将重要生活支持系统复原的短期行为，也指推动社会生活恢复常态的长期活动，如清理废墟、控制污染、提供灾害失业救助、提供临时住房等。恢复开始于相应行动即将结束时。恢复的近期目标是恢复灾区的基础设施。基本的基础设施包括供水、污水处理与排放、电力、燃料、电信和运输系统。其远景目标是使灾区的生活质量与灾前处于同一水平、甚至高于灾前的水平。

需要注意的是，以上四个阶段并非完全按照突发事件的演进顺序发展。它们与事前、事中、事后并不完全吻合。例如，减缓可能发生于一起突发事件的恢复过程中，响应也可能发生于突发事件来临之前，恢复与响应的界限并非特别清晰,如基础设施的恢复在突发事件发生后要优先考虑(见表 17—2)。在事前、事中和事后都持续进行着应急预防/减缓和准备,响应也绝不仅限于紧急事件爆发的时候,而恢复包括突发事件发生后的较长时间(Ha,Ahn,2009)。

表 17—2　　应急管理四阶段的时间序列

<table>
<tr><th colspan="2">事前</th><th colspan="2">事中</th><th colspan="2">事后</th></tr>
<tr><td colspan="6">应急预防/减缓</td></tr>
<tr><td colspan="6">应急准备</td></tr>
<tr><td></td><td colspan="4">应急响应</td><td></td></tr>
<tr><td colspan="2"></td><td></td><td colspan="3">应急恢复</td></tr>
</table>

资料来源:根据 Ha 和 Ahn 论文(2009)整理。

三、城市应急管理概述

城市应急管理是现代城市管理的重要内容,它是全球化、信息化、城市化发展趋势下的一个崭新课题。尽管城市突发事件对以政府为主体的城市公共部门提出了巨大的挑战,但随着科学技术的发展,人类开始有能力主动预防、应对、化解城市突发事件,从而推动城市的健康发展。

(一)城市应急管理的定义

尽管目前学界对城市应急管理的概念没有一个比较完整的界定,但是根据突发事件和应急管理的概念界定,对于城市应急管理的内涵也有一些较有代表性的观点。

综合有关观点,城市应急管理可定义为:政府和其他社会公共组织在科学研究城市突发事件的基础上,使用现代科学技术和方法,防止可能发生的突发的事件,预报警戒事件发生的征兆,及时处置已经发生的突发事件,恢复事故造成的损失和伤害,甚至将危机转化为机会,以保护城市居民的人身财产安全,保障城市正常运行的活动。其可以从以下三个方面进一步理解。

第一,城市应急管理的主体是城市政府和其他公共机构。随着城市化进程的加快,城市政治、经济、文化得到了快速发展,与此同时,各类城市突发事件也大规模、高频次地出现。因此,以城市政府为主体的城市公共机构不仅要对城市广泛的经济、文化、教育、基础设施、社会福利、公共安全、交通、环境与卫生、城市住房、公用事业、游憩设施等公共事务进行有效管理,还要对自然灾害、事故灾难、公共卫生事件、社会安全事件等各类城市突发事件做出有效回应。在城市应急管理中，城市政府与非政府组织是相辅相成的。城市政府重在启动预案并出台应对事件的政策措施，而非政府组织可以发挥其在社会动员、快速响应、专业化救援、持续性善后上的优势，与政府相互配合。

第二，城市应急管理的重点在预防。现代公共危机管理的一个重要理念，就是危机管理的重心前移，将被动应对转变为主动防范。这就意味着某一城市突发事件发生之前，必须采取多种措施以防止事件的爆发，或削减事件爆发时对自然、社会以及公民个人的有害影响。“非典”的流行、“禽流感”的传播、“新冠疫情”的防控等事实，说明采取一切措施将危机消灭在萌芽状态或降低危机危害性比单纯采取应急处置更有意义。

第三，城市应急管理的目的是保护市民的人身财产安全，保障城市正常运行。城市应急管理是一种主动的积极行为，其奉行“突发事件不仅意味着威胁、危险，更意味着机遇”的行为准则，主要致力于如何制定预案并有效监控、防御突发事件，如何化解、缓解和减少突发事件，如何准备、动员和调配资源，如何回应市民愿望、满足社会需求、维护公私利益，如何在突发事件过后恢复管理秩序、重建服务体系等。把突发事件的不确定性降到最低，保护市民的人身财产安全，保障城市的正常运行是城市应急管理的终极目标，也是现代城市管理的目标之一。

（二）城市应急管理的特征

城市应急管理具有城市管理和公共管理的一般属性，如增进公共利益、追求社会公平等，同时也有其自身的特点。

第一，城市应急管理属于非常态管理。现代管理活动可以分为常态管理和非常态管理。日常的管理活动由于是基于既定的规则和程序而展开，因此属于常态管理的范畴。而城市应急管理则属于非常态管理。首先，城市中突发事件的状态是不确定的。突发事件的爆发往往是人们意识不到的、没有准备的，其演变速度、传播途径无法准确判断。管理者难以确保所采取的手段、措施行之有效。但随着人类理性的增长和科学技术的广泛应用，城市突发事件的不可控性会逐渐降低，城市应急管理有向常态化发展的趋势。其次，城市应急管理常常采用一些非常规的手段，以防止事故的危害进一步扩大。其以法律手段和行政手段为主，如“非典”“新冠疫情”时期的隔离措施。

第二，城市应急管理是一项系统工程。突发事件的发生和发展有其生命周期，应急管理也是一个系统的周期过程。按照最为简单的三分法，可以将应急管理的过程分为事前、事中和事后三个阶段。三个阶段环环相扣、密不可分。面对随时可能发生的城市突发事件，城市应急管理要涉及大范围的物资、人员调配，对事件的处理，必须动员、组织社会力量的共同参与。从城市应急管理实施的过程看，它包括建立机构、培训人员、建章立制、危机监测、预警预防、应急处置、控制修复、善后协调、评估改进等众多环节。城市应急管理，就是对不确定的自然和社会灾难现象的系统管理。因此，可以说城市应急管理是一个系统性很强的管理过程。

第三，城市应急管理是理论和实践的结合。从 20 世纪 60 年代开始，西方发达国家开始从多学科、多角度对突发事件和应急管理进行全方位的研究，使应急管理成为一门独立的学科。众多研究成果为城市建立和完善应急管理体制、机制和法制提供了理论指导，应急管理实践也得到了长足的发展，日趋完善。20 世纪以后，随着全球化、信息化、城市化进程的加快，一系列影响较大的城市突发事件，如“非典”疫情、“新冠”疫情的暴发等，进一步促进城市应急管理的研究，使城市应急管理进入发展的快车道，这与风险社会的现实境遇是相适应的。

第二节　城市应急管理体制

突发事件应急管理工作围绕“一案三制”建设展开。所谓“一案”，是指应急预案；所谓“三制”，是指应急管理的法制、机制和体制。

一、应急预案

应急预案是应急管理工作中的一个核心内容，在国外通常称为应急计划(EOP)，它规定了在紧急情况发生之前、发生过程中和刚刚结束之后，谁要做什么、何时做、需要哪些资源以及授权等。

我国目前对应急预案还没有权威的定义，但是结合《突发事件应对法》的内容，可认为应急预案是为控制、减轻和消除突发事件引起的严重危害，规范各类紧急应对活动而预先制定的方案。应急预案明确在突发事件的事前、事中和事后，谁负责什么、何时做、如何做，以及相应的策略和资源调配等。

(一)应急预案的发展历程

在我国将制定突发事件应急预案提上重要日程，始于 2003 年抗击“非典”。

2003 年 7 月 28 日，抗击“非典”工作总结大会上，胡锦涛提出，要大力增强应对风险和突发事件的能力，经常性地做好应对风险和突发事件的思想准备、预案准备、机制准备和工作准备。温家宝指出，除了健全公共卫生应急机制外，还要加快其他方面突发公共事件应急机制建设,提高处理危机事件能力。

2003 年 10 月,十六届三中全会通过的《中共中央关于完善社会主义市场经济体制若干问题的决定》明确要求,建立健全各种预警和应急机制,提高政府应对突发事件和风险的能力。国务院办公厅于 2003 年 12 月成立国务院办公厅应急预案工作小组。国务院将应急预案的编制工作列为国务院 2004 年工作重点之一。

2005 年 1 月,国务院常务会议原则通过《国家突发公共事件总体应急预案》和 25 件专项预案、80 件部门预案,共计 106 件。2006 年 1 月,国务院发布《国家突发公共事件总体应急预案》,国务院各有关部门也已编制各种国家专项预案和部门预案;各省、自治区、直辖市的省级突发公共事件总体应急预案也均编制完成。

目前,我国已初步建立突发公共事件预案体系。除了国家突发公共事件总体应急预案外,在国家专项应急预案方面,已发布国家自然灾害救助应急预案、国家防汛抗旱应急预案、国家地震应急预案、国家突发地质灾害应急预案等专项应急预案;在部门应急预案方面,已经发布人感染高致病性禽流感应急预案等国务院部门应急预案;各省、直辖市、自治区和绝大部分市、县、区也分别制定本地区的突发公共事件总体应急预案以及相应的专项应急预案和部门应急预案。

(二)应急预案管理基本原则

世界各国的应急预案管理机制都是根据本国应急救援体系的固有特色而建立。

我国的突发事件应急预案体系由国家总体应急预案、国家专项应急预案、国务院各部门制定的部门应急预案和各级人民政府制定的地方应急预案组成。按突发公共事件的发生过程、性质和机理,可划分为自然灾害、事故灾难、公共卫生事件和社会安全事件。应急预案管理的基本原则可以概括为统一规划、分类指导、归口管理、分级实施。

统一规划原则主要体现在建设应急预案体系的要求、应急预案制定和修订程序、对应急预案的总体要求、应急预案培训制度和应急演练制度等。

分类指导原则主要体现在将应急预案体系划分为四个层次,并分别提出不同层次不同类型应急预案的基本管理要求,包括针对不同类型应急预案制定不同的编制指南或框架,提出不同的修订、演练频次要求。

归口管理原则主要体现在应急预案实行制定主体负责制,明确应急预案协调和监督职责由各级人民政府负责，各级人民政府应急管理办事机构承担应急预案管理的日常工作。

分级实施原则主要体现在应急预案体系层次，不同层级的应急预案不仅在制定主体和管理主体不同，在管理要求上也有所差异。

（三）应急预案基本内容

应急预案由于所处的层次和适用范围不同，在内容的详略程度和侧重点上也会有所不同，但都可以采用相似的基本结构，如图 17—1 所示。

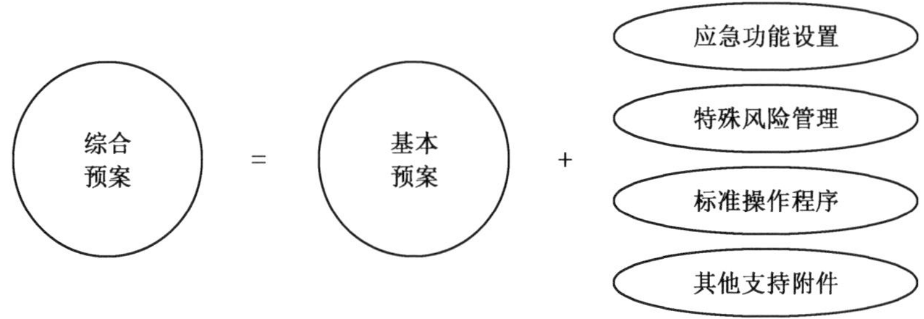

资料来源：根据杨月巧论文(2016)整理。

图 17—1　应急预案基本结构

基本预案也称为领导预案，是应急预案的总体描述。其主要内容包括最高行政领导承诺、基本方针政策、主要职责分工、任务与目标、基本应急程序等。

应急功能设置分预案中要明确从应急准备到应急恢复全过程的每一个应急活动中各相关部门应承担的责任和目标、每个单位的应急功能要以分类条目和单位——功能矩阵表来表示，还要以部门之间签署的协议来具体落实。

特殊风险管理分预案建立在公共安全风险评价的基础上。按照自然灾害、安全事故、突发事件和突发公共卫生事件分类，提出其中若干类不可接受风险，根据风险的特点，针对每一特殊风险中的应急活动，分别划分相关部门的主要负责、协助支持和有限介入三类具体的职责。

由于基本预案、应急功能设置分预案并不说明各项应急功能的实施细节，各应急功能的主要责任部门必须组织制定相应的标准操作程序，为应急组织或个人提供履行应急预案中规定职责和任务的详细指导。标准操作程序分预案主要是针对每一个应急活动执行部门，在进行某一项或某几项具体应急活动时所规定的操作标准，这种操作标准包括操作指令检查表和对检查表的说明，一旦应急预案启动，相关人员可按照操作指令表，逐项落实行动。

其他支持附件分预案主要包括应急救援的有关支持保障系统的描述及有关的附图表。

二、城市应急管理法制

法律手段是应对突发事件最基本、最主要的手段。“一案三制”中的应急管理法制是应急管理体制、机制核心内容的法制化表现形式，发挥着基础保障作用。2007 年 8 月 30 日，《突发事件应对法》发布，并于 11 月 1 日正式实施，填补了我国应急管理法的空白，标志着我国应急管理体系基本建成（闪淳昌、薛澜，2012）。

（一）城市应急管理法制的内涵

城市应急管理法制是指一个国家和地区为了防范和应对城市突发事件所制定或认可的法律规范的总和。它调整非常态下的国家权力之间、国家权力与公民权利之间、公民权利之间的各种社会关系，以保障全社会能够恢复正常的社会生活秩序和法律秩序，维护和平衡社会公共利益与公民合法权益（韩大元，2005）。

政府对城市各类突发事件进行应急管理必须受到法律规范和调整。由于政府在城市紧急状态下享有更大的权力，这种权力可能对国民的基本人权、社会的法治造成一定的威胁。因此，法律规范调整城市危机管理一般应明确以下内容：

第一，通过法律来明确政府危机管理权力的范围和边界。一方面，法律对政府在城市紧急状态下必须具有的权力事前应明确规定，如制定和发布具有限制人身自由的强制措施和处罚的条例、决定、命令的权力等；另一方面，法律也要严格确定政府应用紧急权力的边界。为了保障公民的权利不因城市紧急状态的发生而被政府随意剥夺，许多国家宪法和国际人权文件都规定，即使是在城市危机状态时期，一些最基本的人权，如生命权、语言权、宗教信仰权等也不得被限制，更不得被剥夺。还有一些权利，如公民的知情权，因为它不仅关系着应急管理的公开性，使民众能够有效地参与公共突发事件治理，而且有利于公民“趋利避害”，降低社会危害。

第二，通过法律明确规定政府的职责。通过确定政府处理城市突发事件的职责范围，有利于防止其应对紧急状态时失职和不作为。如法律规定政府在城市突发事件出现后，应迅速启动应急预案，组织城市危机事件信息的收集、分析、报告和发布，采取救助遇难、遇险、致病、致伤、致残人员以及防止危害扩大的各种措施等。对于政府部门及其工作人员疏忽履行法定职责的不作为,法律应规定严格的责任追究机制。

第三,通过法律确定政府行使应急管理权力的条件。在城市危机状态下,政府虽然享有比平时更多且更具强制性的权力,但法律授予政府这些权力是附有条件的。例如,我国传染病防治法在授予公安部门可协助治疗单位对法定相对人采取强制隔离措施的权力时,同时规定使用该权力要适合下述具体条件:一是隔离对象应是甲类传染病病人和病源携带者或乙类传染病中的艾滋病病人、炭疽中的肺炭疽病人;二是隔离对象拒绝隔离治疗或隔离期未满擅自脱离隔离治疗(刘莹莹,2008)。如果政府和政府部门违反法定条件行使权力,即构成滥用权力,将因此被追究法律责任。

第四,通过法律确定政府行使应急管理权力的程序。法律应明确规定行使城市应急管理权力的严格程序。

第五,通过法律规定政府行使危机管理权力的目的。在法律授予政府权力时明确规定授权的目的,以便制约政府机关及其工作人员在法定目的的范围内行使所授权力,防止其滥用紧急权力,在授予政府危机管理权力时尤其如此。例如,我国国务院发布的《突发公共卫生事件应急条例》在规定政府应对突发事件各项权力时,第一条就表明了该条例的制定目的,是有效预防、及时控制和消除突发公共卫生事件的危害,保障公众身体健康与生命安全,维护正常的社会秩序。

(二)城市应急管理法制框架

城市危机管理法制是由不同的立法主体依照不同的程序制定的、效力等级不同的规范性文件共同构成,包括宪法、法律、行政法规、地方性法规和行政规章等。宪法是对城市危机管理法律制度的原则性规定,确立国家机关的紧急权力和公民应当受到限制的权利。

从宏观的角度来看,应急管理法制体系是由与应急活动有关的四个层次的法律法规内容组成的,如图17—2所示。

1. 第一层:宪法(关于紧急状态制度的内容)

应急管理法制是整个社会法律法规体系在紧急状态下的具体表现,对维护公共安全、快速恢复社会秩序起着非常重要的作用,紧急状态制度入宪是客观事实所决定的。

宪法是一个国家的根本大法,凡是涉及根本的国家权力体制问题和公民的基本权利问题,都需要宪法来做出规定,包括紧急状态下的国家权力与公民权

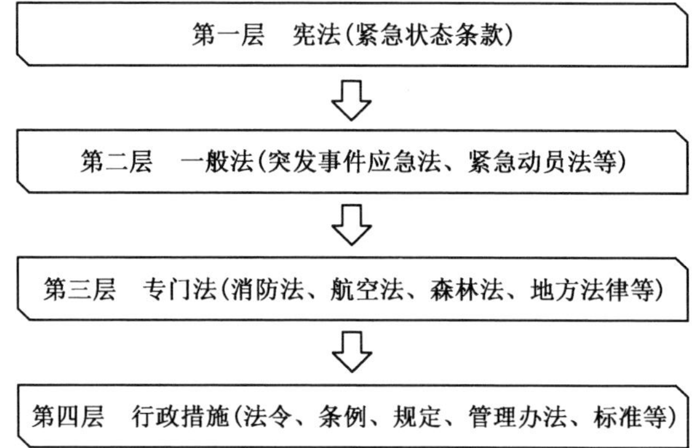

资料来源:根据杨月巧(2016)整理。

图 17—2　城市应急管理法制框架

利。宪法具有最高的法律效力,是一切机关、组织和个人的根本行为准则。应急法律法规制度入宪成为保障宪法至上所必需。在紧急状态下,往往需要权力的高度集中,以便能够迅速做出决策并下达命令。为保证这一目的的实现,在紧急状态下可以暂时停止这部分法律的实施,暂停宪法中某些条款甚至宪法多数条款的实施。这种极端的措施必须要有宪法的授权。

2. 第二层:一般法

《突发事件应对法》主要规定突发事件应急管理体制,突发事件的预防与应急准备、监测与预警、应急处置与救援、事后恢复与重建等方面的基本制度。《突发事件应对法》是为应对各类突发事件而制定的综合性法律。它统一之前分散的应急管理体制和立法,弥补了单项立法的不足和缺陷。

3. 第三层:专门法

突发事件主要有自然灾害、事故灾难、公共卫生事件、社会安全事件四种类型(朱陆民、董琳,2011)。

第一,自然灾害类突发事件危机管理的法律规范。目前,我国关于自然灾害类突发事件的法律规范主要包括以下几个方面:地震灾害法律、洪灾法律、环境灾害法律、地质灾害法律等。相关法律规范包括《中华人民共和国防震减灾法》《破坏性地震应急条例》《中华人民共和国防洪法》《中华人民共和国防汛条例》《中华人民共和国地质灾害防治管理办法》以及《中华人民共和国环境保护法》等。

第二，事故灾难性突发事件危机管理法律规范。我国关于事故灾难防治的立法非常广泛，立法形式涉及法律、行政法规、地方性法规和规章。主要的事故防治法律规范包括《生产安全事故报告和调查处理条例》《铁路交通事故应急救援和调查处理条例》《交通事故处理办法》《交通事故赔偿法》《核电厂事故应急条例和处理规定》《核事故医学应急管理规定》《森林防火条例》《消防法》以及《矿山安全法实施条例》等。

第三，公共卫生类突发事件危机管理法律规范。相关法律规范包括《传染病防治法》《重大动物疫情应急条例》《国家突发公共事件总体应急预案》《中华人民共和国动物防疫法》以及《突发公共卫生事件应急条例》等。

第四，社会安全类突发事件危机管理法律规范。我国现阶段应对社会安全类突发事件的主要法律是《戒严法》，还有《公安机关人民警察内务条令》第十三条、《民兵战备工作规定》第三十九条等。关于恐怖性突发事件的法律规范，除最高人民法院、最高人民检察院、公安部于 2001 年联合发布的《关于依法严厉打击恐怖犯罪活动的通知》以外，反恐立法主要体现在我国参加或缔结的国际条约和协议中。

4. 第四层：行政措施

宪法、统一和专门的立法需要由立法机关起草、表决、通过和颁布，一般有一个较长的制定和形成过程，而且一旦形成，就会在很长的一段时间内发挥效能。对于具有短期行为、变动性比较强、具有区域效应、社会性较弱和技术性很强等与应急活动有关的管理，在保持与宪法、一般法和专门法中应急法律法规内容要求一致的基础上，地方政府可根据当地自身特点采用适用于本地方的相关地方性法规和行政措施，如条例、管理办法、应急规划、技术标准等。

总而言之，中国目前城市应急管理法律体系以宪法为依据、以《突发事件应对法》为核心、以相关单项法律、法规为配套。

三、城市应急管理体制

危机管理体制是指危机管理机构的组织形式，即综合性危机管理组织、各专项危机管理组织以及各地区、各部门的危机管理组织各自的法律地位、相互间的权力分配关系及其组织形式等，是危机管理机构设置、领导隶属关系、管理权限划分、组织体系的总和。危机管理体制是一个由横向机构和纵向机构、政府机构与社会组织相结合的复杂系统，主要包括危机管理的领导指挥机构、专项应急指挥机构、日常办事机构、工作机构、地方机构及专家组等不同层次（朱陆民、陈丽斌,2011)。

城市应急管理体制作为“一案三制”之一,在城市应急管理中发挥着常规状态下的管理体制无法替代的作用。从整体上看,城市应急管理体制可针对不同类型、不同级别和不同地域范围内的突发事件,快速灵活地构建起相应的危机管理体制。从功能上看,其目的在于根据危机管理目标,设计和建立一套组织机构和职位系统,确定职权关系,把内部上下左右联系起来,以保证组织结构的有效运转(滕媛,2010)。

(一)城市应急管理机构设置

我国城市应急管理工作长期以来分属于有关部门分别管理,在国家和地方都没有常设的统一领导协调机构,遇到重大突发事件时则靠成立临时指挥机构来应对危机。2003 年“非典”事件后,国家相继颁布《国家突发公共事件总体应急预案》和《突发事件应对法》,并确定国家和地方的危机管理机构及运作体制。

我国设立应急管理机构,主要是从国情出发,也是借鉴了国外危机管理机构设置模式,在现有管理体制基本不变的情况下,充分考虑发挥各级政府的信息主渠道和综合协调作用,强化各级政府社会管理和公共服务职能,强化各部门应对突发事件的处置职能,明确各级基层组织应对辖区内发生的突发事件的职责,同时注重发挥决策咨询机构作用等方面,建立了统一领导、综合协调、分类管理、分级负责、属地管理为主的应急管理体制。目前,应急管理机构主要包括领导机构、工作机构、办事机构、地方机构、咨询机构等。

1. 领导机构

国务院是我国突发公共事件应急管理工作的最高行政领导机构。在国务院总理的领导下,通过国务院常务会议和国家相关突发公共事件应急指挥机构,负责突发公共事件的应急管理工作,必要时,派出国务院工作组指导有关工作。应急管理部负责组织编制国家应急总体预案和规划,指导各地区各部门应对突发事件工作,推动应急预案体系建设和预案演练,负责应急事件常务、具体工作(曹静、郭玉川,2007)。

外交部、发改委、教育部、公安部、国家安全部、民政部、国土资源部、水利部等 50 多个国务院下属有关部门根据法律、法规和各自职责,负责相关类别的突发公共事件的危机管理工作,这些部门是国家危机管理工作的执行部门。其主要职责见表 17—3。

表 17—3　　我国中央政府危机管理机构及其主要职责

主管部门	机构名称	应急管理方面的主要职责
国务院办公厅	国务院应急指挥办公室	值守应急、信息汇总和总和协调职责，发挥运转枢纽作用
国务院部委	应急管理部	组织编制国家应急总体预案和规划，指导各地区各部门应对突发事件工作，推动应急预案体系建设和预案演练
	建设部	负责建筑物管理、建筑物抗震、建筑物倒塌后应急处理
	卫生健康委员会	负责全国重大疾病的预防和控制、爱国卫生工作以及健康促进的管理
	公安部	预防、制止和侦查违法犯罪活动，管理集会、游行和示威活动，维护社会安全秩序
	交通部	负责水上交通安全监督、船舶及海上设施检验、防止船舶污染、救助打捞等工作
	民政部	组织、协调救灾工作，组织核查灾情，统一发布灾情，开展国际减灾合作
	国防部	负责打击恐怖主义和战争状态下的战争动员
	外交部	负责危机中的对外交往工作
国务院直属局	国家安全生产监察局	对从事生产经营活动单位的安全生产进行监督管理
	国家食品药品监管局	对食品、保健品、化妆品安全管理的综合监督和协调
	国家林业局	负责全国森林防火工作，公安工作，森林病虫鼠害的防治、检疫工作
国务院直属事业单位	国家地震局	制定国家防震工作政策、计划，进行防震监测、科研、宣传教育等工作
	国家气象局	负责全国气象探测、预报、服务和气象灾害防御、气候资源利用、气象科学研究等管理
中央军委	军队	协助政府处理各种危机，维护国家主权和领土的完整

资料来源：根据中国政府网相关信息(2021)整理。

国务院负责处置涉及跨省级行政区域的，或超出事发地省级政府处置能力的特别重大突发事件；国务院及地方各级政府按照分工对相关领域的突发事件处置工作全权负责，国务院及地方各级政府成立相关应急指挥机构，对不同级别、不同类别的突发事件实行分级分类管理与处置。地方各级政府是本行政区域突发事件危机管理工作的行政领导机构，负责本行政区域各类突发事件的应对工作。县级以上地方各级政府应设立突发事件危机管理委员会，统一领导、协调本行政区域突发事件应对工作；管理委员会由政府主要领导挂帅，分管领导和各相关单位主要负责人为成员。

常态时，应急管理委员会定期研究本区域危机管理工作的重大问题及政策措施。非常态时，即本区域发生了涉及全局性的、综合性或特别重大的突发事件时，应急管理委员会则全权履行应急组织指挥等处置职能，依法行使紧急状况处置权力，充分调动和配置各种资源应对突发事件。应急委员会下设若干个突发事件专项应急管理指挥部或危机管理领导小组。这种专项应急管理指挥机构既负责专项突发事件的应急处置，又承担专项突发事件的常态管理。

2. 工作机构

上级人民政府主管部门在各自职责范围内，指导、协助下级人民政府及其相应部门做好有关突发事件的应对工作。各级政府主管部门是突发事件应对的工作机构，其职责是具体负责相关类别的专项突发事件的部门应急预案的起草与实施，承担相关危机管理指挥机构办公室工作，在政府的统一领导下开展危机管理工作，同时指导、协助下级政府及其相应部门做好有关突发事件的预防、应急准备、应急处置和恢复重建等工作。

3. 办事机构

国务院和县级以上地方各级人民政府是突发事件应对工作的行政领导机关，其办事机构及具体职责由国务院规定。县级以上人民政府有必要在其内部设立相应的突发事件危机管理综合办事机构，负责危机管理日常工作。如《国家突发公共事件总体应急预案》明确规定：国务院办公厅是突发事件危机管理的办事机构，设国务院危机管理办公室（国务院总值班室），履行值守应急、信息汇总和综合协调职能，发挥运转枢纽作用。

4. 地方机构

地方各级政府是本行政区域突发事件危机管理工作的行政领导机构，负责本行政区域各类突发事件预测预警、应急处置、应急响应和恢复重建的组织领导工作。由此可见，县级政府对本行政区域内发生的突发事件负首要的应对处置责任，包括信息收集、险情监测和预警、组织调动应急队伍，依法采取必要的其他措施；涉及两个以上行政区域的，由有关行政区域共同的上一级政府负责，或者由有关行政区域各自的上一级政府共同负责。

5. 咨询机构

国内外大量事例表明，应对突发事件除了健全的管理体制、灵活的社会参与机制外，设置咨询机构、建立应急管理专家制度十分必要。让应急管理专家参与处置与预防工作，可以为应急管理和突发事件应对决策出谋划策。

县级以上政府及部门设立这类咨询机构，一是通过发挥专家的咨询参谋作用，促进应急管理按照科学规律办事，提高决策科学化程度，做到科学决策、科学执行；二是通过专家可以对突发事件进行识别、评估和风险评价，提出针对具体突发事件的处置方案和措施，并参与处置突发事件的行动过程；三是通过组织各领域专家，有针对性地研究危险源识别、预防、监测、控制、应急救援等环节的核心技术，有利于加快应急管理研究成果的转化利用，推动公共安全科技发展；四是通过专家对突发事件进行释疑解惑，有利于帮助提高公众心理防御能力，缓解心理压力，克服精神障碍，消除突发事件带来的精神后遗症。

（二）城市应急管理组织体系

城市应急管理是一个系统工程，仅仅依靠应急管理机构力量是远远不够的。需要动员和吸纳社会各种力量，整合和调动社会各种资源共同应对城市危机，形成社会整体应对网络，这个网络就是城市危机管理管理组织体系。一般来说，它包括政府及其部门、企业组织、非政府组织、社会公众、国际社会等几个层面。

1. 政府及其部门

政府部门作为公共管理者和社会服务的提供者，拥有其他组织不可比拟的大量社会资源，领导和组织全社会构建城市危机管理体系是其责无旁贷、义不容辞的职责。公共安全是一种存在状态、一种心理氛围，公共安全的核心，是保障公民人身权和财产权，维护人民利益。有效预防、准备、回应和化解城市危机，使人民群众免于城市危机的侵害，保障社会秩序和正常运转是政府基本职能，也是政府部门的基本政治责任之一。政府部门作为国家代表行使维护公共安全职责，就是要通过提供公共服务，保障公民生命财产安全，维护公共利益，否则就失去了存在价值。政府各个部门在应对城市危机时，在其领域内都负有义不容辞的责任。

政府领导者和高层城市危机管理者需要具有强烈的危机意识、忧患意识，安而不忘危，存而不忘已，治而不忘乱。政府部门应将城市危机管理纳入整个国民经济和社会发展规划的战略高度，创造一种城市危机管理文化和环境，建立、健全城市危机管理体制、机制和法制，制定各类应急预案，加强各部门各地区协调与配合，加强政府与外界组织和公众沟通与动员，提高现代社会政府治理能力，确保各类城市危机的有效防范和应急处置，保持社会经济健康发展和社会稳定。

2. 企业组织

企业（组织）是社会的基本经济单位，是社会生产和经营的主体，也是社会基础细胞和根本物质来源之一。随着经济规模不断扩充和发展，企业业务范围和经营领域不断扩大,对社会影响也越来越深远。众所周知,城市危机永远都是围绕着人发生的,总是与一个社会组织的生存和发展联系在一起的。而且很多城市危机都是由企业危机引发的,作为城市危机发生的企业组织往往是主要利益相关者,也是危机管理过程中不可缺少的重要组成部分。

城市危机发生后,受灾地区的企业作为灾害的直接利益相关者,在做好向政府及相关职能部门报告信息的同时,也要承担起在第一时间应对城市危机的责任,组织抢险救灾工作,最大限度地减少人员伤亡和财产损失。而受灾地区以外的企业作为社会资源的重要构成部分,在必要的时候,通过各种方式积极为灾区提供各种资金、物资、技术设备、人员等方面的帮助。同时,政府在城市危机管理中,也常常需要借助企业资源,提供应急处置的救援需求、物资需求和重建需求,支持政府做好突发事件应对工作。可见,企业在城市危机管理中有着不可替代的作用。

3. 非政府组织

作为一种社会力量,非政府组织具有众多促进社会发展的职能,在参与公共政策制定、监督政府政策的实施、推动公益事业发展、整合民间社会资源、开展灾害自救、推动公民参与、唤醒公民意识及塑造公民文化等方面发挥着越来越重要的作用。城市危机管理是政府职责,但政府不能充当城市危机管理的唯一角色,需要政府、公民、社会组织、企业、国际社会之间的协作,需要各种角色参与公共管理,实现共同治理。优秀的非政府组织能够与政府之间形成协调互动的良性关系,协助政府共同应对城市危机。非政府组织具有民间性、公益性、志愿性的特征,在城市危机管理中,在调动社会资源方面具有独特优势,可以弥补政府在组织、人员和资源等方面的许多不足之处。

2003年"非典"事件发生后,中华慈善总会、中国青少年发展基金会、中国扶贫基金会、中国医学基金会、中国国际民间组织合作促进会等10多家非政府组织联合向全国的非政府组织发出倡议,号召各种非营利组织积极行动起来,协助各级政府开展防治"非典"的宣传工作,动员社会各界捐款捐物,关心和帮助因"非典"而造成的需要救助的弱势群体,广泛寻求国际社会支持,并实施非营利组织抗击"非典"疫情联合行动,在主动配合政府应对"非典"这场人民战争中发挥了巨大作用。

4. 社会公众

社会公众是城市危机的主要威胁对象,他们既是受保护的对象,也是城市危机管理活动的积极参与者。尽管政府是城市危机管理主体,政府危机管理的根本目标是保护公众生命财产安全，但是公众的危机意识、自我管理能力、生产自救能力和对政府危机管理措施的支持配合程度是决定政府城市危机管理成效的重要因素。例如，城市危机发生后，在政府有关部门和专业应急救援队伍未到达事发现场之前，公众有组织地开展自救可以减少城市危机带来的损失。

5. 国际社会

一方面，各国政府现在面对的很多城市危机都具有世界性、国际性。例如，区域冲突、局部战争、金融危机、食品安全、偷渡贩毒等跨国界城市危机，以及危害各国安全的自然灾害，这些城市危机的应对都需要各国乃至国际社会的全面合作。另一方面，在一个国家发生重大危机尤其是重大灾难时，通过国际人道主义救援，为受灾国输送大批急需的食品、药品等应急物资和相关救援人员，缓和、减轻灾害发生国的城市危机应对压力，帮助其尽快恢复重建，渡过难关。

目前，随着全球经济一体化的发展和国家间的国际交往不断深入，危机管理对国际社会的影响越来越深刻，国家间的相互依存更加突出，共损共荣的局面正在逐步形成。建立全球应对城市危机的合作协调机制、建立安全稳定的国际环境，已经愈来愈多地受到各国政府和国际组织的高度关注。利用国际力量和资源已经成为各国应对城市危机的一种有效的补充方式。比如，上海合作组织成员国签署《上海合作组织成员国政府间救灾互助协定》就是新形势下我国政府寻求国际合作的有益尝试。

四、城市应急管理机制

城市应急管理机制是指政府及其他公共机构在突发事件的事前预防、事发应对、事中处置和善后管理过程中，通过建立必要的应对机制，采取一系列必要措施，保障公众生命财产安全、促进社会和谐健康发展的有关活动。它涵盖事前、事发、事中和事后的突发事件应急管理全过程中各种系统化、制度化、程序化、规范化和理论化的方法与措施。同时，建立信息畅通、反应快捷、指挥有力、责任明确的城市应急管理机制，也是应对城市危机的关键措施之一。因此，城市应急管理机制主要由监测与预警机制、应急决策处置机制、信息沟通机制、善后恢复重建与调查评估机制等构成。

（一）城市应急监测与预警机制

城市应急监测与预警机制是指应急管理主体根据有关突发事件过去和现在的数据、情报和资料，运用逻辑推理和科学预测的方法技术，对某些突发事件出现的约束条件、未来发展趋势和演变规律等做出科学的估计与推断，对突发事件发生的可能性及其危害程度进行估量和发布，随时提醒公众做好准备、改进工作、规避危险，以减少损失（肖鹏军，2006）。城市危机监测与预警机制具有以下功能与特点：

1. 监测与预警机制的预见性

无论是自然领域还是社会领域的突发事件，都有着自身的规律性。基于对这种规律的把握，可以在一定程度上预测自然、社会领域中许多未来的变化趋势。在危机的孕育潜伏时期，与危机事件相关的各种因素相互作用，它们之间的矛盾、冲突在不断形成、分解、重组。预警机制的预见作用，就是通过对特定危机事件指标体系中某些指标要素的研究，从中找出某些敏感性指标的异常变化并提前预测出危机的先兆。

2. 监测与预警机制的监测性

监测预警机制的监测功能主要是指对有关危机指标的评估，进而定期及时监测危机事件的现状。政府可以运用某些模型和方法，对危机的总体状况及轻重程度做出明确评估，将危机的状态分为几个特定的级别。通过运用相关指标进行具体的描述和分析，从而使危机监测更加精确化、准确化。在预警监测中需要注意的是，对于危机事件的监测并不一定要面面俱到，相反，可以选择一些敏感且得当的指标进行监测，以及时反映危机事件的基本现状。

3. 监测与预警机制的防范性

危机本身具有复杂性以及发生的不确定性，人类设想完全控制或制止其发生几乎是不可能的。频率高、强度大的突发事件极易诱发社会动荡，损害社会的正常运转和发展。虽然突发事件完全避免不可能，但是在一定程度上、一定范围之内，或者说在某种条件下，避免某些突发性的社会问题或者减轻未来某些社会危机的强度，则是可能做到的。这就需要借助监测预警机制，预警的目的是防范，在危机的爆发以及持续演进时期，预警机制的防范作用便显得尤其重要。

随着科技的发展进步，通过构建科学化的监测预警机制，政府可以在一定程度上预测到社会有机体在哪个领域最可能、最先出现哪些问题。据此，政府预先制定预防性的、具有可行性的、可操作化的对策，以尽可能地消除某些危机，至少是减轻某些危机事件的危害程度。

（二）城市应急决策处置机制

城市应急决策处置机制是指城市突发事件发生后，政府或者公共组织为了尽快控制和减少突发事件造成危害而采取的应急措施，主要包括组建应急管理工作机构、开展应急管理救援、适时公布事件进展等。应急决策处置机制是城市危机管理机制的灵魂和核心，应急决策处置机制能否在最短的时间内做出反应、做出的反应是否准确到位，体现了一座城市的决策能力和危机应变能力。尽管在突发事件爆发前已经制定了比较完善的应急管理预案，建立了比较完整的应急管理组织体系，但当突发事件发生后，能否把事故造成的损失控制在最小范围，确保社会秩序正常运行和社会稳定，决策处置显得至关重要。

城市应急决策处置应坚持以下基本原则：

第一，以人为本、减少危害的原则。维护公众生命安全是城市应急管理的首要责任。要尊重生命权，在处置突发事件上，坚持以人为本的理念，把保护和挽救公众生命安全放在首位，切实履行政府的社会管理和公共服务职能。

第二，指挥统一、运转协调的原则。城市应急处置应遵循科学决策、统一指挥，反应及时、措施果断，通力合作、运转协调的原则；综合运用行政、法律、经济、舆论等调节手段处理危机事件，保障社会安全，稳定社会秩序。

第三，责权明晰、依法行政的原则。政府部门在城市应急处置过程中，各应急职能机构必须按部门职责应对城市危机，根据自身所承担的职能，坚持相互合作、分工负责、归口管理，做到权责明晰。同时，城市应急的处置必须依法行政，由于相关部门在紧急状态下拥有较大的权力，缺乏有效监督容易出现权力滥用和“越位”的情况，依法行政不仅是公众权利的基本保障，也是政府有效运作的基本要求。

第四，资源整合、信息共享原则。城市应急管理运作必须实现物资资源、人力资源和财力资源等方面的有效整合，通过网络信息资源和业务应用系统，加强各部门、各业务系统和业务流程的整合，保障资源储备系统，确保紧急状态时社会的物资资源、人力资源以及其他资源能够马上被调用，实现全方位的整合。尤其是在信息资源方面，必须实现信息共享、透明与互联互通，提高政府部门之间、政府部门与公众之间的信息沟通与应急协调能力，使有限的资源发挥最大的效益。政务信息必须公开透明，保证公众的知情权，同时信息的发布必须真实及时，避免虚假消息的产生和传播给社会公众造成恐慌。

（三）信息沟通机制

城市应急管理中的信息沟通机制就是政府为了保证信息在各个相关主体之间的顺畅流通而制定的原则、规范、措施，并明确各个主体的义务和权利。城市应急管理中信息沟通机制建立的目的，是在城市发生突发事件时，以最少的管理成本、最快的速度、最高的效率去实现有效的沟通，以便政府快速进行危机管理，将突发事件造成的损失减少到最低限度，保持社会稳定，促进经济持续发展，提高市民的生活水平(卢雪聪,2010)。

信息沟通机制在城市应急管理中有着重要的意义,对于妥善应对突发事件、防止事件进一步恶化与升级发挥着关键性的作用。具体而言,城市危机管理中政府面向公众的信息沟通机制有如下三个方面的作用(王嘉瑞,2009):

第一,充分动员民众力量。城市应急管理是一个全社会全方位参与的整合协调过程,除了起主导作用的政府部门外,还需要其他社会力量的共同参与,以达到资源互补、风险共担的效果,从而更好地应对城市突发事件。民众是城市危机事件的直接威胁对象,也是最直接的利益相关者,在各类突发事件处理中起着决定性的作用。因此,要妥善应对、处理城市突发事件,政府必须获得民众的广泛支持和大力协助。

第二,合理引导社会舆情。在危机状态下,社会公众的心理受到冲击,极易产生不同程度的心理危机,心理平衡被打破,人们往往急切地想知道政府怎么处理突发事件、事件对自身的影响等,如不及时发布信息极易造成民众听信小道消息,导致谣言的发布和传播。在城市应急管理中,政府可以通过面向公众的信息沟通机制,在第一时间内向社会公众发布事件信息、澄清事实、防止谣言扩散,从而合理引导社会舆情,减少不安定因素,终结城市危机裂变。

第三,有效辅助应急决策。政府应急决策是指政府组织在有限的时间、资源和人力等约束条件下,所采取的应对突发事件的具体措施。政府应急决策与常规决策不同,它具有紧迫性、风险性和决策非程序性的自身特性。从某种意义上讲,应急决策是应急管理的核心。信息则是应急决策的重要基础与前提条件,贯穿应急决策过程始终。在突发事件中,由于政府因事件信息缺失而导致应急决策失误的现象经常发生,因此,能否及时、全面、准确地获得和利用信息,直接关系到应急决策者是否能及时和有针对性地采取必要的紧急措施。

(四)善后恢复重建机制

善后恢复重建是整个城市应急管理运行机制中的重要环节。善后恢复重建包括三个方面:一是解决和控制与突发事件有关的、可能导致再次发生事故的各种问题,巩固处置结果;二是对突发事件所导致的破坏进行社会的、物质的、心理的和组织的等各方面的重建和恢复;三是通过对事故发生的原因、处理过程进行细致分析,总结经验教训,提出改进方案,不断提高应急管理水平。

恢复重建应遵循以下基本原则:

第一,依法规范原则。依法治国是我国的一项基本方略,灾后恢复重建工作也必须依法进行。要保证灾后恢复重建顺利进行,做到质量与效率、眼前与长远的协调统一，实现科学恢复重建，确立灾后恢复重建工作的指导方针和基本原则，规定一系列制度和措施是开展灾后恢复重建工作的重要法律依据。

第二，以人为本原则。恢复重建，因地制宜，从群众的切身利益出发，吸收有关部门、相关专家参加，充分听取灾区受灾群众的意见，尊重群众的自身选择，坚持“以人为本”的精神。

第三，科学重建原则。科学重建是指导灾后恢复重建工作的一项重要原则。灾后重建不是简单地在原有基础上恢复原貌，而是要深入调研、科学规划、精心建设，做到重建与经济社会长远发展相结合。

（五）调查评估机制

调查评估是按照规定的原则、程序和标准，运用科学、可行的方法对计划实施和政策效果进行定量、定性分析，总结计划实施情况，研究计划实施效果和目标出现差异的原因，提出相应的对策和措施，促进计划全面有效实施的一种评判活动和制度。城市应急处置工作结束后，政府有关部门应该适时开展事故调查与评估，特别是事故灾难类多为责任事故，必须开展事故责任调查，认定并追究当事人责任，作为负激励警示后人。

灾后的评估工作是应急管理工作中一项必不可少的组成部分。突发事件处置后，城市政府要认真分析突发事件产生的原因、条件，及时总结经验，吸取教训。一是巩固成果，继续排查，防止突发事件的再度发生。二是对突发事件所造成的损害后果进行科学评估。灾后评估决定着重建成本，是制定灾后重建计划的前提和基础。鉴于突发事件决策具有非程序化的特点，为了尽早从突发事件的损害中缓解出来，灾后评估应适当提前。三是要实行责任追究。对导致突发事件的有关责任人进行严肃处理；对有关政府及其工作部门故意隐瞒、缓报、谎报突发事件和玩忽职守、失职、渎职等行为，要追究相关人员的法律责任。四是对应急管理过程进行评估。

灾后评估要遵循全面、客观、责任追究和奖惩到位的原则，不仅依据实践效果对应急处理中的决策、指挥和行动进行评估，还要对应急预防措施的有效性，预案的完整与可行性，预警的及时和准确性，应急管理体制、组织机构设置和运行机制的合理性、有效性等进行评估。既要总结正面的经验，又要检讨反面的教训，全方位地吸取经验教训。

“一案三制”是一个密不可分的有机整体，共同构成了城市应急管理体系的基本框架（龚鹏飞，2015）。四者之间互相作用、互相补充，总的来说，体制是基础，机制是关键，法制是保障，预案是前提。

第三节 城市应急管理途径

我国《突发事件应对法》将突发事件分为四类：自然灾害、事故灾难、公共卫生事件和社会安全事件。针对不同突发事件，城市应急管理途径不同。

一、城市自然灾害应急管理途径

城市自然灾害突发事件是指由于自然因素造成的一切对城市生态环境、物质、人文建设和发展，尤其是对生命财产等造成损失的事件。它主要包括洪涝、干旱、台风、低温冻害、高温热浪等气象灾害；地震、山林崩塌、滑坡、泥石流等地质灾害；农作物与森林农场的病害、虫灾、鼠害、赤潮和恶性杂草等生物灾害以及森林和草原火灾等。各类城市自然灾害频繁发生，不仅给生活带来了深重的灾难，而且还会极大地影响到城市政治、经济、社会、文化的发展，因此需要采取有效途径应对突发自然灾害。

第一，健全自然灾害应急管理法律体系。法律是确保城市危机管理能够实现的基本保障。我国近十几年来也制定和颁布了一些应对自然灾害危机状态的法律和法规。如 2007 年 11 月十届全国人大通过的《突发事件应对法》；2008 年 12 月十一届全国人大常务委员会第六次会议修订通过的《防震减灾法》等。这些法律、法规构成的自然灾害危机管理法律体系，为自然灾害危机管理提供了良好的法律支持和制度保障。当然，今后还需进一步增强自然灾害危机管理法律、法规的针对性和可操作性，为城市自然灾害危机管理提供更加有力的法律保障。

对参与救灾的志愿组织、志愿者进行立法，以增强政府对各种志愿组织、志愿者互动的规范与整合的力度；规范在紧急状态时期政府与公民之间的关系，以保障政府在自然灾害紧急状态下充分、有效地行使行政紧急权力（陈慧慧，2016）。

同时，也要适当地限制政府的行政紧急权力，保护公民的一些基本权利不因紧急状态的发生而遭到侵害，从而提高自然灾害危机管理效率，最大限度地减少灾害损失等。

第二，加强自然灾害应急管理的预警机制建设。自然灾害突发事件的预警，是指应急管理的主体，根据本国或本地区有关自然灾害危机现象过去和现在的数据、情报及资料，通过逻辑推理和科学预测，对某些自然灾害危机现象出现的约束性条件、未来发展趋势和演变规律等做出科学估计与推断，并发出确切的警示信号，使政府和民众提前了解事件发展的状态，以便及时采取相应措施，防止或消除不利后果发生的活动。

为加快我国城市自然灾害应急管理的预警机制建设，首先，需要设置专门的机构和人员，长期从事自然灾害预警的分析、研究与及时报告工作，为所有应对自然灾害的机构和人员提供准确及时的信息；其次，应建立规范化、制度化的监测防范体系，并确保信息沟通与处理渠道的畅通；再其次，要建设全国的自然灾害突发事件信息系统，确保各级政府的领导能够及时掌握全部信息，随时联络负责人；最后，广泛应用高科技开展救灾工作，加强遥感技术在救灾中的应用，特别是要加强减灾卫星系统建设。

第三，建立完善的巨灾保险体系。在现代化的过程中，生产力的指数式增长，使危险和威胁的发生达到一个前所未知的程度(张海波，2006)。保险作为一种集合风险和分散风险的有效机制，可以使受灾对象在灾后迅速获得资金注入，在尽快恢复经济、减少灾害造成的长期损失等方面发挥着积极作用。目前，我国的巨灾损失补偿体系由财政救助、社会捐助、自保补偿和保险赔偿等组成，但实际上国家财政是巨灾损失补偿的主力军(孙玉中，2018；罗凌云，2011)。

第四，加强城市自然灾害危机管理物资保障和专业人才储备。由于应对城市自然灾害危机所需物资种类多、数量大、配给时间要求紧，而物资储备又往往分散于政府各个部门、企事业单位和社会组织，因此要建立一个互相联系、反应快速的物资调配网络，并通过财政保障，建立补偿机制，以促进在利益共享基础上的协作。

第五，还应加强应急文化建设。即，重视应急文化建设，通过各种教育、培训、应急演练和应急活动，使应急文化在社会中的沉淀，使应急文化成为人们日常生活中的思想观念。

二、城市事故灾难应急管理途径

事故灾难是指在工厂、矿产、商品贸易、交通运输、建筑等领域中突然发生的、造成或者可能造成大量的人员伤亡、经济损失、环境污染和严重社会危害，危及公共安全的紧急事件。事故灾难主要包括民航、铁路、公路、水运、轨道交通等重大交通运输事故；工矿企业、建筑工程、公共场所及机关、企事业单位发生的各类重大安全事故；造成重大影响和损失的供水、供电、供油和供气等城市生命线事故以及通信、信息网络、特种设备等安全事故；核辐射泄漏事故；重大环境污染和生态破坏事故等。典型的城市事故灾难有交通事故、火灾、有毒化学品灾害等。

城市事故灾难的发生是人类自身主观行为的直接后果，是由于人类的生产生活行为不当产生了意想不到的人员伤亡、财产损失、生态环境破坏及严重社会危害后果。城市事故灾难除了具有一般类型危机的灾源综合性、灾类多样性、灾生连锁性、灾变复杂性及灾果严重性等特点外，还具有其独特的特性——可控性。从客观上讲，只要人类充分认识事故灾难的性质和规律，事故灾难是可以预防和控制的。

事故灾难的特点决定了其治理模式和行动选择更需要在“未雨绸缪、防范为主；统分结合、多元治理；反应迅速、治理有效；转危为机、重在学习”的价值取向上，以当前的政府应急管理组织体系基础为核心，建立起一个政府全方位主导、第三部门组织化参与、企业组织制度化协同、上下互动的高度开放型组织网络，形成全主体、全危险要素、全过程事故灾难应急管理治理的行动策略。

第一，加强事故灾难应急管理法律和法规建设。法律手段是事故应急救援的有力武器，可以通过立法形式规范应急救援程序的启动和授权、对各方面资源的整合、对各部门之间的协调和属地管理原则等。

第二，建立和完善信息联动机制与快速反应机制。信息应急联动系统融合有线通信、无线通信、数据库、全球定位、计算机辅助调度、信息技术网络等多种现代化的信息传输手段，在其指挥中心，既有紧急警务、消防、急救、交通部门，也包括公共事业抢险、防洪救灾等部门，将分散的救援力量集合为一个整体。

在快速反应机制方面，成立灾害事故管理部门领导下的指挥联动中心，注重各种资源特别是人力资源的调配，这样才能保证灾害事故得到妥善处理。

除了以上两种机制外，还要建立反馈机制，及时、认真地总结在处理灾害事故过程中的经验和不足，以及在灾害事故管理中出现的新问题，调查灾害事故发生的原因，并将总结性的材料整理保存，以备后用(王霞等，2006)。

第三，完善应急监管联动机制，提升危机治理的应对能力。建构公共危机治理平战结合、统分结合的权力分配体制。战时建立一个常设性、独立的并凌驾于各职能部门和机构之上的事故灾难治理的核心机构；平时在各级政府组织、各职能部门和政府与社会组织之间实行分权，建立分类管理、分级负责、条块结合、属地为主的事故灾难治理网络，实现各治理主体优势互补、资源共享和协同应急的目标。

第四，加快应急平台建设，增强事故灾难危机管理的运行效能。针对事故灾难中治理主体的分散性给危机治理带来一定难度的问题，建立“统一指挥、功能齐全、反应灵敏、运转高效”的事故灾难应急平台，实现信息共享，提高快速反应、合作治理运行的能力和水平，将事故灾难的爆发控制在最初状态和最小规模，尽可能地减少事故灾难对人员及社会经济的损失。

第五，加强应急知识学习，完善事故灾难意识教育。事故灾难是以一种社会常态而存在的，政府及其职能部门在日常的管理工作中应该加强应急知识学习，完善事故灾难意识教育。探寻事故灾难危机管理的有效学习途径，提高各治理主体应对事故灾难能力，有效减轻灾难损失。为此，强化对社会公众和事故灾难相关预案的日常教育，通过报纸、杂志、广播、电视、网络等大众传播媒体进行事故灾难危机的自救、互救知识宣传；借助社区、厂矿、学校等进行实战演习、模拟演练，提高其在事故灾难中的自救、互救能力。发挥舆论监督和群众监督的作用，通过媒体及时客观公正地报道事故发生和抢险救援情况，鼓励公众积极举报非法生产行为和重大事故隐患。此外，还应建立和完善灾后社会救助体系，特别是心理危机援助体系，提高公众抗危水平（刘霞、严晓，2010）。

三、城市突发公共卫生事件应急管理途径

依据《突发公共卫生事件应急条例》，突发公共卫生事件是指突然发生的、造成或者可能造成社会公众健康严重损害的重大传染病疫情、群体性不明原因疾病、重大食物中毒和职业中毒，以及其他严重影响公众健康的突发事件。突发公共卫生事件主要包括：重大急性传染病暴发流行，群体不明原因疾病、新发传染病，预防接种群体性反应和群体药物反应，重大食物中毒，重大环境污染，急性职业中毒，放射污染和辐照事故，生物、化学、核辐射恐怖袭击，重大动物疫情，以及由于自然灾害、事故灾难或社会治安等突发事件引发的严重影响公众健康的卫生事件

突发公共卫生事件在较短时间内急剧暴发，是具有一定普遍性的社会危机。突发性公共卫生事件具有突发性、普遍性和非常规性三个特点。

所谓突发性是指发生突然，出乎人们意料。它一般不具备事物发生前的征兆，留给人们的思考余地较小，要求人们必须在极短的时间内做出分析、判断。突发性公共卫生事件的这种特性为人们建立公共卫生预警机制提出了难题。预警机制是建立在大量数据、信息和资料的基础上的，没有这些东西，预警机制便无从形成，而突发性公共卫生事件却使人们很难得到足够丰富的数据、信息和资料，难以做出正确的判断。

所谓普遍性，是指突发性公共卫生事件影响的区域比较广，涉及的人员比较多。突发性公共卫生事件的这种特点增加了人们处理危机的难度。

所谓非常规性，是指突发公共卫生事件超出了一般社会卫生事件的发展规律，并呈现出易变特性，有的甚至呈“跳跃式”发展。因此造成其规律难寻、方式难控、本质难断。

正因为城市公共卫生事件如此让人捉摸不透，所以对城市公共卫生事件的处理也就需要更为谨慎。

（一）完善权威的决策指挥机制

在突发公共卫生事件发生后，政府能否控制和处理的关键在于能否及时统一领导、统一指挥。因此，突发公共卫生事件发生后，国务院设立全国突发公共卫生事件应急处理指挥部，由国务院有关部门和军队有关部门组成，国务院主管领导人担任总指挥，负责对全国突发公共卫生事件应急处理的统一领导、统一指挥，对突发公共卫生事件应急处理工作进行督察和指导。国务院卫生行政主管部门和其他部门在各自的职责范围内做好突发公共卫生事件应急处理的有关工作，其中重要的一条是要研究完备的应急预案。不仅如此，上述指挥机构应该是“常设”机构，平时不定期研究应对突发公共卫生事件重大问题，未雨绸缪，防患于未然（赵冰，2004）。地方各级人民政府也要设立相应的指挥协调机构，在应对突发公共卫生事件中，按照属地原则，由事件发生地党委、政府集中统一领导。

（二）完善突发公共卫生事件信息沟通机制

第一，完善信息公开披露机制。对于政府的危机管理来说，在突发公共卫生事件中是否建立完善的信息公开披露机制是政府与媒体沟通机制关系的关键。对于政府来说，如果在突发公共卫生事件中确立了信息透明的制度，就会使政府的行政管理部门在危机处理过程中处于主导地位，能够有效地利用媒体的积极作用，在突发公共卫生事件的处理过程中获得媒体及公众的支持。政府信息公开披露机制的完善内容包括完善政府与媒体的沟通运作流程、确立政府的新闻发言人制度等。

第二，完善新闻发布机制。政府在突发公共卫生事件中与媒体进行沟通时，应不断完善新闻发布机制。从目前媒体传播信息特点出发，政府在新闻发布机制上要做到第一时间发布。只有这样，政府才能够在第一时间内掌握舆论的主动权，从而也掌握在事件的处理上的主导权。政府在进行新闻发布时，第一时间所发布的信息通常情况下都不会全面，所以政府应不断地公布事件的最新情况，不断地对新闻进行滚动发布。政府在突发公共卫生事件的新闻发布机制中还应坚持真实、口径一致及满足新闻要素等原则。总之，通过不断地完善新闻发布机制来完善政府与媒体的沟通机制（易绍海、罗良德，2011）。

（三）完善突发公共卫生事件预防预警机制

通过不断地完善突发公共卫生事件的预防预警机制，能够有效地对各类与公共卫生事件相关的信息进行搜集、辨别与处理，从而能够通过预警机制的完善提高政府在突发公共卫生事件中危机管理的能力。

第一，应加强社会防范危机应对教育，增强危机防范与管理意识。危机意识是一种思想或观念，它要求决策者和管理者在心理上和物质上做好对抗困难境地的准备，及时有效地提出对抗危机的应急对策，防患于未然，做到有备无患。

同时，注重对本国民众的社会危机教育。强化社会危机教育，从小抓起，在中小学课程设立相应的危机教育课程和培训活动，并且在相关的大专院校尽快设立危机处理专业，培养这个方向的专业人才，建立专门的危机处理研究机构。通过公共信息的传播、教育以及多学科的职业训练等途径增强市民的危机意识和技能，对一般民众都要灌输危机防范意识，对国家机关、企事业单位的人员进行强制性的、系统的危机处理培训，以提高他们的危机反应能力。通过加强教育，全面提高市民的危机意识和防范意识，同时训练市民的识别能力和应变处理能力。

第二，建立并完善危机预警机制。疾病控制预警系统是针对急性传染病、慢性传染病、寄生虫病、地方病、慢性非传染性疾病、原因不明疾病（例如早期“非典”）及其相关因素的早期预报警告系统。对突发公共危机能否早发现、早报告，是政府能否及早采取行动、消灭危机的关键。各级政府在自己的行政区域内，建立针对不同危机的技术监测网络和信息报告制度，尤其要制定出科学的应急处理预案，并明确启动应急预案的程序。如果较长时期没有危机发生，也应适时举行应急演习，克服人们的麻痹心理，保持应急预警机制的快速反应能力。

（四）完善快捷的疾病应急救治执行机制

第一，要加强防病队伍的建设，提高他们应对突发性公共卫生事件的技术水平。一是及时引进流行病学、职业卫生学、微生物检验等方面的高级人才，以带动疾控体系的整体发展；二是增加初、中级防疫专业人员，严格任职标准，严把防疫专业人员准入关；三是加强医疗卫生技术人员对突发性公共卫生事件应急处理业务培训，尤其要注重培养一批学科带头人和卫生技术专家。

第二，要进一步加快检验中心建设，提升应对公共卫生事件的快速处置能力，确保一旦发生突发事件，能在第一时间得到可靠的检验结果，及时有效地控制疫情；要加快毒理实验室建设，提高有毒物质的毒性分析能力。

第三，应建立对突发事件敏锐识别和认识的专家系统。因为公共突发事件具有不可重复性，人们对事件发生时的信息有明显的不熟悉性，容易忽视其中最有价值的信息，从而造成重大的决策延误或失误。而且，突发事件可能发生在社会的任何一个领域，无论什么行业的专家都不可能精通跨行业领域的知识。因此，在突发事件的应急指挥系统中，必须建立功能强大的专家库和方法库用以辅助决策。

（五）完善应对有效的社会动员机制

在突发事件中，政府虽然要在应急处理中扮演主角，但这并不意味着政府必须包揽应急处理的所有事项。任何有效的应急处理都只能是群防群治，不可能也不应成为政府的独角戏。突发公共卫生事件有可能涉及公共秩序的方方面面，应急处理就是一个系统工程，只有当不同的主体在应急处理过程中各司其职时，才有助于突发公共卫生事件的解决。

在应急处理机制中，政府职能主要被定位为组织、指挥、调动、协调、监管，以便确保整个应急处理过程的有序进行。其他国家机关与社会组织也会在应急处理中扮演重要角色，各展其长。在群防群治中危机不仅是对政府能力的挑战，更是对社会整体能力的综合考验。仅仅依靠政府的力量是很难做到危机应对的高效、快速、协调、灵活的，而各类非政府组织、企业以及公众自身的危机意识、危机预防能力和危机应对水平便成为决定政府危机管理质量的重要因素。因此，在强调政府部门危机管理的快速反应性、责任性、透明性和合法性等原则的同时，也必须强调政府危机管理系统当中的参与主体的多元性，最大可能地吸纳各种社会力量，调动各种社会资源共同应对危机，形成社会整体的危机应对网络。

四、城市突发社会安全事件应急管理途径

突发社会安全事件是指对社会和国家的稳定与发展造成巨大影响的，涉及经济、政治和社会生活方面的各种突发性的群体性事件（宋英华，2009）。城市社会安全事件的管理是一定范围内社会各种组织、群体和个人对各种危及社会安全的事态采取应急反应的过程。

第一，建立和完善预测预警机制。城市社会安全事件管理很重要的一点是把危机管理纳入常态化管理。建立预测预警机制，防患于未然，就是这一原则的体现。预测预警是城市社会安全事件管理的基础和前提，应急预案编制出来以后还要进行预案的演练，以检验预案是否合理有效，发现问题及时进行修正完善；同时也通过预案演习，锻炼管理人员和工作人员特别是救援人员的实战能力，提高协调配合水平和救援所需要的实际技术，加强人们的防范意识。

第二，建立和完善决策指挥机制。首先，建立城市社会安全事件应急指挥中心。指挥中心是各种信息的整合处理中心和各种社会、经济资源的协调调度中心。指挥中心负责领导、指挥本行政区域内社会安全危机应急处理工作。其次，启动并修订应急预案。城市社会安全事件应急预案应当根据危机的变化和实施中发现的问题及时进行修订、完善。

第三，完善执行和处理机制。执行是实现危机决策的重要途径，任何一项决策都不能离开准确有效的执行。对于城市社会安全事件管理来说，正确的决策还需要有行为规范、运转协调的执行机制来作保证。建立城市社会安全事件管理的执行机制，首先要设立纵向指挥层面，每一级指挥层成立相应的功能性小组。其次，建立分级执行机制，城市社会安全事件如果是一般的突发公共事件，直接由基层指挥中心直接解决。当危机的破坏程度超出了基层指挥中心的救援能力时，成为较重大的城市社会安全事件，由基层指挥中心负责向上一级指挥中心报告（刘敬敬、王建，2012）。

第四，建立和完善反馈与评估机制。反馈机制的功能是对各种社会信号及时反馈，一方面包括将预警机制所监测到的社会安全状况及时、准确地向有关部门上报；另一方面也包括在社会安全事件发生之后，及时、快捷地向有关部门上报。前者是一项日常性的工作；后者是一种应急反馈。反馈机制必须是快捷、通畅和灵敏的，这样才有可能使社会安全事件在发生的初期阶段即得到妥善处理，不致造成更大的社会影响和社会损失，防止社会安全事件演变成社会动荡。

第五，建立和完善应急保障机制。完善的保障机制是城市社会安全事件应急救援顺利进行的基本条件，应急反应需要法律、技术、资金、物资、人员等方面的广泛支持保障（马永清、曲凯音，2008）。具体来说，保障机制包括立法保障、信息保障、工程保障、物资保障、资金保障、人员保障、医疗保障和治安保障等。

第六，建立检查监督机制。城市社会安全事件管理责任制的落实需要检查监督机制的配合，况且危机决策的执行效果取决于是否具有完备的检查监督机制（龚维斌，2006）。检查监督工作主要包括危机决策领导的检查监督和专门从事检查监督的督查部门的检查监督两个部分。当危机决策做出之后，各级督查部门要切实负起责任来，主动开展检查督促工作，推动社会安全危机管理工作的顺利进行。

第七，建立信息收集分析和披露机制。及时、客观、全面、准确地了解社会安全危机发生发展的有关信息，对于管理人员特别是领导人员而言是正确决策的前提，对于社会公众而言则是配合、参与危机管理的必要前提，也是进行有效自我管理的必要条件。快速及时一定要以准确为前提。认真细致地核对事实,为确保发布信息的准确,一些尚未弄清全部情况、较为复杂的突发公共事件,可先发简短消息,再作后续报道。新闻发布要注意适度,讲究策略,认真策划,循序渐进,充分考虑群众的心理接受能力,注意消除和化解公众的恐慌情绪,维护社会的稳定。

第八,建立社会动员和参与机制。城市社会安全事件管理的主体是政府,但是,对于城市社会安全事件的有效管理又绝不是政府一家的事情,而且政府包打天下式的管理也无助于危机的有效防范和化解。有效的城市社会安全事件管理需要以政府为主体建立起有效的动员机制,发动国内和国际社会各种力量共同参与社会安全危机的管理。城市社会安全事件管理需要公民的参与,使危机决策得以迅速实施,提供丰富多样的物质资源和人力资源,缓解由于危机造成的社会心理压力,达到协调有序的目的。

参考文献:

[1]曹静、郭玉川,《论中国政府危机管理中公众作用的发挥》,《中南财经政法大学研究生学报》,第1期。

[2]陈慧慧,《突发公共事件应急管理的现状与展望》,《速读(下旬)》,2016,第10期。

[3]龚鹏飞,《城市道路交通应急管理"一案三制"探析》,《灾害学》,2015,第3期。

[4]龚维斌,《建立有效的公共危机管理机制》,天津行政学院学报,2006,第4期。

[5]国务院办公厅,《安全生产"十三五"规划》,2017－03－02,http://www.gov.cn/zhengce/content/2017－02/03/content_5164865.htm。

[6]韩大元,《应急法制论》,法律出版社,2005。

[7]刘敬敬、王建,《浅析公共危机的应对机制》,《商品与质量》,2012,第S2期。

[8]刘霞、严晓,《探析我国事故灾难危机治理的行动策略》,《前沿》,2010,第19期。

[9]刘莹莹,《突发公共事件中的行政权力规制》,《中共中央党校学报》,2008,第4期。

[10]卢雪聪,《公共危机中的政府沟通能力和沟通效率研究》,上海交通大学学位论文,2010。

[11]罗凌云,《试论我国自然灾害危机管理之完善路径——基于汶川地震以来我国特大自然灾害危机管理的分析》,《四川师范大学学报(社会科学版)》,2011,第3期。

[12]马丁·冯、彼得·杨,《公共部门风险管理》,天津大学出版社,2003。

[13]马永清、曲凯音,《风险社会背景下的公共安全与应急机制构建》,《理论与现代化》,2008,第4期。

[14]米切尔·K.林德尔、卡拉·普拉特、罗纳德·W.佩里,《应急管理概论》,中国人民大学出版社,2011。

[15]乔治・D. 哈岛、琼・A. 布洛克、达蒙・P. 科波拉,《应急管理概论》,知识产权出版社,2011。

[16]闪淳昌、薛澜,《应急管理概论:理论与实践》,高等教育出版社,2012。

[17]宋英华,《突发事件应急管理导论》,中国经济出版社,2009。

[18]孙玉中,《中国自然灾害管理法治问题对策研究》,《农村经济与科技》,2018,第 14 期。

[19]滕媛,《应急管理的体制、机制与法制》,2010 年应急管理国际研讨会,2010。

[20]田华,《中国应急管理体系建设:经验与发展重点》,2010 年应急管理国际研讨会,2010。

[21]王宏伟,《突发事件应急管理》,《中央广播电视大学出版社》,2009。

[22]王嘉瑞,《公共危机中政府形象的塑造》,《齐鲁学刊》,2009,第 3 期。

[23]王霞、蔡晓辉、李茜,《政府在城市管理中对灾害事故的应急处理机制探析》,《领导科学》,2006,第 6 期。

[24]肖鹏军,《公共危机管理导论》,中国人民大学出版社,2006。

[25]许敏、尹乃春,《城市危机管理》,清华大学出版社,2013。

[26]杨月巧,《应急管理概论》,清华大学出版社,2016。

[27]易绍海、罗良德,《浅析突发公共卫生事件中的媒体沟通机制》,《中国健康月刊》,2011,第 1 期。

[28]应急管理部网,机构,2021—10—10,https://www.mem.gov.cn/jg/。

[29]张海波,《公共危机管理研究的基本问题——概念、框架、理论、方法与发展趋向》,《公共管理高层论坛》,2006,第 1 期。

[30]张沛、潘锋,《现代城市公共安全应急管理概论》,清华大学出版社,2007。

[31]赵冰,《应对突发公共卫生事件体系的构建》,《中国行政管理》,2004,第 1 期。

[32]《中华人民共和国突发事件应对法》,2007—08—30。

[33]中国政府网,应急管理,2021—10—10,http://www.gov.cn/yjgl/flfg.htm。

[34]朱陆民、陈丽斌,《中国应急管理体制困境解构》,《大连干部学刊》,2011,第 2 期。

[35]朱陆民、董琳,《我国应急管理的法制建设探析》,《行政管理改革》,2011,第 6 期。

[36]Ha,K. M.,Ahn,J. Y.,Application of the "spider-web approach" to Korean emergency management,*The Journal of Homeland Security and Emergency Management*,2009,6(1):1—13.

[37]Henstra,D.,Evaluating local government emergency management programs: what framework should public mmanagers adopt?,*Public Administration Review*,2010,70(2):236—246.

第六篇

展　望

第十八章　城市管理取向

第一节　基本认识

城市是一个巨型复杂的系统，是由无数的要素构成的综合体，城市管理所要涉及的方面非常广泛。城市政府一方面设置分区多级政府，构建涉及一系列“块块”即区域单元构成的管理机构系统；另一方面设置众多职能部门，构建涉及一系列“条条”即专门领域构成的管理机构系统，以此构筑“条块”交错的复合型城市管理系统框架，尽可能全面地应对繁复的城市管理问题。同时，为了处理好不同区域单元、不同门类领域及其交叉性乃至城市整体的城市管理问题，政府相关层级和职能机构制定管理规划、实施管理规划；而为保障规划的制定和实施，还要制定必要的法律和规章等。

由于城市构成上的复杂性，政府针对不同方面设立各类管理机构，制定各种方针和政策、规划和法规，实施城市管理。与此相应，城市管理中具体举措之间设定的目的和采用的方式相异，所以其间形成显著的差异性。但是，城市本身是一个整体，这些举措之间必须有共同的取向，贯穿于城市管理中的每项举措之中；否则，将出现即使每项举措本身都是“正确”的，但是相互之间根本目标无共同焦点甚至抵触，影响城市的正常发展和良好整体性的形成。

面对上述现实，有必要在城市管理中确立值得所要追求的，以作为城市管理各种各类事物的统领性取向。从城市的本质特性和发展需要来看，城市管理统领性取向可归结为如下三方面：以人为本作为基本原则，以提升营商环境作为重点，以可持续发展作为根本目标。

人是城市的根本，人聚成为城市，人是城市的主体。因此，城市管理尽管所涉及的方面非常广泛，但是其任何方面或事项都必须考虑或至少兼顾人的生存、需要和发展这些基本问题，即都要以人为本作为基本原则。简言之，城市管理要以人为本，聚焦于服务于人。以人为本基本原则可具体阐释为如下三方面：一是以多数人利益为先，二是从弱势群体立场思考，三是满足人们基本需要。以人为本基本原则可具体阐释为如下三方面：一是以多数人利益为先，二是从弱势群体立场思考，三是满足人们基本需要。

人聚成为城市，而能否人聚的关键在于企业发展，因为没有企业就没有就业机会，没有就业机会人就没有收入，无法生存。况且，企业活动是经济发展的基础，企业活动涉及产业所有领域，政府的重大项目和公共服务最终也大多具体由企业来实施和提供，所以没有企业经营活动，城市将无法运转，整个城市将处于无动力、无能力、无秩序、无依靠的状态。另外，企业又承担对外的（包括区域、国家乃至世界层次的）资源（要素）的交流（即配置），影响城市的竞争力乃至发展前景。简言之，企业经营活动关系到城市的形成、维持、发展等城市的根本问题。企业经营活动是否活跃取决于企业自身能力，而营商环境又是影响企业提高自身能力的不可或缺的重要条件。因此，从城市发展根本问题的维度考虑，城市管理要以提升营商环境作为重点。而为了提升营商环境，首先要提高政务服务效率，其次要营造公平竞争环境，最后要严打假冒伪劣产品。

毋庸置疑，城市管理的终极目标是保障城市持续发展，所以城市管理的根本目标取向自然必须是城市可持续发展。通过对城市各个方面实施适宜于可持续发展的管理，一方面应做好现在，满足当代人的发展需要；另一方面应不留后遗症，满足后代人的发展需要。经济是城市发展的原动力，空间是城市发展的载体，所以对于城市可持续发展而言，经济和空间是城市管理的关键领域。没有原动力哪来城市社会发展，没有载体哪来城市实体发展，没有这两者又怎能满足当代人及后代人的持续发展需要？因此，在城市可持续发展管理中尤其需要把重点放在经济可持续发展管理和空间可持续发展管理。从可持续发展的百年、千年的维度来看，传统经济运行模式内在资源短缺与枯竭的潜在性，所以经济可持续发展管理需要取向循环经济。同样从可持续发展的维度来看，鉴于城市空间有限且不变性和后代人对空间的需求，空间可持续发展管理需要取向空间合理结构，其中尤其重要的，一是限制建成区的规模性扩大，二是保障主河道旁非楼房化。

第二节　以人为本作为基本原则

城市管理要以人为本，聚焦于服务于人。也就是说，城市管理的任何方面或事项都要考虑或至少兼顾人的生存、需要和发展，即要以人为本作为基本原则。

城市管理以人为本原则，可以归纳为如下三点：第一，满足人们基本需要；第二，从弱势群体立场思考，第三，以多数人的利益为先。即，在城市管理过程中，不论属于哪一区域、哪一领域、哪一性质的，都有必要贯彻这三项原则。

一、经济领域

在促进城市经济发展，提倡经济效率即以尽量少的投入获得尽量多的产出，并为此在投入的内涵方面即投入要素结构上进行转化的过程中，需要坚持以人为本原则，尽可能形成逐步提高职工收入的形势，至少需要形成保障职工最低收入前提下的尽量少的投入。作为常态，逐步提高最低收入，使得最低收入者也能够同步享受经济发展为其带来的福利。这是城市经济发展所必需的以人为本取向，是城市管理基础性取向。

在降低成本，提高经济效率的过程中，要注重职工的办公、生产环境，不宜在改善办公、生产环境和劳动保护方面过于“节俭”。不改善恶劣的工作环境，不提高劳动保护措施，也许能够暂时性、表面上节省投入，但是从长远上、实质上考虑并非一定能够节省投入。事实上，极端情况下劳作过程中发生死亡不仅在道义上不应该，而且在经济上也伴生损失；况且良好的工作环境可提升员工的精神面貌、提高创新性思维，有助于经济高效发展。

另外，不论城市经济发展需要多高的增长率，都不可以牺牲人的正常生活追求乃至生命作为代价。例如，不可以企业发展、经济发展为由，以任何方式随意扩大工作时间，即使有条件（提供相应报酬）的扩大，也有必要进行限制性管理，不得使其成为常态。对人来说，时间是有限、确定的，在一天、一年乃至生命周期中，不可以让职工把所有的时间都放在工作上。这也是国家（《劳动法》）规定工作时间制度（每日工作时间）和休闲时间制度（每周工作时间）并逐步提高要求（减少工作时间、工作日）的重要原因。国家层面的制度需要城市层面落实，城市管理要以保障和增大人们工作业余时间为取向。

二、交通领域

随着城市人口、空间规模的扩大，交通管理成为城市管理所必须强化的最为基本的内容之一。在提升交通管理的过程中，也需要坚持以人为本。

在规划、建设交通设施时，首先要保障人行道，其次是自行车道及其停车场，最后才是机动车道及其停车场，或者至少要三者等同看待。这似乎有些荒唐可笑，不值得一提，但是作为以人为本的思路来讲确实应做到如此。不用说，从以人为本的思考出发，仅仅从保障机动车道的安全运行出发，人行道的保障也是必要的。没有好的人行道、自行车道，机动车道就难免混乱，影响其运行。为了保障机动车道通畅，依靠交警管制人流和自行车流就显得南辕北辙了。一个城市大多区域机动车道宽大靓丽，而人行道却宽窄不一、道路质量参差不齐、连接（连通）性差，甚至坑坑洼洼，肯定不符合以人为本时代的文明城市的要求。

提高公共交通服务水平有利于改善多数人的出行条件，是以人为本的交通领域的重要取向，况且这还有利于城市整体的交通环境的改善。提高公共交通服务水平，可为城市多数人提供良好的乘车环境，吸引更多的人乘坐公共交通，有助于减缓利用私家车的人数的增加，甚至有望吸引利用私家车的人成为利用公共交通的人，使得市内私家车量增长缓慢或甚至减少，形成良性循环，进而改善城市整体交通状况。

作为提高公共交通服务水平的具体操作上的关键点，一是提高便利性，二是降低票价（利用费）。针对便利性这一私家车的最大优势，在提高公共交通方面，要增加公交路线、尤其是增加连接轨道交通的短驳车路线以便通达城市各个角落，增高通车频次进而减少等候时间；改善换乘条件、尤其是轨道交通之间和轨道交通与公共汽车之间的换乘设施或路径以方便上下车；扩大公共汽车专用车线以提高时速和准时性等。降低票价，至少减缓票价增长进程，按实际距离收费，减少换乘所致与距离无关的费用。在不断提高公共交通系统的运行效率的前提下，亏损部分由财政负担，促使利用私家车的人尽管明知公共交通不便利但还是决定利用公共交通。

事实上，在交通领域，从大众、弱势群体维度出发，还有很多需要改进、完善的地方。例如，在所有人行道上配置盲人道，这是基本而必须的。盲人道的配置率和质量水平能够反映一个城市关注弱势群体的一个方面，同时反映一个城市的文明程度。又如，自行车可为多数人所利用，它不仅是补充公共交通不到位的

"最后一公里"的最好的手段，也是碳中和、可持续发展目标下需要大力提倡利用的交通工具。而在现实中，自行车道不连贯、宽窄随意现象较为普遍，其改善任重道远。要提高自行车的利用率，还要下大力气搞好自行车停车场的规划、建设和管理。再如，人行天桥（人行立交桥）是为汽车提供方便而设置的，不宜提倡设置；即使在非设置不可的情况下而建，也要跟上电梯等相关配套设施以便于行人利用。

三、生活领域

在生活领域，城市管理以人为本首先要关注居住问题。衣食住行是人生的基本需要，其中居住是现代城市中低收入者常常难以自行解决的难题。因此，在城市发展和建设的管理进程中，要继续完善保障性住房的政策和措施，同时在商品房领域探索中低收入者可购买或租赁的住房的供给路径，解决中低收入者的住房难问题。在此过程中，从人本角度出发，注重或避免一系列问题。

一是在房屋数量结构上给予保障。住房保障首要问题是要有足够多的中低收入者能够购买或租赁的住房。相关住房在总住房中的比重要达到与其在人口结构中的比重，才能从根本上解决问题。

二是在房型规模结构上给予控制。要保证中低收入者可以购买或租赁的住房，需要供给适宜于其经济能力的中小规模住房。如果以保障为目标的住房户型规模大就会导致价格高，将会影响大部分中低收入者购买或租赁，同时也减少了可供给的住房数。

三是在住房布局结构上给予关注。为中低收入者提供的住房不宜集中在一处，尤其是在离市中心较远的区域集中建设和供给。这种布局存在导致社会问题的可能性，即在空间上导致社会阶层分异，形成贫民区，进而激化城市的阶层矛盾。因此，以保障为目标的住房尽量分散布局，建于城市的各个区域；商品房建设时有必要贯彻户型规模结构的要求，即要求商品房中必须有一定比重的小户型住房，普及（大小规模）混合性居住区。

逐步提升生活条件是城市管理以人为本取向的又一重要方面。电、水、通信、道路等是城市生活的基本条件。在现实中，从城市总体层面上看，城市生活条件良好，但是在具体到个人和家庭层面，往往会发现这些方面存在大量的问题。这些生活方面的问题，从城市整体层面看似乎是个案、小问题，但是对每一个市民或家庭而言可是"天大"的问题。这些问题的渊源涉及建筑设计、施工、使用、维护等微观的众多环节，因此要把城市管理下沉到基础管理，使得城市管理真正落实以人为本原则。提升生活条件，不仅要关注总体层面的供给水平的提高，而且还要关注个体层面的具体问题的解决。而这些具体问题的解决，需要城市管理理念上的转换，做到以人为本，从总量供给管理进一步扩展到个体需求管理。

在改善生活条件方面，常常忽视但又非常现实的一个大问题是公厕问题。公厕是出租车司机、快递员、清洁环卫人员、菜场销售者等各类工作人员，乃至一般出行群众都需要的设施。可以说，公厕是与城市生活息息相关的城市必备配套设施。尽管公厕如此重要，但是在现实中往往未能得以充分重视，未能跟上城市建设的总体步伐，其主要原因是城市建设和发展未能充分反映以人为本的发展要求。因此，今后在建设和发展城市过程中，要关注公厕的配套发展。具体而言，首先，在数量上给予保障，在一定距离或一定区域内保障布局必要数量的公厕，缓解公厕不足问题。其次，在质量上提供保障，即要干净而便于利用，如果公厕设施质量差，尤其是脏乱差，就不宜人们使用，尽管比没有强，但是仍难以满足市民需求，甚至成为可有可无的摆设。最后，充分开放路边机构楼房的内部公厕。简而言之，要以人为本，对公厕给予持续关注和相应行动。

另外，随着新建、旧城改造等城市大规模建设和发展，人们生活所需要的修鞋、修缮衣服、自行车修理等的市民便利空间减少乃至消失。不能说高跟鞋鞋底掉了，就扔了，买双新的；裤子拉链坏了就扔掉买条新裤子，自行车胎坏了就扔了买个新的。尽管如今经济发展、人们生活水平提高，但是还没有达到人们用品一有小毛病就可扔掉买新的那种发展水平，即使是在达到那种高发展水平的情况下，也不应该提倡简单的扔掉买新的生活模式，其不符合城市、国家乃至世界可持续发展所提倡的减量化、再利用原则。事实上，各类市民便利空间的减少或消失，不仅会减弱生活便利性，而且还会使城市变为只有道路和城墙的干巴巴的、没有生气的空间。显然，要从以人为本出发，在城市规划和建设中，要多关注市民生活便利空间的需求。

第三节 提升营商环境作为重点

一、企业与营商环境

从本质上看，城市得以生存、维持和发展取决于企业的存在和发展。要吸引乃至留住构成城市主体的人，就要为其提供在城市生存所必需的经济收入，没有经济收入，时间长了，既不能吸引人也不能留住人，城市也就不能形成，既有的城市也会逐渐衰落。同时，城市运行需要政府的管理，而政府实施城市管理需要财政支持。在一般情况下，不论是人们的经济收入还是政府的财政收入，主要由企业通过经营所提供的工资、税收（包括企业直接缴纳的和经过工资的个人所得税等）所支撑。可以说，没有企业经营活动就会使市民没有经济收入、政府没有财政收入，城市自然难以生存和发展。

另外，城市的主要活动和事业基本上由企业推进和落实。制造业和销售、运输、通信等各种服务业乃至基础设施建设，均由企业行为所主导。随着市场经济的发展，教育、医疗、出版、运动、展览等各类事业也最终落实到企业，由企业具体推进和展开。因此，没有企业经营活动，城市各个领域无法运转，整个城市处于无动力、无能力、无秩序、无依靠的状态。

再则，城市始终处于与其他城市相互作用之中，进行各种资源（要素）的交流，只有当一个城市竞争力超越其他城市时，才能在这种相互作用中得以位居更重要的地位、更好的发展。城市的这种竞争力体现在区域、国家乃至世界等不同规模城市系统中资源配置上的地位或水平。城市政府具有资源配置能力，但是其主要体现在城市内部，在对外即与其他城市相互作用中主要由企业活动所推动或传导。因此，城市的资源配置地位或水平最终主要取决于该城市企业的竞争力。企业具有竞争力才能将其产品推销到更多城市，在企业经营活动过程中收集其他城市更多的资源，在适宜城市布局研发机构、制造厂等打造跨城市的产业链。这类具有竞争力的企业多了，城市就具有竞争力，具有资源配置能力，在城市竞争中处于优势地位。

总之，企业经营活动活跃与否关系到城市的形成、维持、发展等城市的根本问题，因此搞活企业经营活动是城市管理的重中之重。而要搞活企业经营活动必须为企业提供适宜的经营环境即营商环境。企业能否搞好经营活动一方面取决于企业自身的水平，另一方面取决于企业所在营商环境，况且只有在适宜的营商环境中企业才能提高自身的水平，提高竞争力。因此，提高营商环境是搞活企业经营活动的关键，是城市管理的重中之重之落脚点。

由于营商环境至关重要，营商环境评价和提升成为如今学界和政府所关心的重要课题。其探讨成果形式既有专门报告型的，也有在其他报告中作为一个重要方面型的（见表 18—1）。正如这类报告所显示的，营商环境涉及范围广泛，需要考虑的评价或提升的要素众多。

表 18—1　　国内外营商环境评估报告及其评价指标

	报告名称	主要评估指标
营商环境专项评估报告	世界银行《营商环境报告》	开办企业、办理施工许可证、获得电力、登记财产、获得信贷、保护中小投资者、纳税、跨境贸易、执行合同和办理破产
	粤港澳大湾区研究院《2017 世界城市营商环境评价报告》	软环境、生态环境、市场环境、商务成本环境、社会服务环境、基础设施环境
	中国经济改革研究基金会国民经济研究所《中国分省企业经营环境指数》	政府行政管理、企业经营的法制环境、企业税费负担、金融服务、人力资源供应、基础设施条件、中介组织和技术服务、企业经营的社会环境
	国家发展改革委《中国营商环境报告 2020》	市场准入、退出市场、生产经营、融资信贷、投资建设
全球城市竞争力报告中的营商环境指标	普华永道《机遇之都》	营商便利度：开办企业、办理破产、免签证国家数量、外国使馆和领事馆数量、保护中小投资者、气候风险应对、劳动力管理风险和税收效率
	日本森纪念财团都市战略研究所《全球城市实力指数排名(GPCI)》	商业环境和营商便利度：工资水平、人力资源保障、办公空间、公司税率和经营风险
	中国社会科学院城市与竞争力研究中心《全球城市竞争力报告》	营商便利度(世界银行)、犯罪率、语言多样性

资料来源：根据刘江会等论文(2019)、国家发展改革委相关文件(2020)整理。

在现实中，经营企业需要面对上述各类报告中所提及的或者未提及的大大小小各种各类营商环境问题。因此，搞活企业经营活动需要逐步识别那些影响企业活动的营商环境要素和问题，进而依次改善，全面提升营商环境。同时，在全面提升营商环境过程中，还要关注关键问题，使得营商环境评价和提升能够既顾及全面又不失关键问题展开。这些关键问题包括：提高政务服务效率，创造公平竞争环境，严打假冒伪劣商品。

二、提高政务服务效率

企业开办、扩建、经营、破产清算等营商活动必须要按一定规章进行，以防对企业本身乃至对社会和国家造成不良影响或后果。同时，落实这些必要规章的过程中，政府有必要为企业提供良好的服务，并逐步改善服务，为企业尽可能降低与政府打交道的制度性交易成本与时间，以企业能够更好地展开业务。在此，提供良好的服务即为提供良好的营商环境，改善服务即为提升营商环境。而提升营商环境首要环节是提高政务服务效率，即高效处理企业申办的各类事务。

提高政务服务效率，首先要压减许可审批等企业办事相关的事项和时间。一个工业项目从备案到投产需要经过发改委、环保、规划、国土、住建、消防、人防、安监等十几个行政审批环节，还需经过能评、环评、稳评、安评、地勘和图审等14个中介评估环节（史健勇，2020），每个审批都需要一定工作日，许可审批难免手续多、材料多、时间长。尤其是，其中有些环节之间具有重复性质的内容，必然产生不必要的行政工作量和相应的工作时间，在总体上降低政务服务效率，对企业产生不必要的时间成本，影响企业工作进程。因此，许可审批环节、环节之间的内容的重复、工作日的总量压缩是提高行政效率的关键，也是提升营商环境的重要部分。

其次要提高政务服务效率，就要健全法规，减少不合理性和不确定性。法规不合理，就会促成企业办理事项难免烦琐、耗时。例如，企业缴纳各种税费流程不合理，就会导致企业每年需要缴税次数多，总耗时长，呈现履行“纳税”义务的税后流程问题突出（潘闻闻，2018）。又如，有些法规和政府政策、办事指南或告知单中带有“其他”“等等”这些模棱两可的不确定性兜底条款（王丹等，2018），有些审批事项名义取消、实质保留，或以备案之名履审批之实，有些申请资料未公开要求而实际上却另有要求，导致申请人反复“跑腿”等（李安渝、王婷，2018），对企业办事带来诸多不确定性及相应的消耗不必要时间的潜在性。再如，破产制度不健全，企业“办理破产”困难重重，面临“能生不能死”的问题，影响城市整体的市场出清，难以为市场竞争扫清“退出的障碍”（赖先进，2020）。对企业而言，消耗不必要的“功夫”，对于城市来说实质上增多行政“工作量”。

最后要提高政务服务效率，就要跟进社会技术发展，完善法规体系，及时弥补服务缺位。不仅要降低不必要的机构间责任重叠，同时还要防止机构间责任空缺，不论责任重叠还是空缺都可耽误企业发展，实质上是政务服务效率低。在一些新兴领域，相关的法律规范、制度体系和实施监管跟不上，甚至监管主体也没有明确，这就要直接影响企业开展业务。例如，一些新研发的高端装备无法对接现有的监管体制，很难找到对口部门进行监管检测，以至于在设备上市前无法出具合法批文（陈霜华，2018）。因此，法规体系不完善，就会难以满足新兴产业领域企业的许可审批，造成企业难以正常展开业务，使企业产生不必要的耗时，影响正常发展，其反映的是城市政务服务的不作为、无效率。

提高行政服务效率，缓解乃至根除营商环境中存在的问题，关键在于优化政府机构设置，政务流程再造。通过优化有关企业活动的政府机构设置，合理布局涉及企业活动的许可审批和常规性业务监管功能，消除不同部门之间的职能重叠乃至职能空缺；优化政府行政管理流程，实现流程再造，减少重复性政务服务环节和涉及项目。最优取向是，精简机构乃至与企业打交道的部门窗口统一起来，从根本上减少企业活动相关许可审批和常规性业务监管环节，缩减相关流程。尤其是，一元化与企业交涉所有窗口即设立一个统管窗口部门，建立与企业相关行政服务的分类和流程的合理、公正的程序，通过统管窗口部门接受和发放企业所需各类业务（项目）许可、处理申请，按程序“分拣、归类、分流、转发”到有关部门。通过一元化，不仅可减少重复性业务，而且还可对各业务部门起到监督作用，有利于提高政务服务效率。

在优化政府机构设置、政务流程再造的同时，还要强化行政服务的透明化和信息（数字）化。政府对企业的政务服务（监管）内容和程序及有关法规要尽可能详细地编撰并颁布，即政务服务透明化，使得政务服务机构和企业都有明确的依据，相互不能“扯皮”。这类程序与法规编撰并颁布能够随时反映政府新法规和废止法规带来的新要求。程序与法规的编撰并颁布要充分利用信息通信技术的发展成果，提升信息化水平，进而一方面提高编撰速度和内容一体化（降低重复性）水平，另一方面保障颁布及时性和准确性。通过政府网络同一窗口颁布相关内容和程序及有关法规，保证其利用便利性、内容权威性。实行一网一窗通办，实现政务服务的标准化和程序化，提高政务服务办事效率。

三、营造公平竞争环境

营造公平竞争环境是提升企业营商环境的又一个重要方面。为企业营造公平竞争环境，有助于企业专注于创新、改善经营管理，在竞争过程中提升企业竞争力。对企业来说，公平竞争的一个基本前提是，企业在经营活动中得到“国民待遇”，或者说都不受“不公平待遇”。现实中，没有一家企业什么都能做到，大家一定是分工的。反过来说，分工与合作的行业、企业哪一个不是不重要的，即不同身份各类企业、各行各业企业，都应该得到“国民待遇”。

在城市管理中，政府制定和实施某些政策，尽管其本身是为社会经济发展所需要的，初衷也并非出自要“差等”对待不同企业，但是其中采取的优惠政策或限制政策有意无意体现或潜在企业差等待遇问题。一旦政策中内含差等待遇内涵，一方面直接对不同企业形成不公平竞争环境，另一方面埋下寻租乃至腐败的根源，触发一些企业分心于寻租，而不是全力聚焦于生产性活动。结果，企业的实力会受到扭曲，会影响企业之间的合理竞争，阻碍城市企业整体的竞争力的提升。

营造公平竞争环境，政府政策需要在多个维度取向公平。

第一，身份公平。在现实中存在国有企业、集体企业、私营企业之分，内资企业、外资企业、合资企业之分，大型企业、中型企业、小型企业之分，本地企业、外地企业之分，等等。在政府产业发展政策和政府项目的招标等中，往往基于不同需要和考虑，对不同企业给予不同待遇，优惠政策仅提供给符合某种身份的企业。例如，促进产业竞争力提高政策优先大企业（曾宪奎，2019），这在客观上对不属于某种身份的那些企业来说形成不公平乃至歧视。当然，这种不公平对经济发展具有现实意义，但是从发展具有市场竞争力的企业这种长远目标来说，潜在有失策之意。因此，尽管现阶段这种优惠与歧视做法也许难以完全消除，但是作为取向，应该朝着减弱这种基于企业身份的不公平。

第二，行业公平。在现实中把行业进行区分，如先进制造业、高新技术产业、现代服务业、数字产业、传统产业、战略性新兴产业、高端产业等，以及基于国民经济行业分类的系统的行业划分。在促进城市发展过程中，政府制定经济发展政策、产业发展规划等时，出于本城市的发展意愿不时提出偏重于某一或某些行业的促进政策。由于这类促进政策内涵往往内在对偏重行业给予优惠政策，客观上形成对不同行业的不公平。这种行业偏向性优惠政策，即行业之间的不公平待遇，不利于各行业的全面发展，不利于众多产业链的形成和共同发展，长远来说，将不利于城市产业竞争力的全面提升。

况且，政府某一时间段的对行业的偏向性意愿又难免存在问题，可能产生比较大的不利后果。例如，各级政府产业主管部门就某一热点产业集中实施所谓的“加速推进规划和支持政策”，可能导致出现过剩性新兴产业，以及造船、钢铁、平板玻璃等严重过剩的传统产业的产能扩张（孟雁北，2018）。事实上，行业没有贵贱之分，只有发展得与时俱进（比如数字化、智能化等）与否之分。因此，尽管这种行业不公平待遇即使是为现实需要而谋划的，但是作为取向也应该逐渐淡化。

第三，空间公平。促进城市发展过程中，政府常在城市内划定出一定地域作为特殊地域进行管理，如经济技术开发区、高新技术产业开发区、保税区、出口加工区、自由贸易试验区等多类开发区型地域。设置开发区型地域，有利于集聚企业，充分利用集聚效应，有助于政府实现经济发展之设定意愿。从企业的角度看，开发区型地域的设置为企业寻找具有集聚效益的空间提供便利，也是有益的举措。因此，不论对于城市管理还是城市经济发展，开发区型地域的设置都具有现实意义。

需要关注的是，通常在开发区型地域不仅提供空间，而且对入驻企业实施相对开发区型地域之外的企业的优惠(或特殊)待遇。实施这种优惠待遇是为了招商引资、发展产业，似乎无可厚非，但是从城市整体营商环境考虑，这种优惠政策的实施无疑潜在造成域内外即空间不公平之意，对入驻不同空间企业形成非竞争而诱发的人为的经营条件差异。这种空间差异对待甚至出现在同一个开发区型域内的相异空间，如上海自贸试验区扩区后，出现了海关特殊监管区域与非海关特殊监管区域两个法律性质完全不同的地理区域并存的情况，使得自贸试验区内产生政策落差(陈霜华，2018)。从长远来看，从提升城市整体的营商环境，有效发挥市场竞争功能考虑，需要淡化对域内外企业的差异性政策力度，开发区型地域政策主要限于为企业提供产业活动空间。

在现实中，产业政策等城市管理中实施的经济发展政策手段有：鼓励、允许、限制、禁止等直接管制手段，财政、税收、金融、价格、外贸、政府采购等间接诱导手段，还有行政指导、信息指导、经济展望、约谈等柔性规制手段等类型多样(孟雁北，2018)。就营商环境建设而言，作为取向，若不是普及性的，尽量淡化采用这些政策手段，因为对一些企业、一些行业、一些空间给予相对倾斜，对其余者意味着歧视。当然，政策手段不是不可采用，而是采用时要取向普及化，或选择性实施于创业企业、微小企业、中小企业、资源回收利用企业等，以“雪中送炭”而非“锦上添花”为取向，并主要支持这些企业的研究和开发上。如果城市政府具有充足的可用于促进产业发展的资金，则更多使用于改善城市基础设施，建设科技基础设施，支持设施关键技术研究、实验技术和实验仪器设备的研发，促进设施开放共享，供有需要的企业利用，使得企业无需为检测产品等而奔波于其他城市。

四、严打假冒伪劣商品

严打制售假冒伪劣商品是提升企业营商环境的另一个重要方面。严打制售假冒伪劣商品与上述营造公平竞争环境相互对应，与其一起构成广义的营造公平竞争环境。不打击即容忍制售假冒伪劣商品，意味着对制售正常商品的一种“不公平”，对制售假冒伪劣商品的一种“助长”，难以形成企业经营竞争环境的正气。实行国民待遇可保障企业之间的待遇公平，打消企业通过“寻租优惠”的投机意愿；严打假冒伪劣商品可保障企业的最基本权益——利益不被侵占，打消企业通过偷工减料的投机意愿；两者均有助于形成和维护企业之间公平竞争的良好环境。

值得一提的是，实行国民待遇可通过减少政府管理层面的“无为”即可实现，而严打假劣必须通过增强政府管理层面的“有为”才能实现，也就是说，严打假冒伪劣需要政府管理层面的持续努力。另外，制售假冒伪劣商品不仅涉及企业之间的不公平竞争，而且还涉及社会多个领域的不良影响。因此，今后城市管理在提升营商环境的取向方面，需要在严打制售假冒伪劣商品领域付出巨大努力，作为重中之重。这不仅有助于提升营商环境，而且还有助于扫除社会公害，所以其具有复合意义，值得作为重要取向。

企业（广义上含非注册企业和商人）制售假冒伪劣商品在多方面破坏营商环境。制售假冒伪劣企业冒牌或偷工减料或使用劣质原料生产廉价乃至劣质商品，获取远高于正常企业的高额利润，长此以往将促成劣胜优汰的经营环境。在这种环境下，一是降低企业品牌建设和维护意愿，知名品牌难以形成和维护，结果促成城市的企业总体竞争力难以提高；二是降低企业研发投资意愿，不利于企业聚焦于技术进步和商品质量的提高，结果如同上述品牌建设情形；三是不公平，正常企业得不到应得的收益，非正常企业得到不应得的远超正常的收益，促使社会分配严重不公，为营商环境带来极坏的影响；四是扰乱正常的市场秩序，诱发不公平的企业间竞争、不公平的市场交易，扭曲资源配置等，不利于企业正常营商和发展。

前述提高政务服务效率和营造公平竞争环境是城市政府自身管理的范畴，只要政府下决心取向就能推进和落实。但是，严打制售假冒伪劣商品，不仅涉及政府本身取向决心等自身问题，而且还涉及对严打对象即制售假冒伪劣商品的企业进行管理，所以难度更大，需要下更大的功夫。值得一提的是，制售假冒伪劣商品的企业并不具有明显标志，是否属于此类企业都是模糊的；而且一个企业可同时具有是与否的属性，即具有两面性，甚至夸张地说所有企业都潜在这种倾向，因为企业是天生就有自利属性。因此，严打制售假冒伪劣商品企业而论需要管理的对象不确定，除非已经找到确凿证据，所以对其管理难度非常大，政府务必下非常大的功夫。

被制售假冒伪劣商品侵害的企业或个人是反打的当事者和积极的参与者，但是这些企业和个人往往在反打方面力不从心，所以严打需要政府层面积极参与，并取向逐步强化。作为具体取向，制售的是商品，所以首先要把住商品质量关，即强化商品监管，禁止假冒伪劣商品的流通。其次，假冒伪劣商品涉及面极广，难免出现政府监管不到位之处，所以要调动全社会参与严打，对举报和揭露者给予鼓励和奖励。再次，对制售假冒伪劣商品的企业处以严厉惩罚，使得其不敢再犯；同时并举宣传和引导，形成良好的预防氛围。最后，上述三者均要依照法规，即要有法规支撑，所以要逐步健全法律体系，同时完善制度体系，保障法规的落实。作为拓展层面，要打破地方保护主义，政府绩效与严打制售假冒伪劣商品纳入政府绩效考核。

第四节 可持续发展作为根本目标

城市是一个巨型复杂系统，城市管理目标有多向、阶段性，但是从总体来说，城市管理根本目标取向只能是保障城市可持续发展。如果不能支撑城市可持续发展这一根本目标，城市管理也就丧失其实施必要性。城市可持续发展内涵，按1987年世界环境与发展委员会提交联合国大会的报告《我们共同的未来》中的可持续发展定义，可同样阐释为既能满足当代人需要，又不对后代人满足其需要的能力构成危害的发展。也就是说，通过适宜的城市管理，一方面做好现在，满足当代人发展需要；另一方面不留后遗症，满足后代人发展需要。实际上做好现在是关键，做不好则既不能满足当代人发展需要，也不能为后代人发展需要奠定基础，甚至留下问题。

坚持城市可持续发展这一根本目标，城市所有领域（部门）的管理都要始终以此作为根本目标进行规划和实践。而对城市而言，关键领域为经济和空间，因为经济是城市发展的原动力，空间是城市发展的载体。没有原动力哪来城市社会发展，没有载体哪来城市实体发展，没有这两者又怎能满足当代人及后代人的持续发展需要。因此，以可持续发展作为根本目标的城市管理，尤其需要关注两大关键领域，即经济可持续发展管理和空间可持续发展管理。

一、经济可持续发展管理——循环经济

经济是城市发展的原动力，一直以来，都是经济发展推动了城市发展，将来城市可持续发展需要经济可持续发展的支撑。而传统经济发展模式潜在自身局限性即不可持续性，所以经济发展有必要在模式上进行转换，以维持可持续发展，为城市可持续发展提供动力保障。

传统经济运行基本模式为“资源（要素）—生产—消费—废弃物排放”的单向线性开放式为特点的经济运行模式。在此模式下，形成高开采、高消耗、高排放、低利用的“三高一低”的粗放型经济，潜在导致许多自然资源的短缺与枯竭的问题。对一个城市来说，任何资源可以通过商业（贸易）获得，似乎不会成问题。但

是，当一个地区、一个国家乃至世界所有城市都要为了维持经济活动乃至持续经济发展而需要消耗资源时，问题就难免了。尤其是，当要不仅考虑当代人，而且还要兼顾后代人，当所考虑的后代人的范围扩大到上百年、上千年时，即从可持续极限性思考而言，资源短缺问题更为难免，短缺的资源范畴更为广泛。当然，也许有人会认为上千年的城市发展问题似乎是遥不可及的事情，但是从城市历史来看似乎这上千年还真不是遥不可及的事情。

另外，传统的单向线性开放式经济运行模式下，经济活动有导致污染环境的潜在可能，可产生负外部性。在传统经济模式下，资源利用后大量废弃物乃至污染物排放到大气、水体和土壤。当这种排放一旦超出生态环境的自净能力就会导致严重的环境污染，影响企业的正常运行和市民的正常生活，为企业和市民带来额外的净化环境费用，甚至促使城市成为不适宜经济活动和居民生活的空间。这将对城市经济可持续发展以及城市整体的可持续发展造成难以回避的问题。这既影响满足当代人发展需要，并且影响满足后代人的发展需要。另外，一个城市的环境污染不仅对城市自身带来难以回避的问题，而且也对临近城市和区域带去难以回避的问题。

传统经济运行模式显然在城市经济乃至城市整体可持续发展方面潜在局限性。因此，经济运行模式必须从传统模式改进，从单向线性开放模式取向循环经济模式，即“资源(要素)—生产—消费—再生资源”的运行模式。相比于传统经济运行模式的废弃物排放这一开放式相比，循环经济运行模式重点强调回收废弃物作为资源这一闭环式，即把消费后的废弃物乃至污染物回收利用为资源，形成闭环。在循环经济运行模式中，废弃物乃至污染物不限于消费者消费商品后的废弃物和污染物，而是还包含生产过程和流通过程中排放的废料乃至污染物。因此，在循环经济运行模式中，闭环涉及多个环节，具有多重含义。

综上而论，城市经济可持续发展管理客观上要求必须摆脱资源不可循环利用的传统经济运行模式，而采取资源可循环利用的循环经济运行模式。

以循环经济运行模式作为经济可持续发展管理的发展方向，强调三个基本原则。首先，强调减量化(reduce)原则，即在生产、流通和消费过程中尽可能减少废弃物和污染物的产生，控制使用危害环境的资源投入。其目标是通过预防的方式而不是末端治理的方式来避免产生废弃物和污染物。其次，强调再利用(reuse)原则，即以初始或经修复、翻新的状态下多次反复使用产品，或者废弃物的全部或部分作为其他产品的部件予以使用。其目标是延长产品使用寿命和周期，提高资源利用率，避免过早地产生废弃物，以减低资源消耗。最后，强调资源化(recycle)原则,即将废弃物直接作为原料进行利用或进行再生利用,就是废品的回收利用或综合利用。其目标是最大限度地减少最终废弃物排放,实现资源再循环,减少废弃物最终处理量。

取向循环经济需要构建适宜其运行方式和环境,克服传统经济运行环境下的某些方式和阻力。在经济运行方式方面,推进清洁生产和生态园区等生产体系、垃圾分类排放与回收体系、循环消费体系等的建设和发展;在经济运行环境方面,推进法律体系、政策体系、科技体系、评价与核算体系等的建设和发展。垃圾分类排放和回收是搞好再利用、资源化的前提,是形成有效的循环经济闭环回路的关键环节,所以必须有力推进,由此奠定良好的资源循环基础,同时减少对环境的影响负荷,获得一举两得的效果。另外,在经济运行方面,还要注重产业整体的素质改善,调整产业整体取向循环经济化。例如,开发可再生能源以保障能源的可持续供给;发展环保设备设施产业以提高污染治理效率;发展再生资源化产业(静脉产业)以有效利用废弃物和污染物资源;优化产业结构、软化经济结构以减轻经济系统的环境负荷。

循环经济终究要通过企业、社会和政府三者共同参与管理。

企业是经济活动的主导力量而责任重大,企业在强化清洁生产的同时,尤其要强化企业延伸责任即负责产品的回收处理。之所以企业需要强化延伸责任,原因在于企业在产品设计、原材料、包装材料的选择和使用等方面具有控制权,也最了解废弃物性能及其再利用或资源化。

在社会层面,消费模式一方面作为需求侧影响产品生产即供给侧的特点,另一方面影响废弃物的分类排放及其回收利用水平。因此,在促进循环经济过程中,需要注重循环消费之社会理念的树立和相应社会管理。

政府一是要推进循环经济发展规划;二是要建立和实施有关基本原则、清洁生产、延伸责任、垃圾排放、回收利用、评价与核算方面的规范;三是要强化循环型生产方式和消费方式方面的宣传教育。尤其是,政府需要充分利用政府采购在规模和象征意义上的优势,通过有意采购符合国家环境认证标准的产品和服务,对废弃物回收利用产品给予特别关照,引导和扶助企业实践循环经济,引导社会迈向循环消费。

二、空间可持续发展管理——合理结构

城市边界由行政区划所规定,所以在一般情况下城市空间规模具有内在有限性和不变性。同时,城市空间是城市发展的载体,承载城市发展的历史和未

来。随着城市发展，城市人们所居住、交流和工作的空间不断扩大，在城市空间中建成区（城市化区域）的占比提高，非建成区占比减少。从发展趋势上看，将来城市的上百年、上千年的发展历程中，建成区甚至占城市全部空间都成为可能。而且，随着现代科技的发展、建设能力的提高，城市建成区在城市空间中所占的比重迅速扩大，正加速这种可能性的到来。

建成区占城市全部空间将会导致诸多问题，相悖于可持续发展基本内涵。第一，城市不能保持一定的农地，不利于以或多或少自行解决本城市、国家乃至世界粮食和蔬菜供给这一基本发展需求。中国政府提出严守 18 亿亩（120 万平方千米）耕地红线的方针，就是为了防止耕地过度地转为建设用地，变成建成区，进而影响农产品供给。第二，不能保留非建成区空间而不利于生态环境的可持续。第三，不能为后代人遗留原生生态，就连农地这种野外空间都不能给予保留，这对后代人不公平，留下遗憾。第四，由于建成区覆盖城市全部空间，后代人没有了可绘制蓝图的白纸，只能抹掉既有图上的画后在其上绘制蓝图，即无处可自行设计、建设适合于其时代的城市景观。第五，新建必须首先清除旧建筑，一方面必然伴随旧建筑的拆除费用，增大建设成本；另一方面，必然伴随拆除建筑物所致城市积淀的财富损失，遗产性古迹的毁灭。

显然，从可持续发展维度考虑，城市空间需要结构性管理，使得建成区或非建成区占城市空间的比重处于合理水平，即取向合理结构。有关这个合理结构的具体指标迄今还没有一致性判断，但是可以从耕地视角做出基本的判断。就中国而言，18 亿亩耕地红线是根据人口发展趋势及相关农产品供需而推定的指标，由此可以推断，现在中国城市建成区与耕地关系基本上接近平衡结构，建成区占城市全部空间也基本上达到上限。因此，今后中国城市空间可持续发展管理的合理结构取向总体来讲就是基本上保持现有结构。也就是说，从空间可持续发展管理层面考虑，各城市要基本上保持现有结构，不宜以开发区、新城、城市发展等各种名义进行大规模非建成区转为建成区的扩张性建设。

作为空间可持续发展管理，以基本保持城市现有的建成区所占比重作为合理结构的取向，还可从多方面进行论证。首先，还是从可持续极限性思考，以上百年、上千年考虑，即使每年小规模扩展，建成区也将过度扩张，所以不坚守不可取。其次，一方面现有国家人口已达到相当规模，不宜大规模增长，另一方面，截至 2021 年末中国常住人口城镇化率为 64.72%（光明网，2022），趋近饱和水平，由此可知，人口向城市大规模聚集过程基本完成，与此相应既有建成区已经基本容纳城市化预期人口，所以无须大幅提高现有建成区占比。最后，除了需要保留耕地性郊野的必要性之外(也即除了生态环境维护的必要性之外)随着社会经济发展和相应人们生活水平的提高,人们在建成区外就近体验“野外”的欲望逐步提高,所追求的野外类型不断扩大,对天然野性的兴趣越加提高,所以尽量保留和维护现有自然环境成为必然选择,为此坚持现有建成区占比亦成为必然选择。

当然,作为空间可持续发展管理取向合理结构,除了在宏观上坚持现有建成区占比之外,还需要在建成区内搞好空间结构管理。其中需要特别关注的首先是城市主河道两侧空间管理,在城市空间结构管理中应作为重点内容。城市主河道能够为城市带来诸多益处,不仅能提供美好风景,而且还能提供通风通道,为城市带来凉爽而新鲜的空气,这对城市总体降温节能、驱散雾霾乃至带有呼吸道流行性病毒的空气具有积极作用。为了有效利用主河道的诸多益处,必须在主河道旁设置缓冲地带,限制楼宇等建筑物的进入,对已经进入的既有楼房做好拆除长远规划,以形成以主河道为中心,包括两侧无楼宇的宽广缓冲地带。由此,把河道两旁一定距离内的空间让给市民,作为徒步健身等的空间,或者作为交通通道,避免美好景观仅成为所在楼房内部分人独享的空间,尤其是避免降低河道在通风通道方面的积极作用。

对于一个大城市的通风而言,主河道及其临近缓冲地带的非楼宇化管理非常重要,但仅限于这方面的管理是不够充分的,还需要其他主干道的合理布局。作为空间可持续发展管理取向空间合理结构,建成区内空间管理又一个重要方面是主干道路和主河道连接道路的合理设置。在布局道路时,一是要布局一些平行于城市主导风向的主干道,以便于城市的通风;二是要尽量预防垂直于城市主导风向的高架道路建设,以避免其成为挡风墙的情况,若已经存在,则做好长远规划摆脱这种局面;三是构建或完善垂直于主河道的道路系统,即形成以主河道为轴线的“非”字形道路系统,以便于由此把主河道的风引入城市街区。值得一提的是,垂直于主河道的道路系统不仅有利于引入主河道的风,还有助于在城市街区形成处处可望主河道的观景处所,使人视野开阔、心情舒畅。

参考文献:

[1]曾宪奎,《公平竞争环境的构建与我国产业技术政策转型问题研究——兼论“竞争中性”与公平竞争原则的差异》,《湖北社会科学》,2019,第4期。

[2]陈霜华,《进一步优化上海营商环境》,《科学发展》,2018,第4期。

[3]光明网,《2021年末我国常住人口城镇化率为64.72%》,2022－02－01,https://m.gmw.cn/baijia/2022－02/01/1302786981.html。

[4]国家发展改革委,《一图看懂〈中国营商环境报告2020〉》,2020－10－20,http://app.

www. gov. cn/govdata/gov/202010/20/463978/article. html。

[5]赖先进,《改善优化营商环境的举措、成效与展望——基于世界银行〈营商环境报告2020〉的分析》,《宏观经济研究》,2020,第4期。

[6]李安渝、王婷,《2019年世界银行营商环境报告解读及启示》,《中国市场监管研究》,2018,第12期。

[7]刘江会、黄国妍、鲍晓晔,《顶级"全球城市"营商环境的比较研究——基于SMILE指数的分析》,《学习与探索》,2019,第8期;

[8]孟雁北,《产业政策公平竞争审查论》,《法学家》,2018,第2期。

[9]潘闻闻,《对标世界银行指标体系改善上海营商环境》,《科学发展》,2018,第4期。

[10]史健勇,《在更大范围和更宽领域进一步优化上海营商环境》,《科学发展》,2020,第4期。

[11]王丹、彭颖、周海蓉、崔园园,《如何全面准确看待上海的营商环境》,《科学发展》,2018,第11期。